国家双高“铁路机车专业群”　立体化教材
——铁道车辆技术专业

车辆检测技术

主　编◎时　蕾　智雷勇　李　伟
副主编◎王　洋　张龙华　罗剑强
主　审◎张　翀

西南交通大学出版社
·成　都·

内容简介

本书是高等职业教育校企合作系列教材之一。针对高等职业院校技能型人才培养的特点，以车辆检测的各项任务、项目过程为导向，培养学生面向岗位的实际认知能力、合作能力、职业能力。全书内容分为 3 部分，共 7 个项目 20 个任务。第一部分为传感器基础，具体内容包括：传感器基础知识、电阻应变式传感器、霍尔式传感器、压电式传感器、温度传感器、超声波传感器、光电传感器；第二部分为无损检测，具体内容包括：磁粉探伤和超声波探伤；第三部分为 5T 检测系统，具体内容包括：车辆轴温智能探测系统、车辆滚动轴承故障轨边声学诊断系统、车辆运行品质轨边动态监测系统、货车故障轨旁图像检测系统及客车运行状态安全检测系统等内容。

本书集铁道车辆检测理论知识和检修知识于一体，可作为高等职业院校铁道车辆专业学生用书，也可作为相关铁路职工培训教材以及现场岗位作业人员参考用书。

图书在版编目（CIP）数据

车辆检测技术 / 时蕾，智雷勇，李伟主编. —成都：西南交通大学出版社，2022.5
ISBN 978-7-5643-8565-1

Ⅰ. ①车… Ⅱ. ①时… ②智… ③李… Ⅲ. ①铁路车辆 - 检修 - 高等职业教育 - 教材 Ⅳ. ①U279.3

中国版本图书馆 CIP 数据核字（2021）第 281453 号

Cheliang Jiance Jishu
车辆检测技术

主 编 时 蕾 智雷勇 李 伟

责任编辑 / 王 旻
特邀编辑 / 孟苏成
封面设计 / 何东琳设计工作室

西南交通大学出版社出版发行
（四川省成都市金牛区二环路北一段 111 号西南交通大学创新大厦 21 楼 610031）
发行部电话：028-87600564 028-87600533
网址：http：//www.xnjdcbs.com
印刷：四川森林印务有限责任公司

成品尺寸 185 mm × 260 mm
印张 20.25 字数 507 千
版次 2022 年 5 月第 1 版
印次 2022 年 5 月第 1 次

书号 ISBN 978-7-5643-8565-1
定价 56.00 元

课件咨询电话：028-81435775
图书如有印装质量问题 本社负责退换

前言

PREFACE

本书为高等职业教育校企合作系列教材之一。随着铁路的飞速发展，铁路运输安全压力日益增加，针对铁路车辆的检测与监测工作也越来越重要了，这就需要先进的技术装备来支撑，以保障铁路运输的安全。

本书根据高职铁道车辆专业培养目标，重点阐述传感器基础知识、车辆无损检测技术和车辆 5T 检测系统 3 部分内容。传感器技术是测量技术、半导体技术、计算机技术、信息处理技术和材料科学等众多学课相互交叉的综合性和高新技术密集型前沿技术，是现代新技术革命和信息社会的重要基础，是自动检测和自动控制技术不可缺少的重要组成部分。在车辆运行安全防范预警及铁路其他装备上也使用了大量的不同种类的传感器，传感器技术已成为我国铁路发展不可缺少的一部分，因此掌握传感器技术越来越重要。无损检测技术是在工件无损的条件下，检查工件宏观缺陷或测量工件特征的各种技术方法的统称。无损检测的意义在于保障零件、组件的安全使用，节约材料，在零件无损的条件下检测零件、部件、组件、设备、材料和大型工程项目，使之安全有效地生产和工作。铁路无损检测工作大体分为两部分，一部分是工务产品的检测，包括钢轨、道岔和钢轨焊缝等，主要由工务段负责探伤；另一部分是机车车辆零部件的检测，包括车轴、车轮、摇枕侧架和轴承等，以发现使用中所产生的疲劳裂纹等缺陷，防止设备在继续使用中发生灾害性事故。本书重点介绍磁粉探伤、超声波探伤技术。5T 系统是我国铁路车辆部门为适应我国铁路快速发展的需求、提升我国铁路技术装备现代化水平而建立的一整套车辆安全防范系统。5T 系统采用智能化、网络化、信息化技术，实现地面设备对客、货车辆运行安全状态的动态检测、数据集中、联网运行、远程监控、信息共享，提高了铁路的运输安全防范能力。主要包括：车辆轴温智能探测系统（THDS）、货车运行状态地面安全监测系统（TPDS）、货车滚动轴承早期故障轨边声学诊断系统（TADS）、货车运行故障动态图像检测系统（TFDS）、客车运行状态安全监测系统（TCDS）。如今，5T 系统已经扩充出动车组运行故障图像检测系统（TEDS）、客车故障轨边图像检测系统（TVDS）、轮对尺寸动态检测系统（TWDS）等。本书重点阐述 5T 系统的功能、原理、运用管理、设备维修等内容。

本教材在编写过程中，得到了中国铁路郑州局集团有限公司焦作车辆段、郑州北车辆段、郑州车辆段的大力支持，这些车辆段的职教科、技术科的技术员及工程师参与了本书的编写及审稿工作，在此一并表示感谢。

全书由郑州铁路职业技术学院时蕾、智雷勇，中国铁路郑州局集团有限公司焦作车辆段教育科长李伟担任主编，郑州铁路职业技术学院王洋、张龙华，中国铁路郑州局集团有限公司郑州北车辆段教育科长罗剑强担任副主编；中国铁路郑州局集团有限公司郑州车辆段教育科长张翀主审。参加编写的还有郑州铁路职业技术学院牛小伟，郑州动车段李建华，焦作车辆段李喆。编写分工如下：时蕾编写项目一的任务一至任务六、项目二的任务一；张龙华编写项目二的任务二、项目五的任务一；智雷勇编写项目一的任务七、项目三；王洋编写项目四的任务一、项目七；李建华编写项目四的任务二；罗剑强编写项目五的任务二；李喆编写项目六的任务一；李伟编写项目六的任务二。

由于作者水平所限，加之编写时间仓促，本书难免有疏漏和不当之处，恳请读者批评指正。

编　者

2021 年 11 月

数字资源目录

序号	项　目	名　称	数字资源类型	页码
1	项目一　传感器技术	1-1　传感器基础知识	视频	3
2		1-2　电阻应变式传感器	视频	8
3		1-3　认识霍尔传感器	视频	18
4		1-4　霍尔传感器的测量电路及应用	视频	20
5		1-5　压电式传感器	视频	24
6		1-6　温度传感器	视频	31
7		1-7　超声波传感器	视频	46
8		1-8　光电式传感器	视频	53
9	项目二　无损探伤	2-1　无损检测概述	视频	60
10		2-2　磁粉探伤的原理及方法	视频	62
11		2-3　实作：轮对荧光磁粉探伤机日常校验	视频	77
12		2-4　实作：轮对荧光磁粉探伤	视频	80
13		2-5　超声波探伤在铁道车辆上的应用	视频	89
14		2-6　实作：客车轮对超声波探伤日常性能校验	视频	101
15		2-7　作业内容及标准	PDF	102
16		2-8　轮轴手工超声波探伤	PDF	102
17	项目三　车辆轴温智能探测系统（THDS）	3-1　THDS 系统构成及功能	视频	105
18		3-2　实作：THDS 探头标定检查	视频	125
19		3-3　THDS 热轴预报及处置流程	视频	131
20		3-4　认知车号自动识别系统	视频	143
21	项目四　车辆滚动轴承故障轨边声学诊断系统（TADS）	4-1　认知 TADS 系统	视频	156
22		4-2　实作：TADS 阵列箱检查	视频	190
23		4-3　TADS 故障预报及反馈	视频	197

续表

序号	项　目	名　称	数字资源类型	页码
24	项目五　车辆运行品质轨边动态检测系统（TPDS）	5-1　TPDS 探测站的组成及功能	视频	209
25		5-2　实作：检查电源防雷箱	视频	237
26		5-3　实作：TPDS 预警处置	视频	245
27	项目六　货车运行故障动态图像检测系统（TFDS）	6-1　TFDS 系统的构成及功能	视频	256
28		6-2　实作：TFDS 底侧箱、补偿光源、摄像机检查	视频	262
29		6-3　实作：TFDS 转向架侧架部检查	视频	274
30		6-4　实作：TFDS 制动梁部检查	视频	275
31		6-5　实作：TFDS 车钩钩缓部检查	视频	280
32		6-6　实作：TFDS 中间部侧部检查	视频	282
33		6-7　实作：TFDS 动态检查整列作业过程	视频	284
34		6-8　作业程序、标准及示范	PDF	285
35	项目七　客车运行安全监控系统（TCDS）	7-1　TCDS 系统概述	视频	289

目录

CONTENTS

项目一　传感器基础 …… 1

任务一　传感器基础知识 …… 3

任务二　电阻应变式传感器 …… 8

任务三　霍尔式传感器 …… 18

任务四　压电式传感器 …… 24

任务五　温度传感器 …… 31

任务六　超声波传感器 …… 46

任务七　光电式传感器 …… 53

项目二　无损检测技术 …… 60

任务一　磁粉探伤 …… 62

任务二　超声波探伤 …… 89

项目三　车辆轴温智能探测系统（THDS） …… 103

任务一　THDS 红外轴温探测系统 …… 105

任务二　THDS 系统运用与管理 …… 128

拓展任务　铁路车号自动识别系统 …… 143

项目四　车辆滚动轴承故障轨旁声学诊断系统（TADS） …… 154

任务一　TADS 系统基础知识 …… 155

任务二　TADS 系统运用与管理 …… 196

项目五　车辆运行品质轨边动态监测系统（TPDS） …… 205

任务一　TPDS 系统基础知识 …… 206

任务二　TPDS 系统运用与管理 …… 238

项目六　货车故障轨旁图像检测系统（TFDS） …… 253

任务一　TFDS 系统基础知识 …… 254

任务二　TFDS 系统运用与管理 …… 270

项目七　客车运行状态安全监测系统（TCDS） ············ 287
任务一　TCDS 系统基础知识 ············ 288
任务二　TCDS 系统运用与管理 ············ 308
参考文献 ············ 316

项目一 传感器基础

【思政课堂】从一线学徒到“现代鲁班”——鲁勇

鲁勇，现任牡丹江电务段车载设备车间检修工区工长。学徒工出身的他，干出了“现代鲁班”的业绩。多年来，鲁勇带领团队完成技术革新100多项，研制各类试验台30多个，多项发明填补了国内铁路系统车载专业技术空白。

鲁勇出生在铁路世家。20世纪70年代，鲁勇的父母响应国家号召奔赴黑龙江扎根铁路。鲁勇的父亲是一名蒸汽机车电焊工，母亲是一名列车乘务员。受父母影响，鲁勇自幼就对火车有着特殊的感情。别的孩子嫌弃“油包”脏兮兮，鲁勇却整天围着父亲转，看一次火车能高兴好几天。

一次，父亲带领技术革新小组成员发明了“自动化焊接”技术，大大提高了轮对检修效率，在单位小有名气。“母亲也跟着骄傲，我当时就想，要成为像父亲一样的人。”鲁勇说。

1982年，正在读高中的鲁勇向着梦想迈出了关键一步。得知铁路招收学徒工，他果断报名并在选拔中脱颖而出。这次来之不易的机会，鲁勇格外珍惜，上班跟师傅学，下班缠着父亲“开小灶”。水滴石穿。3年的学徒期，鲁勇仅用一年半就提前出徒，并实现两级跳，顺利考上了三级工，在同期入路的青工中崭露头角。谁家的收音机、电视机坏了，他都能修。就连一些刁钻的技术难题，鲁勇也能“手到病除”。

1994年，随着生产力布局调整，鲁勇所在车间整建制划归牡丹江电务段。钳工变身信号工，鲁勇钻研技术的热情依旧。当时，铁路技术装备还不完善，他就自己动手，优化、改造了扳手、螺丝刀等检修工具，工友们用起来事半功倍。他还下功夫探索提高车载设备检修质量、效率的方法。在别人学徒的年纪，鲁勇已成为车间技术“大咖”。因善于钻研、业务过硬，2008年，鲁勇成为牡丹江电务段车载设备车间检修工区工长。工区负责被司机视为“保命”设备的车载设备检修任务，新职工多、素质不均衡，青工提素尤为重要。

从蒸汽机车、内燃机车到电力机车，铁路技术装备水平大幅提升，安全保障能力全面提高。随着智能化新技术的广泛应用，鲁勇的创新之路也朝着高精尖发力。“第一代‘测试台’控制面板上的40多个孔都是我一个个手工钻出来锉平的。现在根本不用动手了，智能化硬件支撑有了翻天覆地的变化，创新想法也更容易实现了。”回忆起10多年来的工装变化，鲁勇言语中透着铁路人的自豪。

截至目前，鲁勇完成各类技术革新100多项，设计研制的各类试验台30多个，有的已更新换代10次以上。鲁勇说：“每当看到自己研发的设备投入应用取得良好成效后，都会有满满的成就感。但冷静后，我会默默告诫自己，创新无止境，自己还得加把劲。只要单位有需要，我会一直努力下去。”

汗水与掌声如影随形。随着车载设备领域一个个技术瓶颈的打破，鲁勇先后获得了火车头奖章、黑龙江省五一劳动奖章等荣誉，并被评为“十大龙江工匠”。2020 年，鲁勇摘取职业生涯最高荣誉——全国劳动模范。以鲁勇名字命名的“劳模创新工作室”先后被授予黑龙江省工人先锋号、火车头劳模创新工作室、黑龙江省劳模和工匠人才创新工作室、全国工人先锋号等荣誉称号。

心心在一艺，其艺必工；心心在一职，其职必举。鲁勇近 40 年的创新实践中处处都有“用心”的痕迹，他用心磨砺自己、用心探索技术高地创造了一个个常人眼里的“不可能”。

21 世纪是信息化的时代，而测控技术、通信技术和计算机技术三大技术是信息技术发展的基础，其中传感器技术是测控技术的基础，也是现代科技的前沿技术，是国内外公认的最具有发展前途的高技术产业。曾有专家指出，传感器技术直接关系到我国自动化产业的发展形势，认为“传感器技术强，则自动化产业强”。由此可见传感器技术对自动化产业乃至整个国家工业建设的重要性。

传感器技术是一项综合性很强的技术学科，包含了材料学、力学、电学、磁学、微电子学、光学、声学、化学、生物学、精密机械、仿生学、测量技术、半导体技术、计算机技术、信息处理技术，乃至系统科学、人工智能、自动化技术等众多技术科学。传感器是实现自动检测和自动控制的首要环节，它的特点包括：微型化、数字化、智能化、多功能化、系统化及网络化，是获取自然领域中信息的主要途径与手段。目前被广泛应用于航空航天、兵器、信息产业、机械、电力、能源、交通、冶金、石油、建筑、机器人、医学、家电、公共安全等领域，可以毫不夸张地说，从茫茫的太空，到浩瀚的海洋，以至各种复杂的工程系统，几乎每一个现代化、智能化项目都离不开各种各样的传感器。铁路发展同样需要先进的技术装备作保障，在车辆运行安全防范预警及铁路其他装备上也使用了大量的不同种类的传感器，传感器技术已成为我国铁路发展不可缺少的一部分，传感器在工业部门的应用普及率已被国际社会作为衡量一个国家智能化、数字化、网络化的重要标志。因此，掌握传感器技术越来越重要。

【项目描述】

通过本项目学习，使学生掌握传感器基础知识，包括铁路常用传感器的工作原理、结构及特点。熟悉传感器的特性，分析传感器的测量电路，能根据测量目标正确选择传感器。

【知识目标】

（1）掌握传感器的基本概念、分类方法、作用及基本特性；

（2）掌握铁路常用传感器的工作原理、结构组成及特性。

【能力目标】

（1）能准确分析传感器测量电路的特点；

（2）能根据测量目标选用合适的传感器，并正确使用；
（3）具备实用传感器的应用和电路制作技能。

任务一　传感器基础知识

1-1 传感器
基础知识

【任务描述】

（1）掌握传感器的基本概念，学习传感器的组成及分类；
（2）分析传感器组成部分的作用及相互之间的关系；
（3）掌握传感器的静态特性，理解传感器的动态特性；
（4）熟悉传感器的标定方法。

【背景知识】

传感器实际上是一种功能块，其作用是将来自外界的各种信号转换成电信号。它模仿人的五官（视、听、嗅、味、触）接受外界的信息，用计算机代替人脑控制自动化装置来代替人的劳动。因此可以说，传感器是人类五官的延长，又称之为“电五官”，如图 1-1 所示。

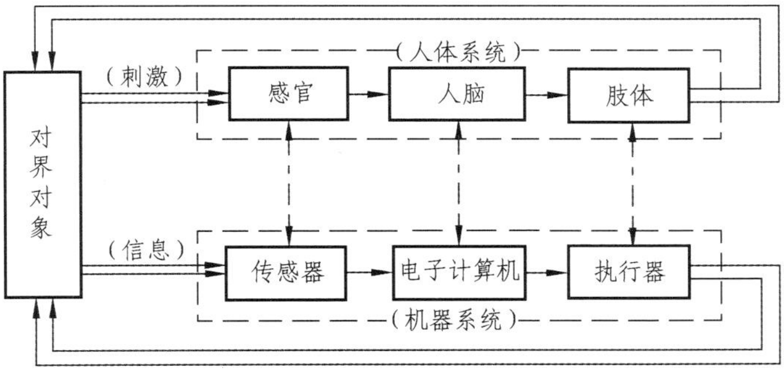

图 1-1　人体与机器人的对应关系

传感器所检测的信号近来显著地增加，因而其品种也极其繁多。为了对各种各样的信号进行检测、控制，就必须获得尽量简单易于处理的信号，这样的要求只有电信号能够满足。电信号能较容易地进行放大、反馈、滤波、微分、存贮、远距离操作等。因此，作为一种功能块的传感器可狭义地定义为：“将外界的输入信号变换为电信号的一类元件。”

一、传感器的定义及组成

1. 传感器的定义

传感器是一种检测装置，根据中华人民共和国国家标准，它的定义是：能感受规定的被测量并按照一定的规律转换成可用输出信号的器件或装置。传感器是一种以一定的精确度把被测量转换为与之有确定对应关系的、便于应用的某种物理量的测量装置。其包含以下几个方面的意思：

（1）传感器是测量装置，能完成检测任务。

（2）输入与输出之间有对应关系，且有一定的精确度。

（3）它的输入量是某一被测量，可能是物理量，也可能是化学量、生物量等。

（4）它的输出量是某种物理量，这种量要便于传输、转换、处理、显示等，其可以是气、光、电量，但主要是电量。

2. 传感器的组成

如图 1-2 所示，传感器一般由敏感元件、转换元件、转换电路 3 部分组成。

图 1-2　传感器组成框图

（1）敏感元件：直接感受被测量，并输出与被测量呈确定关系的某一物理量的元件。

（2）转换元件：以敏感元件的输出为输入，把输入转换成电路参数。

（3）测量电路：上述电路参数接入转换电路，便可转换成电量输出。

实际上，有些传感器很简单，仅由一个敏感元件（兼作转换元件）组成，它感受被测量时直接输出电量，如热电偶传感器。有些传感器由敏感元件和转换元件组成，没有测量电路，如压电式加速度传感器。有些传感器，转换元件不止一个，要经过若干次转换。需要指出的是，并非所有的传感器都能包括敏感元件和转换元件，如热敏电阻、光电器件无敏感元件。

二、传感器的分类及要求

1. 传感器的分类

传感器种类繁多，主要有以下几种：

（1）按被测量分类：可分为位移、力、力矩、转速、振动、加速度、温度、压力、流量、流速等传感器。

（2）按测量原理分类：可分为电阻、电容、电感、光栅、热电偶、超声波、红外等传感器。

（3）按传感器输出信号的性质分类：

① 模拟传感器：将被测量的非电学量转换成模拟电信号。

② 数字传感器：将被测量的非电量转换成数字输出信号（包括直接和间接转换）。

③ 膺数字传感器：将被测量的信号量转换成频率信号或短周期信号的输出（包括直接或间接转换）。

④ 开关传感器：当一个被测量的信号达到某个特定的阈值时，传感器相应地输出一个设定的低电平或高电平信号。

2. 传感器的一般要求

由于各种传感器的原理、结构不同，使用环境、条件、目的不同，其技术指标也不可能相同，但是一般要求却基本上是共同的：

（1）足够的容量——传感器的工作范围或量程足够大；具有一定的过载能力。

（2）灵敏度高，精度适当——即要求其输出信号与被测信号呈确定的关系（通常为线性），且比值要大；传感器的静态响应与动态响应的准确度能满足要求。

（3）响应速度快，工作稳定，可靠性好。

（4）使用性和适应性强——体积小，质量轻，动作能量小，对被测对象的状态影响小；内部噪声小而又不易受外界干扰的影响；其输出力求采用通用或标准形式，以便与系统对接。

（5）使用经济——成本低，寿命长，且便于使用、维修和校准。

当然，能完全满足上述性能要求的传感器是很少的。我们应根据应用的目的、使用环境、被测对象状况、精度要求和原理等具体条件做全面综合考虑。

三、传感器的特性

传感器所测量的物理量基本上分为两种形式：一种是静态（或准静态）的形式，这种形式的信号不随时间变化（或变化很缓慢）；另一种是动态（周期变化或瞬态）的形式，这种形式的信号是随时间而变化的。

由于输入物理量形式不同，传感器所表现出来的输出-输入特性也不同，因此存在静态特性和动态特性。不同传感器有着不同的内部参数，它们的静态特性和动态特性也表现出不同的特点，对测量结果的影响也各不相同。一个高精度传感器，必须同时具有良好的静态特性和动态特性，这样它才能完成对信号（或能量）无失真的转换。

以一定等级的仪器设备为依据，对传感器的动、静态特性进行实验检测，这个过程称为传感器的动、静态标定。

1. 传感器的静态特性

传感器的静态特性是指被测量的值处于稳定状态时，传感器的输出量与输入量之间的关系。衡量传感器静态特性的重要指标包括：线性度、灵敏度、迟滞、重复性、分辨率、漂移和阈值。因为这时输入量和输出量都和时间无关，所以它们之间的关系，即传感器的静态特性可用一个不含时间变量的代数方程，或以输入量作横坐标，把与其对应的输出量作纵坐标而画出的特性曲线来描述。

1）线性度

传感器的线性度又称非线性误差，是指传感器实际特性曲线与拟合直线（有时也称理论直线）之间的最大偏差与传感器量程范围内的输出之百分比。如式（1-1）所示，且多取其正值。

$$\gamma_{\mathrm{L}}=\frac{\Delta_{\mathrm{L\,max}}}{y_{\max}-y_{\min}}\times 100\% \tag{1-1}$$

式中　$\Delta_{\mathrm{L\,max}}$——最大非线性误差；

$y_{\max}-y_{\min}$——输出范围。

传感器在设计和使用过程中，我们希望非线性误差越小越好，即输出-输入关系接近一条直线，这是因为线性仪表的刻度是均匀的，容易标定，不容易引起读数误差。但实际使用中大多数传感器是非线性的，为了得到线性关系，常引入各种非线性补偿环节。现在多采用计算机来纠正检测系统的非线性误差。

2）灵敏度

灵敏度是指传感器在稳态下的输出的变化量 Δy 与引起该变化量的输入量变化 Δx 之比，用 K 表示，即

$$K=\frac{\Delta y}{\Delta x} \tag{1-2}$$

式中　K——传感器对输入量变化的反应能力。

对于线性传感器，灵敏度就是其静态特性的斜率，即 $K=\frac{y}{x}$ 为常数，而非线性传感器的灵敏度为一变量，用 $K=\frac{\mathrm{d}y}{\mathrm{d}x}$ 表示。一般希望传感器的灵敏度高，在满量程范围内是恒定的，即传感器的输出-输入特性为直线。如位移传感器，当位移量 Δx 为 1 mm，输出量 Δy 为 0.3 mV 时，灵敏度 K 为 0.3 mV/mm。

3）迟　滞

传感器在正（输入量增大）反（输出量减小）行程中输出输入曲线不重合称为迟滞，如图 1-3 所示。也就是说对应于同一大小的输入信号，传感器的输出信号大小不相等。一般由试验室方法测得迟滞误差，并以满量程输出的百分数表示，即

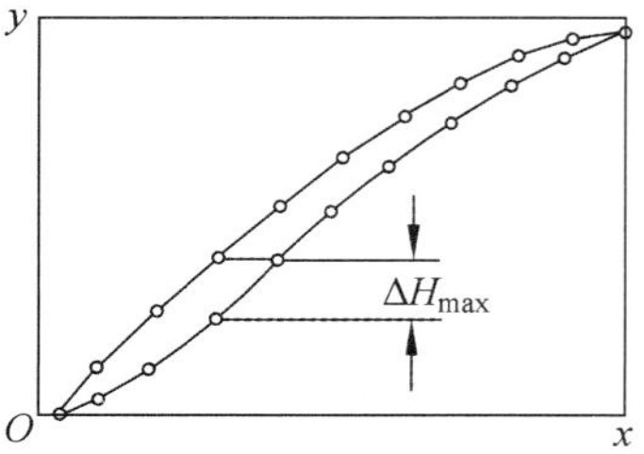

图 1-3　迟滞特性

$$\gamma_{H}=\pm\frac{\Delta H_{max}}{y_{FS}}\times 100\% \tag{1-3}$$

式中　ΔH_{max}——正反行程间输出的最大差值。

迟滞误差也称回程误差，回程误差常用绝对误差表示。它反映了传感器的机械部分和结构材料方面不可避免的弱点，如轴承摩擦、间隙等。

4）重复性

重复性是指传感器在输入按同一方向做全量程连续多次变动时所得曲线不一致的程度。图 1-4 所示为校正曲线的重复特性。

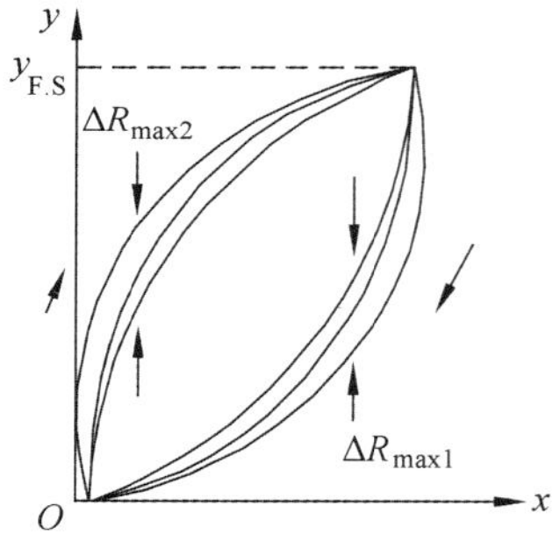

图 1-4　重复特性

正行程的最大重复性偏差为 ΔR_{max1}，反行程的最大重复性偏差为 ΔR_{max2}。重复性偏差取这两个最大偏差中之较大者为 ΔR_{max}，再以满量程输出 y_{FS} 的百分数表示，即

$$\gamma_{R}=\pm\frac{\Delta R_{max}}{y_{FS}}\times 100\% \tag{1-4}$$

5）分辨力和阈值

分辨力是指传感器能检测到的最小的输入增量。分辨力可用绝对值表示，也可用于满量程的百分数表示。

阈值：当一个传感器的输入从零开始极缓慢地增加，只有达到了某一最小值后，才测得出输出变化，这个最小值就称为传感器的阈值。事实上阈值是传感器在零点附近的分辨力。分辨力说明了传感器的最小的可测出的输入变量，而阈值则说明了传感器的最小可测出的输

入量。阈值大的传感器其迟滞误差一定大，而分辨力未必差。

6）稳定性和温度稳定性

稳定性是指传感器在长时间工作的情况下输出量发生的变化。有时称为长时间工作稳定性或零点漂移。测试时先将传感器输出调至零点或某一特定点，相隔 4 h、8 h 或一定的工作次数后，再读出输出值，前后两次输出值之差即为稳定性误差。温度稳定性也称为温度漂移，是指传感器在外界温度变化下输出量发生的变化。测试时先将传感器置于一定的温度下（如室温），将其输出调至零点或某一特定点，使温度上升或下降一定的度数（如 5 °C 或 10 °C）再读出输出值，前后两次输出值之差即为温度稳定性误差。

7）漂　移

漂移指在一定时间间隔内，传感器输出量存在着与被测输入量无关的、不需要的变化。漂移包括零点漂移与灵敏度漂移。零点漂移或灵敏度漂移又可分为时间漂移（时漂）和温度漂移（温漂）。时漂是指在规定条件下，零点或灵敏度随时间的缓慢变化；温漂为周围温度变化引起的零点或灵敏度漂移。

2. 传感器的动态特性

在实际测量中，大量的被测量是随时间变化的动态信号，这就要求传感器的输出不仅能精确地反映被测量的大小，还要正确地再现被测量随时间变化的规律。

动态特性是指传感器的输出对随时间变化的输入量的响应特性。一个动态特性好的传感器，其输出将再现输入量的变化规律，即具有相同的时间函数。实际上除了具有理想的比例特性的环节外，由于传感器固有因素的影响，输出信号将不会与输入信号具有相同的时间函数，这种输出与输入之间的差异就是所谓的动态误差。研究传感器的动态特性主要是从测量误差角度分析产生动态误差的原因及改善措施。

由于绝大多数传感器都可以简化为一阶或二阶系统，因此一阶和二阶传感器是最基本的。研究传感器的动态特性可以从时域和频域两个方面，采用瞬态响应法和频率响应法分析。对于加速度等动态测量的传感器必须进行动态特性的研究。这里不再详细讲解。

3. 传感器的标定

传感器的标定是通过试验建立传感器输入量与输出量之间的关系的。同时，确定出不同使用条件下的误差关系。传感器的标定工作可分为静态标定和动态标定。

1）静态标定

（1）静态标准条件。没有加速度、振动、冲击（除非这些参数本身就是被测物理量），环境温度一般为室温（20 ± 5）°C、相对湿度不大于 85%，大气压力为（101 ± 7）kPa 的情况。

（2）标定仪器设备精度等级的确定。对传感器进行标定，是根据试验数据确定传感器的各项性能指标，实际上也是确定传感器的测量精度。所用的测量仪器的精度至少要比被标定的传感器的精度高一个等级。这样，通过标定确定的传感器的静态性能指标才是可靠的，所确定的精度才是可信的。

（3）静态指标系统一般由以下几部分组成：

① 被测物理量标准发生器，如测力机。

② 被测物理量标准测试系统。如标准力传感器、压力传感器、标准长度——量规等。

③ 被标定传感器所配接的信号调节器和显示、记录器等。所配接的仪器精度应是已知的，

也作为标准测试设备。

（4）各种传感器的标定方法不同，常用力、压力、位移传感器标定。具体标定步骤如下：

① 将传感器测量范围分成若干等间距点。

② 根据传感器量程分点情况，输入量由小到大逐渐变化，并记录各输入输出值。

③ 再将输入值由大到小慢慢减少，同时记录各输入输出值。

④ 重复上述两步，对传感器进行正反行程多次重复测量，将得到的测量数据用表格列出或绘制曲线。

⑤ 进行测量数据处理，根据处理结果确定传感器的线性度、灵敏度、滞后和重复性等静态特性指标。

2）动态标定

一些传感器除了静态特性必须满足要求外，其动态特性也需要满足要求。因此，在进行静态校准和标定后还需要进行动态标定，以便确定它们的动态灵敏度、固有频率和频响范围等。传感器进行动态标定时，需有一标准信号对它激励，常用的标准信号有二类：一是周期函数，如正弦波等；另一是瞬变函数，如阶跃波等。用标准信号激励后得到传感器的输出信号，经分析计算、数据处理、便可决定其频率特性，即幅频特性、阻尼和动态灵敏度等。

【任务自检】

1. 什么是传感器？它由哪几部分组成？分析各部分的作用及相互间的关系。
2. 分析传感器技术迅速发展的原因。
3. 分小组讨论目前铁道车辆上传感器的使用情况。
4. 传感器的静态特性指什么？衡量它的性能指标主要有哪些？
5. 传感器的动态特性指什么？常用的分析方法有哪几种？
6. 传感器的标定有哪几种？为什么要对传感器进行标定？

任务二　电阻应变式传感器

【任务描述】

（1）掌握电阻应变式传感器的工作原理、结构组成；

（2）分析讨论电阻应变式传感器不同测量电路的特点；

（3）能独立分析电阻应变式传感器的应用实例。

1-2 电阻应变式传感器

【背景知识】

电阻应变式传感器是利用测量材料的电阻应变效应制造的一种测量微小变化量（机械）的传感器。它的基本原理是将被测量的变化转换成传感器元件电阻值的变化，再经过转换电路变成电信号输出。其类型很多，常用来测量力、压力、位移、应变、扭矩、加速度等，是目前使用最广泛的传感器之一。

电阻应变式传感器主要由弹性敏感元件、电阻应变片及测量转换电路等组成。弹性敏感元件在感受被测量时发生变形，其表面产生应变。粘结在其表面上的电阻应变片将随着弹性敏感元件产生应变，因此电阻应变片的电阻值产生相应的变化。通过测量电阻应变片的电阻值变化，就可以确定被测量的大小了。其中，弹性敏感元件的作用就是传感器组成中的敏感元件，要根据被测参数来设计或选择它的结构形式。电阻应变片的作用就是传感器中的转换元件，是电阻应变式传感器的核心元件。

应变片具有体积小、价格便宜、准确度高、频率响应好等优点，被广泛应用于工程测量及科学实验中。

一、应变片的工作原理

导电材料的电阻与材料的电阻率、几何尺寸（长度与截面面积）有关，在外力作用下发生机械变形，引起该导电材料的电阻值发生变化，这种现象称为电阻应变效应。

设有一段长为 L，截面面积为 A，半径为 r，电阻率为 ρ 的导体（如金属丝），它的电阻值 R 可表示为

$$R=\rho\frac{L}{A}=\rho\frac{L}{\pi r^2} \tag{1-5}$$

当沿金属丝的长度方向作用均匀拉力（或压力）时，上式中ρ、r、L 都将发生变化（如图 1-5 所示），从而导致电阻值 R 发生变化。例如金属丝受拉时，L 将变长、r 将变小，均导致 R 变大；又如，某些半导体受拉时，ρ 将变大，导致 R 变大。通过对式（1-5）两边取对数后再作微分，即可求得其电阻相对变化：

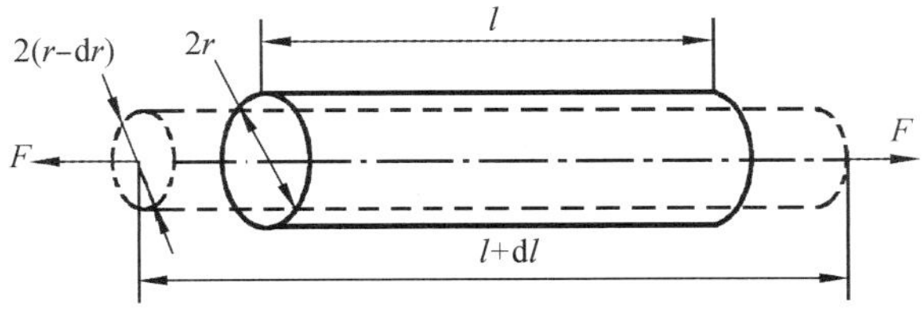

图 1-5　导体受拉伸后的参数变化

$$\frac{\mathrm{d}R}{R}=(1+2\mu)\varepsilon_x+\frac{\mathrm{d}\rho}{\rho} \tag{1-6}$$

式中　μ——金属材料的泊松系数；

ε_x——材料的轴向应变。

对于金属导体或半导体，上式中右末项电阻率相对变化的受力效应是不一样的，分别讨论如下：

1. 金属材料的电阻应变效应

勃底特兹明通过实验研究发现，金属材料的电阻率相对变化与其体积相对变化之间有如下关系：

$$\frac{\mathrm{d}R}{R}=\left[(1+2\mu)+C(1-2\mu)\right]\varepsilon_x=K_{\mathrm{m}}\varepsilon_x \tag{1-7}$$

式中　$K_{\mathrm{m}}=(1+2\mu)+C(1-2\mu)$——金属丝材的应变灵敏系数（简称灵敏系数）。

上式表明：金属材料的电阻相对变化与其线应变成正比。这就是金属材料的应变电阻效应。

对于金属材料，$K_0=K_{\mathrm{m}}=(1+2\mu)+C(1-2\mu)$。可见它由两部分组成：前部分为受力后金属丝几何尺寸变化所致，一般金属 $\mu\approx0.3$，因此（$1+2\mu$）≈1.6；后部分为电阻率随应变而变的部分。以康铜为例，$C\approx1$，C（$1-2\mu$）≈0.4，所以此时 $K_0=K_{\mathrm{m}}\approx2.0$。显然，金属丝材的应变电阻效应以结构尺寸变化为主，对其他金属或合金，$K_{\mathrm{m}}=1.8\sim4.8$。

2. 半导体材料的电阻应变效应

史密兹等学者很早发现，锗、硅等单晶半导体材料受到应力作用时，其电阻率会发生变化，这种现象就称为压阻效应。半导体材料的压阻效应：

$$\frac{\mathrm{d}\rho}{\rho}=\pi\sigma=\pi\cdot E\varepsilon_x \tag{1-8}$$

式中　σ——作用于材料的轴向应力；

π——半导体材料在受力方向的压阻系数；

E——半导体材料的弹性模量。

同样，将式（1-8）代入式（1-6），并写成增量形式可得

$$\frac{\Delta R}{R}=[(1+2\mu)+E\pi]\varepsilon_x=K_{\mathrm{m}}\varepsilon_x \tag{1-9}$$

式中　$K_{\mathrm{m}}=1+2\mu+\pi E$——半导体材料的应变灵敏系数。

实际情况并非如此简单。当硅膜片承受外应力时，必须同时考虑其纵向（扩散电阻长度方向）压阻效应和横向（扩散电阻宽度方向）压阻效应。由于扩散型力敏传感器的扩散电阻厚度（即扩散深度）只有几微米，其垂直于膜片方向的应力远比其他两个分量小而可忽略。

综合式（1-7）和式（1-9）可得半导体丝材的应变电阻效应为

$$\frac{\Delta R}{R}=K_0\varepsilon_x \tag{1-10}$$

式中　K_0——半导体丝材的灵敏系数。

对于半导体材料 $K_0=K_{\mathrm{s}}=$（$1+2\mu$）$+\pi E$。它也由两部分组成：前部分同样为尺寸变化所致；后部分为半导体材料的压阻效应所致，而且 $\pi E>>$（$1+2\mu$），因此半导体丝材的 $K_0=K_{\mathrm{s}}\approx\pi E$。可见，半导体材料的应变电阻效应主要基于压阻效应。通常 $K_{\mathrm{s}}=$（$50\sim80$）K_{m}。

二、应变片的结构种类与粘贴

1. 电阻应变片的结构

电阻应变片的结构形式很多，但其主要组成部分基本相同。图 1-6 给出了丝式、箔式和

半导体 3 种典型应变片的结构形式及其组成。

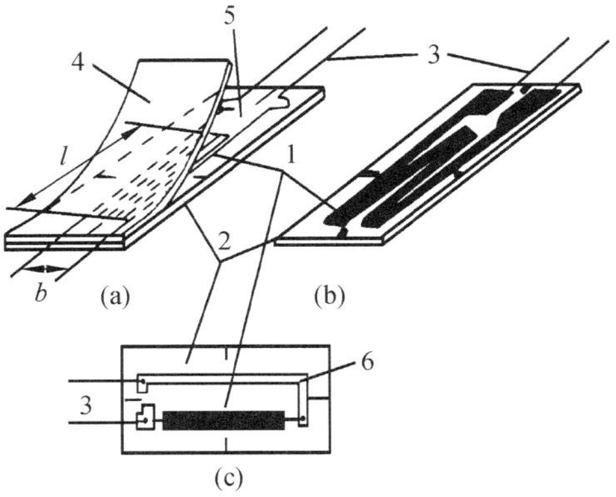

（a）丝式；（b）箔式；（c）半导体

1—敏感栅；2—基底；3—引线；4—盖层；5—粘结剂；6—电极。

图 1-6　典型应变计的结构及组成

电阻丝应变片是用直径为 0.025 mm 具有高电阻率的电阻丝制成的。为了获得高的阻值，将电阻丝排列成栅网状，称为敏感栅，并粘贴在绝缘的基片上，电阻丝的两端焊接引线。敏感栅上面粘贴有保护用的覆盖层。如图 1-6 所示。

（1）敏感栅：应变计中实现应变-电阻转换的敏感元件。它通常由直径为 0.015 ~ 0.05 mm 的金属丝绕成栅状，或用金属箔腐蚀成栅状。图中 l 表示栅长，b 表示栅宽。其电阻值一般在 100 Ω 以上。

（2）基底：为保持敏感栅固定的形状、尺寸和位置，通常用粘结剂将其固结在纸质或胶质的基底上。应变计工作时，基底起着把试件应变准确地传递给敏感栅的作用。为此，基底必须很薄，一般为 0.02 ~ 0.04 mm。有用专门的薄纸制成的基片称为纸基。有用粘结剂和有机树脂薄膜制成的胶基。

（3）引线：它起着敏感栅与测量电路之间的过渡连接和引导作用。通常取直径 0.1 ~ 0.15 mm 的低阻镀锡铜线，并用钎焊与敏感栅端连接。

（4）盖层：用纸、胶做成覆盖在敏感栅上的保护层；起着防潮、防蚀、防损等作用。

（5）粘结剂：在制造应变计时，用它分别把盖层和敏感栅固结于基底；在使用应变计时，用它把应变计基底再粘贴在试件表面的被测部位。因此它也起着传递应变的作用。

2. 电阻应变片的种类

1）金属丝式应变片

金属丝式应变片有回线式和短接式二种，如图 1-7 所示。

回线式应变片是将电阻丝绕制成敏感栅粘结在各种绝缘基底上而制成的，它是一种常用的应变片。其敏感栅材料直径在 0.012 ~ 0.05 mm，以 0.025 mm 左右为最常用。其基底很薄（一般在 0.03 mm 左右），粘贴性能好，能保证有效的传递变性。引线多用 0.15 ~ 0.30 mm 直径的镀锡铜线与敏感栅相连接。其制作简单，性能稳定，成本低，易粘贴，但其应变横向效应较大。常见的回线式应变片构造如图 1-7（a）所示。

短接式应变片两端用直径比栅线直径大 5 ~ 10 倍的镀银丝短接起来而构成。优点是克服了横向效应，但制造工艺复杂。常用材料：康铜、镍铬铝合金、铁铬铝合金以及铂、铂乌合金等。短接式应变片构造如图 1-7（b）（c）所示。

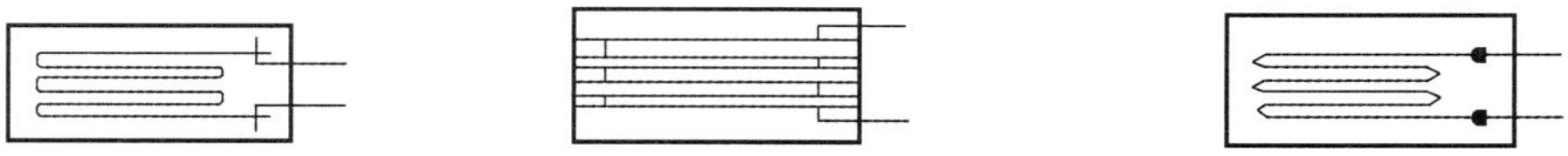

（a）　　（b）　　（c）

图 1-7　丝式应变片结构

2）金属箔式应变片

它是利用照相制版或光刻技术将厚 0.003 ~ 0.01 mm 的金属箔片制成所需图形的敏感栅，也称为应变花，如图 1-8 所示。它具有很多优点：

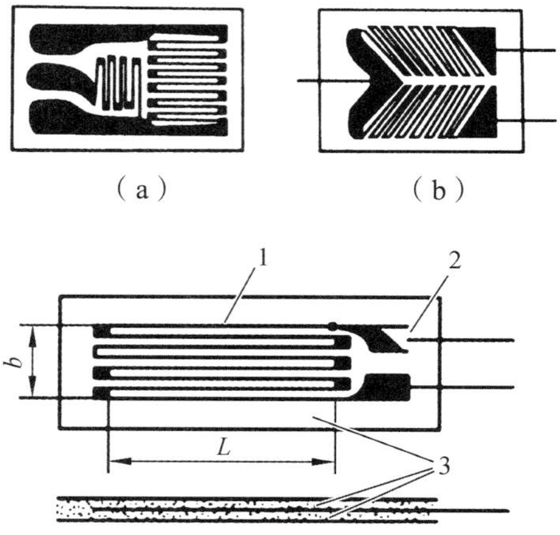

图 1-8　金属箔式应变片

① 可制成多种复杂形状尺寸准确的敏感栅，其栅长 l 可做到 0.2 mm，以适应不同要求；

② 与被测件粘贴面积大；

③ 散热条件好，允许电流大，提高了输出灵敏度；

④ 横向效应小，可以忽略。

⑤ 蠕变和机械滞后小，疲劳寿命长。

缺点：电阻值的分散性比金属丝的大，有的相差几十欧姆，需做阻值调整。在常温下，金属箔式应变片已逐步取代了金属丝式应变片。

3）金属薄膜应变片

薄膜应变片是薄膜技术发展的产物。它是采用真空蒸发或真空沉积等方法，在薄的绝缘基片上形成厚度在 0.1 μm 以下的金属电阻材料薄膜的敏感栅，最后加上保护层。

优点：应变灵敏系数大，允许电流密度大，工作范围广，可达 − 197 ~ 317 °C。

缺点：难于控制电阻与温度和时间的变化关系。

4）半导体应变片

半导体应变片的工作原理是基于半导体材料的电阻率随作用应力而变化的所谓“压阻效

应”。所有材料在某种程度上都呈现压阻效应，但半导体的这种效应特别显著，能直接反映出很微小的应变。

常见的半导体应变片是用锗和硅半导体材料作为敏感栅，一般为单根状。根据压阻效应，半导体和金属丝一样可以把应变转换成电阻的变化。

半导体应变片的优点是尺寸、横向效应、机械滞后都很小，灵敏系数极大，因而输出也大，可以不需放大器直接与记录仪器连接，使得测量系统简化。它的缺点是电阻值和灵敏系数随温度稳定性差，测量较大应变时非线性严重；灵敏系数随受拉或压而变，且分散度大，一般在 3% ~ 5%，因而使得测量结果有 ±（3% ~ 5%）的误差。

3. 电阻应变片的粘贴

应变片是用粘结剂粘贴到被测件上的，粘结剂形成的胶层必须迅速地将被测件的应变传递到敏感栅上。粘结剂的性能及粘贴工艺的质量直接影响着应变片的工作特性，如零漂、蠕变、滞后、灵敏系数等。可见选择粘结剂和正确的粘结工艺与应变片的测量精度有着极其重要的关系。

1）粘结剂的选择

粘结剂的主要功能是要在切向准确传递试件的应变。因此，它应具备：与试件表面有很高的粘结强度，一般抗剪强度应大于 9.8×10^{6} Pa；弹性模量大，蠕变、滞后小，温度和力学性能参数要尽量与试件匹配；抗腐蚀，涂刷性好，固化工艺简单，变形小，使用简便，可长期贮存；电绝缘性能、耐老化与耐温耐湿性能均良好。一般情况下，粘贴与制作应变计的粘结剂是可以通用的。但是，粘贴应变计时受到现场加温、加压条件的限制。通常在室温工作的应变计多采用常温、指压固化条件的粘结剂；非金属基应变计若用在高温工作时，可将其先粘贴在金属基底上，然后再焊接在试件上。

2）应变片的粘贴

准备：试件——在粘贴部位的表面，用砂布在与轴向成 45°的方向交叉打磨至 R_a 为 6.3 μm →清洗净打磨面→划线，确定贴片坐标线→均匀涂一薄层粘结剂作底；应变计——外表和阻值检查→刻划轴向标记→清洗。

涂胶：在准备好的试件表面和应变计基底上均匀涂一薄层粘结剂。

贴片：将涂好胶的应变计与试件，按坐标线对准贴上→用手指顺轴向滚压，去除气泡和多余胶液→按固化条件固化处理。

复查：贴片偏差应在许可范围内；阻值变化应在测量仪器预调平范围内；引线和试件间的绝缘电阻应大于 200 MΩ。

接线：根据工作条件选择好导线，然后通过中介接线片（柱）把应变计引线和导线焊接，并加以固定。

防护：在安装好的应变计和引线上涂以中性凡士林油、石蜡（短期防潮），或石蜡-松香-黄油的混合剂（长期防潮），或环氧树脂、氯丁橡胶、清漆等（防机械划伤）作防护用，以保证应变计工作性能稳定可靠。常用的粘结剂类型：硝化纤维素型、氰基丙稀酸型、聚酯树脂型、环氧树脂类和酚醛树脂类等。

粘贴工艺：被测件粘贴表面处理，贴片位置的确定、贴片、干燥固化、贴片质量检查、引线的焊接与固定，以及防护与屏蔽等。

三、应变片的测量转换电路

应变片的电阻变化值很微弱，用万用表无法测量，为了便于显示和控制需将变化的阻值转换成电信号输出，所以通常采用电桥作为测量电路，如图 1-9 所示。

$$\begin{aligned}U_{\mathrm{o}} &= I_1R_1 - I_2R_4 \\ &= \frac{R_1}{R_1+R_2}U_{\mathrm{i}} - \frac{R_4}{R_3+R_4}U_{\mathrm{i}} \\ &= \frac{R_1R_3 - R_2R_4}{(R_1+R_2)(R_3+R_4)}U_{\mathrm{i}}\end{aligned} \tag{1-11}$$

测量前，应将电桥调平衡，在电桥输出端 A 和 C 之间接一检流计调桥臂电阻使检流计指示为 0，输出电压 $U_{\mathrm{o}}=0$，电桥达到平衡状态。

电桥的平衡条件为 $R_1R_3 = R_2R_4$。

1. 单臂电桥

单臂电桥的电路形式如图 1-10 所示，R_1 为应变片。初始时刻，$R_1=R_2=R_3=R_4=R$，电桥平衡，$U_{\mathrm{o}}=0\ \mathrm{V}$，当应变片 R_1 受力所产生的应变变化为 ΔR，根据式（1-11），其输出电压为

$$\begin{aligned}U_{\mathrm{o}} &= \left(\frac{R_1+\Delta R}{R_1+\Delta R+R_2} - \frac{R_4}{R_3+R_4}\right)U_{\mathrm{i}} \\ &= \frac{R\Delta R}{2R(2R+\Delta R)}U_{\mathrm{i}}\end{aligned}$$

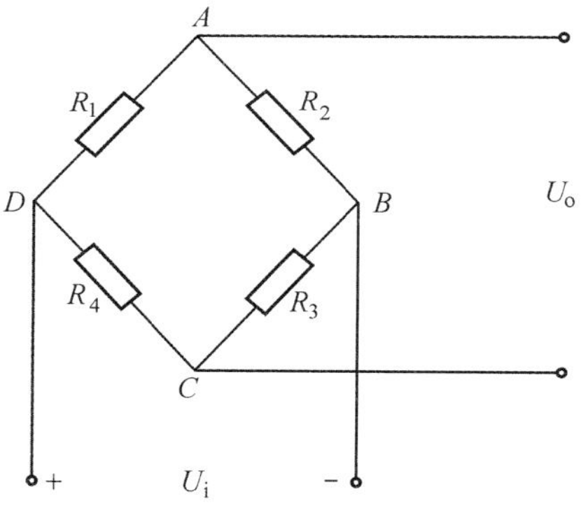

图 1-9　桥式测量电路

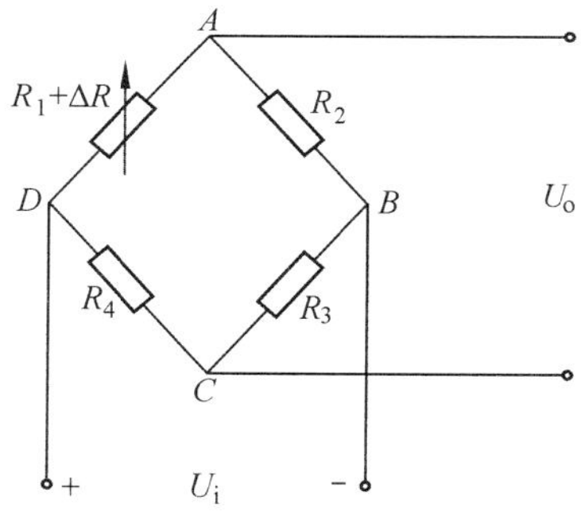

图 1-10　单臂电桥

通常情况下，$\Delta R \ll R$，所以 $U_{\mathrm{o}} = \frac{U_{\mathrm{i}}}{4}\cdot\frac{\Delta R}{R}$。

因此，单臂电桥的灵敏度 $K=\frac{U_{\mathrm{i}}}{4}$。

2. 双臂半桥

双臂半桥的电路形式如图 1-11 所示，R_1 和 R_2 为相同规格的应变片。R_1 和 R_2 接成差动形式，即 R_1 和 R_2 电阻变化相同但方向相反。根据式（1-11），输出电压为

$$U_o = \frac{U_i}{2} \cdot \frac{\Delta R}{R}$$

因此，双臂半桥的灵敏度 $K = \frac{U_i}{2}$。

3. 全桥电路

全桥电路的形式如图 1-12 所示，R_1、R_2、R_3和 R_4为相同规格的应变片，并接成差动形式，即 R_1、R_2、R_3和 R_4电阻变化大小相同，但是 R_1、R_3与 R_2、R_4的变化方向相反。根据式（1-11），输出电压：

$$U_o = U_i \frac{\Delta R}{R}$$

因此，全桥电路的灵敏度 $K = U_i$。

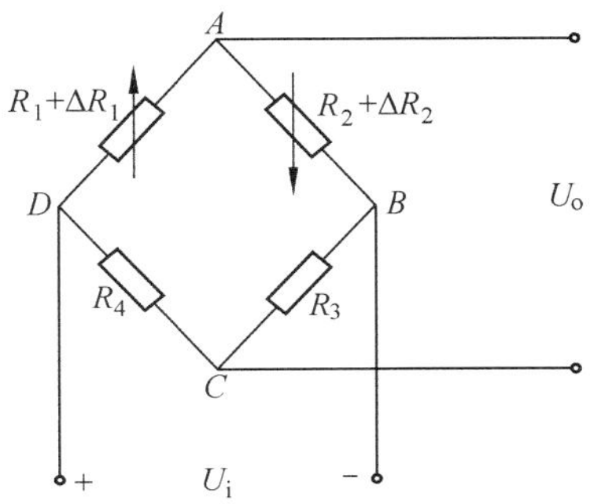

图 1-11　双臂半桥

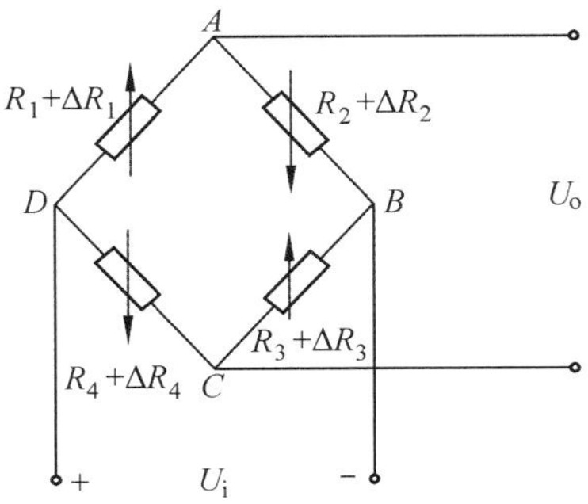

图 1-12　全桥电路

综上所述，通过对比 3 种测量电路，我们得出如下结论：

（1）直流电桥的输出电压与被测应变量呈线性关系。

（2）$K_{全桥} = 2K_{半桥} = 4K_{单臂}$。

（3）半桥与全桥电路能够较好地克服温漂信号。

【任务实施】

应变片的应用十分广泛。它除了可以测量应变外，还可以测量应力、弯矩、扭矩、加速度及位移等物理量。电阻应变片的应用分为两大类：第一类是将应变片粘贴于某些弹性体上，并将其接到测量转换电路，这样就构成测量各种物理量的专用应变式传感器。第二类是将应变片贴于被测试件上，然后将其接到应变仪上就可直接从应变仪上读取被测试件的应变量。

1. 应变式传感器

1）应变式测力传感器

如图 1-13 所示为应变式测力传感器的几种形式。

悬臂梁是一端固定，一端自由的弹性敏感元件。它的特点是灵敏度比较高，所以多用于较小力的测量。例如，民用电子秤就多采用悬臂梁。当悬臂梁末端受力时，悬臂梁上产生剪力应变，上表面靠近固定端的 R_1 以及下表面靠近自由端的 R_3 产生拉应变；反之，R_2、R_4 产生压应变，4 个应变片的应变大小相等，符号依此相同，测量电桥的输出与力 F 成正比。

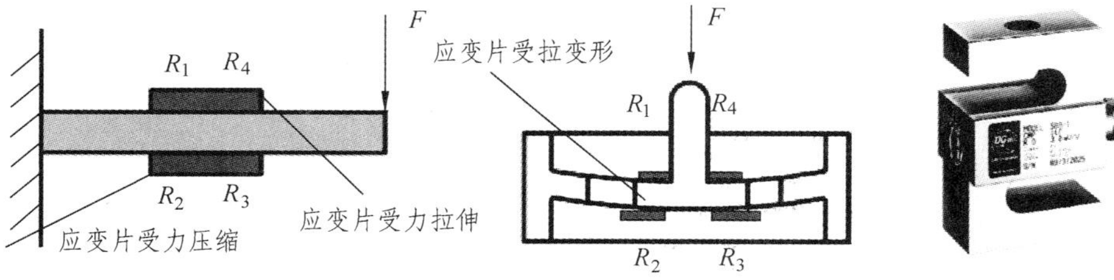

图 1-13　应变式测力传感器

2）应变式荷重传感器

测力和称重传感器有较大一部分采用应变式荷重传感器，如图 1-14 所示。

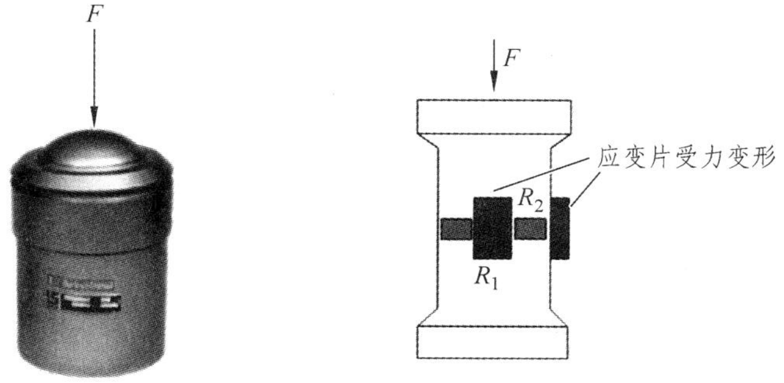

图 1-14　荷重传感器

荷重传感器是应力计中最具有代表性的压力传感器，它可以用来测量车辆的压力（或重量）等。应变片粘贴在钢制圆柱（称为等截面轴，可以是实心圆柱，也可以是空心薄壁圆筒）的表面。在力的作用下，等截面轴产生应变，可获得较大的输出电压。

例如，车辆运行品质轨旁动态监测系统（TPDS）是集列车运行状态监测、超偏载监测、踏面擦伤监测等功能为一体的列车运行状态地面安全监测系统，可实时在线监测运行中列车轮轨间动力学参数。系统以列车运行过程中轮对与钢轨之间的动力学关系为依据，将钢轨作为传递力的弹性体，通过传感器内置的应变片感应钢轨的形变，引起应变片电阻变化导致惠斯通电桥失衡，传感器产生电压信号输出，依据传感器的测量值与钢轨形变的对应关系，精确地测量钢轨相应位置所受垂向力和横向力的大小，进而计算出货物列车的轮重、轴重、脱轨系数、超偏载信息以及踏面损伤程度等列车状态信息。

3）压阻式传感器

压阻式传感器是利用半导体材料的压阻效应和集成电路工艺制成的传感器。由于它没有可动部分，所以有时也称为固态传感器。它具有灵敏度高、动态响应快、测量精度高、稳定性好、工作温度范围宽、体积小和便于批量生产等特点，因此得到了广泛的应用。它在工业中多用于与应变有关的力、重力、压力、压差、真空度等物理量的测量。经过适当的换算，也可用于液位、流量、加速度、振动等参量的测量。

（1）压力测量。

固态压阻式压力传感器的结构如图 1-15 所示。传感器硅膜片两边有两个压力腔。一个是和被测压力相连接的高压腔，另一个是低压腔，通常和大气相通。当膜片两边存在压力差时，膜片上各点存在应力。膜片上的 4 个电阻在应力作用下，阻值发生变化，电桥失去平衡，其输出的电压与膜片两边压力差成正比。

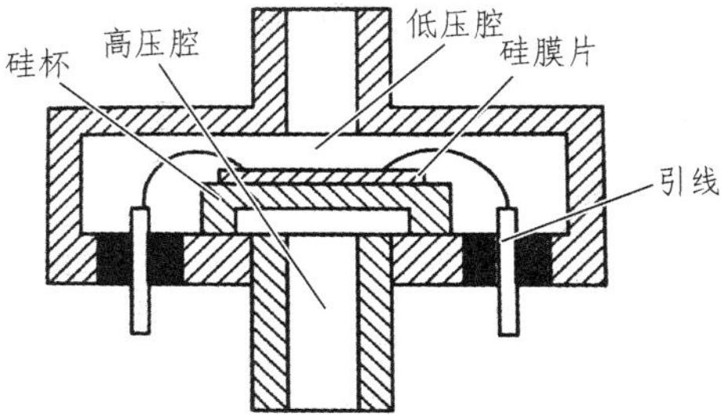

图 1-15　固态压阻式压力传感器结构

（2）液位测量。

如图 1-16 所示，压阻式压力传感器安装在不锈钢壳体内，并由不锈钢支架固定放置在液体底部，传感器的高压侧近气孔与液体相通。安装高度 h_0 处的水压 $p_1 = \rho g h_1$。传感器的低压侧进气口通过一根橡胶“背压管”与外界的仪表接口相连接。这种压阻式液位传感器安装方便，适用于几米到几十米混有大量污物、杂质的水或其他液体的液位测量。

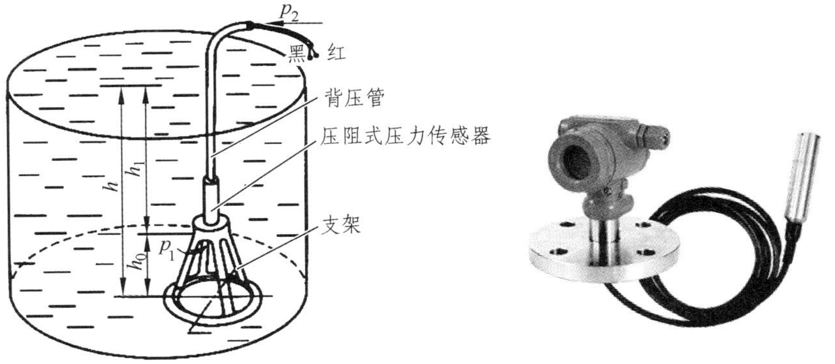

图 1-16　压阻式液位传感器

2. 电阻应变仪

电阻应变仪是专门用来测量电阻应变片应变量的仪器。当被测量是被测试件的应变、应力等物理量时，可以将应变片粘贴在被测物的被测点上，然后用引线将其接到应变仪的接线端子上。读取应变仪的读数，就可以直接得到被测点的应变，经适当换算，还可以得到应力等参数。例如，斜拉桥上的斜拉绳应变测试；人体骨盆和下肢受力、应变测试，为运动员训练、骨折预防和治疗提供了科学依据。

【任务自检】

1. 什么是应变效应？利用应变效应解释金属电阻应变片的工作原理。
2. 分析比较金属电阻应变效应和半导体压阻效应特点。
3. 什么是直流桥式电路？该类型电路分为几种？每种类型各有什么不同？

4. 有一金属应变片，初始电阻为 $R=100\ \Omega$，其灵敏度 $K=2.5$，设工作时其应变为 1 200 με，则ΔR 为多少？

任务三　霍尔式传感器

1-3　认识霍尔传感器

【任务描述】

（1）掌握霍尔式传感器的工作原理，基本结构及主要技术参数；
（2）分析霍尔式传感器的基本测量电路及补偿方法；
（3）分析霍尔式传感器的应用实例。

【背景知识】

霍尔式传感器简称霍尔元件，是目前国内外应用最为广泛的一种磁敏传感器，它是利用半导体材料的霍尔效应制成的，可以做得很小（几个平方毫米），用于测量地球磁场，制成电罗盘；它还可用来制作特斯拉计、钳形电流表、接近开关、无刷直流电动机等：这种传感器广泛应用于自动控制和电磁检测等各个领域。它的最大特点是非接触测量。

一、霍尔效应及霍尔元件

1. 霍尔效应

半导体薄片置于磁感应强度为 B 的磁场中，磁场方向垂直于薄片，当有电流 I 流过薄片时，在垂直于电流和磁场的方向上将产生电动势 E_H，这种现象称为霍尔效应，该电动势称为霍尔电动势，半导体薄片称为霍尔元件，如图 1-17（a）所示。作用在半导体薄片上的磁场强度 B 越强，霍尔电势也就越高。

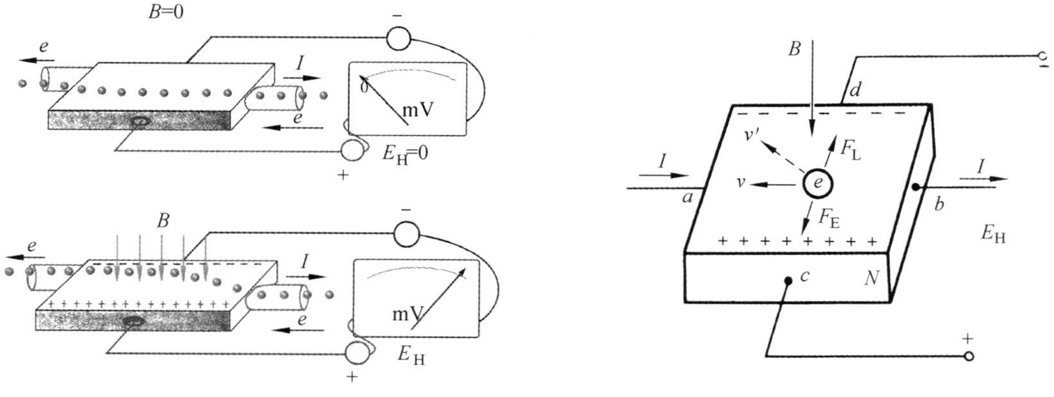

（a）　　　　（b）

图 1-17　霍尔效应原理图

霍尔元件的工作原理见图 1-17（b），在激励电流端通入电流 I，并将薄片置于磁场中。设该磁场垂直于薄片，磁感应强度为 B，这时电子（运动方向与电流方向相反）将受到洛伦兹力 F_L 的作用，向内侧偏移，该侧形成电子的堆积，从而在薄片的 c、d 产生电场 E。从图 1-17（b）可以看出，这两种力的方向恰好相反。电子积累越多，F_E 也越大，而洛伦兹力保持不变。最后当$/F_L/ = /F_E/$时，电子的积累达到动态平衡。这时，在半导体薄片 c、d 方向的断面之间建立的电动势 E_H 就是霍尔电动势（简称霍尔电势）。

霍尔电势 E_H 可用下式表示：

$$E_H = \frac{R_H IB}{d} = K_H IB \tag{1-12}$$

其中，$R_H = \frac{1}{ne} = \rho\mu$ 为霍尔常数，霍尔元件的灵敏度 $K_H = \frac{R_H}{d} = \frac{1}{ned}$（$n$——电子浓度；$d$——薄片厚度；$e$——电子的电荷量；$\rho$——电阻率；$\mu$——电子迁移率）。

从式（1-12）中可知，霍尔常数等于霍尔片材料的电阻率与电子迁移率的乘积。若要霍尔效应强，则希望有较大的霍尔系数 R_H，因此，要求霍尔片材料有较大的电阻率和载流子迁移率。一般金属材料载流子迁移率很高，但电阻率很小；而绝缘材料电阻率极高，但载流子迁移率极低，故只有半导体材料适合制造霍尔片。

2. 霍尔元件

霍尔元件的结构很简单，它是由霍尔片、4 根引线和壳体组成的一块半导体单晶薄片（一般为 4 mm × 2 mm × 0.1 mm），如图 1-18（a）所示。霍尔片是一块矩形半导体单晶薄片，引出 4 根引线：1、1′两根引线加激励电压或电流，称激励电极（控制电极）；2、2′引线为霍尔输出引线，称霍尔电极。电极宽度与基片长度之比要小于 0.1，否则影响输出。霍尔元件的壳体是用非导磁金属、陶瓷或环氧树脂封装的。在电路中，霍尔元件一般可用两种符号表示，如图 1-18（b）所示。

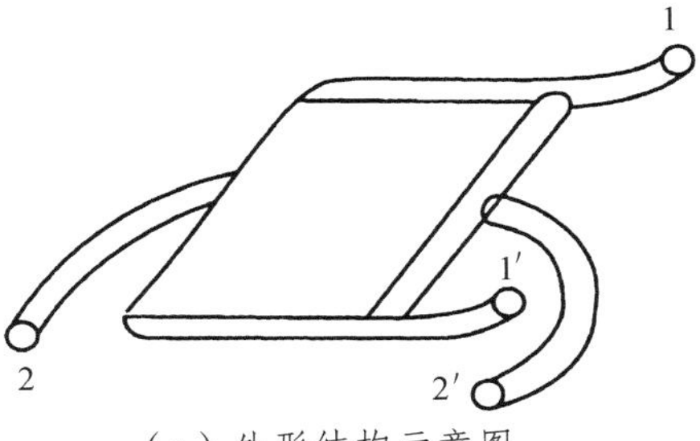

（a）外形结构示意图

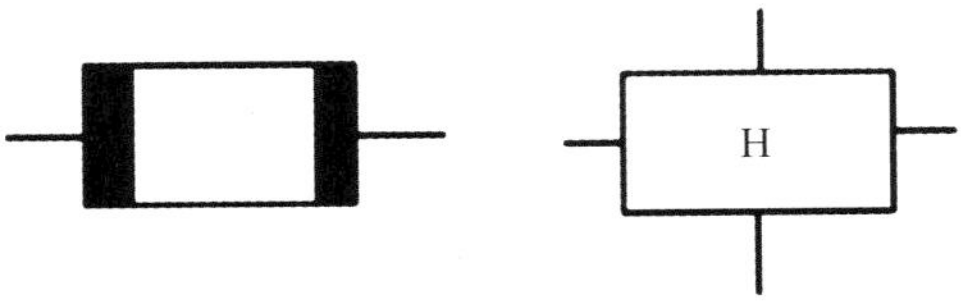

（b）图形符号

图 1-18　霍尔元件结构图

目前常用的霍尔元件材料有锗、硅、砷化铟、锑化铟等半导体材料。其中 N 型锗易于加工制造，其霍尔系数、温度性能和线性度都很好。N 型硅的线性度最好，其霍尔系数、温度性能同 N 型锗。锑化铟对温度最敏感，尤其是低温范围内温度系数大，但在室温时其霍尔系数较大。砷化铟的霍尔系数较小，温度系数也较小，输出特性线性度好。

结论：

（1）普通霍尔元件为四端子器件，两组端子分别为霍尔电势输出端和输入电流控制端，集成霍尔元件为三端子器件。

（2）不能用导体或绝缘材料做成霍尔元件。

（3）霍尔元件不能做得太薄，否则会降低机械强度。

（4）P 型半导体材料与 N 型半导体材料做成的霍尔元件，其霍尔输出电势极性相反。

（5）当磁场与半导体薄片平面法线方向的夹角为 β 时，霍尔输出电势 $E_H = K_H IB\cos\beta$。

二、霍尔传感器的技术参数

1. 额定控制电流 I_c 与最大控制电流 I_{cm}

霍尔元件在空气中产生 10 °C 的温升时所施加的控制电流值称为额定控制电流 I_c。在相同的磁场感应强度下，I_c 值较大则可获得较大的输出电压。在霍尔元件做好之后，限制 I_c 的主要因素是散热条件。一般锗元件最大允许温升为$\Delta T_m < 80$ °C，硅元件$\Delta T_m < 175$ °C。当霍尔元件的温升达到ΔT_m时的 I_c 就是最大控制电流 I_{cm}。

2. 灵敏度 K_H

霍尔元件的灵敏度定义为单位控制电流和单位磁感应强度下，霍尔电势输出端开路时的电势值，其单位为 mV/（mA · T），它反映了霍尔元件本身所具有的磁电转换能力，一般希望它越大越好。公式如下：

$$K_H = \frac{E_H}{IB} \tag{1-13}$$

除 K_H 以外，霍尔元件还有磁灵敏度、电路灵敏度和电势灵敏度等技术指标。

3. 输入电阻 R_i 和输出电阻 R_o

霍尔片中两个控制电极间的电阻称为输入电阻 R_i，两个霍尔电极间的电阻称为输出电阻 R_o。一般 R_o、R_i 为几欧姆到几百欧姆，通常 $R_o > R_i$，但二者相差不大，使用时不能搞错。

4. 不等位电势 E_M 和不等位电阻 R_M

当 $I \neq 0$ 而 $B = 0$ 时，理论上应有 $E_H = 0$。但在实际中由于两个霍尔电极安装位置不对称或不在同一等电位面上，半导体材料的电阻率不均匀或几何尺寸不均匀，以及控制电极接触不良等原因，使得当 $I \neq 0$、$B = 0$ 时，$E_H \neq 0$。此时的 E_H 值为不等位电势 E_M。

不等位电势 E_M 与额定控制电流 I_c 之比，称为不等位电阻 R_M，即

$$R_M = \frac{U_M}{I_c} \tag{1-14}$$

三、测量电路和误差分析

1-4　霍尔传感器的测量电路及应用

1. 霍尔传感器的测量电路

霍尔元件的基本测量电路如图 1-19 所示。控制电流 I 由电源 E 提供，R 是调节电阻，用以根据要求改变 I 的大小，霍尔电势输出的负载电阻 R_L，可以是放大器的输入电阻或表头内阻等。所施加的外电场 B 一般与霍尔元件的平面垂直。控制电流也可以是交流量。由于建立霍尔效应所需的时间短，所以控制电流的频率可高达 10^9 Hz 以上。

2. 霍尔传感器电路的误差分析

霍尔元件对温度的变化很敏感，因此，霍尔元件的输入电阻、输出电阻、灵敏度等将受到温度变化的影响，从而给测量带来较大的误差。为了减少测量中的温度误差，除了选用温度系数小的霍尔元件或采取一些恒温措施外，也可使用以下的温度补偿办法。

1）恒流源供电

恒流源补偿电路如图 1-20 所示。

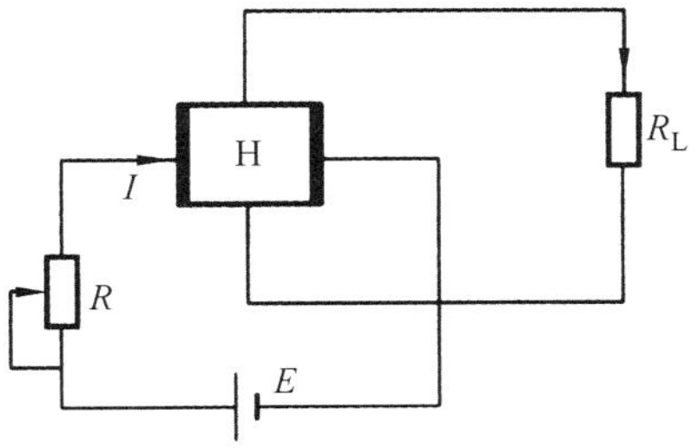

图 1-19　霍尔元件的基本测量电路

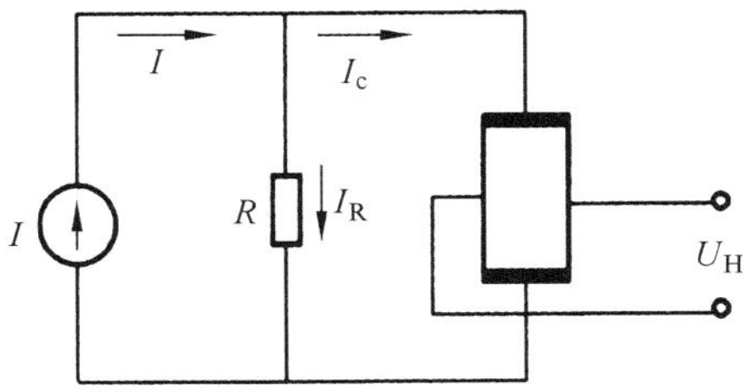

图 1-20　恒流源温度补偿电路

2）采用热敏元件

对于由温度系数较大的半导体材料制成的霍尔元件，采用图 1-21 所示的温度补偿电路，图中 R_t 是热敏元件（热电阻或热敏电阻）。图 1-21（a）是在输入回路进行温度补偿的电路，即当温度变化时：用 R_L 的变化来抵消霍尔元件的乘积灵敏度 K_H 和输入电阻 R_i 变化对霍尔输出电势的 E_H 影响；图 1-21（b）则是在输出回路进行温度补偿的电路，即当温度变化时，用 R_L 的变化来抵消霍尔电势 E_H 和输出电阻 R_o 变化对负载电阻 R_L 上的电压 E_L 的影响。在安装测量电路时，热敏元件最好和霍尔元件封装在一起或尽量靠近，以使二者的温度变化一致。

3）不等位电势的补偿

在分析不等位电势时，可将霍尔元件等效为一个电桥，如图 1-22 所示。既然产生 U_M 的原因可归结为等效电桥的 4 个桥臂电阻不相等，则任何能够使电桥达到平衡的方法都可作为不等位电势的补偿方法。

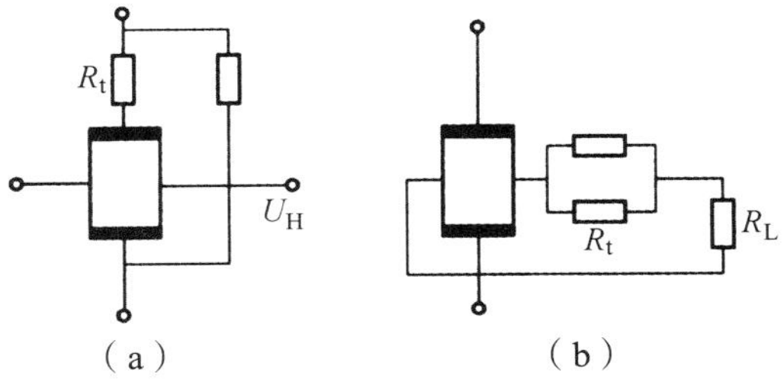

图 1-21　采用热敏元件的温度补偿电路

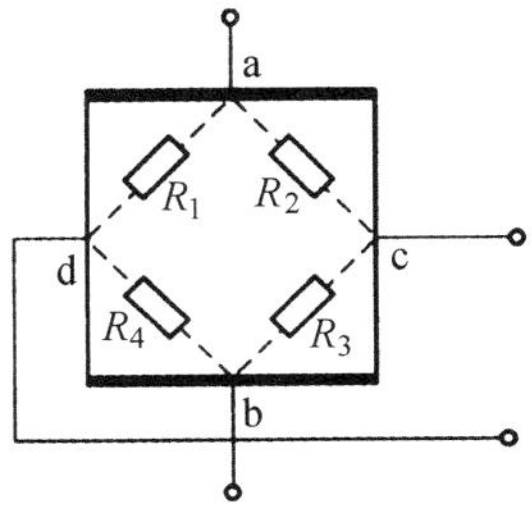

图 1-22　霍尔元件等效为一个电桥

（1）基本补偿电路。

霍尔元件的不等位电势补偿电路有多种形式，图 1-23 为两种常见电路，其中 *RP* 是调节电阻。图 1-23（a）是在造成电桥不平衡的电阻值较大的一个桥臂上并联 *RP*，通过调节 *RP* 使电桥达到平衡状态，称为不对称补偿电路；图 1-23（b）则相当于在两个电桥臂上并联调节电阻，称为对称补偿电路。

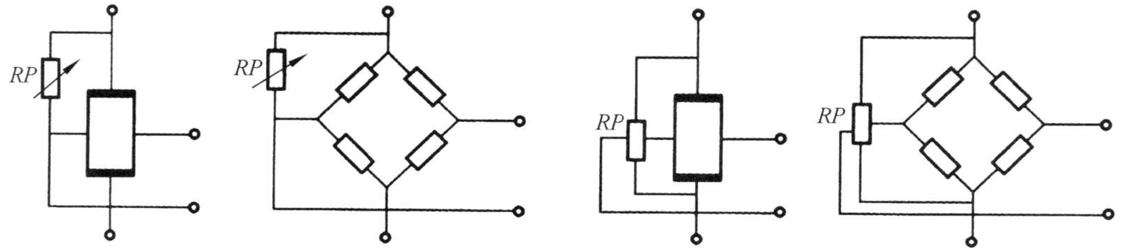

（a）不对称补偿　　（b）对称补偿

图 1-23　不等位电势的基本补偿电路

（2）具有温度补偿的补偿电路。

图 1-24 是一种常见的具有温度补偿的不等位电势补偿电路。其中一个桥臂为热敏电阻 R_t，并且 R_t 与霍尔元件的等效电阻的温度特性相同。在磁感应强度 B 为零时调节 RP_1 和 RP_2，使补偿电压抵消霍尔元件，从而 $B = 0$ 时的总输出电压为零。

在霍尔元件的工作温度下限 T_1 时，通过调节电位器 RP_1 来调节补偿电桥的工作电压 E_{ML}。当工作温度由 T_1 升高到 $T_1 + \Delta T$ 时，热敏电阻的阻值为 $R_t(T_1 + \Delta T)$。RP_1 保持不变，通过调节 RP_2，使补偿电压抵消此时的不等位电势 $E_{ML} + \Delta M$。

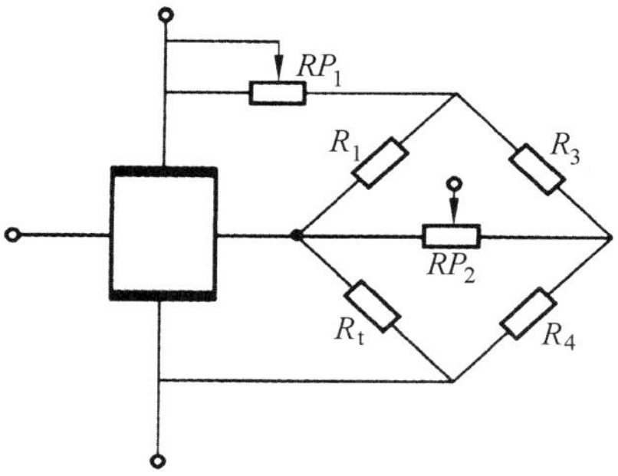

图 1-24　不等位电势的桥式补偿电路

【任务实施】

霍尔电动势是关于 I、B、θ 3 个变量的函数，即 $E_H = K_H IB\cos\theta$，利用这个关系可以使其中两个量不变，将第三个量作为变量，或者固定其中一个量、其余两个量都作为变量。3 个变量的多种组合使得霍尔传感器具有非常广阔的应用。归纳起来，霍尔传感器主要有下列 3 个方面的用途：

（1）维持 I、θ 不变，则 $E_H = f(B)$，这方面的应用有：测量磁感应强度的特斯拉计、测量转速的霍尔转速表、磁性产品计数器、霍尔式角编码器以及基于微小位移测量原理的霍尔式加速度计、微压力计、汽车无触点电子点火装置等。

（2）维持 I、B 不变，则 $E_H = f(\theta)$，这方面的应用有角位移测量仪等。

（3）维持 θ 不变，则 $E_H = f(IB)$，即传感器的输出 E_H 与 I、B 的乘积成正比，这方面的应用有模拟乘法器、霍尔式功率计等。

1. 霍尔式特斯拉计

特斯拉计（又称高斯计）用于测量和显示被测量物体在空间上一个点的静态或动态（交变）磁感应强度。其工作原理是基于霍尔效应，由霍尔探头和放大显示器、计算机通信接口等构成。测量结果可换算成单位面积平均磁通密度、磁积能、剩余磁通密度、剩余磁化强度即气隙磁场等，能够判别磁场方向。

在使用中，如图 1-25 所示霍尔探头被放置于被测磁场中，磁力线的垂直分量穿过霍尔元件的测量平面，从而产生与被测

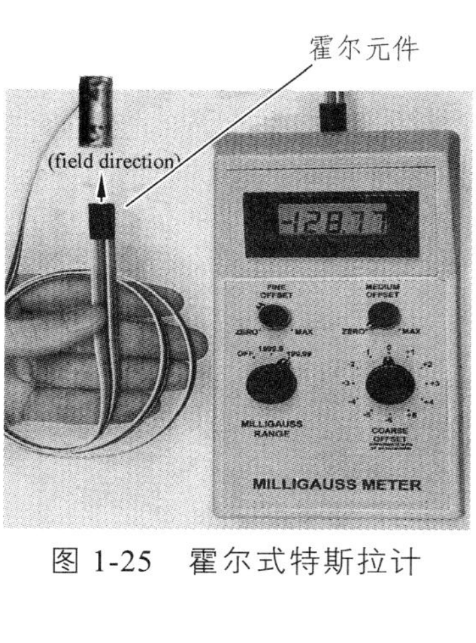

图 1-25　霍尔式特斯拉计

磁感应强度成正比的霍尔电动势，再根据设置的转换系数，通过显示屏显示出 B 值。

2. 霍尔接近开关

图 1-26 所示为常见霍尔接近开关的实物图。

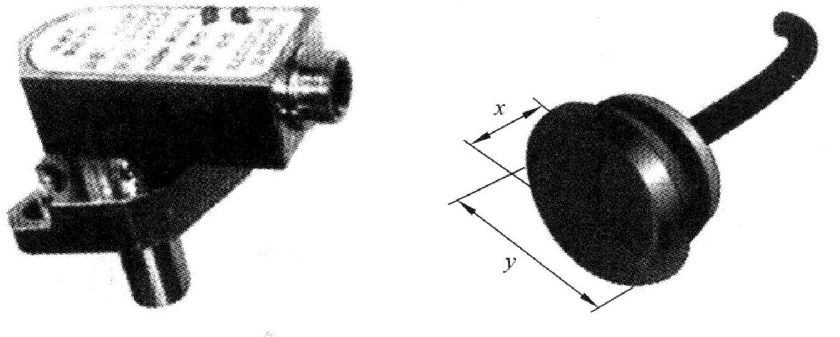

图 1-26　常见霍尔接近开关实物图

霍尔接近开关电路如图 1-27 所示。它是一个无接触磁控开关。当磁铁靠近时，开关接通，当磁铁离开后，开关断开。

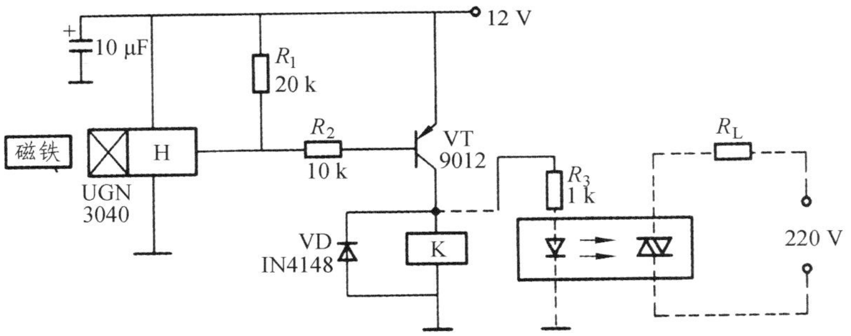

图 1-27　霍尔接近开关

3. 霍尔式转速传感器

图 1-28 所示是几种不同结构的霍尔式转速传感器。转盘的输入轴与被测转轴相连，当被测转轴转动时，转盘随之转动，固定在转盘附近的霍尔传感器便可在每一个小磁铁通过时产生一个相应的脉冲，检测出单位时间的脉冲数，便可知道被测转速。根据磁性转盘上小磁铁的数目就可确定传感器测量转速的分辨率。

图 1-28　霍尔式转速传感器

4. 电动机停转报警器

电动机停转报警电路如图 1-29 所示，该电路主要由霍尔检测、报警电路两大部分组成。

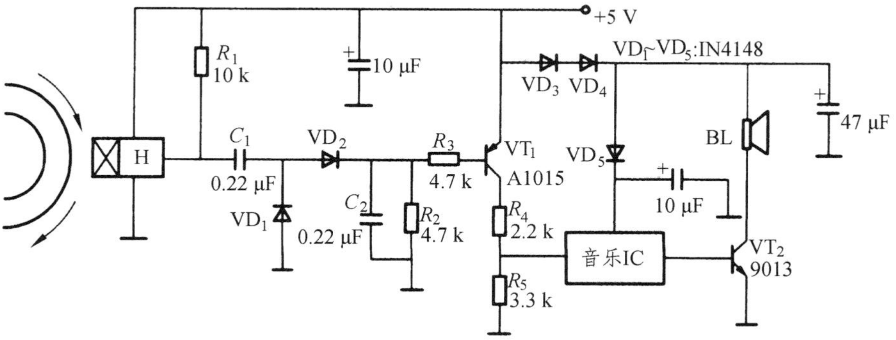

图 1-29　电动机停转报警电路

当电动机转动时，安装在电动机转轴上的磁铁以一定的频率经过霍尔传感器，霍尔传感器不断地输出脉冲信号，该信号经 C_1 耦合，二极管 VD_1、VD_2 整流，在 C_2 上形成直流高电平，晶体管 VT_1 截止，音乐 IC 无触发信号，无声音输出。当电动机停止转动时，霍尔传感器无脉冲信号输出。C_2 为低电平，VT_1 导通，音乐 IC 触发，扬声器 BL 发出声音。$VD_3 \sim VD_5$ 起降压作用（因为音乐 IC 的电源电压一般为 3 V）。

【任务自检】

1. 什么是霍尔效应？霍尔电势与哪些因素有关？
2. 影响霍尔元件输出零点的因素有哪些？怎样补偿？
3. 温度变化对霍尔元件输出电势有什么影响？如何补偿？
4. 属于四端元件的是（　　）。

   A. 应变片　　B. 压电晶体　　C. 霍尔元件　　D. 热敏电阻
5. 减少霍尔元件的输出不等位电动势的办法是（　　）。

   A. 减小激励电流　　B. 减小磁感应强度　　C. 使用电桥调零电位器

任务四　压电式传感器

【任务描述】

1-5　压电式传感器

（1）掌握压电式传感器的工作原理及压电材料的特性；
（2）掌握压电式传感器的测量电路；
（3）能独立分析压电式传感器的应用实例。

【背景知识】

压电式传感器是以某些电介质（如石英晶体或压电陶瓷、高分子材料）的压电效应为基础而工作的。在外力作用下，在电介质表面产生电荷，从而实现非电量电测的目的。因此，压电式传感器是一种典型的自发电式传感器。压电传感元件是力敏感元件，它可以测量最终能变换为力的那些非电物理量，例如动态力、动态压力、振动加速度等。

压电传感器具有体积小、质量轻、频响高、信噪比大等优点，但某些压电材料需要防潮措施，而且输出的直流响应差，需要采用高输入阻抗电路或电荷放大器来克服这一缺点。由于它没有运动部件，因此结构坚固，可靠性、稳定性高。

一、压电传感器的工作原理

1. 压电效应

某些电介质在沿一定方向上受到外力作用而变形时，内部会产生极化现象，同时在其表面产生电荷，当外力去掉后，又重新回到不带电的状态，这种现象称为压电效应。反之，在电介质的极化方向上施加交变电场或电压，它会产生机械变形。当去掉外加电场时，电介质变形随之消失，这种现象称为逆压电效应（电致伸缩效应）。

在晶体的弹性限度内，压电材料受动态力后，其表面产生的电荷 Q 与所施加的动态力 F 成正比，即

$$Q = dF \tag{1-15}$$

式中　d——压电常数。

图 1-30 是压电效应的示意图。生活中与压电效应有关的现象很多。例如在电子打火机中，当压电材料受到敲击，产生很高的电压，通过尖端放电，而点燃可燃气体；音乐贺卡中的压电片则是利用逆压电效应而发声的。

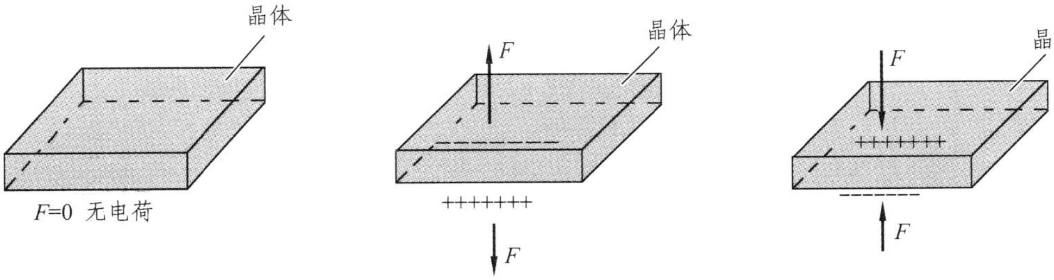

图 1-30　压电效应示意图

压电效应是压电式传感器的主要工作原理，由于外力作用在压电元件上产生的电荷只有在无泄漏的情况下才能保存，这实际上是不可能的，因此压电式传感器不能用于静态测量。压电元件在交变力的作用下，电荷可以不断补充，可以供给测量回路以一定的电流，故只适用于动态测量。所以这决定了压电传感器只能够测量动态的应力。

2. 压电材料的分类及特性

压电传感器中的压电元件材料一般有 3 类：第一类是压电晶体（单晶体），它包括压电石英晶体和其他压电单晶体；第二类是经过极化处理的压电陶瓷（多晶体）；第三类是高分子压电材料。

1）石英晶体

石英晶体俗称水晶，有天然和人工之分，是一种性能良好的压电晶体，它的突出特点是性能非常稳定。在 20 ~ 200 °C 的范围内压电常数的变化率只有 – 0.000 1/°C。此外，它还具有自振频率高、动态响应好、机械强度高、绝缘性能好、迟滞小、重复性好、线性范围宽等优点。石英晶体的不足之处是压电常数较小（$d = 2.31 \times 10^{-12}$C/N）。因此石英晶体大多只在标准传感器、高准确度测量或环境温度较高的场合中使用，而在一般要求的测量中，基本上采用压电陶瓷。

2）压电陶瓷

压电陶瓷是一种经极化处理后的人工多晶铁电体。所谓“多晶”，它是由无数细微的单晶组成；所谓“铁电体”，它具有类似铁磁材料磁畴的“电畴”结构。每个单晶形成一单个电畴，无数单晶电畴的无规则排列，致使原始的压电陶瓷呈现各向同性而不具有压电性（如图 1-31 所示）。要使之具有压电性，必须作极化处理，即在一定温度下对其施加强直流电场，迫使“电畴”趋向外电场方向作规则排列，如图 1-31（b）所示；极化电场去除后，趋向电畴基本保持不变，形成很强的剩余极化，从而呈现出压电性，如图 1-31（c）所示。

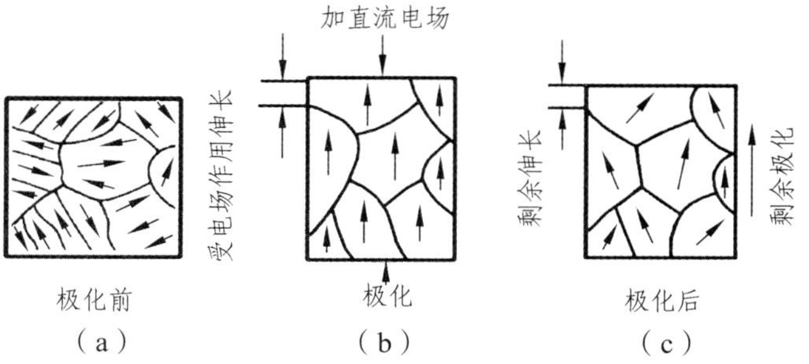

图 1-31　$BaTiO_3$ 压电陶瓷的极化

压电陶瓷的制造工艺成熟，通过改变配方或掺杂微量元素可使材料的技术性能有较大改变，以适应各种要求。它还具有良好的工艺性，可以方便地加工成各种需要的形状，在通常情况下，它比石英晶体的压电系数高得多，而且制造成本较低，因此目前国内外生产的压电元件绝大多数都采用压电陶瓷。

常用的压电陶瓷材料主要有以下几种：

（1）锆钛酸铅系列压电陶瓷（PZT）。

锆钛酸铅压电陶瓷是由钛酸铅和锆酸铅组成的固熔体。它有较高的压电常数，$d = (200 \sim 500) \times 10^{-12}$C/N，和较高的居里点（500 °C 左右），是目前经常采用的一种压电材料。在上述材料中加入微量的镧（La）、铌（Nb）和锑（Sb）等，可以得到不同性能的 PZT 材料。PZT 是工业中应用较多的压电陶瓷。

（2）非铅系压电陶瓷。

为减少铅对环境的污染，人们正积极研制非铅系压电陶瓷。目前非铅系压电铁电陶瓷体系主要有：$BaTiO_3$ 基无铅压电陶瓷、BNT 基无铅压电陶瓷、铌酸盐基无铅压电陶瓷和钛酸铋钠钾无铅压电陶瓷等，它们的各项性能多已超过含铅系列压电陶瓷，是今后压电铁电陶瓷的发展方向。

3）高分子压电材料

高分子压电材料是近年来发展很快的一种新型材料。典型的高分子压电材料有聚偏二氟乙烯（PVF_2或 PVDF）、聚氟乙烯（PVF）、改性聚氯乙烯（PVC）等。其中以 PVDF 的压电常数最高，有的材料可比压电陶瓷还要高十几倍。其输出脉冲电压有的可以直接驱动 CMOS 集成门电路。

高分子压电材料是一种柔软的压电材料，可根据需要制成薄膜或电缆套管等形状。经极化处理后就显现出电压特性。它不易破碎，具有防水性，可以大量连续拉制，制成较大面积或较长的尺度，因此价格便宜。其测量动态范围可达 80 dB，频率响应范围可从 0.1 Hz 直至 10^9 Hz。这些优点都是其他压电材料所不具备的。因此，在一些不要求测量准确度的场合，例如水声测量，防盗、振动测量等领域中获得应用。它的声阻抗与空气的声阻抗有较好的匹配，因而是很有希望的电声材料。例如在它的两侧面施加高压音频信号时，可以制成特大口径的壁挂式低音喇叭。

高分子压电材料的工作温度一般低于 100 °C。温度升高时，灵敏度将降低。它的机械强度不够高，耐紫外线能力较差，不宜暴晒，以免老化。

二、压电传感器的测量电路

1. 压电传感器的等效电路

由压电元件的工作原理可知，压电式传感器可以看作是一个电荷发生器。同时，它也是一个电容器，晶体上聚集正负电荷的两表面相当于电容的两个极板，极板间物质等效于一种介质，则电容量为

$$C_a = \frac{\varepsilon_r \varepsilon_0 S}{d} \tag{1-16}$$

式中 S——压电片的面积；

d——压电片的厚度；

ε_r——压电材料的相对介电常数。

因此，压电传感器可以等效为一个与电容相并联的电压源，如图 1-32（a）所示。也可以等效为一个电荷源，如图 1-32（b）所示。

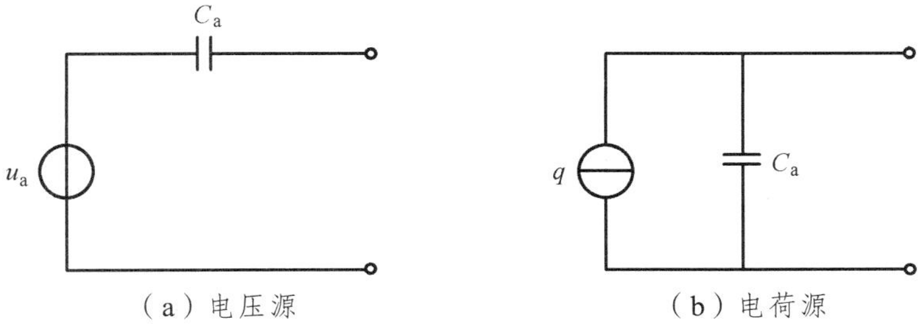

图 1-32 压电传感器的等效电路

2. 压电传感器的测量电路

压电传感器本身的内阻抗很高，而输出能量较小，因此它的测量电路通常需要接入一个

高输入阻抗的前置放大器。压电传感器的输出可以是电压信号，也可以是电荷信号，因此前置放大器也有两种形式：电压放大器和电荷放大器。

1）电压放大器（阻抗变换器）

图 1-33 所示是电压放大器电路原理图及其等效电路。

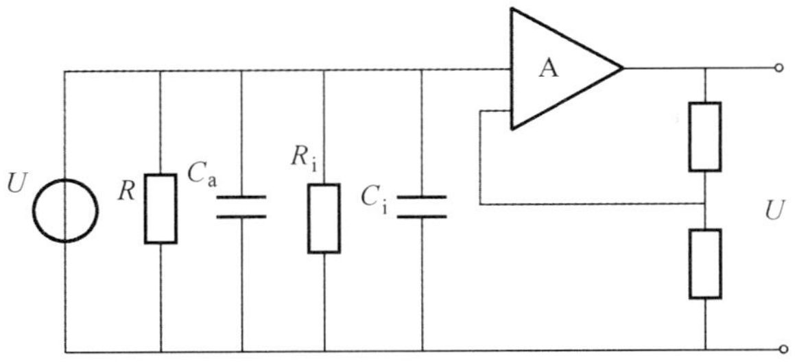

（a）电路原理图

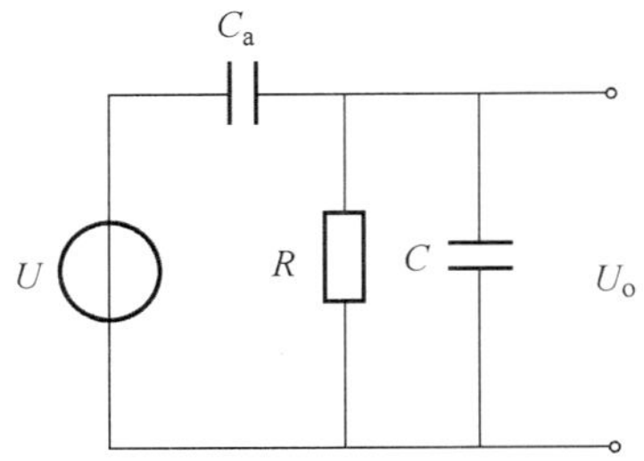

（b）等效电路图

图 1-33　电压放大器电路原理图及其等效电路图

注：C_a—连接电缆的等级电容；C_i、R_i—放大器的输入电容和输入电阻；R—压电传感器的泄漏电阻。

若压电元件受正弦力 $f = F_m \sin\omega t$ 的作用，则放大器输入端电压 U_i 的大小为

$$U_i = \frac{dF_m \omega R}{\sqrt{1+\omega^2 R^2 (C_i + C_a + C_c)^2}} \tag{1-17}$$

在理想情况下，传感器的电阻值 R_a 与前置放大器输入电阻 R_i 都为无穷大，即 $\omega R(C_i + C_a + C_c) \gg 1$，理想情况下输出电压幅值 U_m 为

$$U_m = \frac{dF_m}{C_i + C_a + C_c} \tag{1-18}$$

2）电荷放大器

电荷放大器常作为压电传感器的输入电路，由一个反馈电容 C_f 和高增益运算放大器构成，当略去 R_a 和 R_i 并联电阻后，电荷放大器等效电路如图 1-34 所示，图中 A 为运算放大器。由运算放大器特性，得到电荷放大器的输出电压：

$$U_o = \frac{K_q}{C_a + C_c + C_i + (1+K)C_f} \tag{1-19}$$

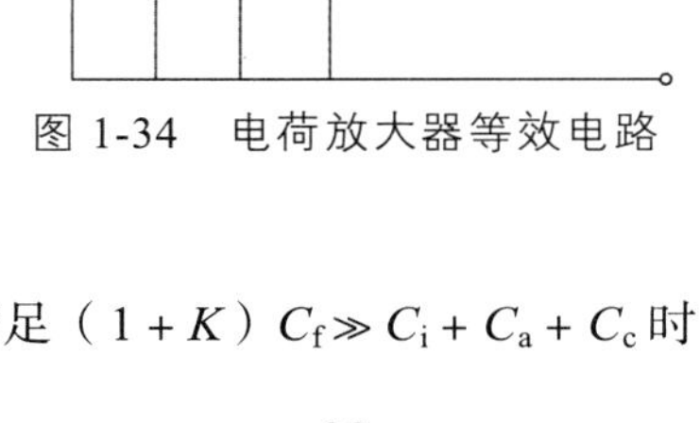

图 1-34　电荷放大器等效电路

式中　K——放大器增益。

由于 $K = 10^4 \sim 10^6$，此若满足（$1 + K$）$C_f \gg C_i + C_a + C_c$ 时，上式可表示为

$$U_o = \frac{q}{C_f} \tag{1-20}$$

【任务实施】

压电传感器主要用于脉动力、冲击力、振动等动态参数的测量。压电材料有石英晶体、压电陶瓷和高分子压电材料等，其特性不尽相同，所以用途也不一样。

石英晶体主要用于精密测量，多作为实验室基准传感器；压电陶瓷灵敏度较高，机械强度稍低，多用作测力和振动传感器；而高分子压电材料多用作定性测量。下面介绍几种典型的应用。

1. 压电式动态力传感器

压电式动态力传感器主要用于测量变化频率不太高的动态力，如车床动态切削力的测试。被测力通过传力上盖使压电片在沿轴方向受压力作用而产生电荷，两块压电片沿轴反方向叠在一起，中间是一个片形电极，它收集负电荷。两压电片正电荷侧分别与传感器的传力上盖及底座相连。因此两块压电片被并联起来，提高了传感器的灵敏度。片形电极通过电极引出插头将电荷输出。电荷 Q 与所受的动态力成正比。只要用电荷放大器测出ΔQ，就可以测知ΔF。其结构如图 1-35 所示。

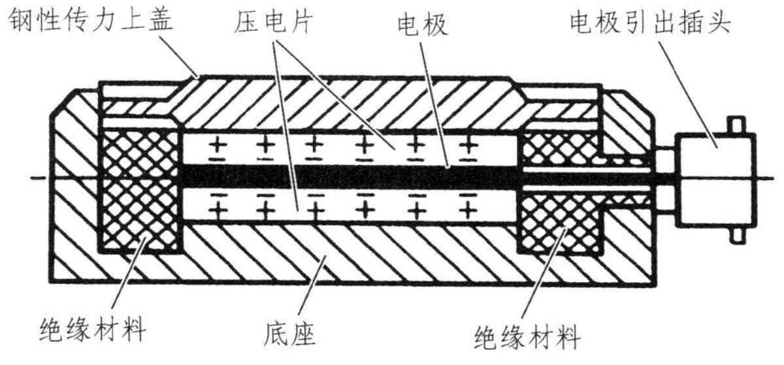

图 1-35　压电式单向动态传感器

压电式单向动态力传感器的测力范围与压电片的尺寸有关。例如一片直径为 18 mm、厚度为 7 mm 的压电片可承受 5 kN 的力，固有振动频率可达数十千赫兹。

图 1-36 是利用单向动态力传感器测量刀具切削力的示意图，压电动态力传感器位于车刀前端的下方。

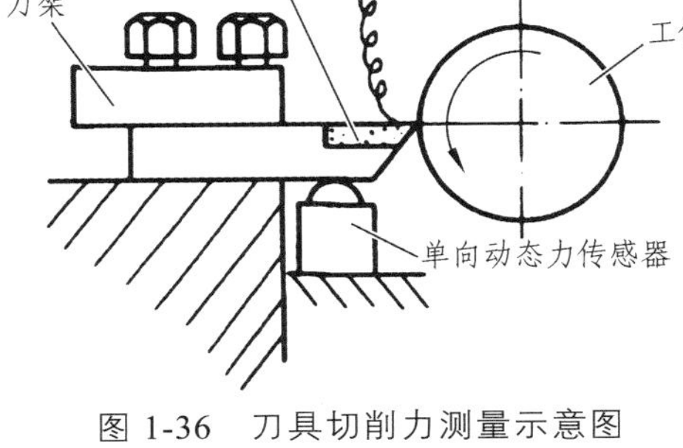

图 1-36　刀具切削力测量示意图

切削前，虽然车刀紧压在传感器上，压电片在压紧的瞬间也曾产生出很大的电荷，但几秒后，电荷就通过电路的泄漏电阻中和掉了。

切削过程中，车刀在切削力的作用下，上下剧烈颤动，将脉动力传递给单向动态力传感器。传感器的电荷变化量由电荷放大器转换成电压，再用记录仪记录下切削力的变化量。

2. 压电式玻璃破碎报警装置

玻璃破碎时会发出几千赫兹甚至超声波（高于 20 kHz）的振动。将高分子压电薄膜粘贴在玻璃上，可以感受到这一振动，并将电压信号传送给集中报警系统。图 1-37 示出了高分子压电薄膜振动感应片示意图。高分子薄膜厚约 0.2 mm，用聚偏二氟乙烯（PVDF）薄膜裁制成 10 mm × 20 mm 大小。在它的正反两面各喷涂透明的二氧化锡导电电极，也可以用热印制工艺制作高薄膜电极，再用超声波焊接上两根柔软的电极引线，并用保护膜覆盖。

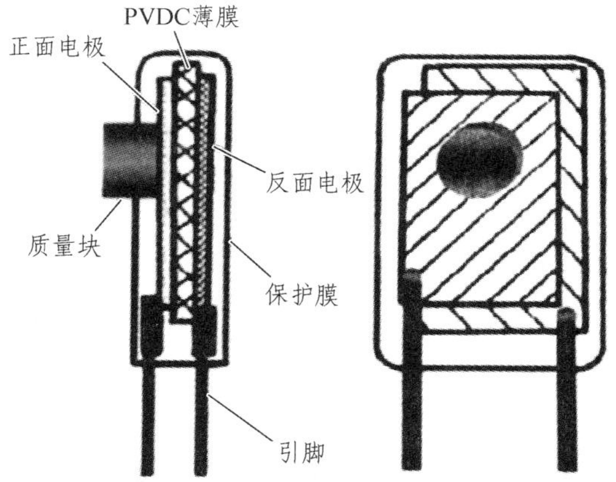

图 1-37　高分子压电薄膜振动感应片

使用时，用瞬干胶（502 等）将高分子压电薄膜粘贴在玻璃上。当玻璃遭暴力打碎的瞬间，压电薄膜感受到剧烈振动，表面产生电荷 Q。在两个输出引脚之间产生窄脉冲电压 $U_0 = \dfrac{Q}{C_a}$，式中 C_a 是两极之间的电容，脉冲信号经放大后，用电缆输送到集中报警装置，产生报警信号。

由于感应片很小且透明，不易察觉，所以可安装于贵重物品柜台、展览橱窗、博物馆及家庭等玻璃窗角落处。

【任务自检】

1. 什么叫正压电效应和逆压电效应？
2. 为什么说压电式传感器只适用于动态测量而不能用于静态测量？
3. 画出压电元件的两种等效电路。
4. 压电式传感器测量电路的作用是什么？其核心是解决什么问题？

任务五　温度传感器

1-6　温度传感器

【任务描述】

（1）掌握温度传感器的工作原理；

（2）辨识不同温度传感器的分类、结构及特点；

（3）能独立分析温度传感器的应用实例。

【背景知识】

温度是表征物体冷热程度的物理量，是生产生活中一个很重要而普遍的参数，很多控制都要依靠温度来实现。由于温度测量的普遍性，温度传感器的数量在各种传感器中居首位。温度传感器按其与被测介质的接触方式可分为接触式和非接触式两种类型：

（1）接触式温度传感器需要与被测介质保持热接触，使两者进行充分的热交换而达到同一温度。这一类传感器主要有电阻式、热电偶、PN 结温度传感器等。

（2）非接触式温度传感器无须与被测介质接触，而是通过被测介质的热辐射或对流将温度传给传感器，以达到测温目的。这一类传感器主要有红外温度传感器。

自然界的不少材料、元件的特性都随温度的变化而变化，如随温度变化的物理参数有：膨胀、电阻、电容、电动势、磁性能、频率、光学特性及热噪声等，温度传感器就是通过物体的特性随温度变化而改变的特点进行测量的。常用材料的温度传感器的类型、测温范围和特点如表 1-1 所示。

表 1-1　温度传感器的种类及特点

所利用的物理现象	传感器类型	测温范围/°C	特　点
体　积 热膨胀	气体温度计 液体压力温度计 玻璃水银温度计 双金属片温度计	−250～1 000 −200～350 −50～350 −50～300	不需要电源，耐用，但感温部分体积较大
接触热电势	钨铼热电偶 铂铑热电偶 其他热电偶	1 000～2 100 200～1 800 −200～1 200	自发电型，标准化程度高，品种多，可根据需要选择；需注意冷端温度补偿
电阻的变化	铂热电阻 热敏电阻	−200～900 −50～300	标准化程度高；但需要接入桥路才能得到电压输出
温度-颜色	示温涂料 液　晶	−50～1 300 0～100	面积大，可得到温度图像；但易衰老，精度低
光辐射 热辐射	红外辐射温度计 光学高温温度计 热释电温度计 光子探测器	−50～1 500 500～3 000 0～1 000 0～3 500	非接触式测量，反应快；但易受环境及被测体表面状态影响，标定困难

温度传感器应用极其广泛，家用的空调系统、冰箱、电饭煲、电风扇等产品都要用到温度传感器，工业上也广泛使用温度传感器，汽车上也用到温度传感器，另外航空航天、海洋开发、生物制药都需要温度传感器。如：医学上利用温度传感器实现非接触式温度测量，铁路上利用温度传感器测量轴箱温度，排查热轴故障等。

一、热电偶传感器

测量温度的传感器品种繁多，所依据的工作原理也各不相同。把温度变化转换成电势的热电式传感器称为热电偶。热电偶传感器（以下简称热电偶）是众多测温传感器中，已形成系列化、标准化的一种，它能将温度信号转换成电动势。目前在工业生产和科学研究中已得到广泛应用，并且可以选用标准的显示仪表和记录仪表来进行显示和记录。

热电偶测温的主要优点有：

（1）它属于自发电型传感器，因此测量时可以不要外加电源，可直接驱动动圈式仪表。

（2）结构简单，使用方便，热电偶的电极不受大小和形状的限制，可按照需要选择。

（3）测温范围广，高温热电偶可达 1 800 °C 以上，低温热电偶可达 – 260 °C。

（4）测量准确度较高，各温区中的误差均符合国际计量委员会的标准。

1. 热电偶的工作原理

1821 年，德国物理学家赛贝克（T.J.Seebeck）用两种不同金属组成闭合回路，并用酒精灯加热其中一个接触点（称为结点），发现放在回路中的电流表指针发生偏转。如果用两盏酒精灯对两个结点同时加热，指针的偏转角反而减小。显然，指针的偏转说明回路中有电动势产生并有电流在回路中流动，电流的强弱与两个结点的温差有关。

据此，赛贝克发现和证明了将两种不同性质的导体 A、B 组成闭合回路，如图 1-38 所示，若结点（1）、（2）处于不同的温度（$T \neq T_0$）时，两者之间将产生一热电势，在回路中形成一定大小的电流，这种现象称为热电效应。两种不同材料的导体所组成的回路称为“热电偶”，组成热电偶的导体称为“热电极”，热电偶所产生的电动势称为热电势。热电偶的两个结点中，置于温度为 T 的被测对象中的结点称之为测量端，又称为工作端或热端；而置于参考温度为 T_0 的另一结点称之为参考端，又称自由端或冷端。其电势由接触电势（珀尔帖电势）和温差电势（汤姆逊电势）两部分组成。

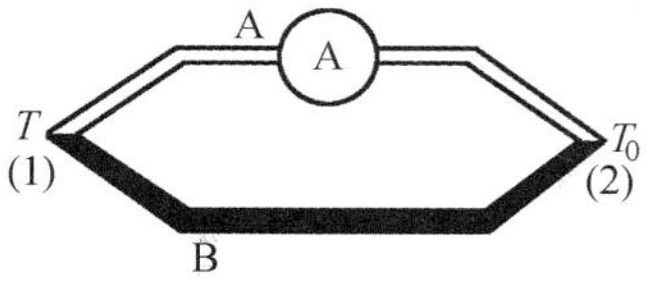

图 1-38　热电效应示意图

1）接触电势

当两种金属接触在一起时，由于不同导体的自由电子密度不同，在结点处就会发生电子迁移扩散。失去自由电子的金属呈正电位，得到自由电子的金属呈负电位。当扩散达到平衡时，在两种金属的接触处形成电势，称为接触电势。其大小除与两种金属的性质有关外，还与结点温度有关。在温度为 T 时的接触电势：

$$E_{AB}(T) = \frac{kT}{e} \ln \frac{N_A}{N_B} \tag{1-21}$$

式中　$E_{AB}(T)$——A、B 两种金属在温度 T 时的接触电势；

k——波尔兹曼常数，$k = 1.38 \times 10^{-23}$（J/K）；

e——电子电荷，$e = 1.6 \times 10^{-19}$（C）；

N_A、N_B——金属 A、B 的自由电子密度；

T——结点处的绝对温度。

2）温差电势

热电回路各电势示意图如图 1-38 所示。对于单一金属，如果两端的温度不同，则温度高端的自由电子向低端迁移，使单一金属两端产生不同的电位，形成电势，称为温差电势。其大小与金属材料的性质和两端的温差有关，可表示为

$$E_A(T,T_0) = \int_{T_0}^{T} \sigma_A \mathrm{d}T \tag{1-22}$$

式中 $E_A(T,T_0)$——金属 A 两端温度分别为 T 与 T_0 时的温差电势；

σ_A——温差系数；

T、T_0——高、低温端的绝对温度。

对于图 1-39 所示 A、B 两种导体构成的闭合回路，总的温差电势为

$$E_A(T,T_0) - E_B(T,T_0) = \int_{T_0}^{T} (\sigma_A - \sigma_B)\mathrm{d}T \tag{1-23}$$

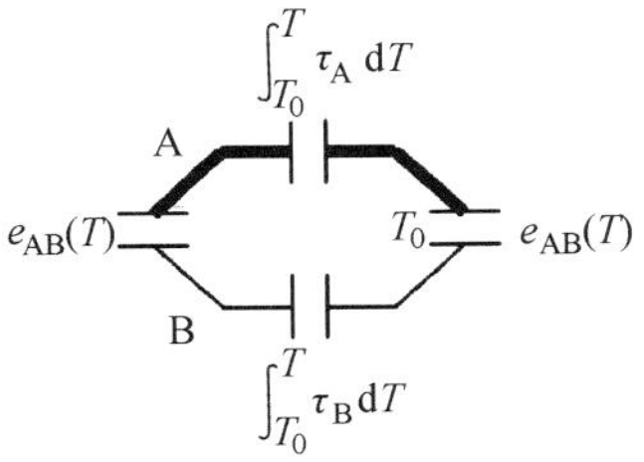

图 1-39 热电回路各电势

于是，回路的总热电势为

$$E_{AB}(T,T_0) = E_{AB}(T) - E_{AB}(T_0) + \int_{T_0}^{T} (\sigma_A - \sigma_B)\mathrm{d}T \tag{1-24}$$

由此可以得出如下结论：

（1）如果热电偶两电极的材料相同，即 $N_A = N_B$，$\sigma_A = \sigma_B$，虽然两端温度不同，但闭合回路的总热电势仍为零。因此，热电偶必须用两种不同材料作热电极。

（2）如果热电偶两电极材料不同，而热电偶两端的温度相同，即 $T = T_0$，闭合回路中也不产生热电势。

（3）在实际测温时，必须在热电偶闭合回路中引入连接导线和仪表。

2. 热电偶基本定律

1）中间导体定律

设在图 1-40 的 T_0 处断开，接入第三种导体 C，如图 1-41 所示。若 3 个结点温度均为 T_0，则回路中的总热电势为

$$E_{AB}(T_0) + E_{BC}(T_0) + E_{CA}(T_0) = 0 \tag{1-25}$$

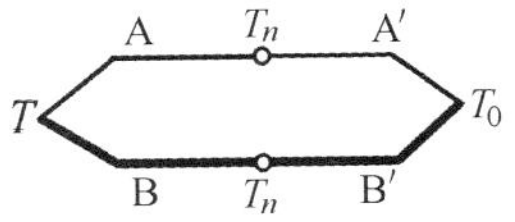

图 1-40 热电偶连接导线示意图

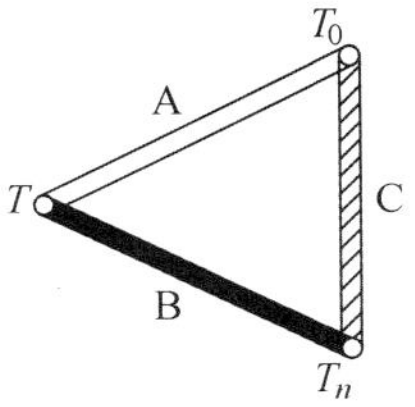

图 1-41 三导体热电回路

若 A、B 结点温度为 T，其余结点温度为 T_0，而且 $T > T_0$，则回路中的总热电势为

$$E_{ABC}(T,T_0) = E_{AB}(T,0) + E_{BC}(T_0,0) + E_{CA}(T_0,0) \tag{1-26}$$

由式（1-25）可得

$$-E_{AB}(T_0) = E_{BC}(T_0) + E_{CA}(T_0) \tag{1-27}$$

将式（1-27）代入式（1-26）可得

$$E_{ABC}(T,T_0) = E_{AB}(T,0) - E_{AB}(T_0,0) \tag{1-28}$$

结论：导体 A、B 组成的热电偶，当引入第三导体时，只要保持其两端温度相同，则对回路总热电势无影响，这就是中间导体定律。利用这个定律可以将第三导体换成毫伏表，只要保证两个结点温度一致，就可以完成热电势的测量而不影响热电偶的输出。根据这一定则，可以将热电偶的一个接点断开接入第三种导体，也可以将热电偶的一种导体断开接入第三种导体，只要每一种导体的两端温度相同，均不影响回路的总热电动势。在实际测温电路中，必须有连接导线和显示仪器，若把连接导线和显示仪器看成第三种导体，只要它们的两端温度相同，则不影响总热电动势。若在热电偶回路中接入多种导体，只要每种导体两端的温度相同，也可以得到相同的结论。

2）连接导体定律与中间温度定律

在热电偶回路中，如图 1-40 所示，若导体 A、B 分别与连接导线 A′、B′相接，结点温度分别为 T、T_n、T_0，则回路的总热电势为

$$E_{ABB'A'}(T,T_n,T_0) = E_{AB}(T,T_n) + E_{B'A'}(T_n,T_0) \tag{1-29}$$

连接导体定律：回路的总电势等于热电偶电势 $E_{AB}(T,T_n)$ 与连接导线电势 $E_{B'A'}(T_n,T_0)$ 的代数和。连接导体定律是工业上运用补偿导线进行温度测量的理论基础。

中间温度定律：当导体 A 与 A′、B 与 B′材料分别相同时，则式（1-29）可写为

$$E_{AB}(T,T_n,T_0) = E_{AB}(T,T_n) + E_{B'A'}(T_n,T_0) \tag{1-30}$$

$E_{AB}(T,T_0)$ 回路的总热电势等于 $E_{AB}(T,T_n)$ 与 $E_{AB}(T_n,T_0)$ 的代数和。T_n 称为中间温度。中间温度定律为制定分度表奠定了理论基础。热电偶的热电势只取决于构成热电偶的两个电极 A、B 的材料性质以及 A、B 两个结点的温度值 T、T_0，而与温度热电极的分布以及热电极的尺寸和形状无关。

中间温度定律在热电偶测温中应用极为广泛。根据该定律，我们可以在冷端温度为任一恒定值时，利用热电偶分度表求出工作端的被测温度值。

例如，用镍铬-镍硅热电偶测量炉温时，当冷端温度 $T_0 = 30$ °C 时，测得热电势 $E(T,T_0) = 39.17$ mV，求实际炉温。

由 $T_0 = 30$ °C 查分度表得 $E(30,0) = 1.2$ mV，根据中间温度定律得：

$E(T,0) = E(T,30) + E(30,0) = 39.17 + 1.2 = 40.37$（mV）。则查表得炉温 $T = 946$ °C。

3）标准电极定律

图 1-42 为标准电极定律示意图。图中 C 为标准电极，接在热电偶 A、B 之间，形成 3 个热电偶组成的回路。经过推导得

$$E_{AB}(T,T_0) = E_{AC}(T,T_0) - E_{BC}(T,T_0) \tag{1-31}$$

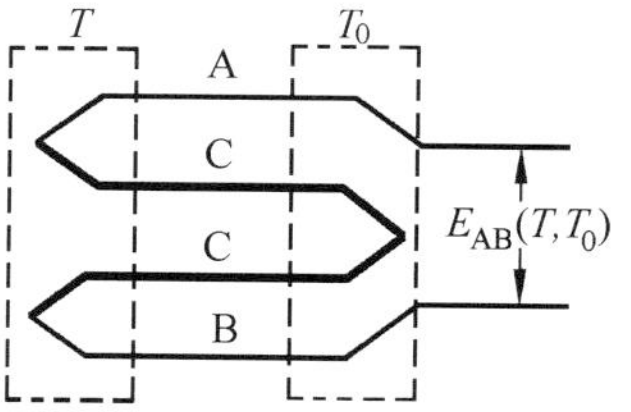

图 1-42　标准电极定律示意图

表明标准电极 C 与各种电极配对时的总热电势为两电极 A、B 配对后的电势之差。由于铂的物理和化学性能稳定，熔点高，易提纯，通常采用纯铂丝制成标准电极 C。由此可见，只要知道两种导体分别与标准电极组成热电偶时的热电动势，就可以依据标准电极定律计算出任意两种导体组成热电偶时的热电动势。从而简化了热电偶的选配工作。

3. 热电偶的种类及结构

1）热电偶的种类

热电极和热电偶的种类繁多，我国从 1991 年开始采用国际计量委员会规定的“1990 年国际温标”（简称 ITS-90）的新标准。按此标准，共有 8 种标准化了的通用热电偶，如表 1-2 所示。表中所列热电偶中，写在前面的热电极为正极，写在后面的为负极。对于每一种热电偶，还制定了相应的分度表，并且有相应的线性化集成电路与之对应。所谓分度表，就是热电偶自由端（冷端）温度为 0 °C 时，反映热电偶工作端（热端）温度与输出热电势之间的对应关系的表格（具体数值可上网查找）。国际电工委员会向世界各国推荐 8 种热电偶作为标准化热电偶。

表 1-2　8 种国际通用热电偶特性表

名　称	分度号	测温范围/°C	100°C 时的热电势/mV	1 000°C 时的热电势/mV	特　　点
铂铑 $_{30}$-铂铑 $_6$	B	50～1820	0.033	4.834	熔点高，测温上限高，性能稳定，准确度高，100 °C 以下热电势极小，所以可不必考虑冷端温度补偿；价格昂贵，线性差；只适用于高温域的测量
铂铑 $_{13}$-铂	R	－50～1768	0.647	10.506	使用上限较高，准确度高，性能稳定，复现性好；但热电动势较小，不能在金属蒸气和还原性气氛中使用，在高温下连续使用时特性会逐渐变坏，价格昂贵；多用于精密测量
铂铑 $_{10}$-铂	S	－50～1768	0.646	9.587	优点同上；但性能不如 R 热电偶；长期以来曾经作为国际温标的法定标准热电偶
镍铬-镍硅	K	－270～1370	4.096	41.276	热电势大，线性好，稳定性好，价廉；但材质较硬，在 1000 °C 以上长期使用会引起热电动势漂移；多用于工业测量
镍铬硅-镍硅	N	－270～1300	2.744	36.256	是一种新型热电偶，各项性能均比 K 热电偶好，适宜于工业测量
镍铬-铜镍（康铜）	E	－270～800	6.319	—	热电动势比 K 热电偶大 50%左右，线性好，耐高湿度，价廉；但不能用于还原性气氛；多用于工业测量
铁-铜镍（康铜）	J	－210～760	5.269	—	价格低廉，在还原性气体中较稳定；但纯铁易被腐蚀和氧化；多用于工业测量
铜-铜镍（康铜）	T	－270～400	4.279	—	价廉，加工性能好，离散性小，性能稳定，线性好，准确度高；铜在高温时易被氧化，测温上限低；多用于低温域测量。可作－200～0 °C 温域的计量标准

注：铂铑 $_{30}$ 表示该合金含 70%的铂及 30%的铑，以下类推。

2）热电偶的结构形式

热电偶的基本结构是热电极、绝缘材料和保护管。热电偶简单分为装配式热电偶，铠装式热电偶和特殊形式热电偶；按使用环境细分有耐高温热电偶，耐磨热电偶，耐腐热电偶，耐高压热电偶，隔爆热电偶，铝液测温用热电偶，循环硫化床用热电偶，水泥回转窑炉用热电偶，阳极焙烧炉用热电偶，高温热风炉用热电偶，汽化炉用热电偶，渗碳炉用热电偶，高温盐浴炉用热电偶，铜、铁及钢水用热电偶，抗氧化钨铼热电偶，真空炉用热电偶，铂铑热电偶等。

工业热电偶作为测量温度的传感器，通常与显示仪表、记录仪表或计算机等配套使用。可以直接测量各种生产过程中气体、液体、熔体及固体表面的温度。

（1）普通热电偶。

普通工业装配式热电偶作为测量温度的感应元件，通常和显示仪表、记录仪表和计算机控制系统配套使用。它可以直接测量各种生产过程中从 0 °C 到 1 800 °C 范围的液体、蒸气和气体介质温度。热电偶通常由热电极、绝缘管、保护套管和接线盒等几个主要部分组成，其常见外形结构如图 1-43 所示。

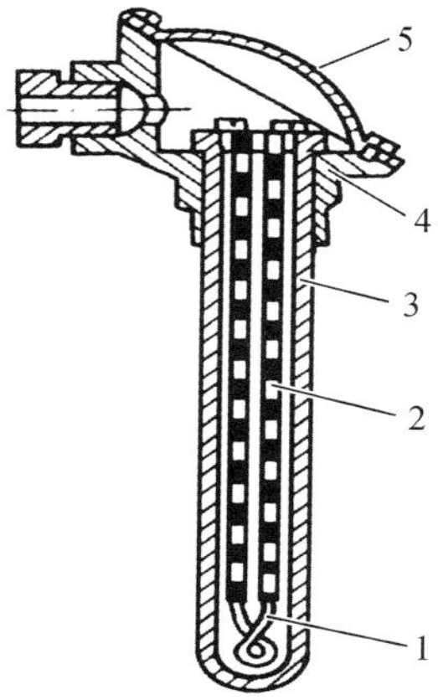

1—热电极；2—绝缘套管；3—保护管；4—接线盒；5—接线盒盖。

图 1-43　普通热电偶结构示意图

① 热电极。又称偶丝，它是热电偶的基本组成部分。普通金属做成的偶丝，其直径一般为 0.5 ~ 3.2 mm，贵重金属做成的偶丝，直径一般为 0.3 ~ 0.6 mm。偶丝的长度则由使用情况、安装条件，特别是工作端在被测介质中插入的深度来决定，通常为 300 ~ 1000 mm，常用的长度为 350 mm。

② 绝缘管。又称绝缘子，它是用于热电极之间及热电极与保护套管之间进行绝缘保护的零件。形状一般为圆形或椭圆形，中间开有 2 个、4 个或 6 个孔。偶丝穿孔而过。材料为黏土质、高铝质、刚玉质等，材料选用视使用的热电偶而定。在室温下，绝缘管的绝缘电阻应在 5 MΩ 以上。

③ 保护套管。它是用来保护热电偶感温元件免受被测介质化学腐蚀和机械损伤的装置。保护套管应具有耐高温、耐腐蚀的性能，要求导热性能好，气密性好。其材料有金属、非金属以及金属陶瓷三大类。保护套管的材料选择主要是依据被测介质和使用的环境条件。金属材料有铝、黄铜、碳钢、不锈钢等。

④ 接线盒。它是用来固定接线座和作为连接补偿导线的装置。根据被测量温度的对象及现场环境条件，设计有普通式、防溅式、防水式和接插座式等 4 种结构形式。

普通式接线盒无盖，仅由盒体构成，其接线座用螺钉固定在盒体上，适用于环境条件良好、无腐蚀性气体的现场。防溅式、防水式接线盒有盖，且盖与盒体是由密封圈压紧密封，适用于雨水能溅到的现场或露天设备现场。插座式接线盒结构简单、安装所占空间小，接线方便，适用于需要快速拆卸的环境。

（2）铠装热电偶。

铠装热电偶如图 1-44 所示，国际上又称之为无机物绝缘热电偶，是由不锈钢保护管、氧化镁绝缘粉、热电偶丝材组合，经模具压实的坚实整体，具有耐压、抗震、可挠、小型化、热响应时间快、安装方便、使用寿命长、机械强度好等优点，广泛应用于航空航天、原子能、石油、化工、冶金、机械、电力能源等工业部门和科研教学领域。铠装热电偶具有能弯曲、耐高压、热响应时间快和坚固耐用等许多优点，它和工业用装配式热电偶一样，作为测量温度的变送器，通常和显示仪表、记录仪表和计算机控制系统配套使用，同时亦可作为装配式热电偶的感温元件。它可以直接测量各种生产过程中从 0 ~ 800 °C 范围内的液体、蒸气和气体介质以及固体表面的温度。

（3）薄膜热电偶。

它是由两种金属薄膜制成的一种特殊结构的热电偶，如图 1-45 所示。薄膜的制作方法有许多种，如真空蒸镀、化学涂层和电泳等。测量端既小又薄，约为数百埃到数千埃（1 Å = 10^{-10} m = 10^{-4} μm）。由于测量端的热容量很小，可以用于微小面积上的温度测量，且响应快，其时间常数可达微秒级，因而可测瞬变的表面温度。其次，它的尺寸小，不会造成被测流体通路的堵塞。薄膜热电偶的结构有 3 种：片状与针状热电偶，以及将热电极材料直接蒸镀在被测表面的热电偶。

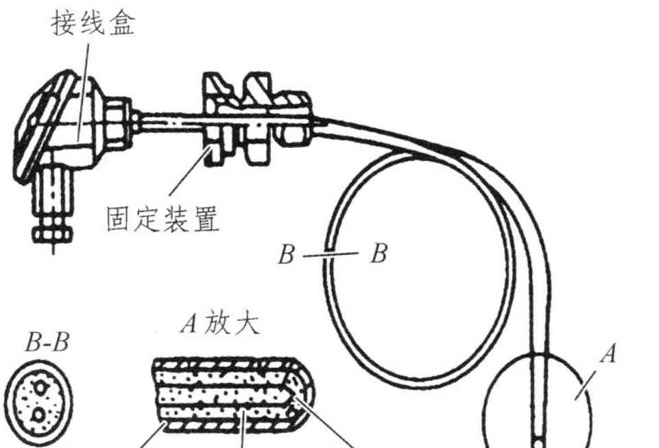

图 1-44　铠装热电偶

图 1-45　薄膜热电偶

4. 热电偶的冷端温度补偿

热电偶的冷端温度补偿常用的方法有 0 °C 恒温法、冷端温度修正法、仪表机械零点调整法、冷端温度电桥补偿法和软件补偿法。

1）0 °C 恒温法

将热电偶的冷端置于装有冰水混合物的恒温容器中，使冷端的温度保持 0 °C 不变。这种方法又称为冰浴法，它消除了 t_0 不等于 0 °C 而引入的误差，由于冰融化较快，所以一般只适用于实验室中。

2）冷端温度修正法

当热电偶的冷端温度 $t_0 \neq 0$ °C 时，由于热端与冷端的温差随冷端的变化而变化，所以测得的热电动势 $E_{AB}(t,t_0)$ 与冷端为 0 °C 时所测得的热电动势 $E_{AB}(t,0\ ^\circ C)$ 不等。若冷端温度高于 0 °C，则 $E_{AB}(t,t_0) < E_{AB}(t,0\ ^\circ C)$。可以利用式（1-32）计算并修正测量误差：

$$E_{AB}(t,0\ ^\circ C) = E_{AB}(t,t_0) + E_{AB}(t_0,0\ ^\circ C) \tag{1-32}$$

式中，$E_{AB}(t,t_0)$ 是用毫伏表直接测得的热电动势毫伏数。修正时，先测出冷端温度 t_0，然后从该热电偶分度表中查出 $E_{AB}(t_0,0\ ^\circ C)$，并把它加到所测得的 $E_{AB}(t,t_0)$ 上，根据式（1-32）求出 $E_{AB}(t,0\ ^\circ C)$，根据此值再在分度表中查出相应的温度值。计算修正法共需要查分度表两次。如果冷端温度低于 0 °C，由于查出的 $E_{AB}(t,0\ ^\circ C)$ 是负值，所以仍可用式（1-32）计算修正。

例： 用镍铬-镍硅（K）热电偶测量加热炉温度。已知冷端温度 $t_0 = 30$ °C，测得热电势 $E_{AB}(t, t_0)$ 为 38.505 mV，求加热炉温度。

解： 查镍铬-镍硅（K）热电偶分度表，得到 $E_{AB}(30\ ^\circ C, 0\ ^\circ C) = 1.203$ mV。根据式（1-32）有

$$\begin{aligned} E_{AB}(t,0\ ^\circ C) &= E_{AB}(t,30\ ^\circ C) + E_{AB}(30\ ^\circ C,0\ ^\circ C) \\ &= 38.505\ \text{mV} + 1.203\ \text{mV} \\ &= 39.708\ \text{mV} \end{aligned}$$

反查 K 分度表，求得 $t = 960$ °C。

该方法适用于热电偶冷端温度较恒定的情况。在智能化仪表中，查表及运算过程均可由计算机完成。

3）仪表机械零点调整法

当热电偶与动圈式仪表配套使用时，若热电偶的冷端温度比较恒定，对测量精度要求又不太高时，可将动圈仪表的机械零点调整至热电偶冷端所处的 t_0 处，这相当于在输入热电偶的热电势前就给仪表输入一个热电势 $E(t_0, 0°C)$。这样，仪表在使用时所指示的值约为 $E(t_0, 0°C) + E(t, t_0)$。进行仪表机械零点调整时，首先必须将仪表的电源及输入信号切断，然后用螺钉旋具调节仪表面板上的螺钉使指针指到 t_0 的刻度上。

当气温变化时，应及时修正指针的位置。此法虽有一定的误差，但非常简便，在工业上经常采用。

4）冷端温度电桥补偿法

用电桥在温度变化时的不平衡电压（补偿电压）去消除冷端温度变化对热电偶热电势的影响，这种装置称为冷端温度补偿器。

补偿电桥的工作原理如图 1-46 所示，它由 3 个电阻温度系数较小的锰铜丝绕制的电阻 R_1、R_2、R_3 及电阻温度系数较大的铜丝绕制的电阻 R_{Cu} 和稳压电源组成。补偿电桥与热电偶冷端处在同一环境温度，当冷端温度变化引起的热电势 $E_{AB}(t, t_0)$ 变化时，由于 R_{Cu} 的阻值随冷端温度变化而变化，适当选择桥臂电阻和桥路电流，就可以使电桥产生的不平衡电压 U_{ab} 补偿由于冷端温度 t_0 变化引起的热电势变化量，从而达到自动补偿的目的。

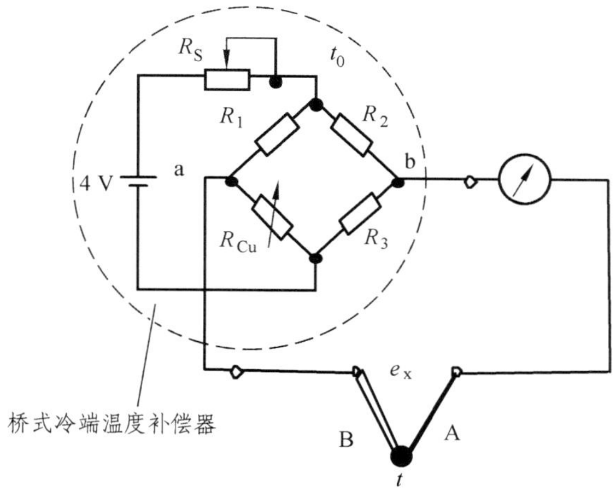

图 1-46　冷端温度电桥补偿器原理图

5）软件补偿法

利用计算机的软件优势实施补偿，可节省硬件成本，在智能传感器中应用广泛。

二、热电阻传感器

热电阻传感器是利用导体的电阻随温度变化而变化的特性测量温度的。热电阻传感器可分为金属热电阻式和半导体热电阻式两大类，前者简称热电阻，而后者的灵敏度可以比前者高 10 倍以上，所以又简称热敏电阻。

1. 金属热电阻

金属热电阻是基于电阻的热效应进行温度测量的，即电阻体的阻值随温度的变化而变化的特性。因此，只要测量出感温热电阻的组织变化，就可以测量出温度。它被广泛用来测量 $-200 \sim 960$ °C 的温度。其特点如下：

（1）电阻值与温度变化具有良好的线性关系。

（2）电阻温度系数大，以便对温度变化敏感，便于精确测量。

（3）电阻率高，热容量小，从而具有较快的响应速度。

（4）在测量范围内具有稳定的物理、化学性质。

（5）容易加工，价格尽量便宜。

金属热电阻大多是由纯金属材料制成，目前应用最多的是铂和铜，其中铂热电阻的测量精确度高，它不仅广泛应用于工业测温，而且被制成标准的测温仪。

1）铂热电阻

由于铂（Pt）的物理、化学性能非常稳定（尤其在高温和氧化性介质中），是目前制造热电阻的最好材料。除用作工业测温外，还作为标准电阻温度计。按国际温标 IPTS-68 规定，在 $-59.34 \sim 630.74$ °C 温域内，以铂电阻温度计作基准器。但是铂热电阻价格较贵，温度系数偏小，受磁场影响较大。按 IEC 标准，铂电阻的测温范围为 $-200 \sim 960$ °C。铂电阻的阻值与温度之间的关系：当温度 t 在 $-200 \sim 0$ °C 时，其关系式为

$$R_t = R_0[1 + At + Bt^2 + C(t-100)t^3] \qquad (1\text{-}33)$$

当温度在 0 ~ 650 °C 之间时关系式为

$$R_t = R_0(1 + At + Bt^2) \tag{1-34}$$

式中 R_0、R_t——分别为 0 °C 和 t °C 的电阻值；

A——常数（$3.968\ 47 \times 10^{-3}$/°C）；

B——常数（-5.847×10^{-7}/°C）；

C——常数（-4.22×10^{-12}/°C）。

在 0 ~ 100 °C 范围内 R_t 的表达式可近似线性为

$$R_t = R_0(1 + At) \tag{1-35}$$

式中 A——温度系数，近似为 3.85×10^{-3}/°C，Pt100 铂电阻的阻值在 0 °C 时，$R_t = 100\ \Omega$；而在 100 °C 时，$R_t = 138.5\ \Omega$。

要确定电阻 R_t 与温度 t 的关系，首先要确定 R_0 的数值，R_0 不同时，R_t 与 t 的关系不同。在工业上将相应于 $R_0 = 50\ \Omega$ 和 $100\ \Omega$（即分度号 Pt50、Pt100）的 R_t-t 关系制成分度表，称为热电阻分度表，供使用者查阅。薄膜式铂热电阻有 100 Ω、1 000 Ω 等数种。表 1-3 为 Pt100 的分度表的一部分。

表 1-3　铂电阻 Pt100 分度表（部分）

工作端温度/°C	Pt100	工作端温度/°C	Pt100	工作端温度/°C	Pt100
−50	80.31	100	138.51	250	194.10
−40	84.27	110	142.29	260	197.71
−30	88.22	120	146.07	270	201.31
−20	92.16	130	149.83	280	204. 90
−10	96.09	140	153.58	290	208.48
0	100.00	150	157.33	300	212.05
10	103.90	160	161.05	310	215.61
20	107.79	170	164.77	320	219.15
30	111.67	180	168.48	330	222.68
40	115.54	190	172.17	340	226.21
50	119.40	200	175.86	350	229.72
60	123.24	210	179.53	360	233.21
70	127.08	220	183.19	370	236.70
80	130. 90	230	186.84	380	240.18
90	134.71	240	190.47	390	243.64

2）铜热电阻（Cu）

在测量精度不太高，测温范围不大的情况下，可以采用铜电阻来代替铂电阻，铜热电阻灵敏度比铂电阻高，价格便宜，也能达到精度要求，铜热电阻外观形式如图 1-47 所示。在 – 50 ~ 150 °C 的温度范围内，铜电阻与温度接近线性关系，可用下式表示：

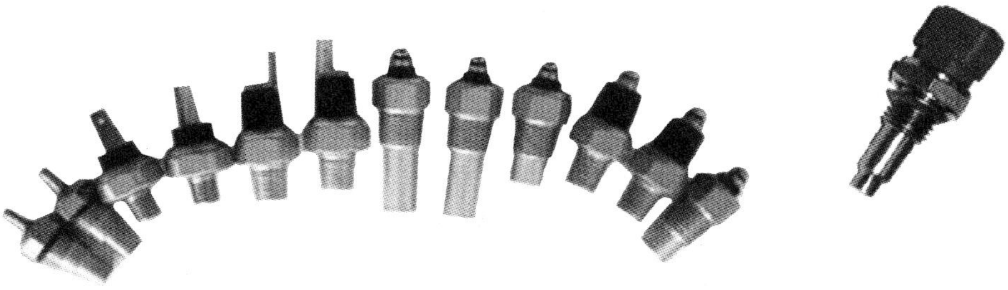

图 1-47　铜热电阻外观形式

$$R_t = R_0(1+at) \tag{1-36}$$

式中　R_t——温度为 t °C 时的电阻值；

R_0——温度为 0 °C 时的电阻值；

a——铜电阻温度系数，$a = 4.25 \times 10^{-3} \sim 4.28 \times 10^{-3}$/°C。

铜电阻的缺点是电阻率较低，电阻体的体积较大，热惯性也较大，100 °C 以上易氧化，因此只能用于 150 °C 以下低温以及无水分、无腐蚀性的介质中。

我国以 R_0 值在 50 Ω 和 100 Ω（分度号 Cu50、Cu100）条件下，制成相应分度表作为标准，供使用者查阅。

3）其他热电阻

上述两种热电阻对于低温和超低温测量性能不理想，而铟、锰、碳等热电阻材料却是测量低温和超低温的理想材料。

（1）铟电阻：用 99.999%高纯度的铟丝绕成电阻，可在室温至 4.2 K 温度范围内使用。实验证明：在 4.2 ~ 15 K 温度范围内，灵敏度比铂电阻高 10 倍；其缺点是材料软，复制性差。

（2）锰电阻：在 2 ~ 63 K 温度范围内，电阻随温度变化大，灵敏度高。缺点是材料脆，难拉成丝。

（3）碳电阻：适合用液氦温域（4.2 K）的温度测量，价廉，对磁场不敏感，但热稳定性较差。

2. 热敏电阻

热敏电阻是利用半导体的电阻值随温度显著变化这一特性制成的一种热敏元件，其特点是电阻率随温度显著变化。它是由某些金属氧化物，采用不同比例配方，经高温烧结而成的。它主要由敏感元件、引线和壳体组成。热敏电阻的外形多样，它的形状可以根据实际的控制制成珠状、片状、杆状、垫圈状等各种形状，其直径或厚度约为 1 mm，长度不超过 3 mm，如图 1-48 所示。

热敏电阻与金属热电阻相比，具有电阻值和电阻温度系数大、灵敏度高；体积小、结构简单；热惯性小、响应速度快；使用方便、寿命长，易于实现远距离测量等优点，得到广泛的应用。它主要的缺点：互换性较差，同一型号的产品特性参数有较大差别；稳定性较差；非线性严重，且不能在高温下使用。但随着技术的发展和工艺的成熟，热敏电阻的缺点将逐渐得到改进。

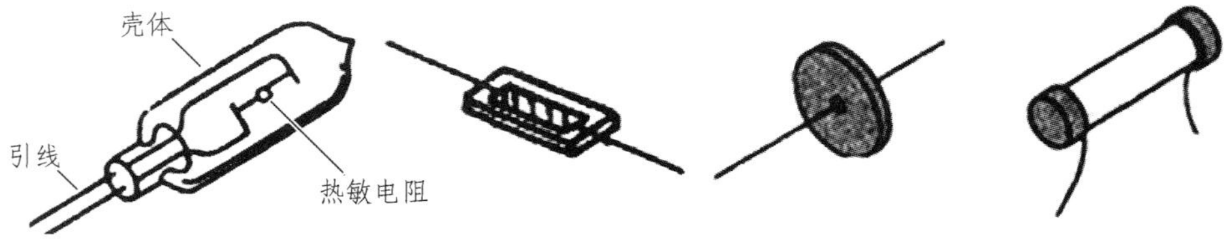

（a）玻璃罩珠状　（b）片状　（c）垫圈状　（d）杆状

图 1-48　热敏电阻的结构形式

热敏电阻的测温范围一般在 – 50 ~ 300 °C。可用于液体、气体、固体、高空气象等方面的温度相关量的测量。

1）热敏电阻的工作原理

半导体热敏电阻按温度特性可分为两类，一类是随温度上升电阻增加的正温度系数热敏电阻，另一类是随温度上升电阻下降的负温度系数热敏电阻。其温度曲线图如图 1-49 所示。

（1）正温度系数热敏电阻（PTC）。

此种热敏电阻以钛酸钡（$BaTiO_3$）为基本材料，再掺入适量的稀土元素，利用陶瓷工艺高温烧结而成。纯钛酸钡是一种绝缘材料，但掺入适量的稀土元素以后，变成了半导体材料。正温度系数的热敏电阻温度达到居里点时，阻值会发生急剧变化。居里点即临界温度，阻值发生急剧变化的那个温度，一般钛酸钡的居里点为 120 °C。

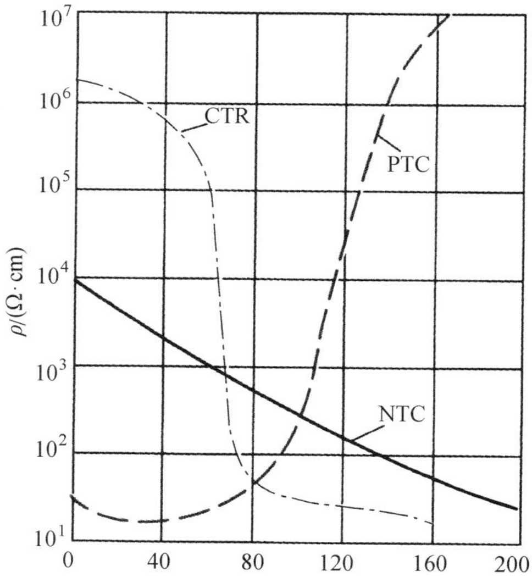

图 1-49　热敏电阻阻值温度曲线

（2）负温度系数热敏电阻（NTC）。

负温度系数热敏电阻是以氧化锰、氧化钴和氧化铝等金属氧化物为主要原料，采用陶瓷工艺制造而成。这些金属氧化物材料都具有半导体性质，有灵敏度高、稳定性好、响应快、寿命长、价格低等优点，广泛应用于需要定点测温的自动控制电路中，如冰箱、空调等。

（3）临界温度系数热敏电阻（CTR）。

还有一类热敏电阻叫临界温度系数热敏电阻（CTR），其特性是在某一特定温度下电阻值会发生突变，也属于负温度系数，主要用于温度开关类的控制。

2）热敏电阻的主要参数

热敏电阻的参数有许多，常见的有以下 7 个。

（1）电阻温度系数 α：热敏电阻在温度变化 1 °C 时阻值的变化率（%/°C）。

（2）标称电阻值 R_H：在环境温度为（25 ± 0.2 °C）时的电阻值，又称冷电阻。

阻值区别以阿拉伯数字表示，如 5k、10k 等直接标在热敏电阻上。还有一种是用数字表示，共三位，最后一位为零的个数，例：103 表示 $10\times10^3\ \Omega$。

（3）B 值：是反映热敏电阻阻值随温度变化快慢的参数。

（4）耗散系数 H：热敏电阻器温度变化 1 °C 所耗散的功率变化量。

（5）热容 C：热敏电阻温度变化 1 °C 时所需吸收或释放的热量（J/°C）。

（6）时间常数 τ：温度为 T_0 的热敏电阻突然置于温度为 T 的介质中，热敏电阻的温度增量 $\Delta T = 0.632\,(T - T_0)$ 时所需的时间（s）。

（7）额定功率 P_E：热敏电阻器在规定的条件下，长期连续带负荷工作所允许的消耗功率。

三、红外传感器

把红外辐射转换成电量变化的装置，称为红外传感器。红外传感器主要是利用被测物体热辐射而发出红外线来测量物体的温度，可进行遥测。其制造成本较高，测量精度却较低。优点是：不从被测物体上吸收热量；不会干扰被测对象的温度场；连续测量不会产生消耗；反应快等。

1. 红外传感器的分类

红外传感器主要分为光电型和热敏型。光电型是利用红外辐射的光电效应制成的，其核心是光电元件，这类传感器主要有红外二极管、三极管等。热敏型主要制作红外温度传感器，它是利用红外辐射的热效应制成的，其核心是热敏元件。热敏元件吸收红外线的辐射能后引起温度升高，进而使得有关物理参数发生变化，通过测量这些变化的参数即可确定吸收的红外辐射，从而也测出物体当时的温度。另外，在热敏元件温度升高的过程中，不管什么波长的红外线，只要功率相同，其加热效果就是相同的，假如热敏元件对各种波长的红外线都能全部吸收的话，那么热敏探测器对各种波长基本上都具有相同的响应。热探测器的种类主要分 4 类：热释电型、热敏电阻型、热电阻型和气体型。

2. 红外传感器的原理与基本结构

自然界一切温度高于绝对零度（–273.15 °C）的物体，由于分子的热运动，都在不停地向周围空间辐射包括红外波段在内的电磁波，其辐射能量密度与物体本身的温度关系符合普朗克（Plank）定律。其辐射能量与其温度及光谱波长遵循以下的规律：物体的温度越高，各个光谱波段上的辐射强度就越大；随物体温度的增加，最高辐射峰值所在的波长向短波方向移动；短波长的辐射能量随温度的变化比长波长的变化快，测量灵敏度高；红外辐射的物理本质是热辐射，一个物体向外辐射的能力大部分是通过红外线辐射出来的，物体温度越高，辐射出来的红外线越多，辐射能量就越强。红外测温仪就是基于以上原理实现测量温度的。红外传感器测量时不与被测物体直接接触，因而不存在摩擦，并且有灵敏度高、响应快等优点。

红外传感器包括光学系统、检测元件和转换电路。光学系统按结构不同可分为透射式和反射式两类。检测元件按工作原理可分为热敏检测元件和光电检测元件。热敏元件应用最多的是热敏电阻。热敏电阻受到红外线辐射时温度升高，电阻发生变化，通过转换电路变成电信号输出，如图 1-50 所示。

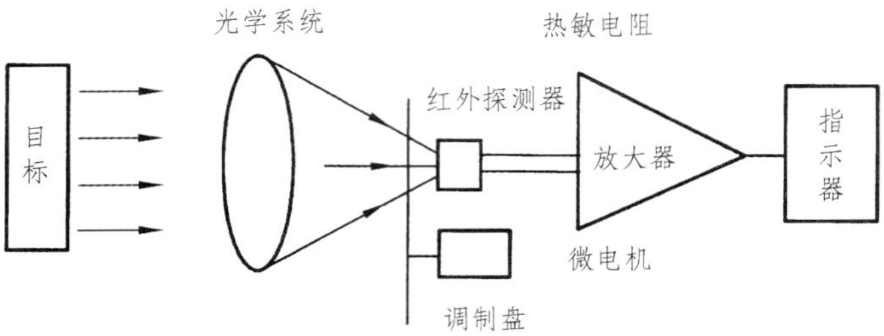

图 1-50 红外传感器测温原理图

【任务实施】

1. 热电偶金属表面温度的测量

对于机械、冶金、能源及国防等部门来说，金属表面温度的测量是非常普遍而复杂的问题。例如，热处理工作中锻件、铸件以及各种余热利用的热交换器表面、气体蒸汽管道、炉壁面等表面温度的测量。根据对象特点，测温范围从几百摄氏度到一千多摄氏度，而测量方法通常采用直接接触测量法。

直接接触测温法是指采用各种型号及规格的热电偶，用粘接剂或焊接的方法，将热电偶与被测金属表面（或去掉表面后的浅槽）直接接触，然后把热电偶接到显示仪表上组成测温系统。热电偶的应用如图 1-51 所示。

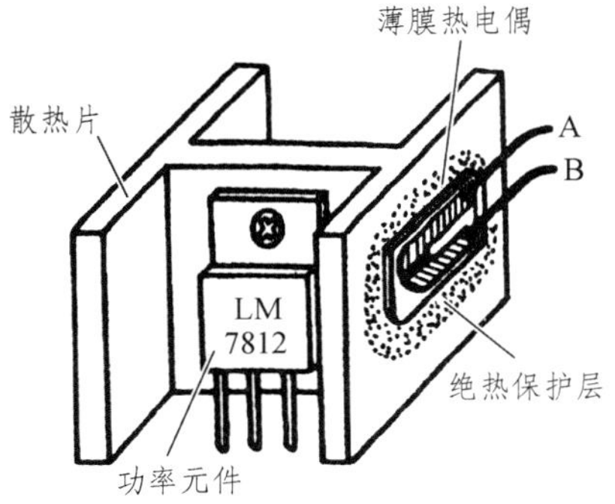

图 1-51 热电偶的应用

2. NTC 热敏电阻温度控制电路

NTC 热敏电阻广泛应用于温度测量，常用电桥接法，将电阻信号转换成电压信号来测量。如图 1-52 所示为 NTC 热敏电阻实现单点温度控制电路，当温度升高时，热敏电阻 R_t 的阻值降低，a 点的电位 U_a 升高到 $U_a>U_b$，比较器输出变为低电平，VT_1 导通，使 VT_2 也导通，继电器通电，常闭触点 K 断开，加热器断电停止加热。反之，当温度降低时，继电器失电，常闭触点 K 闭合，加热器通电加热。

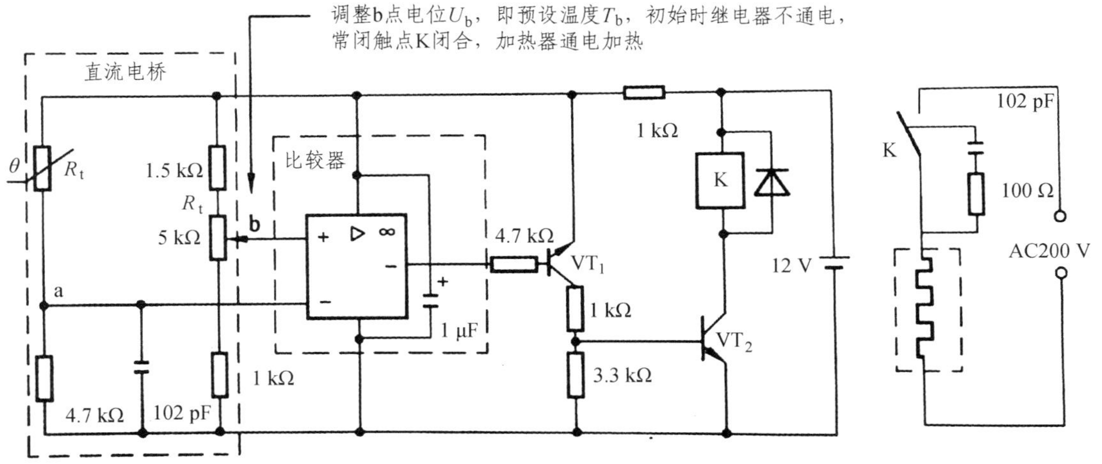

图 1-52 NTC 热敏电阻实现单点温度控制电路

3. 管道的流量检测

热敏电阻不仅能测量管道的温度，还能检测管道内气体或液体等介质的流量，如图 1-53 所示。图中 R_{t1} 和 R_{t2} 为热敏电阻，R_{t1} 置于管道中央，R_{t2} 置于温度与介质相同且不受介质流速影响的小室中，R_1 和 R_2 为普通电阻，R_{t1}、R_{t2}、R_1 和 R_2 这 4 个电阻组成电桥结构。当介质处于静止状态时，电桥处于平衡状态，流量计指示为零；当介质流动时，由于介质流动带走热量，温度的变化引起阻值的变化，电桥失去平衡而有输出，电流计指示值直接反映出流量的大小。

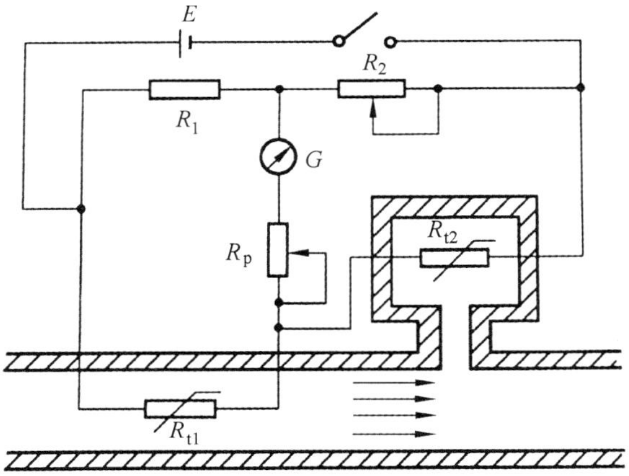

图 1-53 热敏电阻式流量计电路原理图

4. 红外线辐射温度计测人体温度

人体主要辐射波长为 9 ~ 10 μm 的红外线，通过对人体自身辐射红外能量的测量，便能准确地测定人体表面温度。由于该波长范围内的光线不被空气所吸收，因而可利用人体辐射的红外能量精确地测量人体表面温度。红外温度测量技术的最大优点是测试速度快，1 s 内可测试完毕。由于它只接收人体对外发射的红外辐射，没有任何其他物理和化学因素作用于人体，所以对人体无任何害处。如果采用红外线传感器远距离测量人体表面温度的热像图，可以发现温度异常的部位，及时对疾病进行诊断治疗。国产 TH-IR101F 红外测温仪由红外传感器和显示报警系统两部分组成，它们之间通过专用的五芯电缆连接。安装时将红外传感器用支架固定在通道旁边或大门旁边等地方，使得被测人与红外传感器之间的距离相距 35 cm。在其旁边摆放一张桌子，放置显示报警系统。只要被测人在指定位置站立 1 s 以上，红外快速检测仪就可准确测量出人员体温。一旦受测者体温超过 38 °C，测温仪的红灯就会闪亮，同时发出蜂鸣声提醒检查人员。红外温度快速检测仪可广泛用于机场、海关、车站、宾馆、商场、影院、写字楼、学校等人流量较大的公共场所，对体温超过 38 °C 的人员进行有效筛选，如图 1-54 所示。

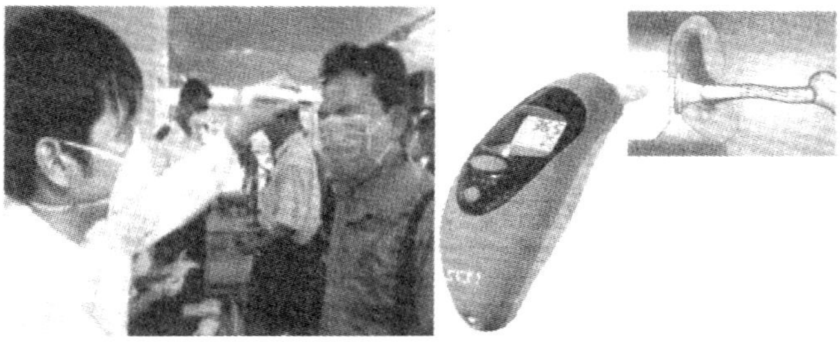

图 1-54　测量人体温度示意图

【任务自检】

1. 什么是金属导体的热电效应？试说明热电偶的测温原理。
2. 试分析金属导体产生接触电动势和温差电动势的原因。
3. 简述热电偶的中间导体定律，并分别说明它们的实用价值。
4. 试述热电偶冷端温度补偿的几种主要方法和补偿原理。
5. 用镍铬-镍硅（K）热电偶测量温度，已知冷端温度为 40 °C，用高精度毫伏表测得这时的热电动势为 29.188 mV，求被测点的温度。
6. 红外线分为几种类型？我们在什么地方可以用到它们。

任务六　超声波传感器

【任务描述】

1-7　超声波传感器

（1）掌握超声波传感器的工作原理、结构组成；

（2）掌握超声波传感器的探头及耦合技术；

（3）能独立分析电阻应变式传感器的应用实例。

【背景知识】

20 世纪中叶，人们发现某些介质的晶体，例如石英晶体、酒石酸钾钠晶体、PZT 晶体等，在高电压窄脉冲作用下，能产生较大功率的超声波。它与可闻声波不同，可以被聚焦，能用于集成电路的焊接，玻璃管内部的清洗；在检测方面，利用超声波有类似于光波的折射、反射的特性，制作超声波声纳探测器，可以用于探测海底沉船、潜艇等。现在，超声波已渗透到我们生活中的许多领域，例如 B 超、遥控、防盗、无损探伤等。

一、超声波基础知识

1. 声波的分类

声波是一种机械波。按照频率可分为次声波、可闻声波及超声波 3 种形式。声波频类的分布如图 1-55 所示。

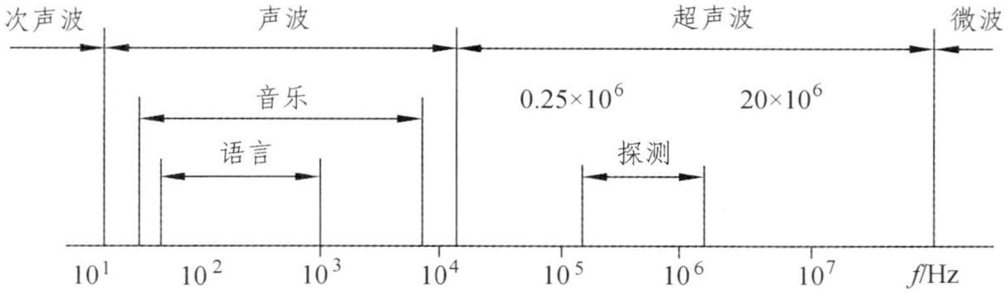

图 1-55　声波的频率分布

（1）次声波。次声波是频率低于 20 Hz 的声波，人耳听不到，但可与人体器官发生共振，7 ~ 8 Hz 的次声波会引起人的恐怖感，动作不协调，甚至导致心脏停止跳动。

（2）可闻声波。可闻声波的频率为 20 Hz ~ 20 kHz，人说话的频率范围一般在 20 Hz ~ 8 kHz。

（3）超声波。超声波是指频率高于 20 kHz 的声波。直线传播方式，穿透力强，能量损失小。在遇到两种介质的分界面（例如钢板与空气的交界面）时，能产生明显的反射和折射现象，超声波的频率越高，其声场指向性就越好、绕射能力就越弱。

2. 超声波的传播方式

超声波的传播波形主要可分为纵波、横波、表面波等几种。

（1）纵波。质点的振动方向与波的传播方向一致，这种波称为纵波，又称压缩波。纵波能够在固体、液体、气体中传播。人讲话时产生的声波就属于纵波。

（2）横波。质点的振动方向与波的传播方向相垂直，这种波称为横波。它是固体介质受到交变剪切应力作用时产生的剪切形变，所以又称为剪切波，它只能在固体中传播。

（3）表面波。固体的质点在固体表面的平衡位置附近做椭圆轨迹的振动，使振动波只沿着固体的表面向前传播，这种波称为表面波。

3. 声速、波长与指向性

1）声　速

声波的传播速度取决于介质的弹性系数、介质的密度以及声阻抗。介质的声阻抗 Z 等于介质的密度 ρ 和声速 c 的乘积，即 $Z=\rho c$。常用介质材料的密度、声阻抗与声速如表 1-4 所示。

表 1-4 几种常用材料的声速与密度、声阻抗的关系（环境温度为 0 °C）

材料	密度 $\rho/10^3\ kg \cdot m^{-3}$	声阻抗 $Z/MPa \cdot s \cdot m^{-1}$	纵波声速 $c_L/km \cdot s^{-1}$	横波声速 $c_s/km \cdot s^{-3}$
钢	7.7	460	5.9	3.2
铜	8.9	420	4.7	2.2
铝	2.7	170	6.3	3.1
有机玻璃	1.18	32	2.7	1.2
甘油	1.27	24	1.9	—
水（20 °C）	1.0	14.8	1.48	—
机油	0.9	12.8	1.4	—
空气	0.001 2	4×10^{-3}	0.34	—

固体的横波声速约为纵波声速的一半，且与频率关系不大。而表面波的声速约为横波声速的 90%，故又称表面波为慢波。温度越高，声速越慢。

2）波　长

超声波的波长 λ 与频率 f 的乘积恒等于声速 c，即

$$\lambda f = c \tag{1-37}$$

3）指向性

超声波生源发出的超声波束以一定的角度逐渐向外扩散，指向角 θ 与超声源的直径 D 以及波长 λ 之间的关系为

$$\sin\theta = 1.22\lambda / D \tag{1-38}$$

4. 超声波的反射与折射

1）倾斜入射时的反射与折射

超声波以一定的入射角从一种介质传播到另一种介质的分界面上时，一部分能量反射回原介质，称为反射波；另一部分能量则透过分界面，在另一介质内继续传播，称为折射波或透射波，如图 1-56 所示。

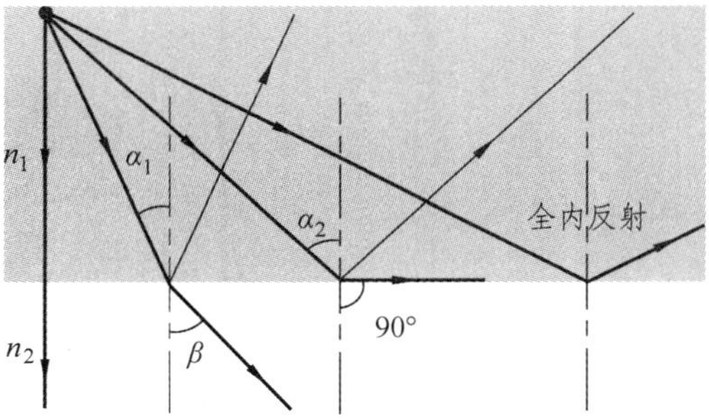

图 1-56 超声波的反射与折射

如果入射声波的入射角 α 足够大时，将导致折射角 $\beta = 90°$，则折射声波只能在介质分界面传播，折射波形将转换为表面波，这时的入射角称为临界角。如果入射声波的入射角 α 大于临界角，将导致声波的全反射。

2）垂直入射时的反射与透射

我们将反射波声压与入射波声压之比称为声压反射率 r。与此对应，透射波声压与入射波声压之比称为声压透射率 d。

（1）当介质 1 和介质 2 的声阻抗相等或十分接近时，$r=0$，$d=1$，即不产生反射波，可视为全透射。

（2）当超声波从密度小的介质（例如水）射向密度大的介质（例如钢）时，反射率 r 和透射率 d 均较大。例如超声波从水中入射到钢中时，透射率高达 93.8%。

（3）当超声波从密度大的介质射向密度小的介质时，反射率 r 较大，而透射率 d 却较小。例如在上例中，超声波进入钢板并传播一段距离后到达钢板底面时，若底部是钢、水界面，则声压的大部分被反射，反射率高达 93.8%，而只有一小部分泄露出来。

二、超声波探头及耦合技术

超声波探头又称为超声波换能器。它的工作原理有压电式、磁致伸缩式及电磁式等，在检测技术中主要采用压电式。探头分为直探头、斜探头、双探头、聚焦探头、表面波探头、冲水探头、水浸探头、空气传导探头以及其他专用探头等，如图 1-57 所示。

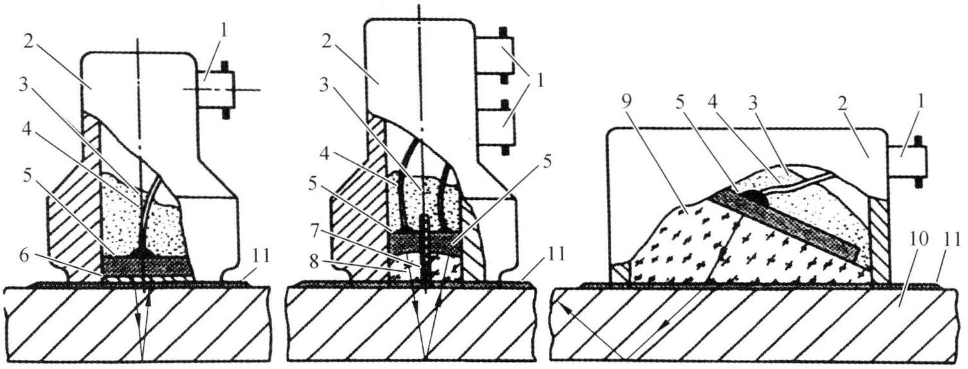

（a）单晶直探头　（b）双晶直探头　（c）斜探头

1—接插件；2—外壳；3—阻尼吸收块；4—引线；5—压电片；6—保护膜；7—隔离层；8—延迟块；9—有机玻璃斜楔块；10—试件；11—耦合剂。

图 1-57　超声波探头结构示意图

1. 以固体为传导介质的超声探头

1）单晶直探头

用于固体介质的单晶直探头（俗称直探头）的结构如图 1-57（a）所示。压电片采用压电陶瓷材料制作，外壳用金属制作，保护膜用于防止压电片磨损。保护膜可以用三氧化二铝、碳化硼等硬度很高的耐磨材料制作。阻尼吸收块用于吸收压电片背面的超声脉冲能量，防止杂乱反射波产生，提高分辨力。阻尼吸收块用钨粉、环氧树脂等混合体浇注。

发射超声波时，将 500 V 以上的高压电脉冲加到压电片 5 上，利用逆压电效应，使压电片发射出一束频率落在超声范围内、持续时间很短的超声振动波。向上发射的超声振动波被阻尼块所吸收，而向下发射的超声波垂直透射到图 1-57（a）中的试件 10 内。假设该试件为钢板，而其底面与空气交界，到达钢板底部的超声波的绝大部分能量被底部界面所反射。反射波经过一短暂的传播时间回到压电片 5。利用压电效应，压电片将机械振动波转换成同频率的交变电荷和电压。由于衰减等原因，该电压通常只有几十毫伏，还要加以放大，才能在显示器上显示出反射脉冲的波形和幅值。

从以上分析可知，超声波的发射和接收虽然均是利用同一块压电片，但时间上有先后之分，所以单晶直探头是处于分时工作状态，必须用电子开关来切换这两种不同的状态。

2）双晶直探头

双晶直探头的结构如图 1-57（b）所示。它由两个单晶探头组合而成，装配在同一壳体内，其中一片压电片发射超声波，另一片压电片接收超声波。两压电片之间用一片吸声性能强绝缘性能好的薄片加以隔离，使超声波的发射和接收互不干扰。略有倾斜的压电片下方还设置延迟块，它用有机玻璃或环氧树脂制作，它能使超声波延迟一段时间后才入射到试件中，可减小试件接近表面处的盲区，提高分辨能力。双晶探头的结构虽然复杂些，但检测准确度比单晶直探头高，且超声信号的反射和接收的控制电路较单晶直探头简单。

3）斜探头

有时为了使超声波能倾斜入射到被测介质中，可选用斜探头，如图 1-57（c）所示。压电片粘贴在与底面成一定角度（如 30°、45°等）的有机玻璃斜楔块上，压电片的上方用吸声性强的阻尼吸收覆盖。当斜楔块与不同材料的被测介质（试件）接触时，超声波产生一定角度的折射，倾斜入射到试件中去，折射角可通过计算求得。

斜探头根据声速入射角的不同，会在工件中产生横波、纵波和表面波。通常所说的斜探头是指横波斜探头，它的标称方式有 3 种：

（1）以纵波入射角作为标称，有 30°、45°、50°和 55°。

（2）以钢中的横波折射角作为标称，有 40°、45°、50°、60°和 70°等。

（3）以钢中的折射角正切值（K）作为标称，常用探头的 K 值有 1、1.5、2、2.5 和 3。

有机玻璃斜探头的入射角与在钢中的横波折射角的关系见表 1-5，K 值与折射角的关系见表 1-6。

表 1-5　有机玻璃斜探头的入射角与在钢中的横波折射角的关系

入射角	30°	45°	50°	55°
折射角	36°	57°	65°	76°

表 1-6　K 值与钢中的横波折射角的关系

K	1	1.5	2	2.5	3
折射角	45°	56°	63°	68°	72°

2. 以空气为传导介质的超声探头

以空气为传导介质的超声探头由于空气的声阻抗是固体声阻抗的几千分之一，所以空气超声探头的结构与固体传导探头有很大的差别。此类超声探头的发射换能器和接收换能器一般是分开设置的，两者结构也略有不同，图 1-58 是空气传导用的超声波发射换能器和接收换能器（简称为发射器和接收器或超声探头）的结构示意图。发射器的压电片上粘贴了一只锥形共振盘，以提高发射效率和方向性。接收器在共振盘上还增加了一只阻抗匹配器，以滤除噪声、提高接收效率。配套的空气传导超声发射器和接收器的有效工作范围可达几米至几十米。

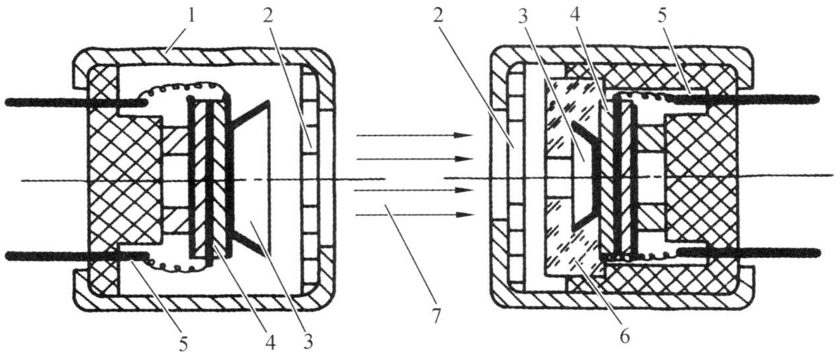

（a）超声发射器　　　　（b）超声接收器

1—外壳；2—金属丝网罩；3—锥形共振盘；4—压电片；5—引脚；6—阻抗匹配器；7—超声波束。

图 1-58　空气传导型超声发射器和接收器的结构

3. 耦合剂

在图 1-57 中，一般不能直接将探头放在被测介质（特别是粗糙金属）表面来回移动，以防磨损。更重要的是，由于超声探头与被测物体接触时，在工件表面不平整的情况下，探头与被测物体表面间必然存在一层空气薄层。空气的密度很小，将引起 3 个界面间强烈的杂乱反射波，造成干扰，而且空气也将对超声波造成很大的衰减。为此，必须将接触面之间的空气排挤掉，使超声波能顺利地入射到被测介质中。在工业中，经常使用一种称为耦合剂的液体物质，使之充满在接触层中，起到传递超声波的作用。常用的耦合剂有水、机油、甘油、水玻璃、胶水、化学糨糊等，耦合剂的厚度应尽量薄一些，以减小耦合损耗。

【任务实施】

1. 超声波测液位和物位

超声波液位（物位）传感器是一种非接触式的物位传感器，应用领域十分广泛。其工作原理是：工作时向液面或物体表面发射一束超声波，当超声波被其反射后，传感器再接收此反射波。设声速一定，根据声波往返的时间就可以计算出传感器到液面（物体表面）的距离，即测量出液面（物体表面）位置，如图 1-59 所示。

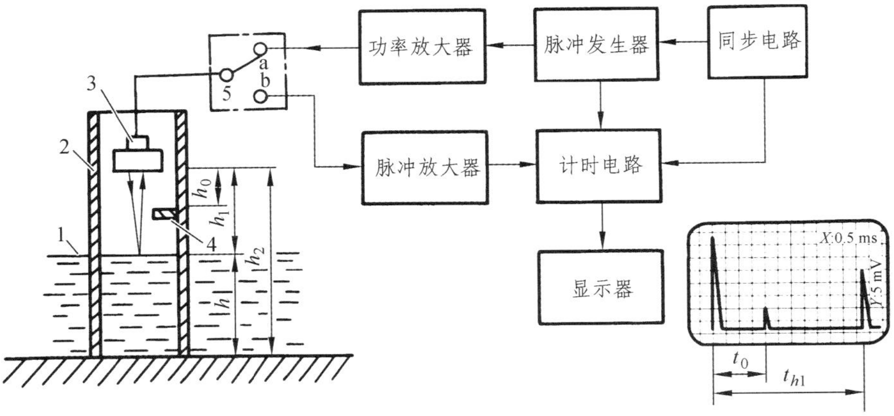

1—液面；2—直管；3—空气超声探头；4—反射小板；5—电子开关。

图 1-59　超声波液位计原理图

例： 超声波液位计原理如图 1-59 所示，从显示屏上测得 $t_0 = 2$ ms，$t_{h1} = 5.6$ ms。已知水底与超声探头的间距为 10 m，反射小板与探头的间距为 0.34 m，求液位 h。

解： 由于

$$\frac{h_0}{t_0} = \frac{h_1}{t_{h1}}$$

所以有

$$h_1 = \frac{t_{h1}}{t_0} h_0 = \frac{5.6 \times 0.34}{2} = 0.95 \text{ m}$$

所以液位 h 为

$$h = h_2 - h_1 = (10 - 0.95) \text{ m} = 9.05 \text{ m}$$

由于空气中的声速随温度改变会造成温漂，所以在传送路径中还设置了一个反射性良好的小板作标准参照物，以便计算修正。上述方法除了可以测量液位外，也可以测量粉体和粒状体的物位。

2. 超声防盗报警器

图 1-60 所示为超声报警电路，上半部分为发射部分，下半部分为接收部分的电原理框图。它们装在同一块线路板上。发射器发射出频率 $f = 40$ kHz 左右的连续超声波（空气超声探头选用 40 kHz 工作频率可获得较高灵敏度，并可避开环境噪声干扰）。如果有人进入信号的有效区域，相对速度为 v，从人体反射回接收器的超声波将由于多普勒效应，而发生频率偏移Δf。

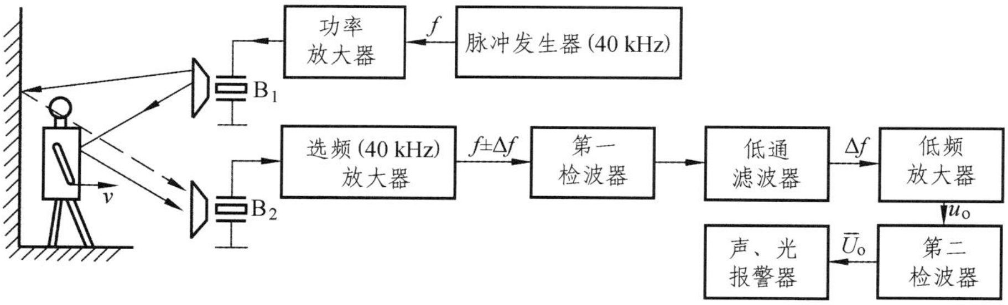

图 1-60　超声防盗报警器原理图

多普勒效应：当超声波源与传播介质之间存在相对运动时，接收器接收到的频率与超声波源发射的频率将有所不同。产生的频偏 $\pm\Delta f$ 与相对速度的大小及方向有关。

举例：当高速行驶的火车向你逼近和掠过时，所产生的变调声就是多普勒效应引起的。接收器收到两个不同频率所组成的差拍信号（40 kHz 以及偏移的频率 40 kHz $\pm\Delta f$）。这些信号由 40 kHz 选频放大器放大，并经检波器检波后，由低通滤波器滤去 40 kHz 信号，而留下Δf的多普勒信号。此信号经低频放大器放大后，由检波器转换为直流电压，去控制报警扬声器或指示器。

利用多普勒原理的好处：可以排除墙壁、家具的影响（它们不会产生Δf），只对运动的物体起作用。由于振动和气流也会产生多普勒效应，故该防盗报警器多用于室内。

【任务自检】

1. 简述超声波传感器的结构与工作原理。
2. 简述超声波探头种类及各自的特点。
3. 什么是多普勒效应？请举例分析其工作原理。
4. 超声波传感器探测工件时，为什么要在探头与被测介质之间涂抹一层耦合剂？

任务七　光电式传感器

【任务描述】

1-8　光电式传感器

（1）掌握光电式传感器的基本知识；
（2）熟悉常用光电器件的工作原理、结构及特点；
（3）分析光电式传感器的应用电路。

【背景知识】

光照射在物体上会产生一系列的物理或化学效应，例如植物的光合作用，化学反应中的催化作用，人眼的感光效应，取暖时的光热效应以及光照射在光电元件上的光电效应等。光电传感器是将光信号转换为电信号的一种传感器。使用这种传感器测量其他非电量（如转速、浊度、二维码等）时，只要将这些非电量转换为光信号的变化即可。此种测量方法具有反应快、非接触等优点，故在非电量检测中应用较广。

一、光电式传感器的基础知识

光电式传感器的理论基础是光电效应。用光照射某一物体，可以看作物体受到一连串能量为 hf 的光子的轰击，组成该物体的材料吸收光子能量而发生相应电效应的物理现象称为光电效应。通常把光电效应分为 3 类：

（1）在光线的作用下，能使电子逸出物体表面的现象称为外光电效应，基于外光电效应的光电元件有光电管、光电倍增管等。

（2）在光线的作用下，能使物体的电阻率改变的现象称为内光电效应，基于内光电效应的光电元件有光敏电阻、光敏二极管、光敏三极管及光敏晶闸管等。

（3）在光线的作用下，半导体材料产生一定方向电动势的现象称为光生伏特效应，基于光生伏特效应的光电元件有光电池等。

第一类光电元件属于玻璃真空管元件，第二、三类属于半导体元件。

二、光电式传感器的光电器件

1. 光敏电阻

以 CdS 为主要成分的光敏电阻是应用广泛的一种光敏电阻。图 1-61 所示为该类型光敏电阻实物图、结构图与代表符号。为了吸收更多的光线，光敏电阻通常都是制成薄膜结构，电阻增强光电导体的受光面积，获得更高的灵敏度，光敏电阻的光电导体常做成梳状。为了防止光电导体受潮而影响光敏电阻的灵敏度，因此要将光电导体严密封装在带有玻璃的壳体中。

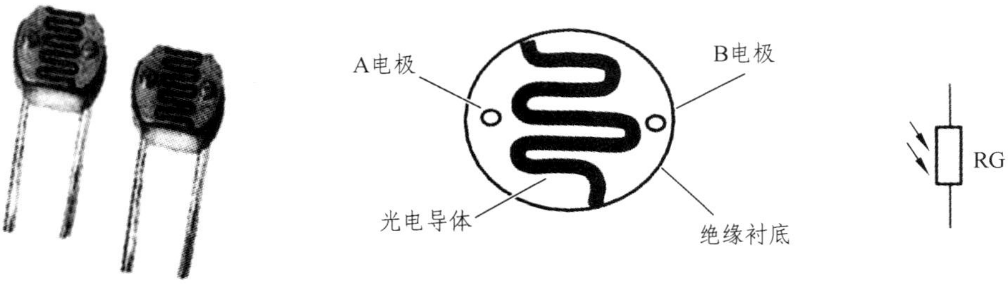

（a）实物图　　（b）结构图　　（c）符号

图 1-61　光敏电阻实物图、结构图与代表符号

1）工作原理

光敏电阻的核心器件为光电导体，它是由半导体制成的。光敏电阻又称光导管，它没有极性，纯粹是一个电阻器件，使用时可以加直流电压，也可以加交流电压。如图 1-62 所示，在室温时，没有光照射光敏电阻的时候，阻值变大，电流变弱，流过回路的电流称为暗电流。相同条件下，有光照射光敏电阻的时候，阻值变小，电流变强。

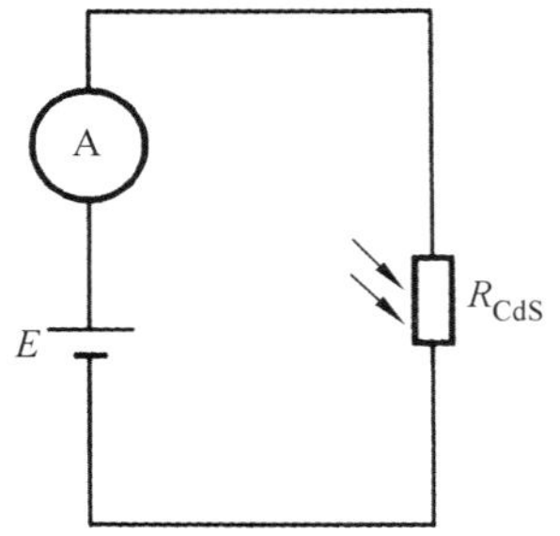

图 1-62　光敏电阻工作原理图

2）主要参数

（1）亮电阻与暗电阻。

光敏电阻受光照射时的电阻，称为亮电阻，此时，图 1-62 所示回路流过的电流为亮电流。光敏电阻没有光照射时的电阻，称为暗电阻，此时，图 1-62 所示回路流过的电流为暗电流。对于同一个光敏电阻而言，暗电阻一定大于亮电阻，同一回路中的暗电流一定小于亮电流。

（2）灵敏度。

灵敏度是指光敏电阻的暗电阻与亮电阻的变化值。同一个光敏电阻的暗电阻与亮电阻相差越大，该光敏电阻的灵敏度就越高。

（3）光谱灵敏度。

光谱灵敏度又称光谱效应，它是指光敏电阻在不同波长单色光照射下的灵敏度。图 1-63 所示为不同材料光敏电阻的光谱效应图。

（4）光照特性。

光敏电阻输出的电信号随光照强度而变化的特性称为光照特性。如图 1-64 所示为光敏电阻光照特性曲线图，通过光照特性曲线图可以看出，光敏电阻的光照特性在多数情况下是非线性的，只有在微小区域内呈现出线性。

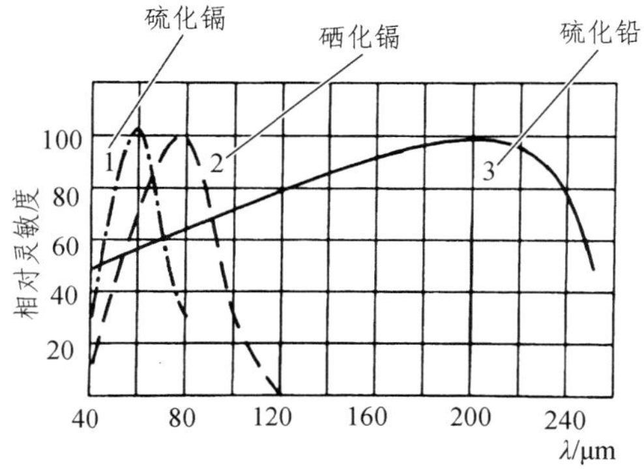

图 1-63　不同材料光敏电阻光谱效应图

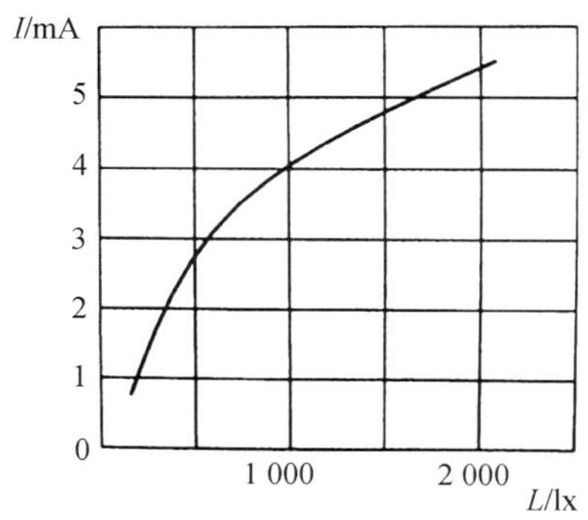

图 1-64　光敏电阻光谱特性曲线图

（5）伏安特性曲线。

伏安特性曲线是描述光敏电阻的外加电压和流过光电流的关系，如图 1-65 所示其光电流随着外加电压的增大而增大。CdS 材料的光敏电阻在规定的极限电压下，其伏安特性具有较好的线性度。

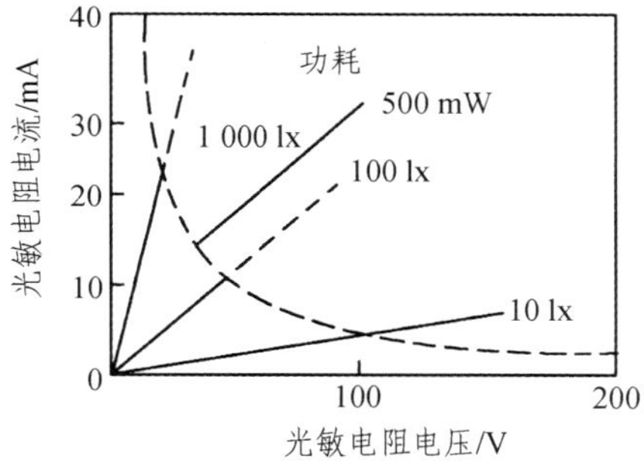

图 1-65　伏安特性曲线图

（6）温度系数。

光敏电阻的光电效应受温度的影响很大，一般的光敏电阻的灵敏度在低温时要比高温时高，但 CdS 材料的光敏电阻的灵敏度与温度的关系则比较复杂。

2. 光敏二极管

光敏二极管是一种将光能转变为电能的敏感性二极管，它广泛地应用于各种自动控制系统中，其表示符号及实物如图 1-66 所示。

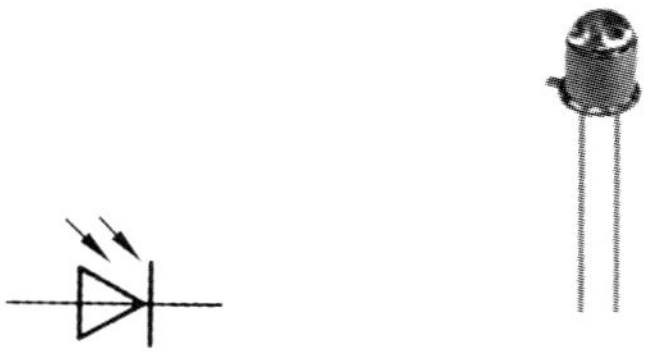

（a）图形符号　　　（b）实物图

图 1-66　光敏二极管电路图形符号与实物图

光敏二极管常用的 3 种类型有：

（1）普通光敏二极管：可以作为光电转换器、近红外光探测器及激光接收器，也可用在光纤通信中的光信号接收。

（2）红外光敏二极管：可将红外发光二极管等发射的红外光转为电信号，用于遥控接收系统以及自动控制系统中。

（3）视觉光敏二极管：对人眼可见光敏感，对红外光无反应，即接收红外光时完全截止。

1）工作原理

当没有光照射到 VD 时，反向电阻很大，VD 不导通。当有光照射到 VD 时，反向电阻减小，VD 导通。其接线图如图 1-67 所示。（注：光敏二极管的接法与普通二极管相反）

2）主要参数

光敏二极管反向直流电阻在无光照射时，可达到几兆欧；有光照时下降到几百欧姆。

（1）最高工作电压。无光照时，光敏二极管允许的最高反向电压为 10 ~ 50 V。最高工作电压又称最高反向工作电压。

（2）光电流 I_L。在受到一定光照及最高工作电压下流过管子的反向电流。光电流一般为几十微安，并且与照度呈线性关系，光电流越大越好。

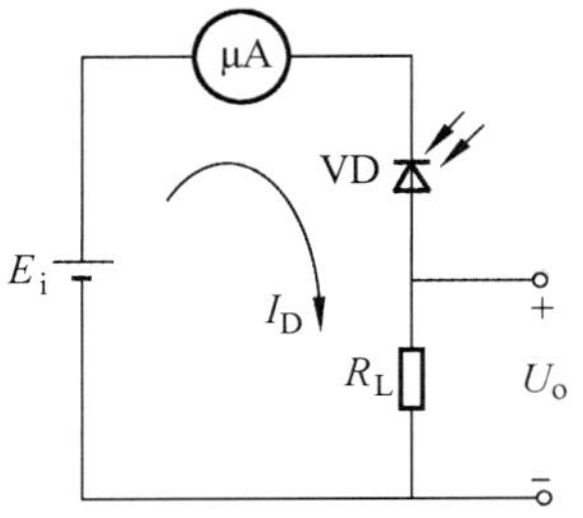

图 1-67　光敏二极管接线图

（3）暗电流 I_B。在无光照时，加一定反向电压时流过管子的反向电流，暗电流越小越好。

（4）光谱响应特性。不同类型的光敏二极管，其光谱特性和峰值波长均不同。

3. 光敏三极管

光敏三极管又称光电三极管，是具有放大功能的光电转换三极管，广泛应用在各种自动光控系统中，其结构、符号及实物如图 1-68 所示。

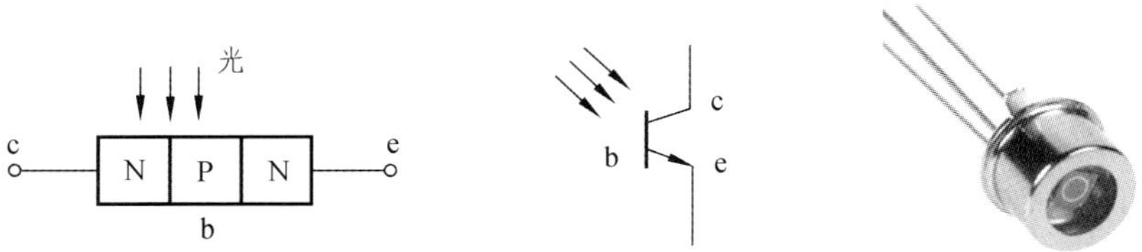

（a）结构图　　（b）符号　　（c）实物图

图 1-68　光敏三极管结构、电路符号与实物图

光敏三极管的结构和普通三极管相似，也分为 NPN 和 PNP 两种类型，根据光敏三极管的工作特性，可以将光敏三极管等价成一个普通三极管和一个发光二极管连接的形式，其等效电路如图 1-69 所示。为了增大管子的驱动功率，可以采用达林顿结构的连接方式，其管子的电路符号与等效电路如图 1-70 所示。

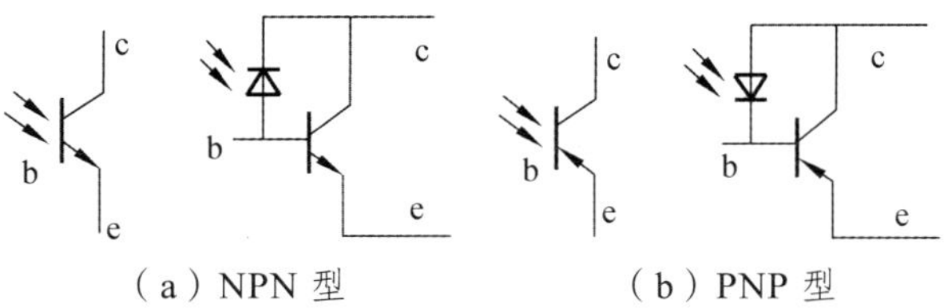

（a）NPN 型　　（b）PNP 型

图 1-69　光敏三极管电路符号与等效电路

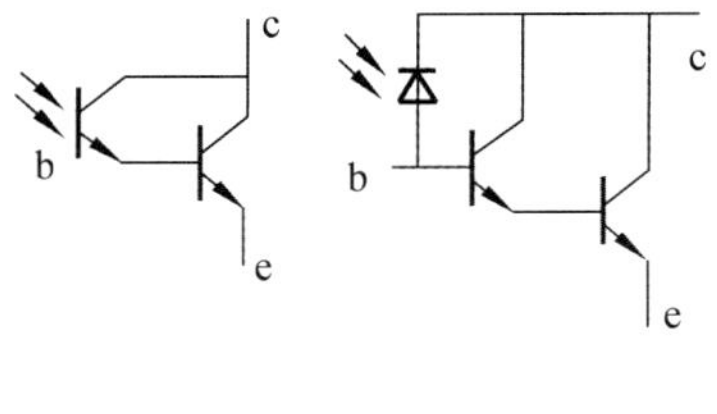

图 1-70　达林顿管符号与等效电路

光敏三极管有 3 个引脚的，也有 2 个引脚的，在 3 个引脚的结构中，基极是可以利用的，在 2 个引脚的结构中，光窗口就是管子的基极。

光敏三极管在无光照时和普通的三极管一样，处于截止状态，当光信号照射到基极时，形成的光电流从基极输入三极管，电流被放大 β 倍输出。

4. 热释电红外传感器

凡是自然界的物体，例如人体、冰、火焰等都会发出不同波形的红外线。热释电传感器就是一种能检测这些物体发射的红外线而输出电信号的传感器。检测红外线要比检测可见光方便。具体原因：

（1）红外线不受可见光的影响，可不分昼夜进行检测。

（2）被测对象自身发射红外线，不必另设光源。

（3）大气对某些特定波长的红外线吸收甚少，这些波长的红外线非常容易被检测出来。例如：2 ~ 2.6 μm，3 ~ 5 μm，8 ~ 14 μm 这 3 个波段，它们被称为大气窗口。

1）热释电红外传感器的分类

热释电红外传感器分为热型和量子型两种类型。

（1）热型，又称热释电或被动式红外传感器，其响应红外线波长范围宽、价格便宜，适合常温使用。但其灵敏度低、响应速度慢。安全、报警、防盗等领域以热型红外传感器应用得比较广泛。

（2）量子型。响应红外线波长范围窄，价格相对较贵，要求冷却在一定温度下使用。但其灵敏度高、响应速度快。

2）热释电红外传感器的结构

热释电红外传感器（PIR）是由高热电系数材料配合滤光镜片窗口组成的，它能够以非接触的形式检测出人体或其他物体所发射出的红外线变化量，并且将其转化成电信号输出。其结构如图 1-71 所示。

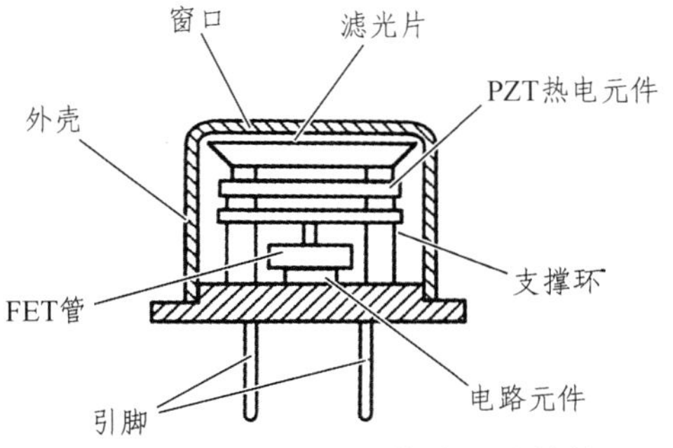

图 1-71　热释电红外传感器的结构

在使用热释电红外传感器时，除了要装菲涅尔透镜提高灵敏度外，还需要配备必需的电阻，才能组成完整的检测电路。菲涅尔透镜是一种精密的光学系统，对红外光的透过率达到了 65%以上，安装在红外传感器外壳上，要调整透镜与传感器窗口间的焦距。常见的透镜类型有“半球状”“长方形”“水平薄片型”“光束型”以及“抗灯光干扰型”5 种。

实验证明：不加菲涅尔透镜的传感器检测距离为 2 m 左右，加透镜后，有效的检测距离可以达到 12 ~ 15 m。

【任务实施】

1. 亮光报警器

图 1-72 所示是利用光敏电阻制成的亮光报警器，当有光照射 R_{CdS} 时，VT_1 导通，VT2 导通，VT_3 导通，铃 B 响；当无光照射 R_{CdS} 时，VT_1 截止，VT_2 截止，VT_3 截止，铃 B 不响。VZ 为稳压管，电容 C 为旁路电容，它主要是保证放大电路放大倍数不变。

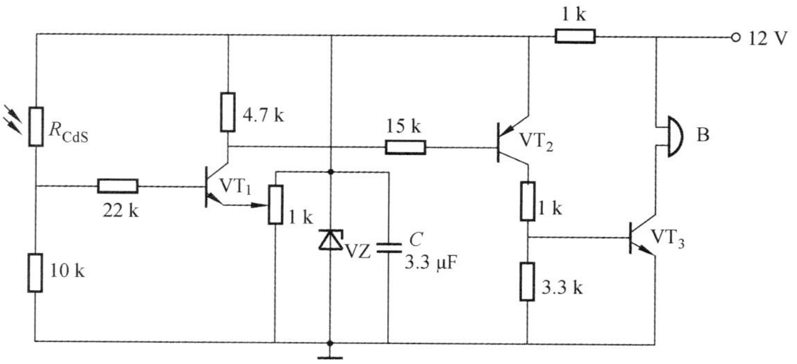

图 1-72　亮光报警电路

2. 光开关电路

由光敏二极管构成的光开关电路如图 1-73 所示，由 VT_1 和 VT_2 将光电流处理后驱动继电器 K 工作。

（1）有自然光照射 VD_1 时，VD_1 呈现低阻抗，VT_1 导通，VT_2 导通，继电器 K 得电，常开触点 K-1 闭合，负载工作。

（2）无自然光照射 VD_1 时，VD_1 呈现高阻抗，VT_1、VT_2 截止，继电器 K 失电，负载不工作。

（3）二极管 VD_2 为续流二极管，用来保护三极管 VT_2，三极管 VT_2 相当于开关，工作时状态为饱和。

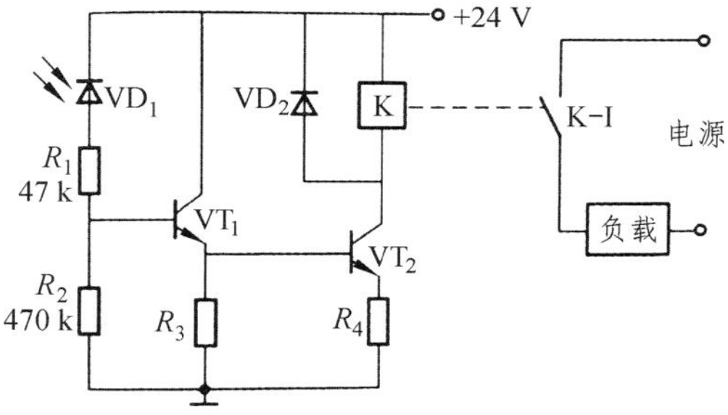

图 1-73　光开关电路图

3. 红外线反射式防盗报警器

红外线反射式防盗报警器，采用反射式红外探测组件（其最大探测距离可达 12 m）来触发报警器，当检测到入侵时，报警器会发出逼真的狗叫声，提醒用户有“外人入侵”。其电路如图 1-74 所示。该红外线反射式防盗报警器电路由电源电路、红外线探测电路、语音发生器和音频放大输出电路组成。电源电路由电源变压器 T、整流二极管 VD_1、VD_2、滤波电容器 C_4、C_6 和三端稳压集成电路 IC_4 组成；红外线探测电路由红外线反射式探测模块 IC_1、电阻器 R_1、稳压二极管 VS_2 组成；音效发生器由音效集成电路 IC_2、电阻器 R_2、R_3 和稳压二极管 VS_2 组成；音频放大输出电路由音频功率放大集成电路 IC_3、电容器 $C_1 \sim C_3$、C_5 和扬声器 BL 组成。

交流 220 V 电压经 T 降压、VD_1 和 VD_2 整流、C_6 滤波后，一路为 IC_3 提供 15 V 脉动直流电压；另一路经 IC_4 稳压后，为 IC_1 提供 + 12 V 工作电压。该 + 12 V 电压还经 R_2 限流及 VS_2

稳压后，为 IC_2 提供 + 3 V 工作电压。平时，IC_1 输出低电平，IC_2 不能触发工作，BL 不发声。当有外人进入 IC_1 的探测区域，IC_1 发射的红外线信号经人体反射回来，IC_1 接收到人体反射回来的红外信号并对该信号进行处理后，输出高电平触发信号，使 IC_2 受触发工作，输出音效电信号。该电信号经 IC_3 放大后，驱动 BL 发出响亮的狗叫声，通知用户有“情况”。

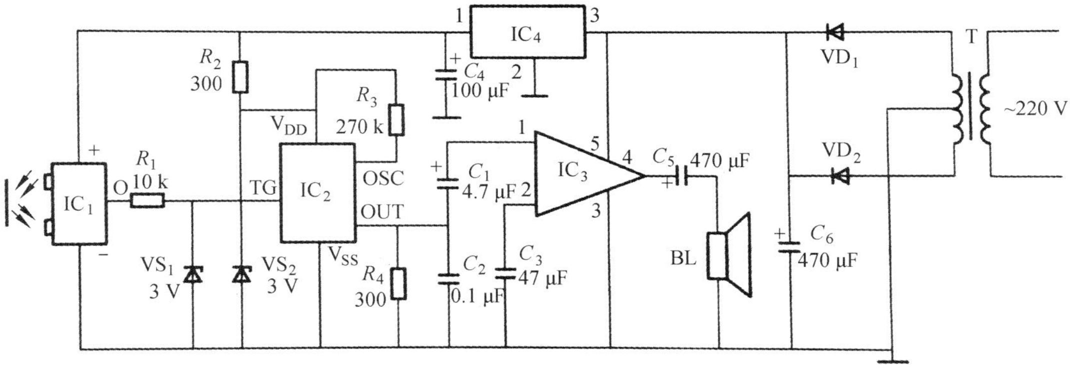

图 1-74　红外线反射式防盗报警电路

【任务自检】

1. 简述光敏电阻的结构，应用哪些参数和特性来衡量它的性能。
2. 什么是光电效应？请分别解释光电效应的种类，并列举出常用的光电器件。
3. 自学光电池的使用方法。
4. 根据图 1-73，分析光开关电路的工作过程。
5. 根据图 1-74，分析红外线反射式防盗报警电路的工作原理。

项目二　无损检测技术

2-1　无损检测概述

【思政课堂】雷打不动的安全理念，铸就 28 年探伤无缺陷——雷立

“每一次都是第一次，第一次就要无缺陷”是雷立在岗位上坚持的安全理念。1990 年 10 月参加工作以来，雷立潜心钻研、不断创新，填补普速列车探伤工艺空白。创立动车组空心轴超声波探伤“校、洁、全、比、验”五字作业法，探索开发信息化探伤模式，先后发现并排除 30 多起典型或重大列车轮对故障，实现了 28 年探伤无缺陷。她把青春奉献给热爱的探伤事业，绽放出巾帼工匠之花的美丽芳华。

工作中，爱岗敬业的雷立多次发现重大裂纹缺陷。在长期的探伤实践中，她勇于创新，认真探索总结普速列车探伤的工艺和方法，提出的“裂有长短、孔是一点、杂波乱动、透锈一片”十六字探伤法至今仍被广泛使用。她研发的短前沿 K 值探头，完全符合生产需要，填补了当时全路盘型制动轮对探伤工艺的一项空白。2010 年 7 月 28 日，她在对一组 CRH1 A 型动车组进行探伤时发现其中一条空心轴存在 3 个内部缺陷，并且都比较隐蔽。她通过降低灵敏度、换轴端面探伤、手动检测等多种方法反复探测，用了 3 个多小时最终判定其中一个缺陷当量已超过 3 mm，并做了换轮处理，排除了隐患。

面对近几年高铁动车组技术快速发展的趋势，雷立勇于担当、迎难而上，主动兼任车间技术室副工长。她不仅牵头编制探伤作业指导书和空心车轴探伤缺陷的判定及处置方法，还创新研发信息化探伤新模式，积极组织探伤班生产骨干对配属的 5 种车型、3 种技术平台共 130 组动车组空心轴和库存 34 条空心轴履历进行电脑录入，建立数据库，实现了对空心轴健康状况的大数据分析和追踪，有效提高了空心轴运用效率，促使动车探伤更加规范化、科学化、信息化，科学有力地确保探伤质量。

人品铸就精品，正是雷立这种爱岗敬业、持之以恒、精益求精、不断创新的工匠精神，创造了她 28 年探伤产品，无缺陷零故障的奇迹。这种对工作的极致追求，对产品质量精益求精的执着，是对工匠精神的最好诠释。

无损检测（Nondestructive Testing，NDT）技术是在工件无损的条件下，检查工件宏观缺陷或测量工件特征的各种技术方法的统称。无损检测的意义在于保障零件、组件的安全使用，节约材料，在零件无损的条件下检测零件、部件、组件、设备、材料和大型工程项目，使之安全有效地生产、工作。

无损检测是工业发展必不可少的有效工具，在一定程度上反映了一个国家的工业发展水平，无损检测的重要性已得到公认。常用的无损检测方法有：涡流检测（ET）、超声波检测（UT）、磁粉检测（MT）、射线检测（RT）和液体渗透检测（PT）5 种。其他无损检测方法还

有：声发射检测（AE）、热像/红外（TIR）、泄露试验（LT）、交流场检测技术（ACFMT）、漏磁检验（MFL）、远场测试检测方法（RFT）、超声波衍射时差法（TOFD）等。无损检测技术主要用于未知工艺缺陷的检验。它是对破坏性检验的补充和完善。其特点是：

（1）非破坏性——是指在获得检测结果的同时，除了剔除不合格品外，不损失零件。因此，检测规模不受零件多少的限制，既可抽样检验，又可在必要时采用普检。因而，更具有灵活性（普检、抽检均可）和可靠性。

（2）互容性——即指检验方法的互容性，即：同一零件可同时或依次采用不同的检验方法；而且又可重复地进行同一检验。这也是非破坏性带来的好处。

（3）动态性——这是说，无损探伤方法可对使用中的零件进行检验，而且能够适时考察产品运行期的累计影响。因而，可查明结构的失效机理。

（4）严格性——是指无损检测技术的严格性。首先无损检测需要专用仪器、设备；同时也需要专门训练的检验人员，按照严格的规程和标准进行操作。

（5）结果的分歧性——不同的检测人员对同一试件的检测结果可能有分歧。特别是在超声波检验时，同一检验项目要由两个检验人员来完成，共同认定检验结果。

铁路无损检测工作大体分为两部分，一部分是工务产品的检测，包括钢轨、道岔和钢轨焊缝等，主要由工务段负责探伤；另一部分是机车车辆零部件的检测，包括车轴、车轮、摇枕侧架和轴承等，由车辆段、机务段和30余个铁路工厂负责探伤。从探伤方法上，5种常规探伤方法在铁路上均得到很好的应用，其中应用最多的是磁粉探伤和超声波探伤两大探伤方法。工务方面的产品，如钢轨、道岔和焊缝等，基本全部使用超声波法进行探伤。机车车辆零部件，如车轴、车轮、齿轮和轴承等，则主要使用超声和磁粉两种方法进行检测。射线探伤法主要用于一些铸件和焊缝检查，渗透探伤主要用于车辆焊缝探伤，涡流法则主要用于机车气阀和轮芯、连杆等表面缺陷的检查。这里我们主要学习磁粉探伤和超声波探伤。

【项目描述】

通过本项目学习，使学生掌握铁路上常用的磁粉探伤和超声波探伤基础知识；能准确描述磁粉探伤和超声波探伤的工作原理及工作程序；掌握磁粉探伤、超声波探伤仪器的使用方法，正确完成探伤前的性能校验过程。

【知识目标】

（1）掌握磁粉探伤的工作原理，磁化方法及相关知识；

（2）掌握超声波探伤的工作原理及探伤方法。

【能力目标】

（1）能准确描述磁粉探伤、超声波探伤的工作程序；

（2）能正确操作磁粉探伤、超声波探伤设备；

（3）能正确完成磁粉探伤、超声波探伤前的性能校验过程。

任务一　磁粉探伤

【任务描述】

（1）掌握磁粉探伤的工作原理、磁化方法及相关知识点；
（2）能准确选择磁粉探伤设备，掌握其使用方法；
（3）掌握磁粉探伤前的性能校验及探伤过程。

【背景知识】

磁粉探伤（又称为电磁探伤）是材料的无损检测方法之一，主要用于发现金属表面的裂纹。磁粉探伤是通过磁粉在缺陷附近漏磁场中的堆积，以检测铁磁性材料表面或近表面处缺陷的一种无损检测方法。该方法是将钢铁等磁性材料制作的工件磁化，利用其缺陷部位的漏磁能吸附磁粉的特性，根据磁粉分布情况显示出被探测物件表面缺陷和近表面缺陷。磁粉探伤检测法具有简便、显示直观的优点，并且有较高的检测灵敏度。

在铁路运输部门，为了及时发现车辆重要零部件在使用中产生的疲劳裂纹等缺陷，防止事故的发生，在检修时需对车辆重要零部件各部位用探伤仪进行检查。磁粉探伤主要用于检查车轴、钩尾框、制动梁、钩舌、侧架、摇枕等有无裂纹。

2-2　磁粉探伤的原理及方法

一、磁粉探伤的原理及方法

（一）基本原理

铁磁性材料在磁场中被磁化后，其缺陷处会产生漏磁，磁粉探伤就是根据这个原理来发现铁磁性材料的缺陷的。例如，当对某一零件沿轴向方向通以电流时，在这个零件中将产生封闭的磁力线，磁力线通过截面大小不一的铁磁性材料时，磁力线的密度也随之改变，由于其他物质（如空气、非金属杂物等）的磁导率比铁磁性材料的磁导率小得多（相差悬殊，一般为 $10^2 \sim 10^4$ 倍），因而，零件表面或近表面处有裂纹、气孔或杂物等缺陷时，将阻碍磁力线通过，即磁阻增大，磁力线会产生弯曲现象。如图 2-1 所示，材料的缺陷为一个裂纹，这个裂纹扰乱了磁力线的正常分布，原来均匀分布的磁力线，有一部分就被“挤到”裂纹尖端的下部，另一部分则穿过裂纹，还有一部分被“挤到”裂纹尖端的上表面，这时，磁力线

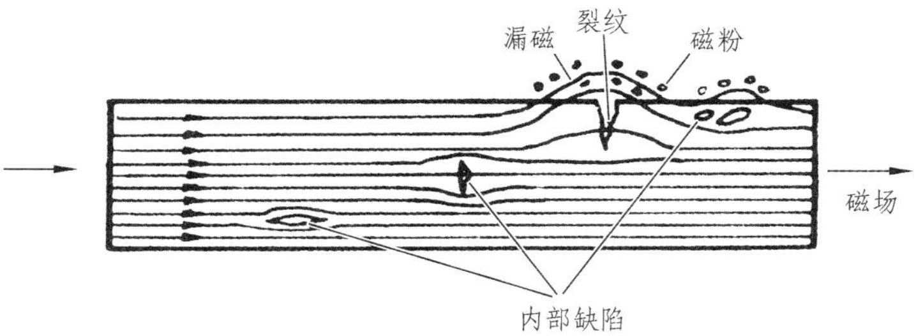

图 2-1　磁粉探伤的工作原理

不但会在零件内部产生弯曲，而且还会有一部分磁力线绕过缺陷而暴露在空气中，即产生了漏磁现象。这种漏磁在零件表面产生一局部漏磁场，这个漏磁场便能吸附铁磁粉形成磁痕，因而零件上的缺陷被显示出来。

由于裂纹或缺陷的长短和深浅不同，所以，不同裂纹处的磁力线也有所不同，即形成的局部漏磁场强度也有所不同。这样，在不同裂纹处磁粉聚集的粗细也不一样。因此，从聚集磁粉的形状就可以大致判断出裂纹的长度和深度。

对于位于材料内部较深的缺陷，采用磁粉探伤是不太容易发现它的。这是因为，虽然磁力线遇到缺陷会弯曲，但如果缺陷离零件表面较远，磁力线不太可能泄漏到零件表面，因而零件表面各处磁力线相差不大，磁粉不易集中，缺陷就难以被发现。对于那些离零件表面较近的内部缺陷（表皮下 0.5 mm 左右），由于有少许磁力线泄漏，因此，会有比较微弱和不太清晰的磁粉集中，有经验的探伤工人就可以发现缺陷的存在。如果采用较强的直流磁化电源和磁性性能较好的磁粉，也可以检查出距零件表面以下 7 mm 深处的缺陷。

注意，上述电磁探伤原理是基于磁力线方向与缺陷蔓延方向之间有一定夹角或相互垂直的情况下的缺陷检测。如果磁力线方向与裂纹方向相一致时，则裂纹不阻碍磁力线通过，此时磁力线既不弯曲也不泄漏，磁粉也不会集中，这样，裂纹就不会被发现。所以，在进行磁粉探伤时，为了检查出不同方向的裂纹，需要对零件进行不同方向的磁化，以产生几种不同方向的磁力线来检查各个方向的裂纹。一般情况下只采用两种方向，即纵向与圆周方向的磁化，用来检查横向裂纹和纵向裂纹。对于斜裂纹，可以在纵向磁化时，将探测器或零件略加倾斜来发现它。

在磁粉探伤中，当磁力线方向与缺陷的方向相垂直时，缺陷对磁力线通过的阻碍最大，产生漏磁场也最强，因而探伤灵敏度最高；反之，如果磁力线的方向与缺陷的方向相平行或夹角很小（$\alpha<20°$），则缺陷不阻碍磁力线的通过，即不会形成漏磁场，缺陷不会被显示出来。因此，在进行磁粉探伤时，要根据缺陷最可能的取向来选择磁化磁场的方向，这样才能有把握地查出零件上的缺陷而不漏检。

从磁粉探伤实践得出如下结论：

（1）缺陷的磁导率越小，则漏磁场强度越大。

（2）外加磁场强度的大小是决定漏磁场强度的关键。只有当外加磁场能磁化被探测零件，其磁感应强度 $B\geqslant800$ Gs 时，才能在微小缺陷处产生较强的漏磁通，吸引磁粉，呈现出缺陷的磁痕。

（3）缺陷越深，漏磁场强度越大，磁粉堆积越多，缺陷显示得越清晰。

（4）缺陷在表面时漏磁通大，缺陷在表面以下时，漏磁通显著变小，而位于表面以下很深的地方，则几乎没有漏磁通泄露于空间中。

（5）磁力线与缺陷趋于越接近垂直，产生的漏磁通越强；如磁力线与缺陷趋于接近平行，则不产生漏磁通。

（二）磁化方法

1. 磁场方向与发现缺陷的关系

磁粉检测的能力，取决于施加磁场的大小和缺陷的延伸方向，还与缺陷的位置、大小和形状等因素有关。工件磁化时，当磁场方向与缺陷延伸方向垂直时，缺陷处的漏磁场最大，检测灵敏度最高。当磁场方向与缺陷延伸方向夹角为45°时，缺陷可以显示，但灵敏度降低。当磁场方向与缺陷延伸方向平行时，不产生磁痕显示，发现不了缺陷。由于工件中缺陷有各种取向，难以预知，故应根据工件的几何形状，采用不同的方法直接、间接或通过感应电流对工件进行周向、纵向或多向磁化，以便在工件上建立不同方向的磁场，发现所有方向的缺陷，于是发展了各种不同的磁化方法。

2. 选择磁化方法应考虑的因素

（1）工件的尺寸大小。

（2）工件的外形结构。

（3）工件的表面状态。

（4）根据工件过去断裂的情况和各部位的应力分布，分析可能产生缺陷的部位和方向，选择合适的磁化方法。

3. 磁化方法的分类

在磁粉探伤中，通过外加磁场使工件具有磁性的过程称为工件磁化。根据工件的几何形状、尺寸大小和欲发现缺陷的方向而在工件上建立起磁场方向，一般将磁化方法分为周向磁化、纵向磁化和多向磁化。所谓周向与纵向，是相对被检工件上的磁场方向而言的。

1）周向磁化法

周向磁化法是指给工件直接通电，或者使电流流过贯穿空心工件孔中的导体。其目的是在工件中建立一个环绕工件并与工件轴线垂直的周向闭合磁场，用于发现与工件轴线平行的纵向缺陷。根据被检工件的形状和大小，周向磁化方法又可分为轴向通电法、中心导体法、触头法和平行电缆法等多种。

（1）轴向通电法。

轴向通电法是将工件直接通以电流，使工件周围和内部产生周向电场，如图2-2所示。

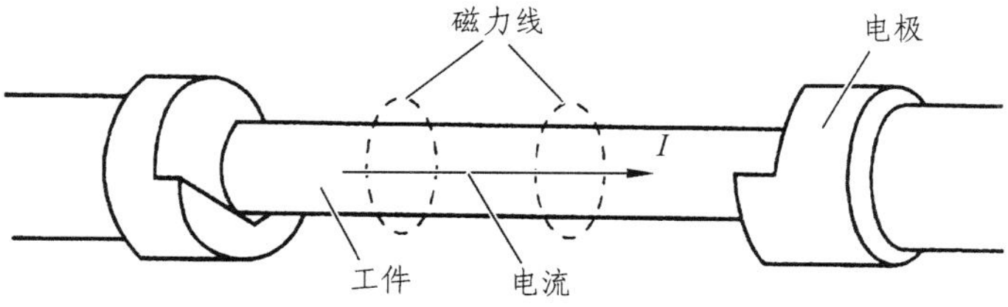

图2-2　轴向通电法

（2）中心导体法。

对于管件和环形工件的纵向缺陷，可采用中心导体法，如图2-3所示。

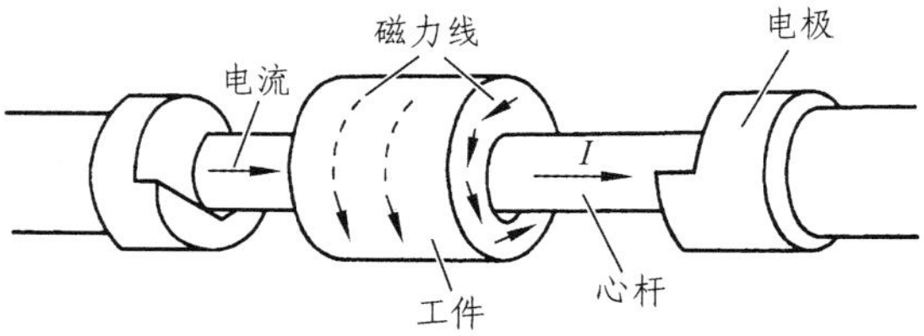

图2-3　环形工件的中心导体法

（3）触头法。

触头法是一种局部磁化法，如图 2-4 所示，它使用一对圆锥形的铜棒作为两个通电电极，铜棒的一端通过电缆与电源连接，另一端与工件接触。通电后，电流通过两个触头施加在工件表面，形成以触头为中心的周向磁场。

（4）平行电缆法。

平行电缆法常用来对焊缝作周向磁化以探测工件上的纵向裂纹，如图 2-5 所示。

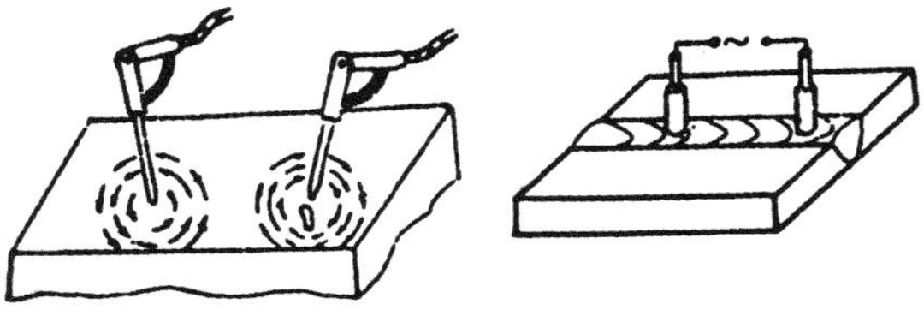

图 2-4　触头法

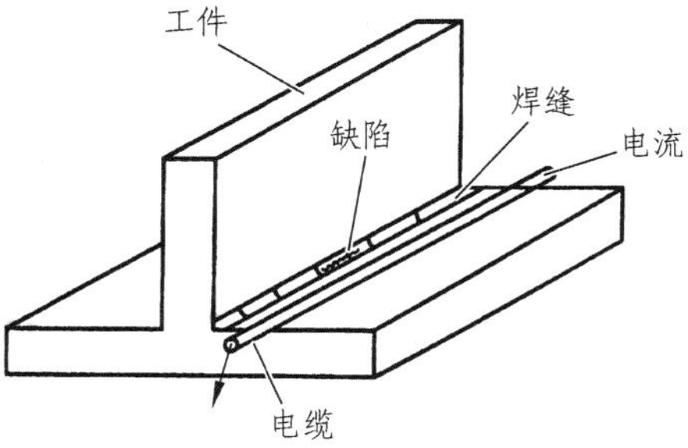

图 2-5　平行电缆法

2）纵向磁化法

纵向磁化法是指在被检工件中建立起沿其轴向分布的纵向磁场的磁化方法，其目的是检测取向基本与工件轴向垂直的缺陷。

（1）线圈法。

如图 2-6 所示，线圈法对工件进行磁化后，所产生的磁力线与工件的轴线平行，常用来检测与工件或焊缝轴线垂直的缺陷。

（2）磁轭法。

磁轭法用于检测焊缝中的纵向缺陷。适合于焊接件及各种大、中型工件的局部检测，如图 2-7 所示。

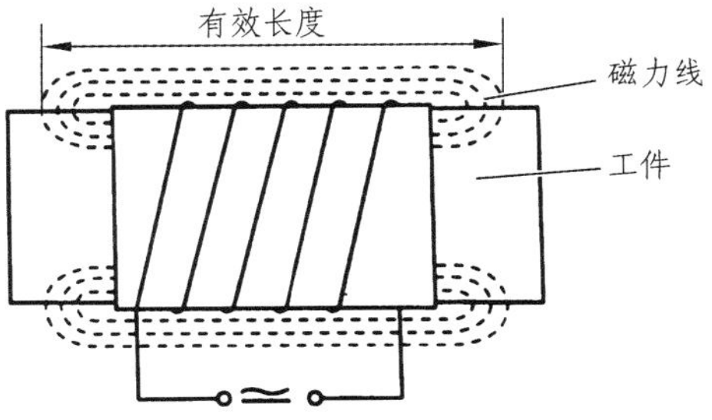

图 2-6　线圈磁化法

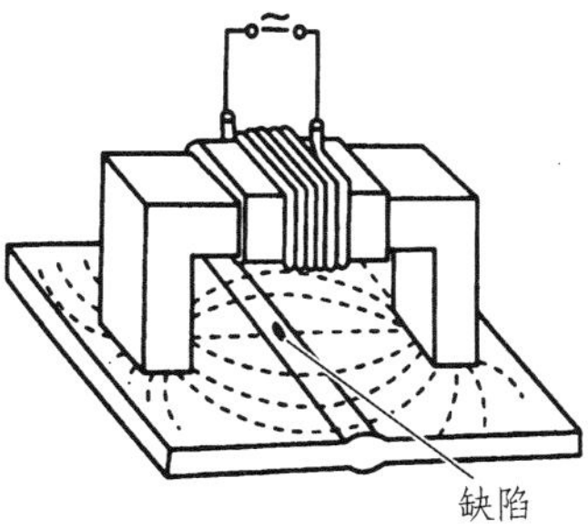

图 2-7　磁轭磁化法

3）多向磁化法

多向磁化法是指通过复合磁场，在工件中产生一个大小和方向随时间成圆形、椭圆形或螺旋线变化的磁场，因为磁场的方向在工件上不断地变化，所以可发现工件上所有方向的缺陷，如图 2-8 所示。

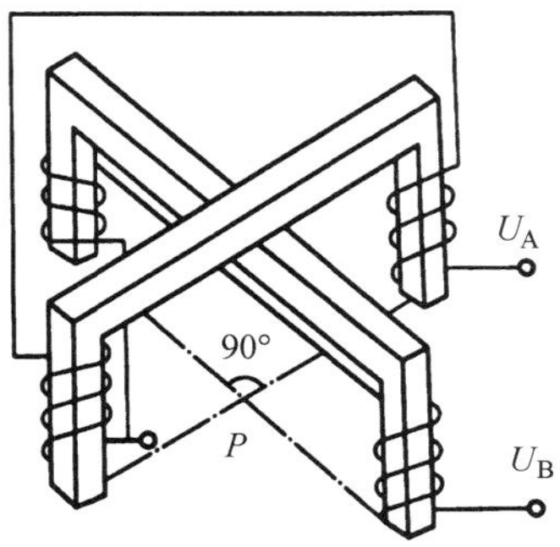

图 2-8 交叉磁轭的结构

（三）工件退磁

1. 退 磁

退磁就是将工件内的剩磁减少到零或最小的操作过程，使剩磁对工件的使用性能不产生影响。以下几种情况必须进行退磁：

（1）需要再次进行磁粉检测的工件，而前一次检测留下的剩磁对工件以后的磁化有影响。

（2）工件上的剩磁对以后的机械加工会造成困难。

（3）工件上的剩磁对测量仪器的操作或精度会造成不良影响。

（4）轴承、轴套、齿轮等配合良好的运动件，如有剩磁存在，会吸引金属微粒，加快工件的磨损。

2. 退磁原理

退磁就是使构件内的剩磁减为零，也就是打乱构件内由于磁化而取向一致排列的磁畴，从而使之恢复到未磁化前的杂乱无章的状态，最终使工件对外不再显示磁性。退磁的方法是加以反向外磁场，并交替变化且逐渐减弱至零，于是剩余磁场被逐步减弱直至变为零。一般退磁后剩磁场的磁感应强度不大于 3 Gs。

3. 退磁方法

1）交流退磁法

常用的交流退磁法是把工件放入通以交流电的退磁线圈中，然后将工件通过并逐渐离开线圈至 1.5 m 外，或者将工件放入退磁线圈中不动，而逐渐将电流降低至零，即可实现退磁。

2）直流退磁法

用直流产生的磁场对工件进行退磁的方法，称为直流退磁法。直流电退磁时，既要不断变换电流的方向，同时又要逐渐减小电流强度。

（四）显示方法

漏磁场存在的显示方法，一般是将磁粉均匀散布于零件表面，如有缺陷，则所产生的漏磁通能吸引磁粉，造成磁粉的聚集。由于裂纹的长度与深度不同，其磁力线的漏泄也不同，磁粉聚集时各处的粗细就不一样。因此从聚集的磁粉形状便可以大致判断出裂纹的深度和长度。

用磁粉显示缺陷的方法有干法和湿法（磁悬液）两种。干法是将干磁粉撒在被磁化的零件上来发现缺陷；湿法是用磁粉和油、水、活性剂、防锈剂配置成磁悬液，把磁悬液喷洒在被探伤零件的表面或把零件浸入磁悬液中进行探伤检查。湿法对于小型零件或空心零件使用比较方便。湿法所用磁粉粒度较细，在液体中更易流动，其灵敏度也高。湿法还有使用荧光磁粉显示的，在暗室中用长波紫外线灯光照射，聚集在缺陷处的磁粉发生黄绿色的光带，更易发现缺陷。

二、磁粉探伤的材料及设备

（一）磁　粉

磁粉是显示缺陷的重要手段，磁粉质量的优劣和选择是否恰当，将直接影响磁粉检测结果，所以，检测人员对作为磁场传感器的磁粉应进行全面了解和正确使用。

磁粉的种类很多，按磁痕观察，磁粉分为荧光磁粉和非荧光磁粉；按施加方式，磁粉分为湿法用磁粉和干法用磁粉。

1. 荧光磁粉

在黑光（紫外线）下观察磁痕显示的磁粉称为荧光磁粉。荧光磁粉是以磁性氧化铁粉、工业纯铁粉或羰基铁粉为核心，在铁粉外面用树脂粘附一层荧光染料或将荧光染料化学处理在铁粉表面而制成。

磁粉的颜色、荧光亮度及与工件表面颜色的对比度，对磁粉检测灵敏度都有很大的影响。由于荧光磁粉在黑光照射下，能发出波长范围在 510 ~ 550 nm 为人眼接受最敏感的色泽鲜明的黄绿色荧光，与工件表面颜色的对比度也高，适用于任何颜色的受检表面，容易观察，检测灵敏度高，还能提高检验速度。但荧光磁粉一般只适用于湿法检验。

2. 非荧光磁粉

在可见光下观察磁痕显示的磁粉称为非荧光磁粉。常用的有四氧化三铁（Fe_3O_4）黑磁粉和 γ 三氧化二铁（γ-Fe_2O_3）红褐色磁粉。这两种磁粉既适用于湿法，又适用于干法。

湿法用磁粉是将磁粉悬浮在油或水载液中喷洒到工件表面的磁粉；干法用磁粉是将磁粉在空气中吹成雾状喷撒到工件表面的磁粉。

以工业纯铁粉等为原料，用粘合剂包覆制成的白磁粉或其他颜色磁粉，一般只用于干法。

JCM 系列空心球形磁粉是铁铬铝的复合氧化物，具有良好的移动性和分散性，磁化工件时，磁粉能不断地跳跃着向漏磁场处聚集，探伤灵敏度高，高温不氧化，在 400 °C 下仍能使用，可用于在高温条件下和高温部件的焊接过程中进行磁粉检测。空心球形磁粉只适用于干法。

在纯铁中添加铬、铝和硅制成的磁粉也可用于 300 ~ 400 °C 的高温焊缝探伤。

3. 磁粉的性能

磁粉检测是靠磁粉聚集在漏磁场处形成的磁痕显示缺陷的，磁痕显示程度不仅与缺陷性质、磁化方法、磁化规范、磁粉施加方式、工件表面状态和照明条件等有关，还与磁粉本身的性能如磁特性、粒度、形状、流动性、密度和识别度有关，因此了解和选择性能好的磁粉十分重要。

1）磁特性

磁粉的磁特性与磁粉被漏磁场吸附形成磁痕的能力有关。磁粉应具有高磁导率、低矫顽力和低剩磁。高磁导率的磁粉容易被缺陷产生的微小漏磁场磁化和吸附，聚集起来便于识别。如果磁粉的矫顽力和剩磁大，磁化后，磁粉形成磁极，彼此吸引聚集成团不容易分散开，磁粉也会被吸附到工件表面不易去除，形成过度背景，甚至会掩盖相关显示。若磁粉吸附在管道上，还会使油路堵塞。干法检验中，第一次磁化后的磁粉若被吸附在最初接触的工件表面上，使磁粉移动性变差，难以为缺陷处微弱的漏磁场吸附，同样也会形成过度背景，影响缺陷辨认。

2）粒　度

磁粉的粒度也就是磁粉颗粒的大小，粒度的大小对磁粉的悬浮性和漏磁场对磁粉的吸附能力都有很大的影响。选择适当的磁粉粒度时，应考虑缺陷的性质、尺寸、埋藏深度及磁粉的施加方式。

检验工件表面微小缺陷时，宜选用粒度细小的磁粉，因为细磁粉悬浮性好，容易被小缺陷产生的微小漏磁场磁化和吸附，形成的磁痕显示线条清晰，定位准确。检验大缺陷和近表面缺陷时，宜选用粒度较粗一点的磁粉，因为粗磁粉在空气中容易分散开，也容易搭接跨过大缺陷，磁导率也比细磁粉的高，因而搭接起来容易磁化和形成磁痕显示。

在实际应用中，要求发现各种大小不同的缺陷，也要求发现工件表面和近表面的缺陷，所以应使用含有各种粒度的磁粉，这样对于各类缺陷可获得较均衡的灵敏度。对于干法用磁粉，粒度范围为 10 ~ 50 μm，最大不超过 150 μm。对于湿法用的黑磁粉和红磁粉，粒度宜采用 5 ~ 10 μm，粒度大于 50 μm 的磁粉，不能用于湿法检验，因为它很难在磁悬液中悬浮，粗大磁粉在磁悬液流动过程中，还会滞留在工件表面干扰相关显示。而粒度过细的磁粉在使用中，它们会聚集在一起起作用，所以一般不规定粒度的下限，荧光磁粉因表面有包覆层，所以粒度不可能太小，一般在 5 ~ 25 μm，但这并不意味着检测灵敏度的降低，因为荧光磁粉的可见度、对比度和分辨力高，所以仍能获得高的灵敏度。

在磁粉检测中，一般推荐干法用 80 ~ 160 目（0.18 ~ 0.09 mm）的粗磁粉，湿法用 300 ~ 400 目（0.050 ~ 0.035 mm）的细磁粉。

3）形　状

磁粉有各种各样的形状，如条形、椭圆形、球形或其他不规则的颗粒形状。一般说来，条形磁粉（长径比大）容易磁化并形成磁极，因而较容易被漏磁场吸附，有利于检测大缺陷和近表面缺陷，因为这类缺陷的漏磁场分散，聚集成磁粉链条才容易形成磁痕。但如果完全由条形磁粉组成，磁粉的流动性不好，磁粉严重聚集还会导致灵敏度下降。对于干法用磁粉，条形磁粉相互吸引还会影响喷撒和磁痕显示形成。

球形磁粉能提供良好的流动性，但由于退磁场的影响不容易被漏磁场磁化。不过，空心球形磁粉能跳跃着向漏磁场聚集。

为了使磁粉既有良好的磁吸附性能，又有良好的流动性，所以理想的磁粉应由一定比例的条形、球形和其他形状的磁粉混合在一起使用。

4）流动性

为了能有效地检出缺陷，磁粉必须能在受检工件表面流动，以便被漏磁场吸附形成磁痕显示。在湿法检验中，是利用磁悬液的流动带动磁粉向漏磁场处流动。在干法检验中，是利用微风吹动磁粉，并利用交流电不断换向使磁场也不断换向，或利用单相半波整流电产生的单方向脉冲磁场带动磁粉变换方向促进磁粉流动的。由于直流电磁场方向不改变，不能带动磁粉变换方向，所以直流电不能用于干法检验。

5）密　度

湿法用黑磁粉和红磁粉的密度约为 4.5 g/cm^3，干法用纯铁粉的密度约为 8 g/cm^3，空心球形磁粉的密度约为 0.71 ~ 2.3 g/cm^3，荧光磁粉的密度除与采用的铁磁粉原料有关，还与磁粉、荧光染料和粘结剂的配比有关。

磁粉的密度对检测结果有一定的影响，因为在湿法检验中，磁粉的密度大，易沉淀，悬浮性差；在干法检验中，密度大，则要求吸附磁粉的漏磁场要大。密度大小与材料磁特性也有关，所以应综合考虑。

6）识别度

识别度系指磁粉的光学性能，包括磁粉的颜色、荧光亮度及与工件表面颜色的对比度。对于非荧光磁粉，只有磁粉的颜色与工件表面的颜色形成很大对比度时，磁痕才容易观察到，缺陷才容易发现；对于荧光磁粉，在黑光下观察时，工件表面呈紫色，只有微弱的可见光本底，磁痕呈黄绿色，色泽鲜明，能提供最大的对比度和亮度。由于工件表面覆盖着一层荧光磁悬液，就会产生微弱的荧光本底，因此荧光磁悬液的浓度不宜太高，大约为非荧光磁悬液浓度的 1/10。

总的来说，影响磁粉使用性能的因素有以上 6 个方面，但这些因素又是相互关联、相互制约的，如果孤立地追求某一方面而排斥另一方面，甚至可能导致试验的失败。如磁性称量法只反映了磁粉的磁特性，光凭磁性称量法称出磁粉样品几克为合格而忽略其他影响因素，实践证明这不是完全可靠的。最根本的办法应通过综合性能（系统灵敏度）试验的结果来衡量磁粉的性能。

（二）磁悬液

每升磁悬液中所含磁粉的质量(g/L)或每 100 mL 磁悬液沉淀出磁粉的体积(mL/100 mL)称为磁悬液浓度。前者称为磁悬液配制浓度，后者称为磁悬液沉淀浓度。

磁悬液浓度对显示缺陷的灵敏度影响很大，浓度不同，检测灵敏度也不同。浓度太低，影响漏磁场对磁粉的吸附量，磁痕不清晰会使缺陷漏检；浓度太高，会在工件表面滞留很多磁粉，形成过度背景，甚至会掩盖相关显示。

磁悬液浓度大小的选用与磁粉的种类、粒度、施加方式和工件表面状态有关，推荐的磁悬液浓度如表 2-1 所示。

表 2-1　磁悬液浓度

磁粉类型	配制浓度 /（g/L）	沉淀浓度（含固体量：mL/100 mL）
非荧光磁粉	10 ~ 25	1.0 ~ 2.5
荧光磁粉	0.5 ~ 2.0	0.1 ~ 0.4

对光亮工件检验，应采用黏度和浓度都大一些的磁悬液进行检验。对表面粗糙的工件，应采用黏度和浓度小的磁悬液进行检验。对细牙螺纹根部缺陷的检验，应采用荧光磁粉，磁悬液配制浓度推荐用 0.5 g/L。

（三）标准试片

标准试片，以下简称试片，是磁粉检测必备的器材之一，具有以下用途：用于检验磁粉检测设备、磁粉和磁悬液的综合性能（系统灵敏度）；用于检测被检工件表面的磁场方向，有效磁化区和大致的有效磁场强度；用于考察所用的探伤工艺规程和操作方法是否妥当；当无法计算复杂工件的磁化规范时，将小而柔软的试片贴在复杂工件的不同部位，可大致确定较理想的磁化规范。

1. 试片类型

目前日本使用 A 型和 C 型试片，美国使用的试片称为 QQI 质量定量指示器，在我国使用的有 A_1 型、C 型、D 型和 M 型 4 种试片。试片由 DT_4 电磁软铁板制造。型号名称中的分数，其中分子表示试片人工缺陷槽的深度，分母表示试片的厚度，单位为 μm。试片类型、名称和图形如表 2-2 所示。

表 2-2　标准试片类型、规格和图形

类　型	规格：缺陷槽深/试片厚度/μm		图形和尺寸/mm
A_1 型	A1-7/50		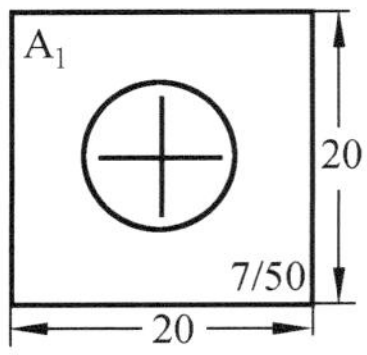
	A1-15/50		
	A1-30/50		
	A1-15/100		
	A1-30/100		
	A1-60/100		
C 型	C-8/50		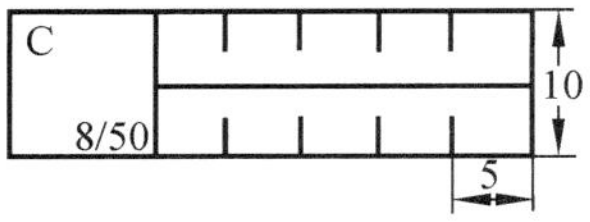
	C-15/50		
D 型	D-7/50		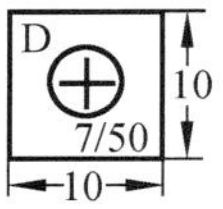
	D-15/50		
M 型	ϕ12 mm	7/50	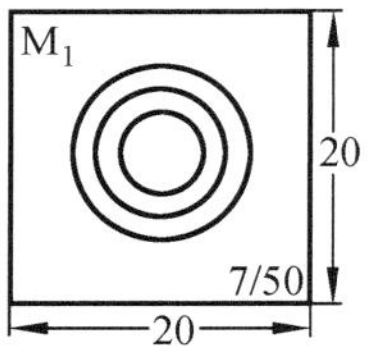
	ϕ9 mm	15/50	
	ϕ6 mm	30/50	

注：C 型标准试片可剪成 5 个小试片分别使用。

表 2-2 中，A_1 代表由退火电磁软铁制造，磁导率高，用较小磁场就可以磁化。

2. 使用要求

（1）试片只适用于连续法检验，不适用于剩磁法检验。

（2）使用试片前，应用溶剂清洗防锈油。如果工件表面贴试片处凹凸不平，应打磨平，并除去油污。

（3）试片表面锈蚀或有褶纹时，不得继续使用。

（4）将试片有槽的一面与工件受检面接触，用透明胶纸靠试片边缘贴成“井”字形并贴紧（间隙应小于 0.1 mm），但透明胶纸不得盖住有槽的部位。

（5）根据工件探伤面的大小和形状，选取合适的试片类型。探伤面大时，可选用 A_1 型。探伤面窄小或表面曲率半径小时，可选用 C 型或 D 型，因 C 型试片可剪成 5 个小试片单独使用。

（6）根据工件探伤所需的有效磁场强度，选取不同灵敏度的试片。需要有效磁场强度较小时，选用分数值较大的低灵敏度试片；需要有效磁场强度较大时，选用分数值较小的高灵敏度试片。

（7）也可选用不同类型的试片，分别贴在工件上磁场强度不同的部位，如图 2-9 所示。

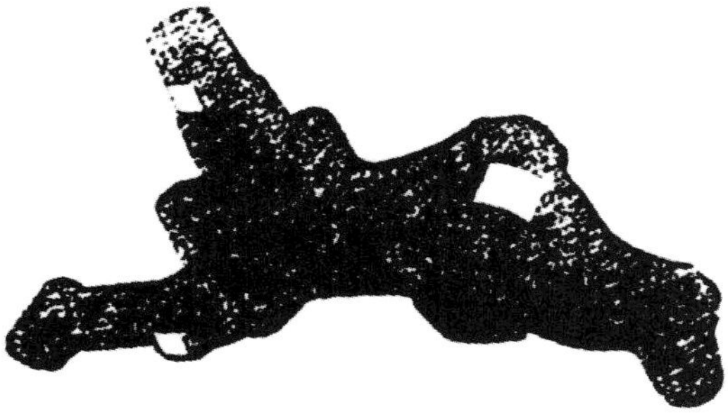

图 2-9　将不同试片贴在工件不同部位

（8）M_1 型多功能试片，是将 3 个槽深各异而间隔相等的人工刻槽，以同心圆式做在同一试片上，其 3 种槽深分别与 A_1 型试片的 3 种型号相同，这种试片可一片多用，观察磁痕显示差异直观，能更准确地推断出被检工件表面的磁化状态。

（9）用完试片后，可用溶剂清洗并擦干。干燥后涂上防锈油，放回原装片袋保存。

3. 标准试块

标准试块也是磁粉检测必备的器材之一，以下简称试块。

我国目前使用的直流试块，又叫 B 型标准试块，与美国的 Betz 环等效。使用的交流试块，又叫 E 型标准试块，与日本和英国的同类试块接近。使用的磁场指示器，又称八角形试块，与美国同类试块接近。另外也用自然缺陷标准样件。

标准试块主要用于检验磁粉检测设备、磁粉和磁悬液的综合性能（系统灵敏度），也用于考查磁粉检测的试验条件和操作方法是否恰当，还可用于检验各种磁化电流不同大小时产生的磁场在标准试块上大致的渗入深度。

标准试块不适用于确定被检工件的磁化规范，也不能用于考查被检工件表面的磁场方向和有效磁化区。

4. 自然缺陷标准样件

为了弄清在磁粉检测系统是否能按照所期望的方式、所需要的灵敏度工作，最直接的途径是考核该系统检测出一个或多个已知缺陷的能力，最理想的方法是选用带有自然缺陷的工件作为标准样件。该样件是在已往的磁粉检测中发现的，材料、状态和外形有代表性，并具有最小临界尺寸的常见缺陷（如发纹和磨削裂纹）。自然缺陷标准样件应标记，以免混入被检工件中去。自然缺陷样件的使用应经过Ⅲ级人员的批准。

（四）磁粉探伤的设备

1. 闭合环型电磁探伤器

这种探伤器的构造比较简单，是由直径 4 mm 两根并排的裸铜线包以绝缘材料（白布带）绕成，闭合环直径为 240 ~ 300 mm，圈数为 10 ~ 15 圈，绕好以后扎紧，外面再包白布带，浸以绝缘漆，然后烘干，装上一个手柄和两个接线铜螺丝，如图 2-10 所示。闭合环型电磁探伤器可用直流电源，也可用交流电源。其输入电压为 4.5 V，电流为 150 ~ 160 A，保证车轴探伤的灵敏度。

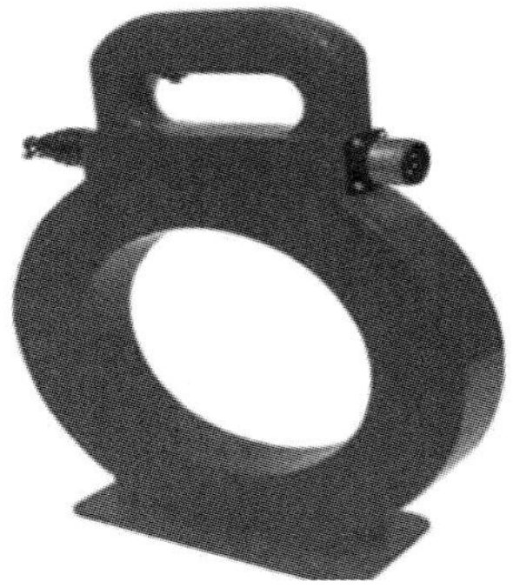

图 2-10　闭合环型磁粉探伤仪

闭合环型电磁探伤器的特点是轻便，使用时在距离探伤器中心两侧 50 mm 范围以内的裂纹都可以清晰地显示出来。它专门用以检查车轴轴颈。这种探伤器由于采用纵向磁化法，故只能检查横裂纹。如检查纵裂纹，需要用其他探伤器进行周向磁化法检查；也可在闭合环型探伤器沿车轴轴线移动时，将它绕成竖轴摆动，使磁场方向与车轴轴线成一夹角，以便发现斜裂纹和纵裂纹。但对于车轴来说纵裂纹对它的损伤并不严重，因此闭合环型探伤器使用较为广泛。例如在车辆段和车辆工厂，当车轴加工后，或轮对向车辆上安装时，采用这种探伤器进行第二次复探，既简便又不会划伤轴颈。

2. 开合马蹄形电磁探伤器

它是车辆部门常用的一种多用途电磁探伤器，如图 2-11 所示。这种探伤器的外形既与卡钳相似，又与马蹄相似，是由两个圆弧形的铁臂组成，铁心断面为 $20\times30\ \mathrm{mm}^2$，两臂上均绕有线圈，系用 $2.3\ \mathrm{mm}^2$ 的双砂包线绕 120 圈；臂的一端有一个支点（枢轴），臂头制成与铅垂线成 32°的斜坡，使臂头与被探工件成 58°，电源为 24 V 或 36 V，交、直流均可，电流约为 15 A，功率为 300 W；在探伤器上有的还装有 24 V 照明灯及电源开关。这种探伤器可为局部纵向磁化探伤，也可为局部周向磁化探伤。过去常用它检查车轴、车轮、拱板等，现在主要用它检查车钩零件和客车转向架的摇枕吊、摇枕吊轴及吊销等。目前，轮对的探伤已全部使用大型荧光磁粉探伤机（如：CJW-3000Ⅲ型、RWMS-1 型等）。

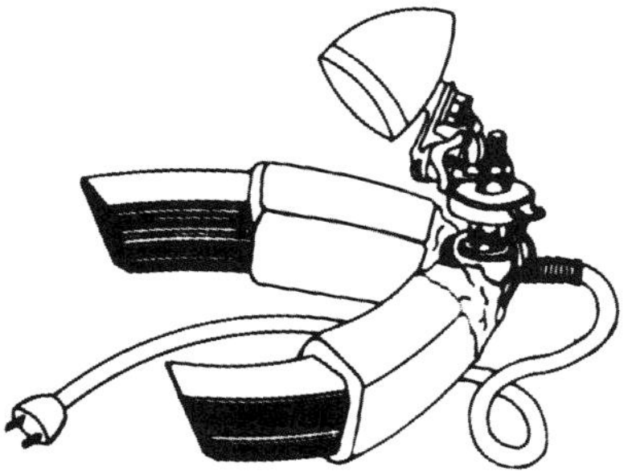

图 2-11　开合马蹄形电磁探伤器

3. CJW-3000 型荧光磁粉探伤机

它是一种车辆轮对车轴表面探伤的专用设备。它设置了纵向和横向联合磁化装置，采用磁悬液荧光磁粉显示，在操作机械化和探伤灵敏度等方面比较先进，并便于实现流水作业。其主要部分工作原理如下：

（1）磁化装置。其主要结构示意图如图 2-12 所示，铁心 3 设置在轮对上部，下部与轴端对应处有探头 4，磁化时探头与轴端夹紧，构成闭合的磁路，在铁心上部绕有直流纵向磁化线圈 1，可使车轴纵向磁化。在铁心两侧设置了交流周向磁化变压器 2。铁心 3 和探头 4 既是直流纵向磁化的磁回路，也是周向磁化的电流回路，相当于交流周向磁化变压器 2 的次级线圈。当初极线圈接通交流电时，铁心、探头和车轴组成的回路中产生强大的交流电流，使车轴表面得到周向磁化。在直流和交流对应中各安设有退磁控制电路。

（2）显示装置。其主要结构示意图如图 2-13 所示。显示装置和磁化装置都安设在暗幕里面。输液泵 1 将贮液槽 8 中的磁悬液经过管路 3 输送至换向阀 7，再经管路到喷头 5，向车轴喷洒磁悬液，由车轴流下的磁悬液经轮对下部的回收装置 6 流回磁悬液槽。暂时不向车轴喷洒磁悬液时，可通过控制装置使换向阀 7 变换位置，使输液泵来的磁悬液直接流回贮液槽。在轮对上方安设有紫外线灯，在轮对下方还设有运送轮对和使轮对定位回转的装置。

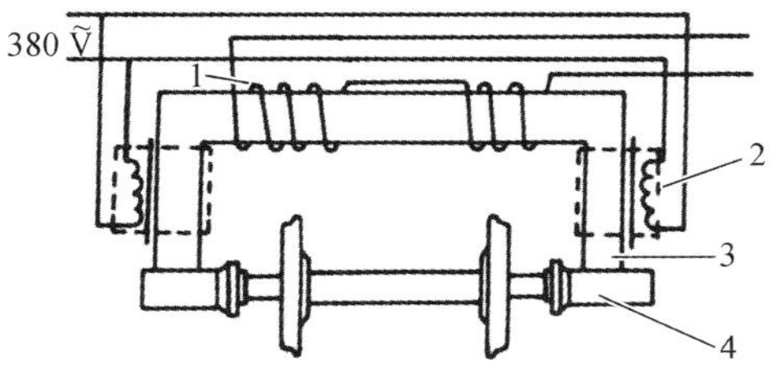

1—纵向磁化线圈；2—周向磁化装置；3—铁心；4—探头。

图 2-12　CJW 探伤机磁化机构

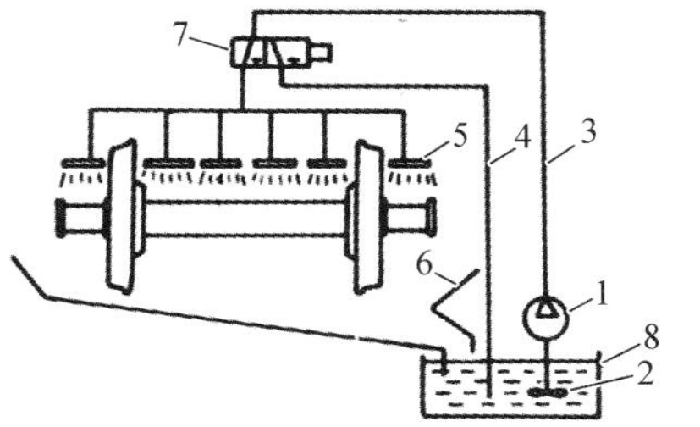

1—液泵；2—搅拌器；3—输液管；4—输液管；5—喷头；6—回收槽；7—换向阀；8—贮液槽。

图 2-13　CJW 探伤机磁悬液喷洒、回收装置

（3）操作过程。当轮对进入暗幕后，操作可分为 3 个步骤：第一步，使轮对定位回转，同时喷液，使磁悬液均匀覆盖全车轴。第二步，停止车轮回转，探头夹紧车轴通电磁化。这时如果车轴有裂纹等缺陷，产生的漏磁将把磁悬液中的磁粉吸引到缺陷的缝隙和表面，然后停止喷液，退磁，探头松开，这时磁粉仍吸附在缺陷处。第三步，轮对重新回转，紫外线灯照射车轴，操作者目视检查车轴表面的缺陷。检查完毕后将轮对送出暗幕。

三、磁粉探伤的操作方法

磁粉探伤时能否发现金属零件的缺陷，除了要求有灵敏度很高的探伤器及良好的显示媒质外，在很大程度上还取决于操作工艺。方法不当，不仅探伤工作效率低，更重要的是容易造成漏探。即使有 1/10 000 的漏探，也往往会造成不可估量的损失。轮对探伤的一般操作应按如下顺序进行：

（1）每班上、下午及夜班开工前应对探伤设备进行日常性能校验，应先检查探伤器的灵敏度及性能。确认探伤器良好后，再进行探伤操作。

日常性能校验由探伤工、探伤工长、质检员、验收员共同参加。检查完毕，由探伤人员填写或打印《磁粉探伤机日常性能校验记录》（辆货统-424 或车统-53K30（客车）），参加校

验的人员应共同签章。探伤设备发生故障，检修后投入使用前应重新进行日常性能校验并做好记录。

① 进行常规检查：全面检查探伤器各部技术状态，须做到配件齐全，电器连接线无破损、折断、松动，天平秤或电子秤、磁强计、电流表、电压表、白光照度计、紫外线辐照计检定不过期，灯光照度或辐射度符合规定标准，设备各部动作性能良好无故障。

② 检验磁粉及磁悬液：干法探伤时须检查磁粉的干燥程度，不得有潮湿现象，流动性要好，磁粉烘干时的温度不得超过 100 °C。湿法探伤时须检查磁悬液的浓度，取样检查前应先对磁悬液进行充分搅拌，然后用梨型沉淀管接取从喷嘴喷出的磁悬液 100 mL，进行沉淀试验，水基磁悬液静置 30 ~ 35 min，油基磁悬液静置 40 ~ 45 min。观察梨型沉淀管中的磁粉，浓度不符合规定时必须重新调配，荧光磁悬液浓度应为 0.2 ~ 0.6 mL/100 mL，非荧光磁悬液应为 1.2 ~ 2.4 mL/100 mL（采用体积浓度）。配制车轴荧光磁悬液时，还应按规定比例添加乳化剂、消泡剂、防腐剂和防锈剂，具体配比参照前面磁悬液相关内容。轮轴磁粉探伤所用磁粉，必须是经过中国国家铁路集团有限公司认证的专业生产厂家的产品，经检验合格后方可投入使用。

③ 进行综合灵敏度校验：通常采用标准灵敏度试片来检验。标准试片是用软铁等铁磁材料制成。为适应不同工件的形状和探伤灵敏度的要求，标准试片有不同的规格。图 2-14 所示为 A_1 型试片。试片中央刻有圆圈槽沟，试片右下角刻有 15/50 A 字样，其分母表示试片的厚度（μm）；分子表示圆圈槽深（μm）；A 表示圆圈；槽中间有“ + ”沟槽，图中其余尺寸单位为 mm。使用时须将车轴粘贴试片的部位擦拭干净，无锈蚀、油污及灰尘，露出基本金属面并保持干燥；试片表面也要擦拭干净；粘贴试片时，应将试片带沟槽面与车轴表面密贴，带有“ + ”沟槽的试片，“ + ”线中须有一条与车轴轴线平行，并用胶带纸将试片四周封闭，粘贴应平整、牢固，胶带纸不得遮盖试片沟槽部位。对车轴进行磁化，在试片上洒干磁粉或浇磁悬液。如果车轴磁化强度符合要求时，试片上即可显示出刻槽的磁粉痕迹。刻槽的磁粉痕迹清晰就证明探伤器（机）灵敏度良好。

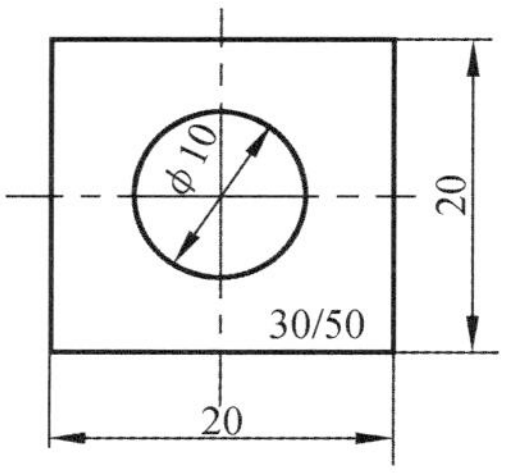

图 2-14 标准试片

（2）必须将轮对表面的锈垢、油污、灰尘及水分清除干净，露出基本金属面。因为锈垢、油污都是磁的不良导体，影响工作物磁化，使显示不够清晰，也不便于检查裂纹。清理工作物表面的同时和清理以后，应作外观检查，找出肉眼可以看到的缺陷及可疑的地方，作为探伤的重点。根据一般的规律，锈迹较厚的地方容易产生裂纹。目前统一要求轮对探伤必须配备轮对冲洗除锈机；车轴探伤应配备专用除锈机。

（3）干法探伤时，必须使用洒粉器向车轴表面均匀抛洒磁粉，不宜过多或过少。探伤器及变压器的通电时间一般以不发烫为限。湿法探伤时，须在全轴磁化前，对车轴被探测部位表面（不退轴承内圈时包括内圈表面）喷洒磁悬液，进行充分湿润；严格控制磁悬液的喷洒压力和覆盖面。应做到缓流、均匀、全面。探伤机探头夹紧轮对车轴时，磁轭与轴端面（或轴承前盖、密封座）接触必须严密。磁化时，周向磁化电流一般为 700 ~ 1 500 A，纵向磁化电流在 2.0 ~ 4.0 A，纵向磁化磁势的选择范围为 $NI = 0 \sim 24\ 000$（安匝）。

（4）使用环形探伤器时，线圈内径面距车轴探测面的距离不大于 50 mm，探伤器的移动速度不大于 150 mm/s，分段探伤每段长度不得超过 300 mm，并往复施深 2 ~ 3 次。为了检查车轴各个方向的裂纹，探伤器应以其中线为中心，在可能的范围内做往复摆动，以产生纵向磁化与周向磁化两种效果，以便发现斜裂纹。但摆动与移动都不宜过快，应有一些短暂的停留，目的是使磁力线稳定，促使漏磁通稳定，有利于磁粉集中。

（5）在探伤过程中车轴出现磁粉聚集即缺陷磁痕时，须用标记笔在车轴上划出缺陷磁痕出现位置的范围，详细记录缺陷磁痕位置、尺寸和形状。然后抹除缺陷磁痕，重新磁化车轴（磁悬液探伤的车轴，先退磁，后磁化），进行重复确认，当缺陷磁痕再次显示，且其位置、尺寸和形状与第一次显示的磁痕相同时，方可判定为缺陷车轴。

缺陷磁痕的判断方法如下：

① 裂纹的磁痕特征一般为锯齿形，两端呈尖角状，磁粉聚集的图像不规则，清晰、密集。

② 发纹的磁痕特征呈直的或微弯的细线，磁粉聚集图像呈细长、平直。

③ 伪磁痕的磁痕特征是绝大部分的磁粉聚集图像都比较散乱，再次磁化检查时，一般复现状况不好或完全不复现。

（6）发现缺陷车轴时，须由有关人员共同参加鉴定并签章。

（7）退磁检查。轮轴、轮对、车轴退磁后，应使用磁强计逐一检查退磁效果。在距探伤机 4 m 以外，用磁强计在车轴两端的中心孔附近测量，剩磁应符合如下规定：

车轴剩磁≤0.5 mT（5 Gs）;

轮对剩磁≤0.7 mT（7 Gs）;

轮轴剩磁≤1.0 mT（10 Gs）。

（8）每个轮对或车轴探测结束后，探伤人员须分探测部位按规定格式详细填写轮对卡片（如车统-53 A、车统-51C）并签章。同时使用粉笔或标记笔等在车轮辐板内侧面或轴身上标出明显的磁粉探伤标识“TD”；凡发现缺陷车轴，均须详细填写车辆轮对（车轴）超声波（磁粉）探伤发现缺陷记录卡（如车统-52 A），注明车轴缺陷性质、缺陷程度、缺陷位置及发现手段，并做出分析。参加鉴定人员须在卡片上签章。

（9）每班完工后，按照设备操作规程规定，对设备进行擦拭、保养、给油，切断电源。按 6S 定置管理要求，将工具、材料入柜存放，清理作业场地，做到工完料清，场地清洁。

除了对轴颈、防尘板座、轴身探伤外，车辆上的其他零件，如钩舌、摇枕吊、摇枕吊轴、吊销等的探伤也可比照上述顺序进行。

【任务实施】

一、轮轴荧光磁粉探伤（铁路货车）

作业地点：检修车间轮轴磁粉探伤间。

适用范围：适用于铁路货车 RD_2、RE_{2A}、RE_{2B} 型轮轴荧光磁粉探伤作业。

上道作业：轮对除锈。

下道作业：轮对微机控制超声波自动探伤。

（一）人员要求

（1）探伤人员近距视力（或矫正近距视力）应≥5.0、非色盲；了解货车车辆构造，掌握货车轮轴基本知识；新上岗人员应具有高中及以上学历。

（2）探伤人员应取得中国国家铁路集团有限公司铁路无损检测人员资格鉴定与认证委员会颁发的磁粉探伤技术资格证书。

（3）持 2 级及以上探伤技术资格证书的探伤人员，须经铁路集团公司车辆主管部门考核合格取得上岗证，方可上岗独立从事探伤工作。

（4）1 级探伤人员应在 2 级及以上人员的指导下从事相关的探伤工作，指导人员须在探伤记录上确认并签章（签字或盖章）。

（二）作业流程图

作业流程国图如图 2-15 所示。

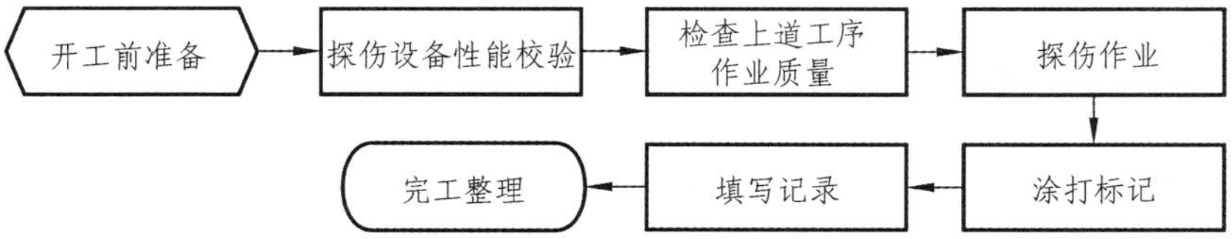

图 2-15　作业流程图

（三）作业程序、标准及规范

1. 开工前准备

1）穿戴劳动用品

每班开工前穿戴好工作服、工作鞋、工作帽，女士有长发者须盘在帽子内，禁止穿拖鞋、凉鞋、高跟鞋作业。

2）检查探伤环境

（1）轮对（轮轴）荧光磁粉探伤作业应在独立的工作场地进行，探伤工作场地应整洁明亮，照度适中，通风良好，室内温度应保持在 10 ~ 30 °C。

（2）轮对（轮轴）荧光磁粉探伤工作场地应远离翻砂、锻打、电焊、潮湿、粉尘场所；探伤设备所用的电源，应与大型机械、动力电源线分开并单独接线。

3）磁粉探伤机常规检查

（1）磁粉探伤机定检（大、小修）不过期，过期时禁止使用。磁粉探伤机大、小修周期分别为 5 年、6 个月，提前或错后的时间分别为大修 3 个月、小修 1 个月。

（2）按设备操作规程，对磁粉探伤机进行点检、润滑。设备连接线无破损、折断、松动，电流、电压表检定不过期；探伤机周向磁化、纵向磁化、复合磁化 3 种磁化功能、退磁功能、磁悬液搅拌功能符合要求；试验设备各部动作应灵活、准确、无故障；磁悬液箱过滤网须无破损，且保持清洁。

（3）周向额定磁化电流应不小于 3 000 A，纵向额定磁化磁势应不小于 24 000 A · T，并连续可调。

4）检查探伤使用量器具、材料配置及状态

（1）检查锥形长颈沉淀管、紫外线辐照计、白光照度计、磁强计、天平秤、量杯、量筒、钢板尺、磁粉、A1-15/50 型试片、分散剂、消泡剂、防腐剂、防锈剂、紫外线防护眼镜、紫光辐照灯、透明胶带、棉白布、粉笔、毛笔、白油漆、砂纸等配置齐全。

（2）检查紫外线辐照计、白光照度计、磁强计、天平秤技术状态良好，检定不过期。

2. 探伤设备性能校验

2-3　实作：轮对荧光磁粉探伤机日常校验

1）性能校验准备工作

（1）粘贴试片。

① 将 A1-15/50 型标准试片粘贴在轮对、车轴易发生裂纹或磁场强度较薄弱的部位。（粘贴部位：车轴中央部位、轴颈根部、车轮内侧辐板孔附近。）

② 粘贴试片部位应干净，无锈蚀、油污及灰尘，露出基本金属面并保持干燥。

③ 粘贴试片时，试片刻槽面应与实物表面密贴，“+”字刻槽应有一条刻线与工件轴线平行。试片粘贴应平整、牢固，粘贴物不得遮盖试片的刻槽部位，如图 2-16 所示。

图 2-16　粘贴试片

④ 试片发生锈蚀、褶皱等现象，影响使用性能时不得使用。

（2）配置磁悬液。

① 从材料柜中取出荧光磁粉、分散剂、消泡剂、防腐剂、防锈剂，检查检验合格证和保质期，无检验合格证或过质保期时禁止使用。磁粉颗粒度目数不小于 320 目，磁粉应放置在带盖容器内保存，磁粉受潮结块禁止使用。

② 磁悬液是由荧光磁粉和水配制而成，从材料柜中取出天平、量杯、量筒进行磁悬液配置，按产品说明书要求将称量好的荧光磁粉、分散剂、消泡剂、防腐剂、防锈剂倒入量筒中，边搅拌边加水，搅拌均匀后倒入磁悬液箱。磁悬液的 pH 值为 7～9。

③ 磁悬液更换周期不超过一月，磁悬液有发臭、变色及油泥掺杂等情况时须及时更换。将水箱中磁悬液排空重新配置，并进行体积浓度和 pH 值测量。

2）日常性能校验

（1）每日上、下午开工前使用样板轮对进行探伤设备日常性能校验，由探伤工、探伤工长、质检员和验收员共同参加，确认合格后方可开工作业。因设备故障检修后，应重新进行日常性能校验并做好记录。

（2）测量磁悬液浓度。

① 按线圈闭合及喷液按钮，喷嘴开始喷淋磁悬液，待磁悬液充分搅拌均匀后，用锥形长

颈沉淀管从喷嘴口接取磁悬液 100 mL，静止沉淀，沉淀时间为 30 ~ 35 min，然后观测锥形长颈沉淀管底部磁粉容积值，荧光磁粉磁悬液体积浓度为：0.2 ~ 0.6 mL/100 mL。

② 体积浓度不符合规定时应重新调配，调配后的磁悬液，应按上述操作方法再次进行体积浓度测定。

（3）检查紫外辐照度和白光照度。

① 将样板轮推入探伤机内，开启紫外线灯，关闭探伤室门帘。

② 使用紫外线辐照计测量紫外辐照度。首先将“电源”键按下，再按下“UV-365”键和所选定的量程键，然后将相应的 365 探头插入读数单元的插孔内，取下探头盖，将探头光敏面置于左右轴颈、轮座、辐板孔、轴身中央共七处区域，探头应与探伤面平行呈同一水平面，如图 2-17 所示，取最小测量值。紫外辐照度值为最小测量值、量程倍数两者之积。

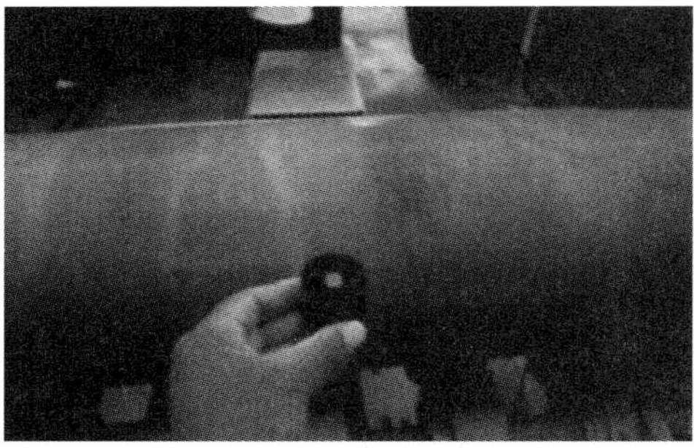

图 2-17　测量紫外线辐照度

图 2-18　测量探测面

③ 紫外照度不符合要求时，由电力维修人员进行处理，处理后再次按照上述方法进行测量，测量合格后关闭照度计电源，将探头连接线拔出，将照度计及探头线放回到工作台上。

④ 使用白光照度计测量探测面。按下“电源”和任一量程键，再将探头插入读数单元的插孔内，然后取下探头盖并将探头光敏面置于左右轴颈、轮座、辐板孔、轴身中央共 7 处区域，探头应与探伤面平行呈同一水平面，如图 2-18 所示，取最大测量值。

⑤ 白光照度不符合要求时，检查探伤机的密闭帘是否密闭并进行调整，调整后再次按照上述方法进行测量，测量合格后拔出探头连接线，将白光照度计及探头线放回到工作台上。

⑥ 工件表面探伤区域紫外线辐照度与白光照度须符合下列关系：

$v \leqslant 20$ 时，　　$u \geqslant 800$；

$20 < v \leqslant 1670$ 时，　　$u \geqslant 11.637v + 567.26$

式中　u——紫外线辐照度，单位为微瓦每平方厘米（$\mu W/cm^2$）；

v——白光照度，单位为勒克斯（lx）。

（4）磁化检验。

① 将手动、自动位控制按钮置于手动位，按线圈合紧、喷液及滚动按钮，对样板轮轴身、轴颈、车轮辐板内侧面喷洒磁悬液，磁悬液喷淋应缓流、均匀、全面覆盖探伤部位，如图 2-19 所示。样板轮转动两圈后按停止转动按钮；再按电极夹紧按钮，待电极夹紧轴端面后，按充磁按钮，对轮对（轮轴）进行复合磁化。轮对（轮轴）磁化时，须观察控制面板上电流表，周向和纵向磁化电流值应符合磁化规范的要求，否则应旋转电流调节按钮调整周向或纵向磁化电流。

图 2-19 喷洒磁悬液

周向磁化电流推荐值：RD_2 型轮轴为 1 560 ~ 1 940 A，RE_{2A}、RE_{2B} 型轮轴为 1 690 ~ 2 100 A；

纵向磁化电流推荐值：RD_2 型轮轴为 1 400 ~ 1 800 A，RE_{2A}、RE_{2B} 型轮轴为 1 500 ~ 1 900 A。

在满足探伤设备技术指标条件情况下，周向、径向磁化电流值以试片人工刻槽显示清晰、完整为准。

② 通电磁化时间应为 2 ~ 3 s，停止喷淋磁悬液后应再磁化 1 ~ 2 次，每次 1 ~ 2 s。

（5）磁痕分析。

① 样板轮磁化后，按电极松开、线圈松开按钮，松开电极、线圈，观察试片磁痕显示，A 型试片各沟槽应显示清晰、完整，如图 2-20 所示。

② 发现 A 型试片沟槽显示局部不清晰时，如出现不封闭“○”形磁痕或“+”字沟槽不清晰，应调整周向或纵向磁化电流，抹去试片上的磁痕，进行退磁，重新喷液、充磁作业，观察 A 型试片沟槽显示，直至清晰、完整，调整的电流值应符合磁化规范的要求。

（6）退磁检查。

轮轴、轮对退磁后，应使用磁强计检查其退磁效果。按线圈合紧和退磁按钮，对样板轮进行退磁，退磁后按下料按钮，轮轴、轮对推出，在距探伤机 4 m 以外，用磁强计在车轴两端中心孔处（轴承未开盖时在螺栓端头）测量检查退磁效果，如图 2-21 所示。轮轴剩磁不得超过 1.0 mT（10 Gs），轮对剩磁不得超过 0.7 mT（7 Gs），不合格时，应将轮轴、轮对推入探伤机重新退磁及剩磁检查。

图 2-20 磁痕显示

图 2-21 剩磁检查

（7）填写日常性能校验记录。

探伤设备日常系统灵敏度校验合格后，由探伤工填写《磁粉探伤机日常性能校验记录》（辆货统-424），参加校验的人员应在校验记录上签章。

3）季度性能校验

（1）检查探伤机及附属设备技术状态。探伤机及附属设备的各部外观技术状态良好，配件齐全；全面试验探伤设备和附属设备的作用性能应准确、可靠，无故障。轮轴除锈设备运转正常，除锈效果符合探伤要求。

（2）季度性能检查每 3 个月进行 1 次。由主管领导组织，轮轴（探伤）专职、设备专职、验收员、质检员、探伤工长、探伤工和设备维修工共同参加。新购置及定期检修后的探伤设备，第一次投入使用前应按季度性能检查的要求进行检查，并做好记录。

（3）磁粉和磁悬液检验应符合日常性能校验规定的要求。

（4）系统综合灵敏度校验应符合日常性能校验规定的要求。

（5）探伤设备季度性能检查合格后，应填写《磁粉探伤机季度性能检查记录》（辆货统-428），参加季度性能检查的人员均应在季度性能检查记录上签章。

探伤设备性能校验后，A 型标准试片粘贴在样板轮上保存时，应用棉丝将试片表面擦拭干净，涂上防锈油脂。

3. 检查上道工序作业质量

（1）车轴外露部位（轮轴如不退轴承时，防尘板座及轮座外侧的外露部位除外）、有辐板孔车轮的内侧辐板孔部位除锈后，须露出基本金属表面，不得残留锈垢、漆膜等污物。

（2）轮轴、轮对各部除锈质量不符合探伤标准时，不得进行探伤作业，通知上道工序返工处理。

2-4 实作：轮对荧光磁粉探伤

4. 探伤作业

（1）确认探伤设备日常系统灵敏度校验合格，参加校验的人员均已在校验记录上签章，如图 2-22 所示。

（2）检查待探伤轮轴（对）轴端表面状态，如图 2-23 所示；不开盖轴承的轮轴应检查前盖凸缘、螺栓头部是否平整、无锈垢，施封锁是否埋入前盖凸缘内，前盖及轴端螺栓与探伤机磁轭接触部位除锈效果良好，不得影响探伤作业。退卸轴承的轮对轴端须平整、无碰伤、凸起物，无严重锈蚀，对不平整及锈垢处必进行修磨，保证接触良好，防止打火现象。

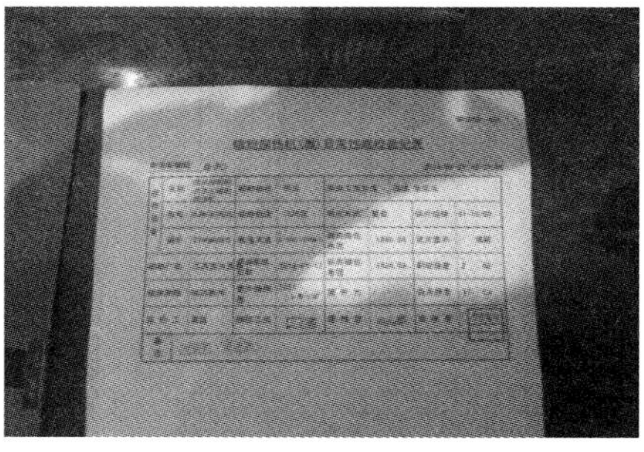

图 2-22 校验记录签章

图 2-23 轮轴（对）轴端表面状态

（3）检查左侧轴端刻打的轴号、首次组装日期、单位及车轴材质，确认车轴使用寿命不超期。每条探伤轮对（轴）必须在车统-53 A 上面详细记录轮对（轴）轴型、轴号及首装日期、单位代号及各部位探伤情况及结果，并与轮轴卡片显示的信息进行核对，信息须一致。

（4）将待探伤轮对推进探伤机进轮机构，上料，闭合线圈，启动“喷液”按钮对探伤部位表面自动喷淋磁悬液，磁悬液应做到缓流、均匀、全面覆盖探伤部位。发现喷嘴堵塞时应及时疏通。

（5）启动“夹紧”按钮，将周向磁轭夹紧车轴，两磁轭应与车轴的两端面（或轴承前盖螺栓、密封座）接触良好，防止打火现象。

（6）启动“充磁”按钮对轮对（轮轴）进行磁化，磁化时周向磁化电流和纵向磁化电流应符合磁化规范要求，每探一条轮对（轮轴）要观察一次电流指标，

（7）磁化结束后，按“松开”按钮，将线圈松开，用粉笔在车轴上标出每个探伤部位转动检查的“起始”标识，保证转动检查一周以上，对探伤部位（车轴外露部位、车轮内侧辐板孔附近）进行认真检查，所有探伤部位不得漏检。

（8）观察磁痕。按下密闭帘的关闭按钮，待密闭帘关闭后，按以下顺序划“起始”标识，观察磁痕：

① 在左侧车轮轮毂外侧划“起始”检查标识，按照起始标识转动检查左轴颈及防尘板座一周的磁痕显示。

② 在左侧车轮轮毂内侧划“起始”检查标识，按照起始标识转动检查左车轮辐板及左半轴身一周的磁痕显示。

③ 在车轴中部划“起始”检查标识，按照起始标识转动检查车轴一周的磁痕显示。

④ 在右侧车轮轮毂内侧划“起始”检查标识，按照起始标识转动检查右半轴身及右车轮辐板孔一周的磁痕显示。

⑤ 在右侧车轮轮毂外侧划“起始”检查标识，按照起始标识转动检查右轴颈及防尘板座一周的磁痕显示。

（9）在观察过程中发现可疑缺陷磁痕时，按点动或轮对停止转动按钮，使用粉笔在车轴或车轮上画出缺陷磁痕的位置，如图 2-24 所示，并详细记录缺陷磁痕的位置、方向和尺寸大小。当缺陷磁痕定性不确定时，应抹除缺陷磁痕，退磁，再重新喷液、磁化后确认。当缺陷磁痕再次显示，且磁痕的位置、方向、尺寸大小和磁痕特征与第一次显示的磁痕位置、方向、尺寸大小和磁痕特征基本相同时，可判定为缺陷磁痕。

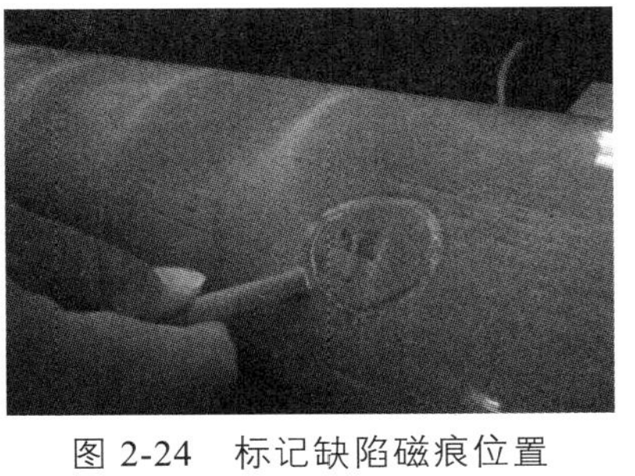

图 2-24　标记缺陷磁痕位置

（10）磁痕分析、裂纹及发纹处理要求。

① 磁痕分析。

a. 裂纹：在工艺过程中，使金属的连续性破坏而形成缺陷。磁粉探伤时，其磁痕特征一般为线性锯齿形，两端呈尖角状，磁粉聚集的图像不规则，但清晰、密集，如图 2-25 所示。

b. 发纹：是由原材料中的微小气孔、针孔、金属和非金属夹杂物等，经锻轧而形成的原材料缺陷。磁粉探伤时，其磁痕特征呈直线或微弯的细线状，磁粉聚集的图像规则呈细长、平直，如图 2-26 所示。

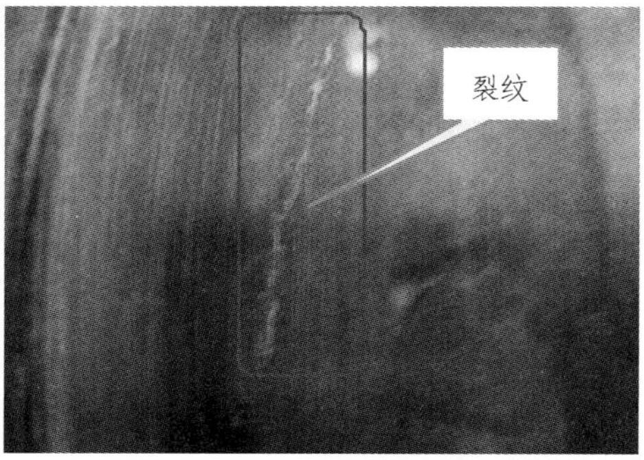

图 2-25　裂纹

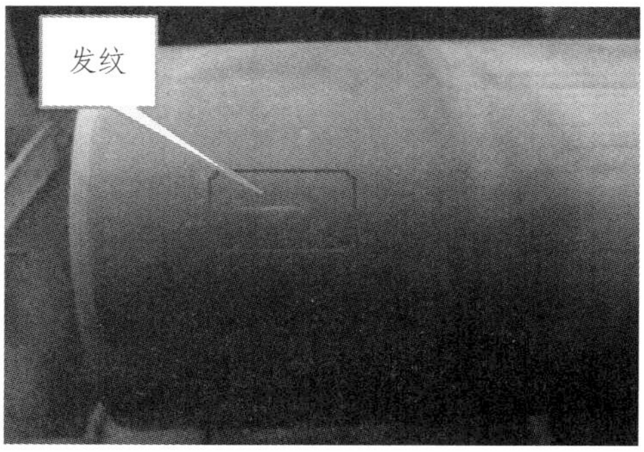

图 2-26　发纹

c. 伪磁痕：磁粉探伤时，其磁痕特征是绝大部分的磁粉聚集图像都比较散乱，再磁化检查时，一般复现状况不好或完全不复现。

d. 车轴横向裂纹或横向发纹：磁粉探伤时，其磁痕延伸线与车轴轴线的夹角大于或等于 45°。

e. 车轴纵向裂纹或纵向发纹：磁粉探伤时，其磁痕的延伸线与车轴轴线的夹角小于 45°。

② 裂纹及发纹处理要求。

a. 车轴各部分不允许存在横向裂纹、横向发纹和纵向裂纹（轴身除外），发现时轮对须送厂。轴身部位的横向裂纹磨除后，深度不大于 2.5 mm 时可使用。

b. 轴身上存在纵向裂纹总数不超过 3 条，单个长度不超过 60 mm，并且不在同一横断面上时，可不做处理，允许继续使用。超过规定时，轮对须送厂。

c. 车轴轴身上存在纵向发纹（轴身上的纵向裂纹长度小于 30 mm 时，一律按发纹处理）时可不处理，轴颈、防尘板座及轮座上存在长度≤25 mm 且各部位均不超过 5 条或同一断面上不超过 3 条的纵向发纹时，可不处理（对长度不超过 4 mm 的纵向发纹不计算在内）。

d. 车轴其他部位纵向发纹限度如下，超过规定时轮对须送厂。

- 轴颈：长度≤25 mm 的纵向发纹不得超过 5 条。
- 车轴各圆弧处：长度≤5 mm 的纵向发纹在同一圆弧处不得超过 3 条，延伸圆弧范围内的按圆弧处发纹限度处理。
- 在车轴同一纵向直线上，5 mm 以上的非连续发纹，其总长度应≤50 mm。
- 在车轴各部位上（除圆弧部位及上述规定外），纵向发纹的长度 5 mm 以下，不连续成一行，不密集在一处者，可不予计算。

e. 连续成一行的发纹：散布在车轴表面上的纵向发纹形成一条线，且其间隔距离在 2 mm 以下者，仍认为是一条连续的发纹，并以连续共计的总长度为发纹长度。

f. 已有铲槽或轴端有 + + 标记的车轴再发现裂纹时，轮对须送厂。

g. 辐板孔裂纹长度不大于 15 mm 时，允许使用。车轮辐板孔存在径向裂纹或周向裂纹长度超过 15 mm 或周向裂纹扩展方向偏离圆周方向时，轮对须送厂。

（11）退磁检查。

① 磁痕观察完毕后，按线圈夹紧和退磁按钮，对轮轴、轮对进行退磁，打开遮光门帘，按下料按钮，将轮轴、轮对推至离探伤机距离不少于 4 m 处，用磁强计在车轴两端中心孔附近（轴承未开盖时，在螺栓端头）测量检查退磁效果。轮轴剩磁不得超过 1.0 mT（10 Gs），轮对剩磁不得超过 0.7 mT（7 Gs），不合格时，应将轮轴、轮对推入探伤机重新退磁及剩磁检查。

② 在探伤过程中应抽查剩磁，每4条轮轴、轮对抽查一次，将剩磁测量值记录在车统-53 A备注栏中。

5. 涂打标记

轮轴、轮对探伤检查合格后，用白色标记笔在车轮辐板内侧面涂打探伤检查标记“TD”。轮轴、轮对探伤检查发现缺陷时，须通知工长、质检员、验收员共同鉴定，判定是否返郑州北车轮车间。

（1）确认有缺陷的轮对（轴）应使用白色标记笔在缺陷处画上标识，并在轴身上注明缺陷性质，如图 2-27 所示。

图 2-27　标注缺陷

（2）需要送郑州北车轮车间修理的轮轴、轮对，在轴身（或辐板）上用白铅油注明入车轮车间原因，当车轴报废时，在轴端或轴身上涂打“×”标记；车轮报废时，在辐板上涂打“×”标记；自备车分解下的轮轴、轮对，在两侧车轮内侧及车轴轴身上标识轮对来源代号“Z”，字高为 100 mm，字体为宋体。

6. 填写台账记录

（1）经超声波探伤后须退卸轴承采用磁粉探伤方式确认的，在《铁路货车轮轴（轮对、车轴、车轮）超声波（磁粉）探伤记录》（车统-53 A）应重新建立一条探伤记录，并在备注栏内注明“复探”字样。

（2）填写轮轴卡片（车统-51C）。核对轮对轴号、轴型、单位及首次组装日期、单位与轮轴卡片信息记录相符，在相应探伤部位栏签章，并将轮轴卡片传递到下道工序。车轮辐板孔裂纹时，须在轮轴卡片（车统-51C）轮对故障情况栏做好记录，示例：WL3-15（W 为车轮，L 为左，R 为右，3 为裂纹条数，15 为裂纹长度）。

（3）填写《铁路货车轮轴（轮对、车轴、车轮）超声波（磁粉）探伤记录》（车统-53 A），并在探伤者栏签章。

（4）填写《铁路货车轮轴（轮对、车轴、车轮）超声波（磁粉）探伤发现缺陷记录卡》（车统-52 A）。

（5）记录填写做到字迹端正，不错不漏、不涂不改。

7. 完工整理

每班完工后，按照设备操作规程规定，对设备进行擦拭、保养、给油，切断电源。按 6S 定置管理要求，将工具、材料入柜存放，清理作业场地，做到工完料清，场地清洁。

（四）工装设备、检测器具及材料

1. 工装设备、检测器具、工具清单（表 2-3）

表 2-3　工装设备、检测器具、工具清单

序号	名称	规格型号	单位	数量	备注
1	轮轴荧光磁粉探伤机	RWMS-1 型	台	1	
2	紫外线辐照计	UV-A-365 型	个	1	
3	白光照度计	ST-85 型	个	1	
4	锥形长颈沉淀管	100 mL	个	1	
5	磁强计		个	1	
6	试片	A1-15/50 型	片	14	
7	天平		台	1	
8	量杯	1 000 mL	个	1	
9	量筒	2 000 mL	个	1	
10	样冲		个	1	
11	铁锤		把	1	
12	锉刀		把	1	
13	钢板尺		把	1	
14	白色圆环		个	1	

2. 物料清单（表 2-4）

表 2-4　物料清单

序号	物料名称	单位	数量	备注
1	磁粉	kg	3	目数不小于 320 目
2	pH 试纸	张	5	
3	防腐剂	桶	1	
4	防锈剂	桶	1	
5	消泡剂	桶	1	
6	分散剂	桶	1	
8	透明胶带	个	1	
9	棉丝	kg	5	
10	白色标记笔	支	1	
11	粉笔	盒	1	

二、配件荧光磁粉探伤（铁路客车）

作业地点：检修车间相关配件磁粉探伤间。

适用范围：适用于各型铁路客车转向架及基础制动配件。

上道作业：轮对除锈。

下道作业：轮对微机控制超声波自动探伤。

（一）人员要求

（1）探伤人员近距视力（或矫正近距视力）在≥30 cm距离处，应达到5.0及以上；非色盲。

（2）探伤人员应了解客车车辆构造，掌握客车配件基本知识。

（3）探伤人员应取得铁道部门无损检测人员技术资格鉴定考核委员会颁发的探伤技术资格证书。

（4）独立从事探伤工作的探伤人员应持Ⅱ级及以上相关专业证书和上岗证。

（5）Ⅰ级探伤人员应在Ⅱ级及以上人员的指导下从事相关的探伤工作，指导人员须在探伤记录上确认并签章（签字或盖章）。

（二）作业流程图

作业流程如图2-28所示。

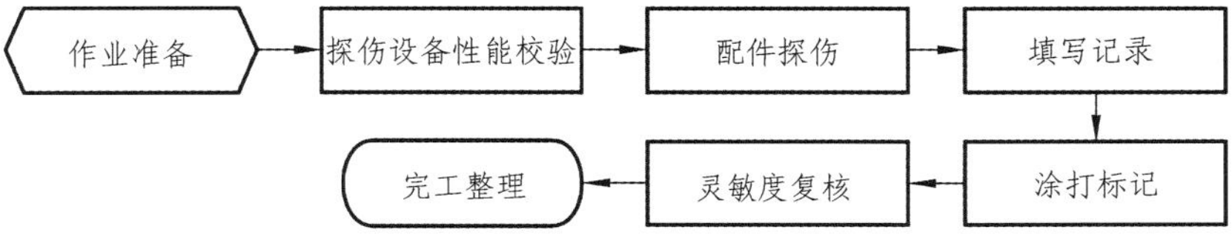

图2-28 作业流程图

（三）工具材料

白光照度计、锥形长颈沉淀管、磁强计、特斯拉计、A1-15/50型标准试片、荧光磁粉、乳化剂、消泡剂、防腐剂、防锈剂、透明胶带纸、紫外线防护眼镜、记号笔、白油笔、砂布

（四）作业内容及标准

1. 作业准备

1）检查劳保用品

工作者穿戴工作服、劳保手套、劳保鞋、防护镜等劳保用品，要求佩戴整齐。

2）检查探伤设备及计量器具

（1）探伤机各部外观技术状态良好，配件齐全。

（2）电器连接线无破损、折断、松动，电流、电压表检定不过期。

（3）开启探伤机，设备正常运转，各部动作灵活，状态良好。

（4）检查所有计量器具检定不过期，检定证书齐全。白光照度计、紫外线辐照计、磁强计、天平秤检定周期为12个月。

3）粘贴试片。

（1）检查校验工件探伤表面须露出基本金属面，不应有油污、锈蚀、毛刺和纤维等杂物。

（2）在钩舌销中部粘贴 A1-15／50 试片，试片带沟槽面与工件表面要密贴，带有“+”字沟槽的试片，有一条刻线与配件轴线平行，试片粘贴后平整、牢固，粘贴试片时，不得覆盖沟槽部位。

（3）螺栓须使用 D1-15/50（直径 25 mm 以上的螺栓可采用 A1-15/50）型试片；试片应分别粘贴在螺栓直径不同的外圆面；螺头根部必须粘贴试片，其他不同直径处，粘贴在长度方向的中间部位，如图 2-29 所示。

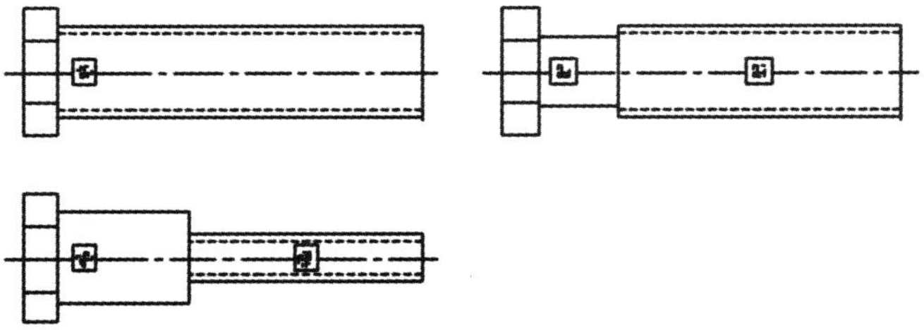

图 2-29　试片粘贴位置示意图

4）检查磁粉

（1）每批磁粉均须送化验室检验，并有化验室出具的磁粉化验合格单，磁粉粒度＜320 目。

（2）磁粉要放置在带盖容器内保存，磁粉保质期为一年，在保质期内发现磁粉出现受潮结块、变质等现象时，禁止使用。

5）更换磁悬液

① 配置磁悬液时，按比例添加磁粉、乳化剂、消泡剂、防腐剂和防锈剂，水基磁悬液的 pH 值为 7～9。

配制比例为：水：1L；乳化剂（JFC）：5 g/L；消泡剂（28 号）：2～5 g/L；防腐剂（亚硝酸钠）：15 g/L；防锈剂（三乙醇胺）：15 g/L；非荧光磁粉：10～25 g/L；荧光磁粉：1～3 g/L。

② 根据工作量、季节变化及磁悬液清洁程度等因素确定磁悬液的更换周期，水基磁悬液最长更换周期不应超过 1 个月。

6）接取磁悬液

开机后，将磁悬液充分搅拌，用锥形长颈沉淀管接取从喷嘴喷出的磁悬液 100 mL，水基磁悬液静置沉淀 30～35 min。然后观测锥形长颈沉淀管底部的磁粉容积值。磁悬液浓度须符合：荧光磁粉磁悬液体积浓度为：0.2～0.6 mL/100 mL。

非荧光磁粉磁悬液体积浓度为：1.2～3.0 mL/100 mL。

2. 性能校验

（1）每班开工时，应进行日常性能校验，由探伤工、探伤工长和质检员共同参加。探伤设备发生故障，检修后投入使用前应重新进行日常性能校验并做好记录。

（2）将校验工件放置在待检台上，按“夹紧”按钮将其送至磁化位置，开始日常性能校验。

（3）观察试片。

按“喷洒”按钮，观察磁悬液应缓流、均匀、全面覆盖探伤部位。然后磁化，观察磁化电流，在磁化结束前停止喷液，继续磁化，要求连续磁化 2～3 次。磁化时，试片“○”形刻槽和“+”字刻槽磁痕应清晰显示。试片显示不清晰、不完整时，应调整电流大小直到试片清晰。

（4）测量白光照度。

① 用白光照度计在钩舌表面测量白光照度，采用非荧光磁粉探伤时，被探测面白光强度≥500 lx。

② 采用荧光磁粉探伤时，工件表面白光照度与紫外线辐照度应符合以下要求：

a. 荧光磁粉探伤时紫外线辐照度与白光照度的对应关系：紫外线波长范围应在 320～400 nm 内，中心波长为 365 nm。

$v \leqslant 20$ 时：　　　　　$u \geqslant 800$ ……………………（1）

$20 < v \leqslant 1\,670$ 时：　　$u \geqslant 11.637v + 567.26$ ……（2）

其中：v 表示白光照度，单位为勒克斯（lx）；u 表示紫外线辐照度，单位为微瓦每平方厘米（$\mu W/cm^2$）。

b. 紫外线辐照度与白光照度对应关系以曲线表示时如图 2-30 所示。

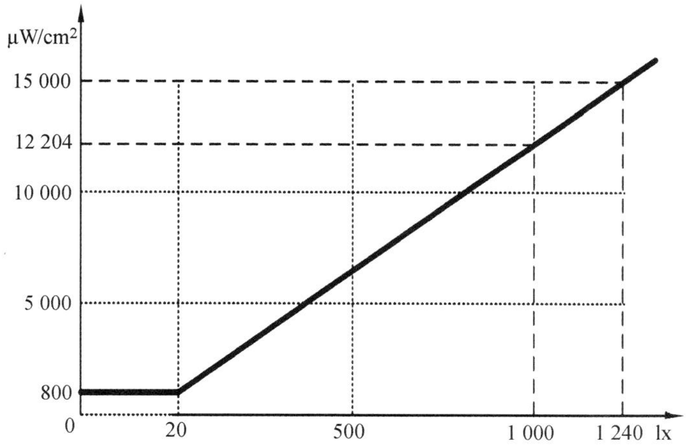

图 2-30　紫外线辐照度与白光照度曲线图

c. 若采用无暗室荧光磁粉探伤工艺，应无阳光直射到观察区域，且观察区域白光照度应≤1 000 lx。

（5）测量剩磁。

① 探伤后工件须退磁，将试件取至观察区域后，用磁强计在工件端部的棱角附近测量剩磁，转向架悬吊件剩磁应≤0.7 mT（7 Gs）。螺栓类配件剩磁应≤0.3 mT（3 Gs）。

② 每班的首件和末件须进行剩磁测量，剩磁值均应符合要求。如果首件不符合要求，不得开工，需调整设备，重新退磁测试合格后，方可开始探伤作业；如果末件不符合要求，则须对所探合格工件逐件进行剩磁测量，不符合要求的重新退磁。

（6）填写校验记录。

校验完毕后由探伤工填写《铁道客车配件磁粉探伤机性能校验记录表》（车统-53K34），做到字迹清晰、干净整齐、不错不漏、不得涂改。须探伤工、探伤工长、质检员签章完毕后方可开工，另探伤设备发生故障，检修后投入使用前应重新进行日常性能校验并做好记录。

3. 季度性能检查

（1）每季度由单位主管检修领导组织，轮轴（探伤）专职、设备专职、验收员、质检员、探伤工长、探伤工和设备维修工共同参加。

（2）新购置及大、中、小修后的探伤设备，第一次使用前应按季度性能检查的要求进行检查并做好记录。

（3）按日常性能校验的要求进行校验，磁悬液浓度、白光照度符合要求，试片显示清晰，工件表面磁场强度不低于 2 000 A/m，剩磁≤0.7 mT（7 Gs）。

（4）检查结束后探伤工填写《铁道客车配件磁粉探伤机性能校验记录表》（车统-53K34），参加检查人员确认检查记录内容并签章。

4. 配件探伤

1）检查配件

检查待检工件探伤表面，须露出基本金属面，不应有油污、锈蚀、毛刺和纤维等杂物。

2）探伤机探伤

将配件放至探伤机待检位置上，按“夹紧”键将其推送至磁化位置，使两电极与工件端面可靠接触。按“喷洒”，对工件喷洒磁悬液，观察磁悬液应缓流、均匀、全面覆盖探伤部位，用同样的磁化规范进行磁化，磁化时间 2～3 s，磁化的同时喷洒磁悬液，磁化结束前停止喷洒磁悬液，再磁化 2～3 次，每次磁化时间 0.5～1 s。

3）观察磁痕

在磁化过程中认真观察零部件表面，发现缺陷磁痕时，用标记笔在配件上划出缺陷磁痕出现位置。存在疑问磁痕时，应退磁，抹除磁痕，重新磁化后再次观察。当缺陷磁痕再次显示，与第一次显示相同时，则判定为裂纹。若钩舌销、钩尾扁销有横向裂纹则报废，允许存在长度不大于 20 mm 的纵向发纹，数量不超过 5 条，超限时报废。裂纹横穿螺栓时报废。

4）取下工件

按“退磁”“松开”键，将试件拿至观察区域，将工件分类放到配件小车上。

5）马蹄形探伤仪探伤

用马蹄形探伤仪检查配件时：磁力线应垂直于裂纹方向施行探伤，应尽量利用磁场中心检查裂纹部位。在探测过程中喷洒磁粉或喷洒黑水磁悬液，认真观察，若出现缺陷磁痕时，须用标记笔在配件上划出缺陷磁痕出现位置的范围。抹除缺陷磁痕，重新磁化配件并进行确认。当缺陷磁痕再次显示，且与第一次显示相同时，方可判定为缺陷配件。

5. 填写记录

（1）探伤结束后，填写探伤记录，记录包含探伤日期、工件名称、规格型号、编号（或数量）、探伤方法、探伤结果、探伤人员等内容。

（2）探伤记录填写时，字迹清晰、干净整齐、不错不漏，填写后不得涂改。

（3）将日常性能校验记录表、探伤记录表按月装订成册，季度性能检查记录表按年装订成册，由单位统一保管，保存时间至少为一个 A2 修期。

6. 涂打标识

探伤完成后在工件上使用白油笔涂打探伤标记，良好配件在工件端部打圆点●状标记，配件有缺陷时在工件端部涂打“×”标记，并送到报废地点。

7. 灵敏度复核

每班完工后，在同样的磁化条件下，由探伤工、探伤工长进行系统探伤灵敏度复核。若试片不能清晰显示，该班次所探零部件重新检验。复核后由探伤工填写《铁道客车配件磁粉探伤机性能校验记录表》(车统-53K34)，参加校验人员应确认校验记录内容并盖章。

8. 完工整理

关闭电源，材料收拾整齐、整理工具，清理作业场地，打扫卫生。

【任务自检】

1. 试述磁粉探伤的基本原理。
2. 磁粉及磁悬液检验的要求有哪些?
3. 退磁检查的要求是什么?
4. 磁粉探伤的缺陷磁痕如何判断?
5. 什么叫横向裂纹或横向发纹?什么叫纵向裂纹或纵向发纹?
6. 当货车车轴轴身部位发现横向裂纹如何处理?
7. 货车车轴磁粉探伤结束后探伤人员须填写哪些记录?客车配件磁粉探伤结束后探伤人员须填写哪些记录?

任务二　超声波探伤

2-5　超声波探伤在铁道车辆上的应用

【任务描述】

(1)掌握超声波探伤方法及相关知识点;
(2)能准确选择超声波探伤设备，掌握其使用方法;
(3)掌握超声波探伤前的性能校验及探伤过程。

【背景知识】

超声波是一种机械波，机械振动是超声波探伤的物理基础。物体沿着直线或曲线在一平衡位置附近做往复周期性的运动，称为机械振动。机械波是机械振动在弹性介质中的传播过程。

超声波进行探伤的基本原理是，若被探测的介质中有缺陷，利用超声波能从两种介质界面反射的性质，就可以根据其反射波束来确定介质内部有无缺陷及缺陷的大小和位置。例如，由于超声波在介质中传播时都有一定的速度，可以根据超声波被缺陷表面反射回来的时间长短来确定缺陷的位置，并且还可以根据超声波在缺陷上反射的波形来判断缺陷的性质，因为缺陷的界面是两种介质的分界面，而缺陷本身的声阻抗与介质的声阻抗是不同的；又由于超声波具有绕射性质，可在探伤前根据要求选择出能在缺陷上面引起反射的超声波频率。由于超声波的指向性与超声波波长有关，可以在对其他条件影响不大的情况下，选择较高的频率，使超声波传播的方向性增强、能量增强集中，便于发现与确定缺陷的位置。

在铁路运输部门，超声波探伤主要用于检查车轴、车轮及其组装后轮对的轮座被轮毂包围部分的裂纹、轮座与车轮轮毂孔接触不良及车轴透声不良等故障，还有检查不退轴承或轴承内圈时滚动轴承车轴轴颈卸荷槽部位有无裂纹。

项目一的任务六中我们已经介绍了超声波基础知识、超声波探头及超声波传感器的工作原理，这里我们重点介绍超声波探伤的方法、常用设备及其在铁路车辆检修上的具体应用。

一、超声波探伤的原理及方法

当超声波在被检测材料中传播时，材料的声学特性和内部组织的变化对超声波的传播产生一定的影响，通过对超声波受影响程度和状况的探测，来了解材料的性能和结构的变化，这种技术称为超声波检测。

利用超声波检测技术形成的超声波探伤方法，可分为直探法、斜探法、聚散焦探法、穿透法、脉冲反射法、共振法等。

（1）直探法就是纵波探伤，主要用于探测与工件表面平行的缺陷。

（2）斜探法就是横波探伤，主要用于探测与工件表面垂直或呈某一角度的缺陷。

（3）聚散焦探法是通过聚散焦探头将超声波聚焦成点或线，以增强其功率和方向性，来配合浸液探伤以探测工件近表面的微小缺陷。

（4）脉冲反射法探伤是利用由脉冲反射式的超声波探伤仪发射的超声波，在两种不同介质的表面发生反射作用，并将反射回来的超声波接收放大，在荧光屏上以可见光的形式显示出来，来达到探伤的目的。

根据超声波探伤的原理，常用的超声波探伤方法可以分为 3 种，即脉冲反射法、穿透法和共振法。

（一）脉冲反射法

超声波以持续极短的时间发射脉冲到被检测工件内，根据反射波的情况来检测工件的方法，称为脉冲反射法。按照反射回波的性质，脉冲反射法还可以分为缺陷回波法、底面回波高度法和底面多次回波法。

1. 缺陷回波法

根据探伤波形进行判断的探伤，称为缺陷回波法（也称为二次回波法），该方法是脉冲反射法的基本方法。当工件完好时，超声波可以顺利传播到达工件底面，在工件底面光滑且与探伤平面平行的条件下，探伤波形中只有发射脉冲 T 及底面回波 B 两个信号。若工件中存在缺陷，在探伤波形中，底面回波前面会出现表示缺陷的回波 F，如图 2-31 所示。

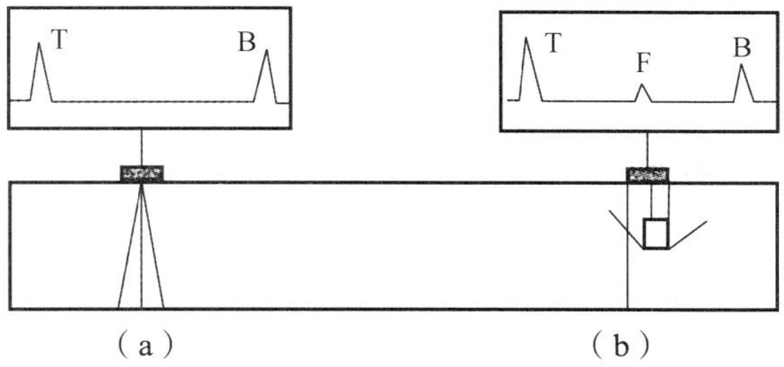

图 2-31　缺陷回波探伤的基本原理

2. 底面回波高度法

根据底面回波的高度变化来判断工件缺陷情况的探伤法，称为底面回波高度法。图 2-32 是底面回波高度法的原理示意图。当工件的材质和厚度不变时，底面回波的高度应是基本不变的。如果工件内部有缺陷时，底面回波的高度会下降或消失。底面回波高度法的特点是：同样投影大小的缺陷可以得到同样的指示，而且不出现盲区；但要求被测工件的探测面与底面平行，耦合条件一致。由于该方向检出缺陷的灵敏度较低，因此，使用中很少作为一种独立的探伤方法，而经常作为一种辅助手段，配合缺陷回波法发现某些倾斜的或小而密的缺陷。

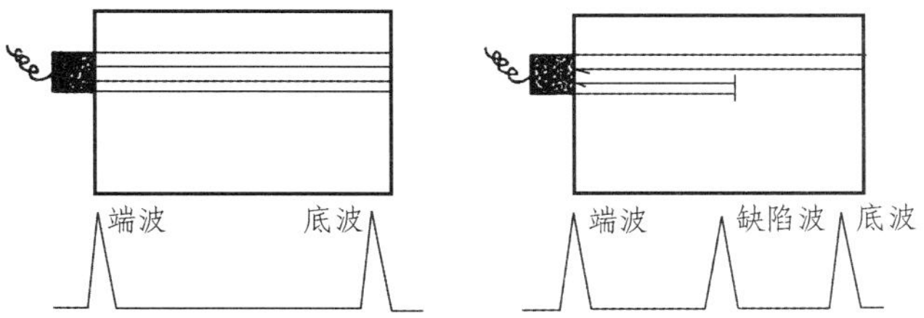

图 2-32　底面回波高度法的基本原理

3. 底面多次回波法

底面多次回波法的原理如图 2-33 所示，当透入试件的超声波能量较大，而且试件厚度较小时，在试件完好无缺的情况下，超声波可在探测面之间往复传播多次，示波屏上出现多次底波。如果试件存在缺陷，则由于缺陷的反射以及散射而增加了声能的损耗，底面回波次数减少，同时也打乱了各次底面回波高度依次按指数衰减的规律，并显示出缺陷回波，这种依据底面回波次数来判断试件有无缺陷的方法，称为底面多次回波法。底面多次回波法主要用于形状简单、厚度不大、探测面与底面平行的试件的探伤，缺陷检出的灵敏度低于缺陷回波法。

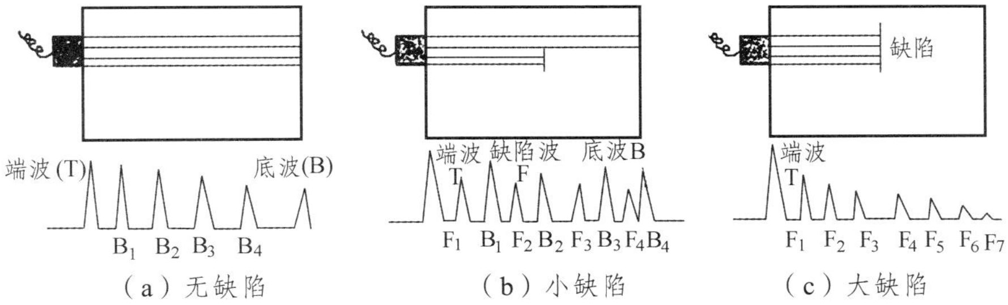

图 2-33　底面多次回波法的基本原理

（二）穿透法

穿透法是依据脉冲或连续波穿透试件之后的能量变化来判断缺陷情况的一种方法。穿透法常采用两个探头，一个作为发射用，另一个作为接收用，分别放置在试件的两侧，如图 2-34 所示。

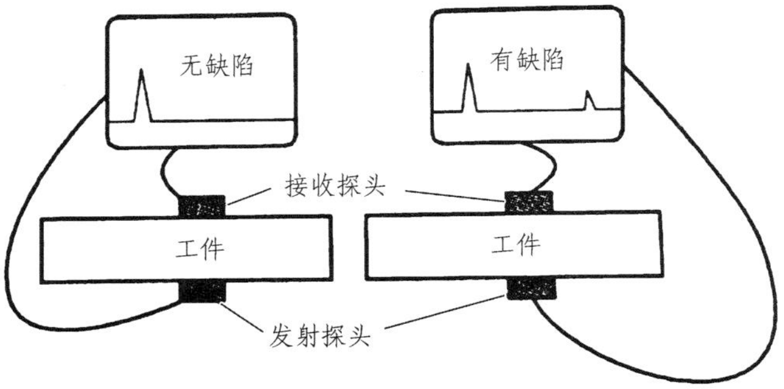

图 2-34　穿透法

（三）共振法

根据试件的共振特性来判断缺陷的方法，称为共振法。其工作原理是：声波在被探测试件内传播的过程中，当试件的厚度为超声波的半波长或半波长的整数倍时，由于入射波和反射波的相位相同，引起共振，因而仪器可显示出共振频率点，利用相邻的两个共振频率之差，通过以下公式可计算出试件厚度：

$$\delta = \frac{c}{2(f_n - f_{n-1})} \tag{2-1}$$

式中　f_n、f_{n-1}——分别为第 n 点与第 $n-1$ 点的共振频率；

c——被测试件中的声速；

δ——试件的厚度。

当试件内有缺陷时，将改变试件的频率，共振法常用于测试试件的厚度。

超声波探伤方法除了以上按原理划分的 3 种方法外，按超声波探伤采用的波形不同来划分，还可分为纵波法、横波法、表面波法和板波法；按探头的数目来划分，可分为单探头法、双探头法和多探头法；按探头的接触方式来划分，可分为直接接触法与液浸法。

二、超声波探伤的设备

（一）超声波探伤仪

超声波探伤器（仪）是超声波探伤的重要设备，虽其型号不一，但其基本结构均包括高频脉冲发生器、换能器（探头）、接收放大器和指示器 4 部分。

超声波探伤仪的作用是产生电振荡并作用于探头（或称为换能器），激励探头发射超声波，同时将探头送回的电信号进行放大，通过一定方式显示出来，从而得到被探测工件内有无缺陷及缺陷位置和大小等信息。

目前，超声波探伤中广泛使用的超声波探伤仪大多为脉冲反射式超声波探伤仪，根据缺陷的显示方式及显示内容可分为 3 种类型，如表 2-5 所示，其中 A 型显示使用最为广泛。

表 2-5　脉冲反射法的 3 种类型

类　型	显示方式	主要显示内容
A 型显示	示波器	缺陷深度及缺陷反射信号幅值、形状
B 型显示	示波器	缺陷深度及其在纵截面上的分布
C 型显示	示波器或记录仪	缺陷在平面视图上的分布

1. A 型显示超声波探伤仪

A 型显示即波型显示，其探伤结果以二维坐标图形式给出。它的横坐标代表声波的传播时间或距离，纵坐标代表反射波的幅度。由反射波的位置可以确定缺陷位置，反射波的幅度可以估算缺陷的大小，但是较难识别缺陷的性质、类型。

超声波探伤仪由同步电路、扫描电路、发射电路、接收电路、显示电路、电源等组成，如图 2-35 所示。

同步电路又称为触发器，它每秒钟产生十至数千个触发脉冲，用来触发探伤仪的扫描电路和发射电路等，使之步调一致、有条不紊地工作。因此，同步电路是整个探伤仪的“中枢”。

扫描电路又称为时基电路，用来产生锯齿波扫描电压，加于示波管水平偏转板上，使示波管荧光屏上的点沿水平方向做等速移动，产生一条水平扫描线（即时基线）。

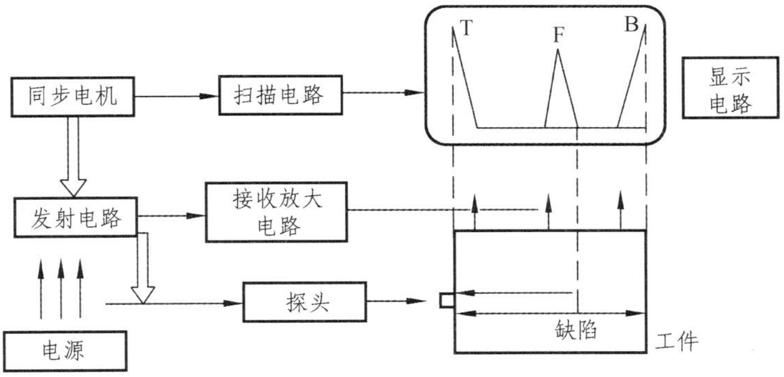

图 2-35　超声波探伤仪的组成框图

在发射电路中，利用闸流管或可控硅的开关特性，产生几百伏或几千伏的电脉冲，并加于发射头上，激发压电晶体片振动，使之发射超声波。

接收电路由衰减器、射频放大器、检波器和视频放大器等组成。它将来自探头的电信号进行放大、检波，最后加至示波管的垂直偏转板上，并在荧光屏上显示。

显示电路主要由示波管及外围电路组成，用来显示探伤图形。

电源的作用是给探伤仪各部分电路提供适当的电能，使整机电路工作。

由图 2-35 可知，A 型显示脉冲反射式超声波探伤仪的工作流程是：同步电路产生的触发脉冲同时加至扫描电路和发射电路，扫描电路受触发开始工作，产生锯齿波扫描电压，加至示波管水平偏转板上，使电子束发生水平偏转，在荧光屏上产生一条水平扫描线，与此同时，发射电路受触发将高频窄脉冲加至探头上，激励压电晶片振动产生超声波；超声波在工件中传播，遇缺陷或底面发生反射，超声波返回探头时，又被压电晶片转换为电信号，经接收电路放大和检波，加至示波管垂直偏转板上，使电子束发生垂直偏转，在水平扫描线的相应位置上产生缺陷波 F 和底波 B（T 为发射脉冲），根据缺陷波的位置可以确定缺陷埋藏的深度，根据缺陷波的幅度可以估算出缺陷的当量大小。

2. B 型显示超声波探伤仪

B 型超声探伤的原理类似于医学上的 B 超。它将探头的扫描距离作为横坐标，探伤深度作为纵坐标，以屏幕的辉度（亮度）来反映反射波的强度。它可以绘制被测材料的纵截面图形。探头的扫描可以是机械式的，更多的是用计算机来控制一组发射晶片阵列（线阵）来完成与机械式移动探头相似的扫描动作，但扫描速度更快，定位更准确。其显示方式如图 2-36 所示。

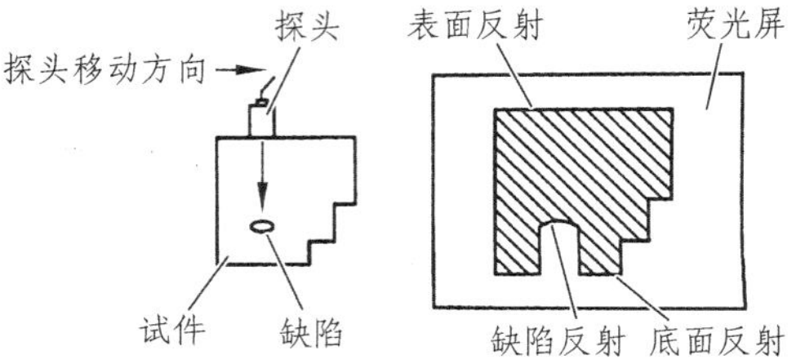

图 2-36　B 型显示

3. C 型显示超声波探伤仪

目前发展最快的是 C 型探伤，它类似于医学上的 CT 扫描原理。计算机控制探头中的三维晶片阵列（面阵），使探头在材料的纵、深方向上扫描，因此可绘制出材料内部缺陷的横截面图，这个横截面与扫描声束相垂直。横截面图上各点的反射波强度通过相对应的几十种颜色，在计算机的高分辨率彩色显示器上显示出来。经过复杂的算法，可以得到缺陷的立体图像和每一个断面的切片图像。其显示方式如图 2-37 所示。

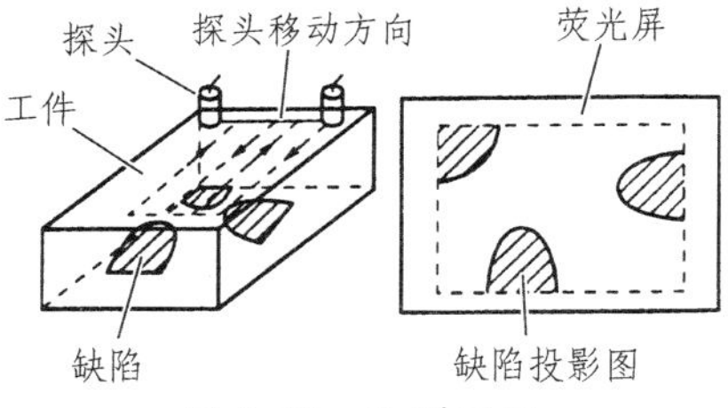

图 2-37　C 型显示

（二）超声波探头的选择

在项目一任务六中我们已经讲过超声波探头的分类，此处不再重复描述。那么在超声波探伤时我们如何选择探头呢？探头的选择包括探头的形式、频率、晶片尺寸和斜探头 K 值的选择。

1. 探头形式的选择

根据被测工件的形状和缺陷可能出现的位置、方向等条件来选择探头的种类，使声束轴线尽量与缺陷特点相垂直。

直探头只能发射和接收纵波，波束轴线垂直于探测面，主要用于探测与探测面平行的缺陷，如锻件、钢板中的夹层、折叠等缺陷。

斜探头是通过波形转换来实现横波探伤的，主要用于探测与探测平面垂直或呈一定角度的缺陷，如焊缝中的未焊透、夹渣和未熔合等缺陷。

表面探头用于探测工件表面的缺陷，双晶探头用于探测工件近表面的缺陷。

2. 探头频率的选择

探头频率的高低对探伤影响较大。超声波探头的频率一般选择在 0.5 ~ 10 MHz。探头频率高，则指向性好、灵敏度和分辨率高，对探伤有利。但探头频率太高，会增大近场区长度（波源轴线上最后一个声压极大值至波源的距离称为近场区长度），衰减也大，对探伤不利。一般来说，在保证探伤灵敏度的前提下，尽可能选择较低的频率。

对于晶粒较细的锻件、轧制件和焊件等，一般选用较高的探头频率，常采用 2.5 ~ 5.0 MHz 的频率。对于晶粒较粗大的铸件、奥氏体钢等，一般选用较低的探头频率，常采用 0.5 ~ 2.5 MHz 的频率。如果探头频率过高，会引起严重衰减，示波屏上会出现“林状回波”，信噪比下降，甚至无法探伤。

3. 探头晶片尺寸的选择

探头晶片的尺寸大小对声束指向性、近场区长度、近距离和远距离扫描范围、缺陷查出能力有较大的影响。实际探伤中，当探测探伤面积范围大的工件时，为了提高探伤效率，宜选择大晶片探头；当探测探伤厚度较大的工件时，为了有效地发现远距离的缺陷，也宜使用大晶片探头。当探测小型工件时，为了提高缺陷定位定量精度，宜选用小晶片探头。当探测探伤表面不太平整、曲率较大的工件时，为了减少耦合损失，宜选用小晶片探头。

4. 横波斜探头 K 值的选择

在横波斜探伤中，探头的 K 值对探伤的灵敏度、声束轴线的方向、一次波的声程（入射点至底面反射点的距离）有较大的影响。在实际探伤中，当工件厚度较小时，应选择较大的 K 值，以便增加一次波的声程，避免近场区探伤；当工件厚度较大时，应选择较小的 K 值，以减小声程过大引起的衰减，便于发现较深处的缺陷。在焊缝探伤中，还要保证主声束能扫查整个焊缝截面。对于单面焊接根部未焊透，还要考虑端角反射问题，应使 K 值 = 0.7 ~ 1.5，因为当 $K<0.7$ 或 $K>1.5$，端角反射率很低，容易引起漏检。

（三）试　块

试块可分为标准试块和对比试块两种。

标准试块是指由法定机构对材质、形状、尺寸、性能等做出规定和检定的试块。这种试块若是由国际机构（如国际焊接学会、国际无损检测协会等）制定的，则称为国际标准试块（如 IIW 试块）；若是国家制定的，则称为国家标准试块（如日本 STB-G 试块）。我国规定：CSK-IB 试块为焊缝探伤用标准试块。CSK-IB 试块是 ISO—2400 标准试块（即 IIW-I 型试块）的改进型。

对比试块又称为参考试块，它是由各专业部门按某些具体探伤对象规定的试块。如国际规定 RB 试块为焊缝探伤用对比试块。该试块共有 3 种，即 RB-1（适用于 8 ~ 25 mm 板厚）、RB-2（适用于 8 ~ 100 mm 板厚）和 RB-3（适用于 8 ~ 150 mm 板厚）。

1. 轮轴超声波探伤标准试块

目前，我们使用的轮轴超声波探伤标准试块有：CSK-1 A 型标准试块（平面型）、CSK-1 A 型标准试块（弧面型）、TS-3 型标准试块、TZS-R 型标准试块、CS-1-5 型标准试块、DB-H1 型标准试块和 DB-PZ20-2 型标准试块等 7 种。

2. 轮轴超声波探伤半轴实物试块

半轴实物试块应使用透声性能良好、晶粒度均匀（使用 0°直探头在轴端探测各部位的 dB 值相差不超过 6 dB）、内部无缺陷的 RD_2、RD_3、RE_{2A}、RE_{2B}、RD_{3A}、RD_{3A1}、RF_2 等型车轴制成。车轴实物试块上的人工缺陷（模拟裂纹）用线切割、电火花等方法加工。轴颈和镶入部内外侧人工缺陷深度（弓形高）均为 $1_{-0.2}^{+0.1}$ mm，宽度为 0.2 mm。

三、轮轴、轮对、车轴超声波探伤

（一）环境要求

（1）探伤作业应在独立的工作场地进行，探伤工作场地应整洁明亮、照度适中、通风良好，室内温度应保持在 10 ~ 30 °C。

（2）探伤工作场地应远离潮湿、粉尘场所；探伤设备所用的电源应与大型机械动力电源线分开并单独接线。

（二）探伤设备、器材管理

（1）探伤工艺装备及仪器、探头、试块、磁粉是保证探伤质量的重要基础，应符合相关规定并检定或检验合格后方可投入使用。

（2）超声波探伤仪（机）和磁粉探伤机须按规定的周期进行检修。

（3）大型探伤设备应接地良好，接地电阻值不大于 4 Ω。超声波探伤与磁粉探伤的工作场地须保持适当的距离，避免相互干扰。

（三）轮轴、轮对、车轴超声波探伤技术要求

（1）LZ40 钢车轴的轮轴、轮对第一次组装时间达到 5 年，LZ50 钢及 LZ45CrV 钢车轴的轮轴、轮对第一次组装时间达到 6 年，或虽未达到上述年限但已经过重新组装，每次进行二级修及以上修程时，均须对车轴施行全轴穿透探伤检查、对轮座镶入部施行超声波探伤检查；轮轴还须对轴颈根部或卸荷槽部位施行超声波探伤检查。

（2）对轮轴进行超声波探伤作业时，若仅采用手工作业方式，须对全轴超声波穿透探伤、轴颈根部或卸荷槽小角度超声波探伤施行两次探伤检查，且两次探伤作业不得由同一探伤人员完成。

（3）A 型显示微机控制超声波自动探伤后，对轮轴须进行全轴穿透和轴颈根部（卸荷槽）手工超声波复探，对轮对须进行全轴穿透手工超声波复探；若 A 型显示微机控制超声波自动

探伤发现缺陷时，还须采用手工超声波探伤方式施行超声波复探。以上探伤以手工超声波探伤结果为准。

（4）检修车轴在压装前，须进行超声波穿透探伤检查。

（5）车辆颠覆或重车脱轨时，须对全车轮对施行全轴穿透探伤检查和轮座镶入部探伤。

（6）手动超声波探伤质量标准。

① 透声性能判定。

a. 验收区域：车轴端面中心至 1/2 半径范围以内区域，区域边界以探头中心为准。

b. 车轴底面回波高度等于或高于荧光屏垂直刻度满幅的 40%，判定为透声合格。

② 大裂纹的判定。

a. 根据缺陷波在荧光屏水平线上所处的格数，按照线性比例关系，计算缺陷所处的位置。

b. 可疑缺陷处于轴身外露部位时，须用磁粉探伤方法确认；可疑缺陷处于镶入部时，可用横波或小角度纵波探伤方法判定，如判定为裂纹须退卸车轮，进行磁粉探伤确认。

③ 镶入部局部透声不良的判定。探伤过程中如果发现没有轮毂波（轮心波）出现，且始波后面有林状波及杂波出现（或提高灵敏度后有林状波及杂波出现），影响正常探伤时，则判定镶入部局部透声不良。

④ 镶入部接触不良的判定。探伤过程中如果发现没有轮毂波（轮心波）出现，且始波后面无林状波及杂波出现，则判定镶入部接触不良。

⑤ 发现可疑波形时，可采用多种探伤方法进行综合判断。判定是裂纹缺陷时，应不受波高幅度限制，退卸车轮采用磁粉探伤方法确认。

⑥ 轴颈根部（卸荷槽）裂纹的判定。发现可疑波形时，可采用多种探伤方法进行综合判断。判定是裂纹缺陷时，应不受波高幅度限制，退卸轴承采用磁粉探伤方法确认。

（7）探伤标识。

每条轮轴、轮对、车轴自动探测结束后，使用白色油漆笔在车轮辐板内侧面上涂打探伤检查标记“TW”。手动探测结束后，须用粉笔或标记笔等在车轮辐板内侧面或轴身上标出明显的手工超声波探伤标识“C”；车轴有缺陷时，须注明缺陷性质和位置。

【任务实施】

一、轮对超声波自动探伤

作业地点：检修车间轮轴超声波探伤间。

适用范围：适用于 160 km/h 及以下铁路客车 RD_3、RD_4、RD_{3A}、RD_{3A1}、RD_{3B} 等轮对车轮轮辋超声波自动探伤。

上道作业：轮对荧光磁粉探伤。

下道作业：轮对手工超声波探伤。

（一）人员要求

（1）探伤人员视力（包括矫正视力）必须达到 5.0 及以上，非色盲。了解客车车辆构造，掌握客车轮轴基本知识；新上岗人员应具有大专及以上学历。

（2）获得铁路部门无损检测人员技术资格鉴定考核委员会颁发的超声波探伤技术资格证书。

（3）独立从事探伤工作的探伤人员应持Ⅱ级及以上相关专业证书，Ⅰ级探伤人员应在Ⅱ级及以上人员的指导下从事相关的探伤工作，指导人员须在探伤记录上确认并签章（签字或盖章）。

（4）应保持探伤人员的相对稳定，Ⅰ级人员调动应经过本单位主管领导批准，Ⅱ级人员调动应经过本单位主管领导批准并报上级主管部门备案，Ⅲ级人员调动应经过上级主管部门批准。

（二）作业流程图

开工前准备→轮对探伤→质量标准→探伤标识→填写记录→完工。

（三）工具材料

水泵、钢丝刷、样板轮对、毛刷。

（四）作业内容及标准

1. 开工前准备

（1）检查劳保用品。工作者穿戴工作服、安全帽、劳保手套、劳保鞋等劳保用品，要求佩戴整齐。

安全风险点：作业人员未按照规定持证上岗和着装，属于严重违章违纪，危及人身安全。

（2）检查量具。所有计量器具检定不过期，工具状态良好。

（3）检查试样轮轴（轮对）。对比试样轮轴（轮对）的保养、轴颈和轴身的探头移动区域，应保持无锈、无油垢。轴中央的人工裂纹应保持完好，不得碰伤，每半月应用塞尺清理裂缝中的杂物锈尘，以保证伤波的波幅和波形良好。

（4）更换皂化液。当皂化液有异味、杂质含量影响耦合效果时，应及时更换皂化液，但最长不应超过 1 个月。

（5）开机检查。

① 外观检查。

a. 检查各部油缸活塞杆应呈收缩状态，探头定位无异常。

b. 检查探头线无错插现象，连接须正确可靠。

c. 检查探伤机各部控制按钮位置适当，系统无不良状态等故障。

d. 检查钢丝重锤自动选中机构是否能确保轴端探头基本对准车轴中心线。

② 接通电源。

a. 通稳压电源及 UPS 不间断电源，检查电压是否符合额定电压的允许范围。

b. 依次打开打印机、显示器和计算机主机的电源开关。

③ 进入系统。

a. 待主机自检完毕后，根据显示器屏幕提示的菜单进入人机对话，输入日期、时间后，选择进入控制程序。

b. 按面板上的启动按键启动主油泵，待设备运行 5 min 后，观察无异常现象，就可进入日常性能校验状态。

2. 轮对探伤

1）探伤要求

轮轴段修时，轮轴（轮对）车轴的超声波 A 型脉冲反射法自动探伤检查。其他型号的铁路客车轮轴、轮对的超声波自动探伤检查，可参照执行。

（1）非盘型轮轴可根据实际情况选择退卸或不退卸轴承内圈和防尘挡圈的探伤方法，但长轴端须退卸轴承内圈；盘形轮轴须退卸轴承内圈（不退卸轴承的 RD_{3B}、RD_{AM96} 轮轴实施手工探伤）。

（2）轮对第 1 次组装时间达到或超过 4 年，或剩余组装质量保证期不足 1 个段修期时，每次施行段修及以上修程时，均须对车轴施行全轴穿透检查，对轮座及制动盘座镶入部施行超声波探伤检查，如果非盘型轮轴不退卸轴承内圈时还须对车轴轴颈根部（卸荷槽）进行超声波探伤检查。

（3）车辆颠覆或脱轨时，须对全车轮对施行全轴穿透检查、轮座及制动盘座镶入部超声波探伤检查。

（4）轮对组装后，须对轮座、制动盘座镶入部施行超声波探伤检查。

2）探伤方法

（1）探测面要求。

以车轴外露部分和轴端面为探测面，探测表面不允许有影响探伤的异物存在。如探测面形状影响探伤时，须先做处理（如消除碰伤凸出部分，达到圆滑过渡），符合要求后方能探伤。

（2）扫查方式。

① 各探头主声束扫查范围

② 全轴穿透检验：从车轴两端轴向全轴穿透，周向 > 360°。

③ 轮座镶入部：轴向不小于轮座镶入部全长，周向 > 360°。

④ 制动盘座镶入部：轴向不小于制动盘座镶入部全长，周向 > 360°。

⑤ 轴颈根部（卸荷槽）：轴向距轴颈后肩 0 ~ 31 mm 范围内超声波有效声束所能到达的区域，周向 > 360°。

（3）探伤灵敏度校验及探测范围检验。

① 穿透探伤灵敏度：对比试样轮轴（轮对）的轴中央人工缺陷反射波达到满幅度的 80% 时的 dB 值作为穿透探伤灵敏度（RD_{3B} 不设轴中央人工缺陷，穿透探伤以 RD_{3A} 对比试样轮轴（轮对）的轴中央人工缺陷为准）。

② 轮座及制动盘座镶入部的灵敏度校验缺陷和扫查范围检验缺陷均须全部检出，灵敏度校验缺陷反射波达到荧光屏垂直刻度满幅的 80%，然后增益 3 ~ 6 dB 作为探伤灵敏度。

③ 轴颈根部（卸荷槽）部位探伤时，灵敏度校验缺陷反射波达到荧光屏垂直刻度满幅的 80%，然后增益 3 ~ 9 dB 作为探伤灵敏度（见图 2-38）。

3）轮对探伤

（1）核对待检轮对轴端钢印和轮对卡片信息。

轴端钢印和轮对卡片信息须正确无误待检轮对必须彻底除锈，轴颈和轴身的探头移动区域，应保持无锈、无油垢。

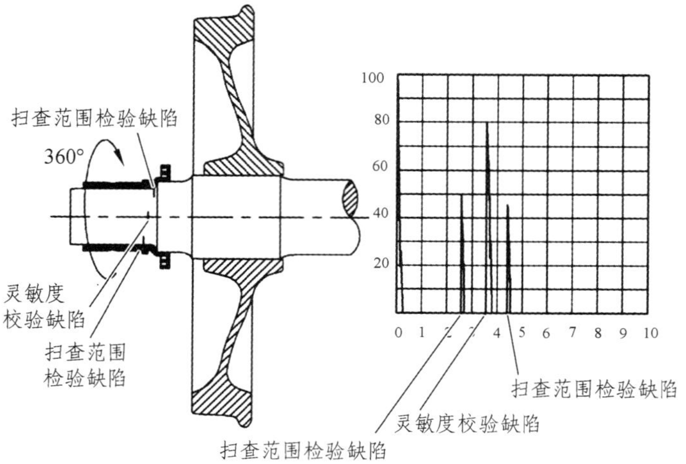

图 2-38 探测轴颈根部范围的缺陷波形周向 360°自动叠加记录图

（2）将轮对平稳推入机台，根据人机对话界面，依次输入轴型、轴号、厂家、确认操作者及组装日期等。自动探伤过程中，注意机器运转情况，耦合液喷流均匀准确。

（3）核对控制台上的轴型控制开关，启动油泵，进入自动探伤程序。注意显示器屏幕上的提示信息，如果系统提示故障类型及处所，有关人员应及时处理。

（4）轮对探测完毕或发现缺陷后，打印探伤记录，将结果及波形存入计算机。凡经轮轴微机控制超声波自动探伤机探伤检查确认良好的轮对，还须人工对轮对全部项目进行二次复探；当微机控制超声波自动探伤机判定车轴有缺陷时，必须经过手工复查确认，并以人工判断的结果为准。

（5）探头复位系统发现裂纹并打印完成后，启动控制台上的“复位”开关使各部探头油缸鞲鞴杆呈收缩状态，并推出轮对。待推轮机构自动复位后，再推入待检轮对或关机。

3. 质量标准

1）透声性能的判定

（1）验收区域：车轴端面中心至 1/2 半径范围以内，区域边界以探头中心为准。

（2）车轴底面回波高度等于或高于荧光屏垂直刻度满幅的 40%，判定为透声合格。

（3）荧光屏上 0～15%的水平刻度范围内的林状波高度超过荧光屏垂直刻度满幅的 25%，判定为局部透声不良。

2）大裂纹的判定

超声波穿透探伤检查时，发现底面回波与始波间有可疑回波时，应确定缺陷的位置和性质，并进行手工验证。

3）镶入部和轴颈根部（卸荷槽）裂纹的判定

发现可疑波时，应确定缺陷的位置和性质，并进行手工验证。

凡经轮轴超声波自动探伤设备探伤检查的轮轴（轮对），应全部经手工超声波探伤复验，以手工探伤结果为准。

4. 探伤标识

（1）探伤结束后，应使用标记笔在轮轴（轮对）左端车轮辐板外侧书写超声波自动探伤检查标识“TW”；发现缺陷时，应在“TW”下注明缺陷性质和位置。

（2）有缺陷时应提交《铁路客车轮轴超声波探伤发现缺陷记录卡》（车统-52K12）一份转入手工复验工序。

5. 填写记录

（1）填写《轮对卡片》（车统-51K3）；《铁路客车轮轴超声波自动探伤系统日常性能校验记录表》（车统-53K16）、《铁路客车轮轴超声波自动探伤记录表》（车统-53K19）（见附录）须按月装订成册；《铁路客车轮轴超声波自动探伤发现缺陷记录卡》（车统-52K12）、《铁路客车轮轴超声波自动探伤系统季度性能检查记录表》（车统-53K17）、《铁路客车轮轴超声波自动探伤系统年度性能评定记录表》（车统-53K18）。

（2）探伤记录须做到字迹清晰、干净整齐、不错不漏。探伤记录不得涂改，相关人员在相应栏内盖章。

（3）记录统一保管，记录保存期至少为 5 年或为两个段（A3）修期。

6. 完工整理

（1）擦拭保养设备，检查状态，给润滑油。

（2）收好工具和材料，清扫作业场地，保持清洁、无杂物。

2-6　实作：客车轮对超声波探伤日常性能校验

二、轮对手工超声波探伤日常性能校验

作业地点：检修车间轮轴超声波探伤间。

适用范围：适用于最高运行速度 160 km/h 及以下铁路客车轮对手工超声波探伤日常性能校验。

上道作业：轮对荧光磁粉探伤。

下道作业：轮对手工超声波探伤。

（一）人员要求

（1）近距视力（或矫正近距视力）≥5.0、非色盲；了解客车车辆构造，掌握客车轮轴基本知识；新上岗人员应具有大专及以上学历。

（2）取得铁道部门无损检测人员技术资格鉴定考核委员会颁发的超声波探伤技术资格证书。

（3）独立从事探伤工作的探伤人员应持Ⅱ级及以上相关专业证书和上岗证。

（4）Ⅰ级探伤人员应在Ⅱ级及以上人员的指导下从事相关的探伤工作，指导人员须在探伤记录上确认并签章（签字或盖章）。

（二）作业流程图

作业准备→检查探伤仪器及设备的技术状态→直探头透声校验→K1.2 探头校验→K1.0 探头校验→K1.3 探头校验→K1.7 探头校验→系统探伤灵敏度复核→记录和签章→完工清理。

（三）工具材料

（1）多通道超声波探伤仪。

（2）2.0 MHz、2.5 MHz，Φ20 纵波直探头；2.5 MHz，45.0°（K1.0）、50.2°（K1.2）、52.4°（K1.3）、59.5°（K1.7）横波探头。

（3）CSK-1 A、TS-3（W）、TZS-R（60、80）、CS-1-5 标准试块；RD_3、RD_{3A}、RD_{3A1} 半轴实物试块。

（4）转速≤2 r/min 并能随时控制转停的转轮器，带有函数运算功能的计算器或电脑及直尺、卷尺、卡尺、笔、手电筒。

（5）耦合剂、毛刷。

（四）作业内容及标准

2-7 作业内容及标准

三、轮轴手工超声波探伤

2-8 轮轴手工超声波探伤

【任务自检】

1. 试述超声波探伤的基本原理。
2. 微机超声波探伤结束后有何规定？
3. 对车轴超声波探伤的探测规定是什么？
4. A 型显示轮轴、轮对微机控制超声波自动探伤透声性能不良是如何判定的？
5. 手工超声波探伤镶入部局部透声不良如何判定？

项目三 车辆轴温智能探测系统（THDS）

【思政课堂】 安全一诺一辈子——杜海宽

杜海宽，中共党员，中国铁路呼和浩特局集团有限公司包头西机务段包头运用车间电力机车司机。他连续 36 年零违章、零违纪、零机破、零晚点、零投诉，安全行车 5 500 多趟、160 多万千米，曾获火车头奖章、“新时代·铁路榜样”提名奖、内蒙古自治区优秀共产党员、内蒙古自治区道德模范、“内蒙古好人”、全国五一劳动奖章、全国劳动模范等荣誉。

成长在铁道边的杜海宽，从小就有开火车的梦想。高中毕业后，他报考了济南铁路机械学校蒸汽机车驾驶专业，可到包头西机务段工作后却从事了文职工作。眼看“司机梦”要破灭，他一连写了 4 份报告，申请改职为蒸汽机车司炉，并立誓“一定当一名优秀的火车司机”。

好学不服输的钻劲，让杜海宽很快从同龄人中脱颖而出。他认真观察司机师傅在作业过程中的一举一动，遇到不懂的就刨根问底，直到搞明白。在原呼和浩特铁路局全局技术表演赛中，杜海宽一举夺得投煤组第一名，荣获铁路青年七五立功奖章。20 世纪 90 年代，蒸汽机车逐步退出历史舞台，杜海宽又顺利拿下内燃机车驾照。这一次，他不仅要把火车开好，而且要把火车结构原理搞明白。他在值乘中实践摸索，工作之余时常捧着书本钻研机车构造、电气部件、电路图，想方设法提升业务水平。2009 年，单位配属电力机车时，杜海宽已经 46 岁了。在梦想和初心的支撑下，他刻苦练习，凭借过硬技术顺利考取电力机车驾驶证，并成为新机型的业务尖子。工作 36 年来，杜海宽创造了零违章、零违纪、零机破、零晚点、零投诉的“五零”纪录，还总结出“三固定、两测速、一对标”的平稳操纵法和“察、检、验”三字故障处理法。

确保安全，是一名火车司机的庄严承诺。36 年来，杜海宽始终坚守在火车司机岗位上，始终坚守安全承诺，用责任守住了铁路人的安全底线。

“开车想着坐车的人。”这是杜海宽的工作格言。他时刻牢记初心，把旅客的乘车体验和出行安全放在心上。正是这种精益求精、不懈追求的精神，激励着他从司炉工成长为“首席机车司机”，从机车驾驶室走上了人民大会堂的领奖台，用实际行动兑现安全承诺。

在万里铁道线上，还有许多像杜海宽这样“一诺千金”的铁路人。让我们向模范看齐、向榜样学习，信守承诺、敬业奉献，争做崇高道德的践行者、文明风尚的维护者、美好生活的创造者。

为保证铁路车辆运行安全，铁路行业在定期对车辆进行维护检修的基础上，增加动态安全检测手段，通过借鉴国外先进技术经验，并结合我国铁路的实际情况，在我国铁路沿线建立了一套采用力学、声学、光学、电子、红外线等先进检测技术组成的全路性智能化、网络化车辆运行安全监控系统（简称“5T系统”），实时监测机车车辆关键走行部件的运行状态，确保行车安全。该套系统始于2005年在全路范围全面推广，彻底改变了铁路车辆列检作业基本靠检车员人工检查的作业方式，大大提高了铁路车辆检修和使用效率。

5T系统是我国铁路车辆部门为适应我国铁路快速发展的需求、提升我国铁路技术装备现代化水平而建立的一整套车辆安全防范系统。5T系统采用智能化、网络化、信息化技术，实现地面设备对客、货车辆运行安全状态的动态检测、数据集中、联网运行、远程监控、信息共享，提高了铁路的运输安全防范能力。

5T系统主要由5大系统组成：

（1）THDS——车轴轴温智能探测系统。

（2）TADS——铁道车辆滚动轴承故障轨旁声学诊断系统。

（3）TPDS——铁道车辆运行品质轨旁动态监测系统。

（4）TFDS——货车故障轨旁图像检测系统。

（5）TCDS——客车运行安全监控系统。

当前，随着铁路检测技术的快速发展，车辆动态检测系统在5T的基础上又增加了3个，分别是轮对尺寸动态检测系统（TWDS）、动车组运行故障图像检测系统（TEDS）、客车故障轨边图像检测系统（TVDS）。目前动态安全检测手段在铁路领域得到大面积应用，截至2020年，5T系统已覆盖了京广、京九、京哈、沪昆、陇海、大秦、青藏等主要线路，遍布全路18个铁路局，形成了一个基本覆盖干线大节点的动态安全检测网络，全路共安装THDS设备约6 900套、TFDS设备约418个、TADS设备约99套、TPDS设备约150套、TCDS设备约3 000多组。

【项目描述】

通过本项目学习，使学生认识THDS系统的构成，掌握THDS系统探测站各部分组成、功能、设备安装要求；熟悉THDS系统探测站设备的日常维护与检修要求，具有对检测设备常见故障进行判断和处理的初步能力；掌握THDS系统的预报标准，能正确执行THDS系统热轴预报及处理的程序。

【知识目标】

（1）认识THDS系统的构成，掌握THDS系统探测站设备组成及功能；

（2）熟悉THDS系统探测站设备的日常维护及检修要求；

（3）掌握THDS系统运用与管理标准。

【能力目标】

（1）能准确描述THDS系统的工作原理及检测过程；

（2）能正确分析THDS系统的组成模块功能；

（3）能正确操作 THDS 系统的操作界面，完成热轴预报及处理程序；
（4）能完成 THDS 系统的日常维护与常见故障排查；
（5）具备 THDS 值班员的实际工作能力。

任务一　THDS 红外轴温探测系统

【任务描述】

（1）掌握 THDS 系统的构成、工作原理；
（2）掌握 THDS 系统探测站的基本组成及功能；
（3）能正确完成 THDS 系统探测站设备的日常维护。

3-1　THDS 系统构成及功能

【背景知识】

车辆在运行时，承重轴承由于摩擦而产生热量，轴承正常运转时，它所产生的热量会使其表面的温度趋于稳定值。当轴承内部出现故障时，会使它的摩擦加剧，温度突升，达到一定程度形成热轴，严重时导致切轴，使运行中的车辆颠覆，给行车带来重大财产损失。

红外轴温探测系统（Train Hotbox Detection System，简称 THDS）利用轨边红外线探头，对通过车辆每个轴承温度实时检测，并将检测信息实时上传到路局车辆运行安全检测中心，进行实时报警。通过配套的铁路车号自动识别系统，实现车次、车号跟踪，热轴车辆车号的精确预报，重点探测车辆轴承温度，对热轴车辆进行跟踪报警，是发现车辆热轴、防止热切轴的安全保障设施，是确保铁路运输安全的重要设备。

一、红外轴温探测系统简介

红外线轴温探测系统先后经历了一代机、二代机、三代机和四代机 4 个阶段。20 世纪 70 年代我国开始研制一代机 HzT-1 型描笔式红外线轴温探测器，一代机采用热敏电阻测温，交流放大，不定量测温，描笔式记录仪输出，人工判断热轴。1977 年铁道部完成对它的技术鉴定，1978 年全路推广运用。HzT-1 型描笔式红外线轴温探测器一般由安装在进站咽喉区外边的探头、探头附近的发送端机和列检所内的接收端机组成，由接收端机的描笔式记录仪根据轴温信号绘出轴温波形，供值班员判别后通知列检人员处理。探测器不具备数据处理和储存记忆功能，以探测滑动轴承为主，适应的列车速度为 5 ~ 70 km/h。

随着计算机技术的发展，1985 年后，研制了二代机早期产品，采用热敏电阻测温，直流放大，定量测温，计算机进行数据采集和处理，自动判别预报热轴。20 世纪 90 年代，大面积推广使用二代机，探测站无人值守，实现分局中心、复示站、探测站的网络连接。主要代表机型有哈科所（威克）HTK-391、广汉厂（科峰）HTZ-2000、航天部 502 所（康拓）HBDS-Ⅱ。HBDS-Ⅱ型红外线轴温探测系统（简称二型机）是红外线设备代表机型之一，经历了单点就地复示和联网监测两个阶段,并最终形成了以模拟网为主干网的综合预报网络系统,1993年通过了铁道部技术评审。

1998 年以后，采用光子器件，研制推广适应高速列车的探测系统。主要代表机型有哈科所（威克）HTK-499、广汉厂（科峰）HTZ-2000 + 、航天部 502 所（康拓）HBDS-Ⅲ。HBDS-Ⅲ型红外线轴温探测系统（简称三型机）是为适应我国铁路逐步提速的形势，探测快速列车、高速列车轴温的需要而开发的新型红外轴温探测系统，可满足探测以 360 km/h 速度运行的列车轴温和热轴报警的需要，2000 年通过了铁道部技术评审。

随着列车提速，以及铁路装备“跨越式发展”的部署和实施，对红外线轴温探测系统提供了新的要求。特别是随着车速的提高，用户对列车运行安全更加重视，铁路运营管理部门对探测站的测量精度、信息采集的广度、热轴预报兑现率、探测站设备维护的方便性、无故障运行时间、故障排除时间等指标提出了更高的要求。针对这些要求，必须开发新一代的热轴探测站设备，达到红外线轴温探测的智能化、网络化、信息化和标准化的要求。随着计算机技术和传感器技术的发展，为发展新一代红外轴温探测系统提供了技术基础。新型探测站根据铁道部指定的标准，命名为 THDS 红外线轴温探测系统，THDS 系列红外线轴温探测系统，具有 A、B 和 C 3 个设备型号。A 型设备为标准设备，采用内光子外热敏双探头的工作方式；B 型设备采用通用探头箱体；C 型设备采用双光子探头的工作方式。本项目主要讲解 THDS—A 型设备。

二、红外线基本知识

（一）红外线

红外线是一种不可见光，是位于可见光中红色光以外的光线，故称为红外线。它的波长范围大致在 0.76 ~ 1 000 μm，红外线在电磁波谱中的位置如图 3-1 所示。工程上把红外线所占据的波段分为 4 个部分，即近红外、中红外、远红外和极远红外。红外光的本质与可见光或电磁波性质一样，具有反射、折射、散射、干涉、吸收等特性，它在真空中也以光速传播，并具有明显的波粒二象性。近年来，红外线技术已经成为一门发展迅速的新兴学科，广泛应用于生产、科研、加工、军事、医疗等领域。

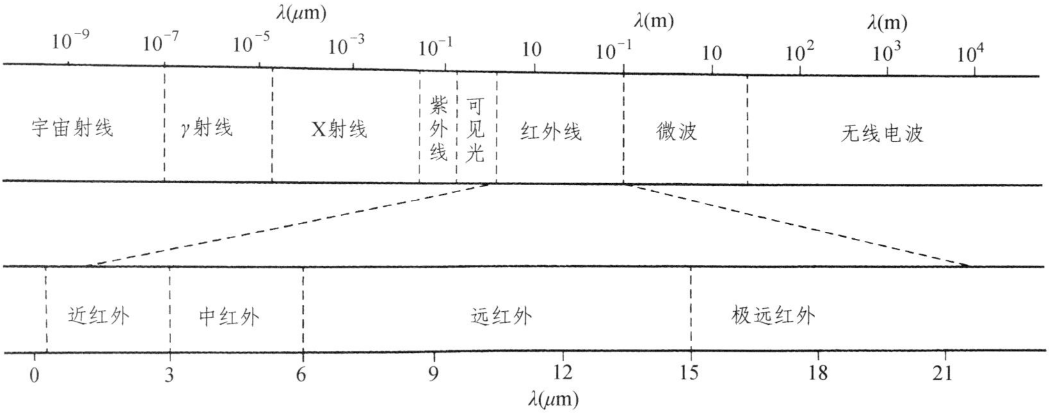

图 3-1　红外线在电磁波谱中的位置

（二）红外线辐射

在自然界中，所有温度高于绝对零度（ – 273.15 °C）的物体，由于自身分子的热运动，都在不停地向周围空间辐射包括红外波段在内的电磁波，而且通过一定的设备可以检测到这些不同波段的电磁波。不同波段的电磁波，它的能量也是不同的。物体的红外辐射能量大小和波长的分布与它表面的温度有着十分密切的关系，因此，通过对物体自身辐射的红外线能量的测量，就可以准确地测出物体表面的温度。这也就是我们所说的红外测温理论的依据。

（三）红外线探测器

红外线是一种看不见的电磁波，它不像可见光那样容易被人发现。为了能够探测红外线的存在而制成的探测装置便是红外线探测器。红外线探测器一般由光学系统、红外探测器、信号放大及处理电路等部分组成，某些探测器需要在低温条件下工作，因此有的红外线传感器还包括探测器的制冷装置。红外线探测器将接收到的红外辐射转换为电信号，让人们间接地感知红外线的存在，并测出红外线的波长和强度，再通过后续处理和计算，达到测温的目的。

红外线探测器按其作用原理一般可以分为两大类，即热探测器和光子探测器。按照放大电路的种类区分：直流探头，放大电路为直流放大电路；调制探头，放大电路为交流放大电路。

1. 热探测器

当入射的红外线能量使得探测器温度升高，而导致探测器的某些物理性质发生变化，并进而转化成可测量的信号，就可确定入射红外线能力的大小。热探测器主要有 4 类：热释电型、热敏电阻型、热电阻和气体型。因铁路红外线轴温探测系统中主要应用热敏电阻型热探测器，我们重点介绍该类型。热敏电阻探测器是利用某些金属或半导体材料的电阻率随温度有较大变化而制成的探测器。当热敏电阻吸收红外线辐射而温度变化时，其电阻率也发生变化。将热敏电阻串联在恒流电路中，电阻率的变化可转化为电压的变化，此时红外线辐射能量可转化为电压输出。由于热探测器温度变化后才会导致其物理性质变化，因此热探测器的响应速度较慢。热敏电阻的响应时间常数为毫秒级。采用该种探头的红外线轴温探测系统适应车速较低，一般在 160 km/h 以内。

2. 光子探测器

光子探测器是利用光电效应，即入射的红外线光子流与探测器材料（如碲镉汞材料）中的电子直接相互作用，物质内部的电子会被光子激发出来而形成电流，使得探测器的电子能量状态发生变化，从而导致各种电学现象。由于光电效应中没有热探测器温度变化的过程，所以光子探测器的响应速度比热探测器快很多，响应时间常数为微秒级。采用该种探头的红外线轴温探测系统适应车速较高，可以达到 360 km/h。

光子探测器的一个特性是需要在低温条件下工作，以降低噪声，以此保证探测器的灵敏度。因此采用碲镉汞器件制作的光子探头要对碲镉汞进行制冷，降低器件温度，确保获得比较高的响应率和信噪比。由于碲镉汞器件的响应率随器件温度变化，因此在实际应用中，既要使器件温度尽可能低，又要在一段时间内使器件温度保持不变，因此要对器件温度进行控温，将碲镉汞的温度控制在设定温度上，当环境温度变化过大而使器件温度不能稳定在该温度上时，再重新设置器件温度。这样，使探测器件的响应率在一段时间内保持稳定不变。

三、红外线轴温探测系统的基本构成

红外线轴温探测系统（简称 THDS 系统）由国铁集团公司查询中心、铁路集团公司监测监控中心、铁路局行车调度复示终端、车辆段复示站、列检复示站、探测站及通信网络组成。

THDS 系统全路联网是铁路总公司查询中心的网络支撑，THDS 所实现的“分散探测，集中报警，联网运行，信息共享”是铁路局监测站保障行车安全运用的核心，车辆段和列检复示站是运用的必要补充和系统维护的基地，探测站是 THDS 的神经末梢，是 THDS 构成的基础。

THDS 网络的构成示意图如图 3-2 所示。

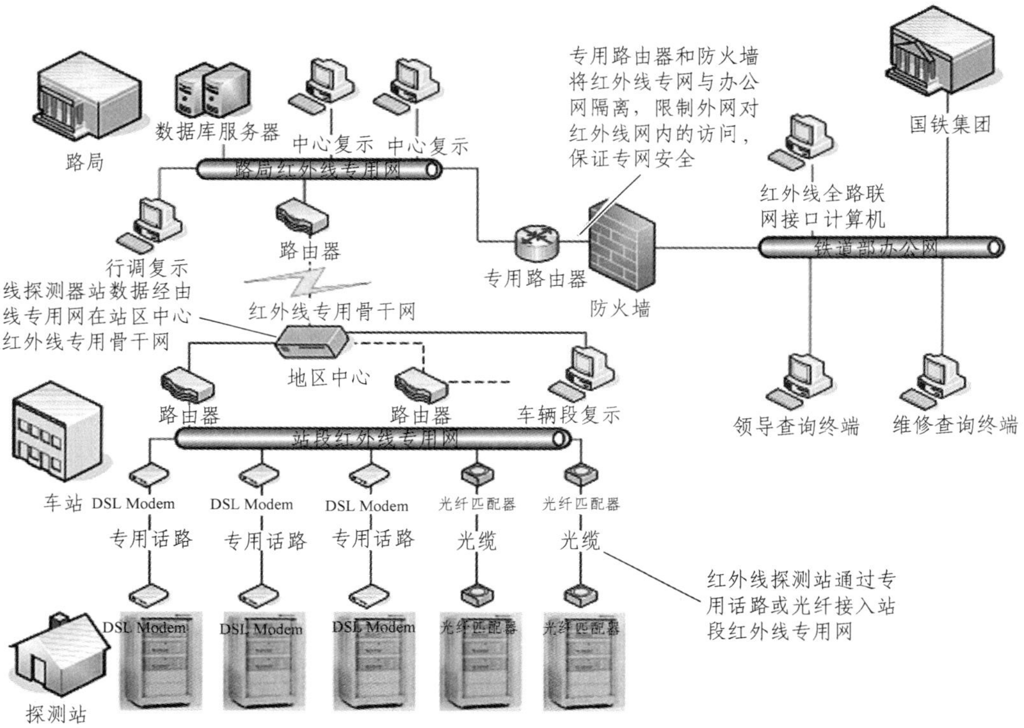

图 3-2　THDS 网络构成示意图

1. 国家铁路集团有限公司查询中心

国家铁路集团公司查询中心设于国铁集团运输局，业务工作由车辆主管部门管理。查询中心由查询双机群集服务器、查询终端等构成，通过铁路计算机网络与各铁路局相连接，查询全路 THDS 探测、预报、处理信息及设备运行情况，并进行相关数据汇总和分析。

2. 路局集团公司监测中心

路局集团公司监测中心设于路局集团公司调度所，业务工作由路局车辆处管理。路局集团公司监测中心由数据传输设备、数据处理设备、监控终端等构成，按一主一备配备，通过专用通道或铁路计算机网络与管内探测站相连接，实时监测全局 THDS 探测、预报信息，监控系统运行状态，并进行相关数据汇总和分析。

3. 路局集团公司行车调度复示终端

路局集团公司行车调度复示终端设于路局集团公司调度所相关列车调度台，复示管辖线路内 THDS 探测站热轴预报情况，按规定及时处理热轴预报列车。

4. 车辆段复示站

车辆段复示站设于车辆段调度室或动态检测车间，由车辆段管理。车辆段复示站由复示终端、通信（网络）接口设备、防雷装置、不间断电源等构成，通过专用通道或铁路计算机网络与路局集团公司监测站相连接，实时监控 THDS 探测站的网络和设备运行状态，汇总、统计、分析及上报相关数据。

5. 列检复示站

列检复示站设于车辆技术作业场所，由车辆段管理。列检复示站由复示终端、通信（网络）接口设备、防雷装置、不间断电源等构成，通过专用通道或铁路计算机网络与路局集团公司监测站和探测站相连接，实时监测本站 THDS 探测、预报信息，监控系统运行状态，汇总、统计、分析及上报相关数据。

6. 探测站

探测站沿铁路线路按 30 千米左右设置（特殊情况不超过 35 千米），由车辆段管理。探测站由探测站主机、车轮传感器（以下简称磁钢）、轴温传感器（以下简称探头）、车辆智能跟踪装置、通信（网络）设备、防雷装置、综合接地装置等组成，对运行车辆轴温进行实时探测。

7. 信息（通信）部门

信息（通信）部门负责通信网络管理，实现国铁集团公司查询中心、路局集团公司监测站、车辆段复示站、列检复示站、探测站之间的信息传输。

四、THDS-A 系统探测站的构成

THDS-A 型红外线轴温探测系统探测站设备由室内设备和室外设备两部分组成，室内设备和室外设备之间由电缆连接。室外设备包括车轮传感器（简称磁钢）、红外轴温扫描器（内装温度传感器）、卡轨器、室外分线箱、除雪装置、环温箱（环境温度传感器）等，室内设备包括电源防雷箱、通道防雷箱、UPS 不间断电源、探测站机柜、控制箱、电源箱、工控机等。探测站设备构成示意图如图 3-3 所示。

（一）THDS-A 系统探测站的功能

（1）探测站采用光子探头与热敏探头相结合的双下探方式，自动探测客、货车辆的热轴；

系统测温精度：静态标定在温升 40 °C 时，误差不大于 ± 2 °C，温升 70 °C 时，误差不大于 ± 3 °C；动态检测中低温区误差不大于 ± 3 °C，中高温区误差不大于 ± 4 °C。

（2）自动识别机车、货车、客车及动车组。

（3）自动判别列车运行方向，具有双向同时接车的功能，可探测最大编组为 400 辆的列车。

（4）自动测速、计轴、计辆；适应车速：光子探头 5 ~ 360 km/h；热敏探头 5 ~ 160 km/h；计轴误差 $< 2\times10^{-6}$，计辆误差 $< 2\times10^{-5}$。

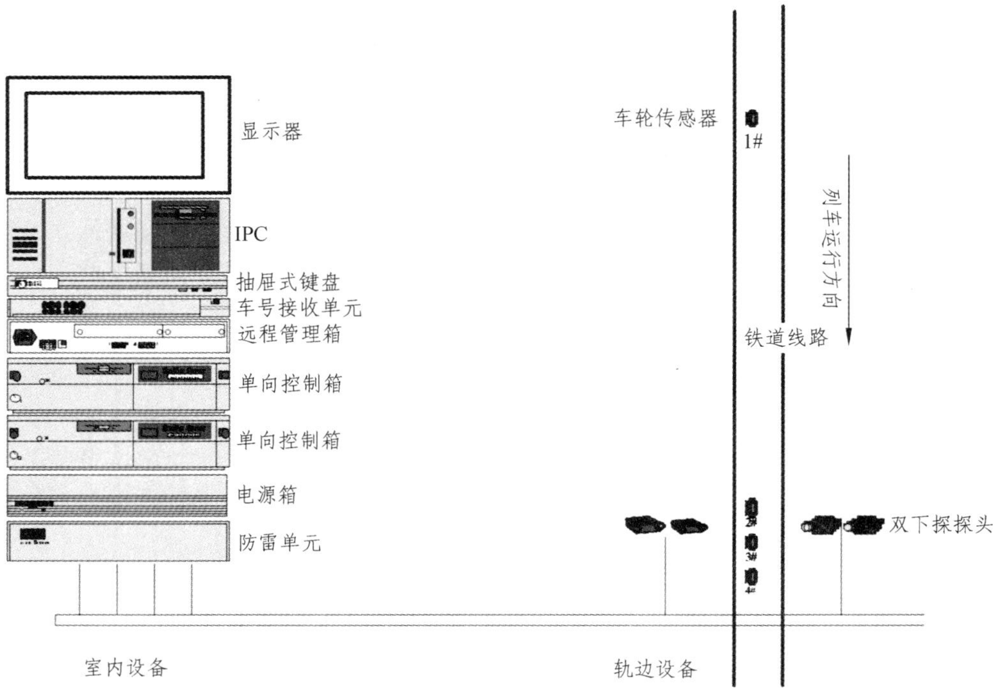

图 3-3　THDS-A 探测站设备构成示意图

（5）系统具备自检功能和远程维护功能。

（6）数据自动存储。探测站主机存储容量：保存不少于 30 天的原始列车数据；保存不少于 30 天的设备自检故障信息。

（7）配备车辆智能跟踪装置，识别车次、车号信息，判别车辆轴位，对热轴进行智能跟踪和预报。

（二）THDS-A 系统探测站室内设备

探测站室内设备包括探测站机柜、电源防雷箱、通道防雷箱、UPS 不间断电源等。探测站机柜中配置有探测站主机、键盘、鼠标、显示器、控制箱、远程管理机、智能跟踪装置、电源箱、通信单元等。

1. 机　柜

机柜外形尺寸（宽 × 深 × 高）：600 mm × 650 mm × 1 800 mm；符合 19 英寸插箱的安装要求，如图 3-4 所示；并具有以下功能：

图 3-4　探测站机柜

（1）机柜加热：北方寒冷地区应配置机柜加热装置。

（2）机柜散热：机柜顶部设有风机，强制通风散热。机柜底部设有通风孔。

（3）机柜标识：应符合有关包装运输的要求，铭牌上包含表明产品特性的名称和有关型号的信息。

2. 探测站主机

THDS-A 采用工控机作为探测站主机，主机标准配置为 CPU P4 3.0 GHz/CORE2 双核 2.4 GHz，内存 1 G，硬盘 160/250 GB。满足双向双探 8 个探头、两套智能跟踪装置的控制和实时采集同时工作的要求。

3. 控制箱

控制箱接收轨边信号，包括探头信号、磁头信号和各种温度信号，在控制箱内处理后传输到工业计算机。控制箱还接收工业计算机传输过来的控制信号，控制轨边设备，控制探头箱大门开闭、调制盘电机运转、器件制冷、热靶加热、挡板开闭、校零。

控制箱机箱采用 19 英寸 4U 机箱，总线式结构，从机箱前插拔电路板。采用信号、功率双总线结构。功能强大，结构简洁，可靠性高，便于生产调试和现场维修测试，如图 3-5 所示。

图 3-5　控制箱

1）控制箱电路板

控制箱由机箱、母板、转接板、后面板、电子线路板组成。电子线路板包括磁头板（1 块）、测温板（内探 1 块、外探 1 块）、模拟信号调理板（1 块）、温控板（1 块）、校零板（1

块）和功放板（内探 1 块、外探 1 块）。每块线路板都有一个小面板，包括电源指示、工作状态、测试端子。

（1）磁头板：当列车车轴压过磁头时产生交流信号，其幅度与车速有关。磁头信号经电缆送到控制箱，经过磁头信号处理板的处理送到工业计算机，进行车速、轴距、车辆数等计算。磁头信号处理板完成一个方向 4 路磁头信号的滤波、整形；面板上有门槛电压测试端、门槛电压调整电位计、磁头信号指示灯。

（2）测温板：测温板处理温度传感器输出的信号，处理后送至工业计算机。温度传感器包括盘温（板温）传感器、热靶温度传感器、制冷器件温度传感器、环温传感器、柜温传感器。温度传感器均采用铂电阻 Pt100。电路板上的调零和调增益电位计出厂时已调好，不要随意调整。

（3）模拟信号调理板：实现 4 路轴温信号的滤波、4 路调制信号的整形，以及电网电压信号、稳压电压信号的调理。面板上有轴温信号、调制信号、挡板信号测试端子，包括内探左轴温信号、内探右轴温信号、外探左轴温信号、外探右轴温信号、内探左调制信号、内探右调制信号、外探左挡板信号、外探右挡板信号。

（4）温控板：温控板是控制碲镉汞光子器件温度的电路板，实现对左右两个光子探头的制冷温度控制。具有自动恒温控制、恒流控制两种模式。面板设置有状态指示灯和测试端子。

（5）校零板：实现对两个直流热敏探头的校零。面板设置有 + 15 V、 − 15 V、校零、保持指示灯。 + 15 V、 − 15 V 电源指示灯常亮，在探头进行校零时，校零指示灯亮，过车时保持指示灯亮。电路板上有 5 组跳线，插在内探上时，选择内探，插在外探上时，选择外探。

（6）功放板：工业计算机通过功放板，实现对大门电机、挡板电机、调制盘电机、热靶、除雪装置等部件的电源控制。功放板包括内探和外探两种，前面板设有手动控制按钮和控制状态指示灯。

2）控制箱后面板

控制箱后面板装有与轨边设备连接的电缆插座，以及与工业计算机连接的电缆插座和与电源箱连接的电缆插座，分别是扫描器控制插座、扫描器信号插座、辅助信号插座、电源插座、探头信号插座、通信、模拟信号和数字信号等插座，如图 3-6 所示。

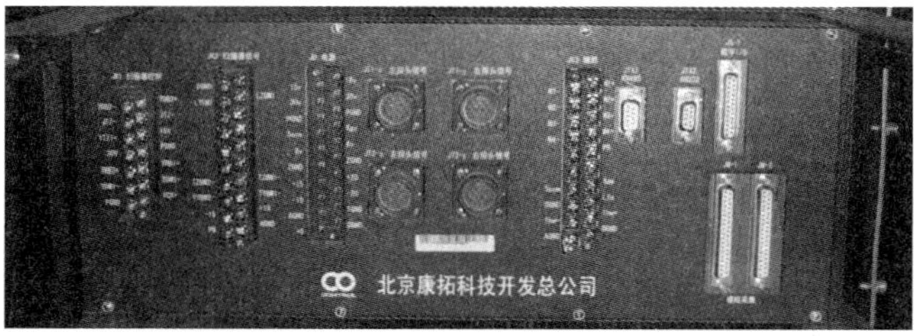

图 3-6　控制箱后面板

4. 远程管理机

远程管理机是探测站主机的辅助设备，通过监测探测站主机的远行状态和探测站的电源供电情况，自主对主机进行复位、断电、重新通电操作。能自主排除主机软件或操作系统死机等故障，同时也具备远程通信能力，如图 3-7 所示。

远程管理机后面板有电源开关、电池开关、主机插座、信号插座、RS232 插座、电源输出和电源输入。电源开关是交流电开关，电池开关是设备的工作开关。电源输入接交流电，电源输出有两组线：一组接工控机的电源，另一组接专线猫。如果是网络传输的话，就只有一组电源输出线。主机插座另一端与主机 DB9 孔连接，用来控制工控机开机和复位。还有一个电话线接口，需要把探测站电话接上。信号插座是接收工控机发出来的心跳信号，心跳信号是通过主机内数字 IO 卡产生的。RS232 插座连接多串口卡扩展的串口，远程通信时使用，如图 3-8 所示。

图 3-7　远程管理机前面板

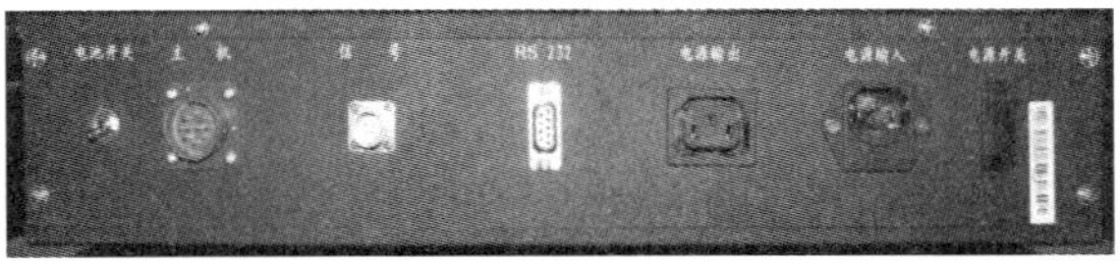

图 3-8　远程管理机后面板

远程管理箱具有以下功能：

（1）记录探测站通信、电源状态的历史数据；监测探测站主机的运行状态，当探测站主机软件运行发生故障时复位探测站主机。

（2）内置后备充电电池，工作时间 2 h 以上。

（3）具备远程通信能力。通过音频拨号网与远端连接。执行远端操作命令，实现探测站主机的远程启动、复位、关停等操作。

5. 电源箱

电源箱为一个 19 英寸 4U 机箱，为上、下行控制箱和轨边设备提供电源，电源箱由前面板、后面板、箱体、电源组成，如图 3-9、图 3-10 所示。包括如下电源：

逻辑电源：+5 V，1.2 A，纹波 < 200 mV

制冷电源：+6.5 V：5 A，纹波 < 60 mV

信号电源：+15 V，1.5 A，纹波 < 30 mV ~ 15 V，1.0 A，纹波 < 30 mV

探头电源：± 20 V，1 A，纹波<50 mV

调制电源：+15 V，1.2 A，纹波 < 200 mV

功率电源：+30 V，8 A，纹波 < 200 mV

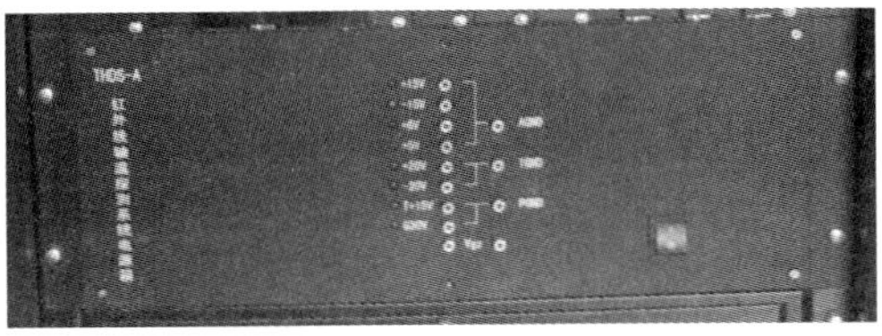

图 3-9　单向电源箱

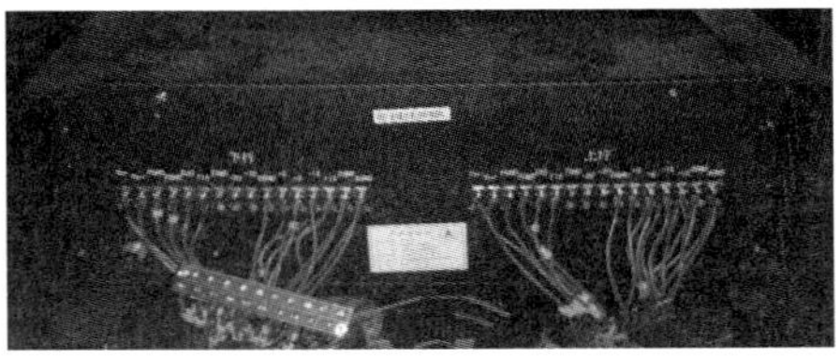

图 3-10　双向电源箱后面板

6. 车号智能跟踪装置

系统配置车号智能跟踪装置一套（见图 3-11）。采用经过国铁集团评审认可的产品，输出数据格式应符合《红外线轴温探测系统智能跟踪装置接口规范》的要求。

图 3-11　车号智能跟踪装置

车号智能跟踪装置前面板有 5 组灯，分别是正常、发送、错码、接收和发射。平时在侦听的时候，正常灯常亮，发送灯微微闪烁；接车的时候或者通过 IPC 软件点击了车号控制按钮，这时发射灯常亮，表示有微波信号发出，无标签时，错码灯亮，接收灭，有标签时，错码灯灭，接收灯亮。所以过车时，错码灯和接收灯是交替闪烁的。

7. 防雷设备

防雷设备分为电源防雷和信号防雷，它是 THDS 设备雷电综合防护设施的一部分，其作用是当探测站设备遭受雷击时将雷电的大电流接地，避免设备被大电流损坏。

8. UPS 不间断电源

探测站须配备在线式 UPS 不间断应急电源，具备二路电源的探测站配备 2 h 在线式 UPS 不间断应急电源，单路电源的探测站须配备 8 h 在线式 UPS 不间断应急电源。在线式 UPS 电源是市电输入 UPS 电源后经过稳压再给用电器，并在突然掉电时有效地保护计算机的工作现场不被破坏，防止数据和程序丢失。

（三）THDS-A 系统探测站室外设备

探测站轨边设备包括探头箱（内装探头）、卡轨器、过轨管组件、车轮传感器（又称磁头）、环境温度传感器、车号天线，如图 3-12 所示。

图 3-12　探测站室外设备

1. 车轮传感器

车轮传感器又称为磁钢，是用来采集车轮信号的传感器，其作用是将车轮通过磁钢位置时的信息传递给控制电路，使设备完成计轴计辆及测速等功能。

THDS-A 设备每台安装 4 个磁钢，其中开机磁钢为 1#磁钢，安装在离探头箱（来车方向）80 m 以外处，距轨隙大于 5 m，用卡具固定在钢轨内侧，为探测站设备提供开机信号。位置车轮传感器按行车方向分别为 2#、3#、4#磁钢，用于计算车速和轴距，4#磁钢与 2#、3#磁钢配合使用，其中有一个冗余备份，当过车时磁钢中有一个故障，剩余两个磁钢都能完成计轴计辆的任务。

2. 轴温探头

轴温探头也称为轴温传感器，是轴温探测的核心部件，如图 3-13 所示。它是一种非接触式的轴温——电压换能器，可以将运行列车轴承的温度以电压的形式反映出来。轴温探头按测温元件不同划分为：

热敏探头——敏感元件采用双浸没热敏电阻；

光子探头——敏感元件采用碲镉汞光子器件。

按工作方式，划分为调制探头和直流探头两种，THDS-A 型轴温探测设备使用的热敏探头和光子探头均为直流探头。

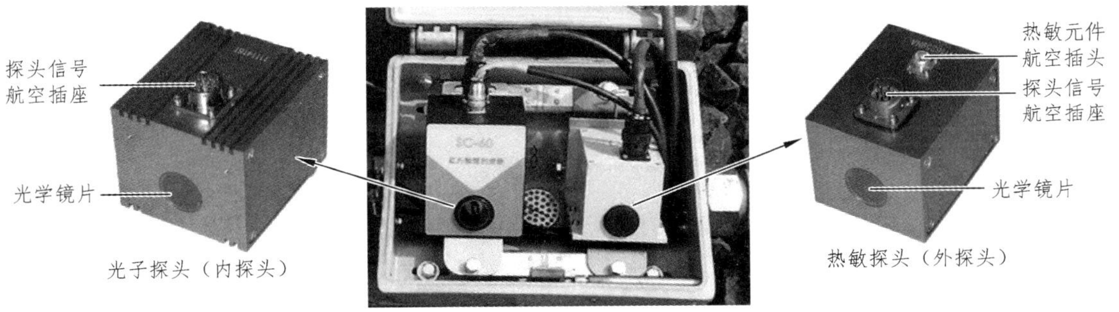

图 3-13　轴温探头

热敏探头是一种直流探头，由光学系统、热敏电阻、直流放大器、跟踪电源和自稳零电路组成。当没有列车通过时，热敏探头相对挡板进行自稳零校正，消除热敏元件及放大器的漂移。当列车压到开机磁钢时，首先结束自稳零校正，然后打开保护门，再进行车辆轴承红外辐射的探测。

光子探头：采用了美国最先进的半导体三级制冷式 HgCdTe 光子红外线测温元件，该元件具有响应率高、稳定度高、可靠性高等特点，是当前世界上最先进的光子红外线测温元件。

探头采用了低噪声直流放大电路，它具有统一的背景，可以实现定量测温，由于放大电路采用了新型的元件，使探头具有很低的漂移。探头采用先进的自适应温度标定方法，使探测器在不同的状态下都具有较高的测温精度。探测器上还装有激光瞄准装置，使现场校对光轴极为方便、准确。高速光子直流探测器作为新型红外线轴温监测系统的一次仪表，它的适用车速可达 360 km/h 以上，测温精度不受车速影响，可以满足铁路不断提速的需要。

3. 探头箱（轴箱扫描器）

1）箱体结构及作用

探头箱是轴温探头的安装平台，具有绝缘、防尘、防雨雪、防阳光辐射等特点。探头箱体材质采用 AES 增强塑料，电机采用型号为 XxCT38M-60。探头箱外形尺寸：432 mm × 365 mm

×238 mm（长×宽×高），分为上箱体、下箱体两部分，如图 3-14 所示。

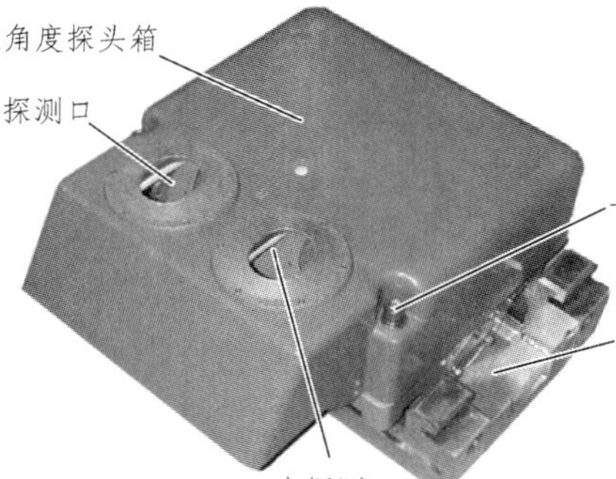

图 3-14　A 型探头箱

下箱体由壳体、第二级减震器、探头安装架组成。上箱体由壳体、隔热保护套、排风扇、热靶大门组件、大门电机、除雪装置（选配）组成，上箱体除了为轴温计算提供温度基准外，还要在列车到达前、后将红外轴箱扫描器封闭，保护内部清洁，并避免某些外界因素损坏内部部件，如图 3-15 所示。

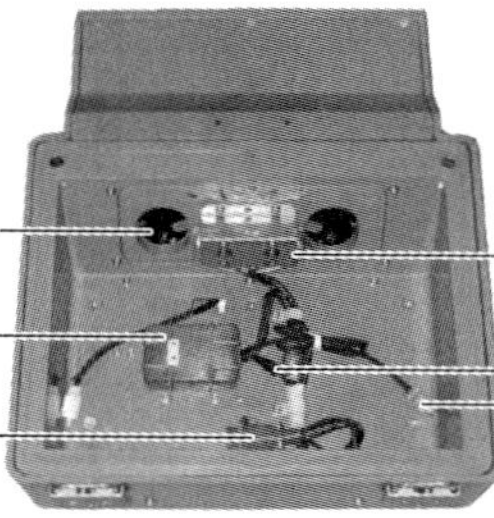

A型探头箱上箱体

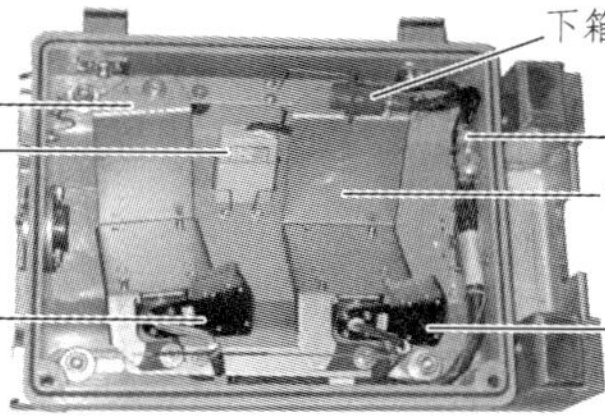

A型探头箱下箱体

图 3-15　A 型探头箱上、下箱体

2）探头箱内主要器件

（1）保护门总成及侧位传感器。

保护门总成由转角电机、保护门及自锁机构、铂电阻箱温传感器组成。保护门总成安装在探头箱上箱体上，除了保护探头箱内的探头不被损坏外，它还有一个很重要的作用就是探头校零的热参考源，保护门不能正常打开或关闭，对列车轴温输出的影响都非常大，此时测得的轴温是不准确的。

双角度探头箱上加装了保护门测位传感器，根据磁性接近原理实时检测保护门开关状态，便于故障判断与日常检修。

（2）箱温传感器。

箱温传感器安装在探头箱上箱体保护门上。作用是除了测量探头箱内的温度外，还用于确定探头的工作环境温度和探头的校零温度，并且还作为光子自适应系统的启动条件，及探头选择曲线和应用曲线的参数。双探系统用铂电阻替代了传统的 AD590，精度达到 0.1 度，从而使箱温的测量速度更快，更准确。

保护门上安装箱温传感器，采用的是 PT1000 铂电阻，同样通过铂电阻信号转换器把

PT1000 铂电阻对温度变化的敏感度以电流的形式输出，通过相应的电路变换成电压值，供 AD 板采集。

（3）热靶总成。

热靶总成是由热靶、靶电机、控制电缆插座连接构成的，其作用是配合光子探头完成光子探头的量化工作。其主要的功能组件是热靶。

热靶由印刷电路板、加热膜、铂电阻温度传感器、均热板、热辐射涂层组成。

① 印刷电路板：电路及其他组件的承载体。工作时由热靶电机带动。

② 加热膜：由电热丝构成，工作时由加热板提供加热电流，使热靶温度均匀上升。

③ 铂电阻温度传感器：在光子自适应系统测曲线时，实时测量热靶的温度值。

④ 均热板：通过薄铝板的良好导热性，使热靶表面的热分布均匀。

⑤ 热辐射涂层：提高热靶表面的热辐射率，使热靶的真实温度尽可能通过热辐射表现出来。

热靶是光子探头（内探）系统中对探头进行标定的一种热标准，标定时光子探头读取热靶不断均匀上升的温度，使光子探头得到一条与热靶温度相对应的电压幅值曲线，从而达到跟踪探头特性变化，转换光子探头输出值为绝对温度的目的。

4. 卡轨器

卡轨器由铁轨卡具、托架、第一级减震器和车轮传感器安装架组成。它为探头箱提供了安装基面，为保证其探测方位还设计有调节机构。在安装后，探头能够在沿钢轨方向，垂直钢轨方向进行直线移动。此外，卡轨器还为车轮传感器提供了安装基面，能够满足在 50 轨、60 轨、75 轨等不同轨型上安装的需要。由于软件功能增强，车轮传感器不需做起始位置调整，再一次缩短了轨边的操作时间。

为减小轨边振动、冲击对探头的影响，卡轨器设计有双级减震器，试验证明减震效果很好，可保证探头在高速重载列车运行区段的正常使用。整个探头箱卡轨器部件结构紧凑，安装时不需要拨枕、少拨道砟，轨边操作简单，拆卸方便，满足捣固清筛等轨边作业要求。

五、THDS-A 系统探测站的安装调试

根据运输流量和线路自然条件（坡道、曲线、桥隧等），干线按规定 30 km 左右设一处探测站设备。在考虑围绕运输安全为前提，参考交通、供电、通信、施工和维修方便等诸多因素下，综合经济合理性设探测站。探测站设机房，距离探头不大于 30 m 处。机房地面高度应高于轨面，其面积>8 m^2，有良好的通风、取暖设施和探测站标记。

室外设备到探测站主机及监测中心、复示中心房内的通信线必须采用屏蔽电缆；开机磁钢传感器连线必须敷设地下铠装电缆；探头线应加防护管，管内无接头、无硬弯。各电缆应留有备用线。引出入线及配线不得有破皮、漏胶和硬化。

红外线设备应设防雷保护设施，每处设防雷地和设备地两点。对一般雷区采用避雷器和防雷地线的措施。防雷接地电阻<4 Ω，设备地<10 Ω。设备地和防雷地相距大于 20 m。

（一）探测站选址要求

在国铁集团统一规划下进行探测站的设置，在满足基本技术要求的前提下，综合考虑交通、供电、通信、施工和维修方便以及经济的合理性等因素。基本技术要求如下：

（1）探测站一般应设在列车进站前多向进车的咽喉处。枢纽地区可根据实际接发线路考虑安装多套设备。

（2）探测站选址应优先考虑临近高大建筑物、土壤电阻率较低和有足够的施工场地等有利条件。

（3）尽量避开曲线、长大坡道，在来车方向前方 100 m 以上钢轨为直线段，且不得有道岔。

（4）选择道床坚实、线路质量好的地段。

（5）轨边装置距探测站机房距离应不大于 20 m。

（6）避开不利的地理位置，如雷区、洪水、塌方、冻害、风口和雪堵等自然灾害地区。无法避开时，应采取保护措施。

（7）避开影响探测的干扰因素，如机车运行调速地段、电气化区段分相点、轨道电路回流点、钢轨端头、短钢轨等。探头安装位置应尽可能在每节钢轨的中部，特殊情况时距离钢轨端头不得小于 5 m。

（二）探测站机房建设要求

（1）探测站机房使用面积应不小于 10 m^2。原则上机房地面与轨面等高，室内布线符合配线工艺要求，做到整洁、合理、标识清楚，并有备用线；探测站具有良好的通风、排水条件，并具有良好的防盗、防尘、防鼠措施。室内采用防静电地板，外墙设置统一的探测站标志。

（2）探测站所有设备的安装尺寸应严格遵守铁路建筑限界的规定，必要处应做相应的防护。

（3）列检复示站、车辆段复示站、铁路局监测站机房面积应满足使用要求，房屋应适当装修，防尘、防静电，配有机房空调设施，配备 UPS 不间断电源及电源、通信防雷设备。联网设备按规定分配统一的 IP 地址。

（三）系统底线和防雷、电磁兼容要求

（1）THDS 设备应配备雷电综合防护设施，设置共用接地系统并设地线标志桩。接地电阻不大于 4 Ω；在土壤电阻率大于 500 Ω · m 时，接地电阻值应不大于 10 Ω。THDS 接地系统 20 m 范围内如有其他接地系统，应与其进行等电位连接。

（2）室内防雷和防电涌保护箱应尽量靠近被保护设备和接地排安装，配线应符合标准。设备所有连接线在室内未屏蔽裸露部分须穿金属线槽，线槽要与等电位连接箱进行可靠电气连接。

（3）钢轨边的金属设备接线盒应与等电位连接箱进行等电位连接，磁钢信号须安装与其耐压等级相适应的 SPD。

（4）THDS 系统配车辆智能跟踪装置的同轴信号须安装与其耐压等级相适应的高频同轴 SPD。

（四）探测站室外设备安装调试

1. 接线箱水泥基础

室外接线箱的水泥基础的尺寸如图 3-16 所示，基础高 600 mm，长 400 mm，宽 120 mm，每个室外接线箱需要预制两块水泥基础。取 4 根 300 mm 长，M16 地脚螺栓，在制作水泥基

础时，把螺栓长 220 mm 的下半部分埋入水泥基础，4 个螺栓用来固定室外接线箱。

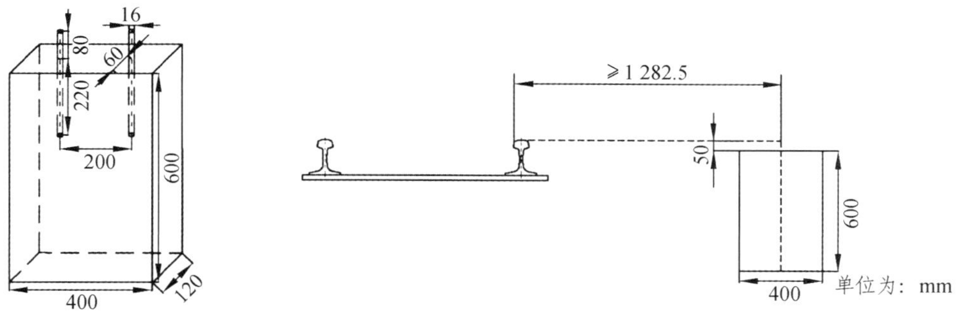

图 3-16　接线箱水泥基础

2. 开机磁钢

开机磁钢安装在离探头箱（来车方向）80 m 以外处，据轨隙大于 5 m，用卡具固定在钢轨内侧。这里注意两点：

（1）根据磁钢的型号，使用相应的磁钢卡具。

（2）对于电力区段，必须把开机磁钢卡在非电网回路那一侧的钢轨上。

3. 2# ~ 4#磁钢

2# ~ 4#磁钢一般安装在靠近探测站机房一侧的钢轨上，在电气化区段必须装卡在非电网回路一侧的钢轨上。探头箱的卡具可以安装磁钢卡具，用来固定 2#，3#磁钢，安装方式见图 3-17，4#磁钢安装卡具同 1#磁钢。2# ~ 4#磁钢安装好之后，磁钢线引入到探头箱内，把磁钢卡具套在探测器卡具上，然后调节磁钢卡具的高度，磁钢传感器安装时应注意防止车轮压伤，磁钢安装应注意钢轨的型号，调整好技术尺寸，磁钢顶面与轨面距：50 kg 轨（35 ± 2）mm，60 kg 轨（37 ± 2）mm，75 kg 轨（45 ± 2）mm，2# ~ 3#之间（270 ± 2）mm，3# ~ 4#之间（400 ± 2）mm。

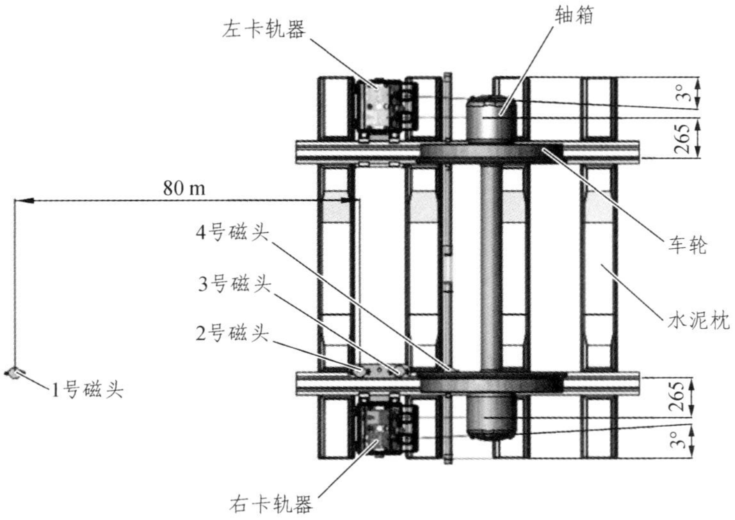

图 3-17　磁钢安装

如磁钢顶面距钢轨面距离偏低，则导致磁钢输出信号偏低，引起丢轴、计轴计辆错；如偏高，则导致车轮压伤磁钢，在雨天或其他情况引起短路或抗干扰性能下降，致使计轴计辆出错。

4. 环温箱

在探测站机房的旁边选择一个通风背阴处，安装一个木制百叶箱。把环温传感器 Pt100 放置在箱内，用一根二芯屏蔽电缆作为环温传感器到探测站主机箱后面板的连线。电缆一端的红线接控制箱后面板接线端子的 + 18 V，黄线接入环温。

5. 双角度探头箱

探头箱卡到钢轨后，必须保证探头箱处于悬浮状态，掏空箱体底部，各部件螺母应加油防锈蚀，螺母拧紧确保无松动，如图 3-18 所示。如若螺母松动，一不能保证计轴计辆正确，二容易引起探头箱体起振和窜动，导致乱报或漏报。

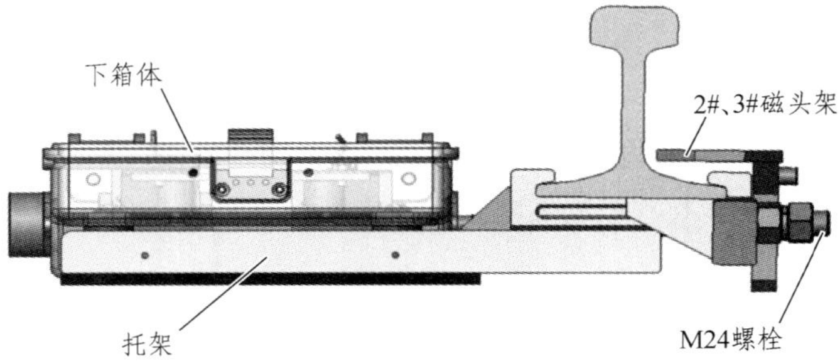

图 3-18　探头箱的安装

打开探头箱顶罩、上箱体，将探头的安装孔插到探头箱安装板上的定位销内，用弹簧夹将探头固定在安装板上。必须保持探头硫化锌镜片干净和完好无损，如若有灰尘可能导致采集的轴温信号偏低，引起漏报。

1）外探方式

双角度红外轴温探测系统内探安装要求，探头元件中心低于轨面 184.45 mm，距钢轨内侧面（415 ± 5）mm，与钢轨内侧夹角为 3° ~ 6°，探头仰角为 45°。两探头元件中心连线与钢轨垂直，采集距离为 450 mm。

2）内探方式

探头光子元件中心低于轨面 174.39 mm，距钢轨内侧为（260 ± 5）mm，与钢轨水平角 0°，即与钢轨平行、仰角 45°，两探头元件中心连线与钢轨垂直，如图 3-19 所示。

六、THDS-A 系统探测站的工作过程

1. 启动系统

探测站上电启动时，先启动 XPE 系统后自动运行探测站主程序，设备上电开始运行初始化函数并根据配置文件创建数据采集线程，传递配置信息。

2. 等待接车时

在列车到达前，红外线探测站系统进行自检，当上一级微机（即复示中心、监测中心）有信息查询报文时，则红外线探测站中断自检，向上一级微机回送应答报文，然后继续进行自检。

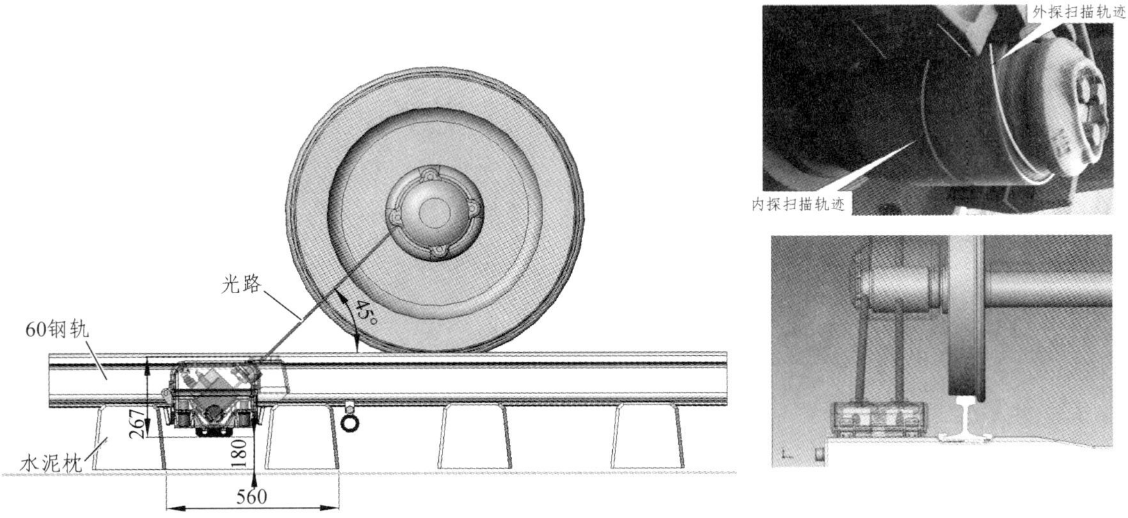

图 3-19　探头探测方位

3. 列车压至 1#磁钢时

当车轮压 1#磁钢时，红外线探测站信息处理计算机首先判断是车轮信号还是干扰信号，当 1#磁钢有效信号大于 3 次时，默认为来车信号，此时，红外线探测站信息处理计算机系统复位，即系统停止自检并与上位机通信联络，红外线探测站系统准备接车，处理来车的各种信息，为轴温采集做好准备工作。

4. 列车压至 2#、3#磁钢时

当列车通过 2#、3#磁钢时，2#、3#磁钢分别记录通过的时间 t_1、t_2，并送入计算机，为计算速度与距离提供数据。

1）测　速

当第一个车辆的车轮压于 2#磁钢时，探测站的计算机已记录下该时刻 t_1，该轮压至 3#磁钢时，探测站的计算机已记录下该时刻 t_2，所以，当同一车轮从 2#→3#磁钢时，所需的时间为：$\Delta t = t_2 - t_1$。又由于 2# ~ 3#磁钢之间的距离是已经设定了的，且为 $s = 270$ mm，因此，该车轮通过 2#、3#磁钢时的速度为

$$v = \frac{s}{t} = \frac{270}{t_2 - t_1} \text{（mm/s）}$$

这样就测出了该车轮通过探测点时的速度，系统显示和记录通过列车的最低速度和最高速度，即显示和记录通过列车全列车轴中的最低速度和最高速度。测出列车速度以后，就可以进一步测量与计算出轮与轮之间的距离。

2）测　距

当第二个车辆的车轮压于 2#磁钢时，探测站的计算机便记录下该时刻 t_3，即可算出车轮与车轮之间的距离 L：

$$L = v \times (t_3 - t_1)$$

也就是说，可由计算机计算出轴间距，在这个过程中要记录 32 个点的轴温。

3）轴温采集

下探的采集。当列车车轮压到3#磁钢时，固定延时11个点（约等于150 mm）开始采集，采集距离为450 mm。共采集32个点。

4）判断车辆是否通过

计算机通过磁钢信号来判断车辆是否通过，因为计算机计算的轴间距在进行处理时为一个字节，最大为FF（16进制），换算为25.5 m，即计算机通过判断两次磁钢信号间的时间间隔是否大于时间 $t = 25.5/v$ 来判断列车是否通过。若时间大于 t，说明至少两个轮子之间的距离大于 25.5 m，则判断为车辆已通过；若时间小于 t，即两个轮子之间的距离小于 25.5 m，则表明列车还没过完。

5. 列车全部通过

当列车全部通过时，红外线探测站向接收计算机口送数据信息，如果接收计算机收到数据，就能收到刚通过列车的信息。若自动通信时，中央机查询到此探测点，此探测点将此次列车所采集的数据处理完后，生成的列车报文送往前置机（或复示中心），然后经前置机（或复示中心）送到监测中心的计算机，监测中心（或复示中心）确认后，通过前置机向探测站发送确认信息报文。

七、THDS系统的设备维修

（一）设备维修基本原则

设备维修是保障THDS系统正常运行的基础，基本原则是坚持日常维护与定期检修相结合的设备维修体制，建立集中监控、分级维修（现场维护、专业检修、专家支持）的系统设备维护保障体制。

1. 集中监控

路局监测站和车辆段复示站负责对管内THDS运行状态进行实时监控，当系统出现异常或故障时，通知并协调有关部门和单位进行处理，保障系统正常运行。

2. 分级维修

现场维护：以车辆段动态检测车间为主，主要承担探测站、复示站设备日常维护和故障应急抢修。

专业检修：以路局车辆检测所为主，主要承担探测站、复示站设备的大、中修。

专家支持：以设备生产厂家为主，主要承担系统疑难故障分析和解决，对系统软件进行升级，改善系统性能。

（二）维修分类

（1）探测站设备维修分日常维护、定期检修和故障应急抢修。日常维护包括半月检和春秋季整修，定期检修分为中修、大修。探测站设备日常维护不得影响列车正常探测，设备维修应充分利用“天窗”进行。

（2）路局监测站和复示站设备实行寿命管理，维修分为日常维护和故障抢修。

（三）日常维护

THDS 设备日常维护实行包人、包机、包修制。维修人员须严格按规定周期、标准对设备进行日常维护，作业完毕后，维修人员须与路局监测站调度员和车辆段复示站值班员共同确认设备运行正常后方可离开。

1. 探测站设备的日常维护

探测站设备原则上实行半月检，探头标定每月一次，维护工作由车辆段动态检测车间负责重点检查设备的工作状态，要根据设备实际情况合理制订半月检检修标准，逐台设备建立半月检检修台账，按要求规范作业，保证设备各项性能达标。并填写检修记录，检修记录簿须在探测站保存。

对设备技术性能差、运用环境恶劣的探测站可增加周巡检，周巡检内容由路局制订；对现场检修特别困难区段的探测站设备，并且通过采用远程诊断、视频监控等技术手段可以做到对设备状态监控和加密动态检测频次等，可在保证设备质量的前提下，调整检修周期和检修技术标准，具体办法由路局制订，报国铁集团核备后实施。

2. 路局监测站和复示站设备的日常维护

路局监测站和复示站设备日常维护由调度（值班）员负责，内容包括：检查计算机主机运行状态、网络传输状态、供电情况、不间断电源、防病毒软件工作状态以及应用软件的工作状态。路局监测站设备故障抢修由路局车辆检测所负责，复示站设备故障抢修由车辆段动态检测车间负责。

3. 系统软件维护和升级

THDS 运用软件及数据库的维护由路局车辆处负责，统一标准的中心及各级复示软件的升级须由国铁集团批准并统一安排，设备生产厂家负责技术支持。软件、数据库升级或更新由路局车辆处组织实施，升级或更新结果须报国铁集团车辆主管部门备案。

（四）探测站设备定期检修

定期检修分为中修、大修两级修程。定期检修应遵循以下原则：中修以保持状态为主，第一个大修以恢复设备性能为主，实行主要部件更新；第二个大修到期更新。为进一步提高设备性能，大、中修允许更换技术改进后的有关硬件及升级软件。

（1）检修周期：主要干线及煤运通道 THDS 设备中修年限为 3 年，大修年限为 6 年。其他线路设备中修年限为 4 年，大修年限为 8 年。第一次大、中修以设备试运行年度为起点计算。当多级修程重叠时，以高级修程为主。各级修程可以提前或延后进行，提前或延后时间为：中修 2 个月，大修 6 个月。车辆段应根据设备使用年限和设备运用状况，按时向路局提报设备大、中修建议计划。

（2）检修资质：设备大、中修施修单位应取得国铁集团批准的检修资质。路局车辆检测所通过国铁集团大、中修资质认证后，从事 THDS 设备的大、中修工作。路局车辆处负责指导、监督车辆检测所做好 THDS 设备的大、中修工作。

（3）检修要求：车辆检测所要按照附件所列检修标准、质量标准，结合国铁集团车辆主管部门的最新技术政策，根据现场实际情况细化制订大、中修工艺，经路局车辆处审核后实施，并严格按照工艺施修，须逐台设备建立检修台账，全程填写检修记录，并做好质量跟踪工作。

（4）设备生产厂家应向路局车辆检测所无偿提供相关的硬件资料和升级的软件。

（5）设备大、中修施修后，路局车辆检测所、车辆段和设备生产厂家应根据检修质量标准逐项进行检测验收，验收合格后在“大、中修竣工验收单”上签字，设备正式投入运用。

（五）路局监测站、复示站设备检修

（1）路局监测站设备、复示站服务器、计算机等 24 h 不间断使用设备运行满 3 年时，应对硬盘、显示器等易损部件进行重点检测，状态不良时更换。

（2）路局监测站设备、复示站服务器、计算机等 24 h 不间断使用设备运行满 5 年时，应对服务器、计算机、打印机等易损设备进行更新。

（六）联网服务器维护

（1）国铁集团、路局 THDS 联网服务器安装在各级信息（电子）部门机房，由信息（电子）部门负责网络、供电、服务器操作系统的日常维护和服务器硬件日常运行监控。

（2）服务器数据库、web 服务器的设置及应用系统的安装维护由软件开发单位负责。

（3）路局应建立 THDS 联网服务器设备故障报修处理流程，发生故障严格按规定流程施修，并认真做好记录。

（七）故障应急抢修

THDS 探测站设备发生故障时，由车辆段复示站值班员及时组织处理并通知路局监测站。系统网络、供电及路局监测站设备发生故障时，由路局监测站调度员及时通知相关维修部门。路局监测站应督促各相关维修部门尽快排除故障，处理完毕后，填写停机时间、原因及恢复时间等相关记录。THDS 设备故障修复后，维修人员须与车辆段复示站值班员双方确认正常后，方可通知路局监测站正式使用。

（八）检修时间、方式和地点

检修时间、方式和地点见表 3-1。

表 3-1　检修时间、方式和地点

项目	半月检	春秋整修	中修	大修
修时	1 天	3 天	10 天	15 天
地点	现场	现场	指定单位	指定单位

（九）作业安全

严格执行轨边作业安全防护制度。维修人员现场作业须加强人身安全防护，轨边作业至少两人，另设安全防护人员 1 ~ 2 人，并配备必要的联络工具。安全防护人员须通过安全防护培训并考试合格。

【任务实施】

探测站上线前准备及作业要求：

（1）维修人员携带检修作业包（内含：防护服、对讲机、手机、防护喇叭等）、检修所需配件、仪器仪表。

（2）作业前，必须逐人检查上线作业人员劳动保护服装及安全防护用具的应用情况，发现异常立即停止其作业资格；同时将维修人员手机统一存放管理。

（3）上线作业必须按规定设置驻站防护员和现场防护员，驻站防护员提前到达车站值班室登记、确认作业命令。

（4）现场防护员在得到驻站防护员可以开始作业通知后，通知动态车间复示值班员设定检修标记，1 min 后再次确认检修标记是否设定。

（5）现场防护员、驻站联络员、现场负责人做好沟通与联控，及时准确地向复示值班员传递现场作业信息，动态车间复示值班员提示上线人员作业安全注意事项，检查安全防护用具是否齐全、完好。

（6）严格执行“双通知，双确认，三防控”及现场安全作业制度，接到驻站防护员通知可以上道命令后，现场作业人员统一回答“命令已下，可以上道，天窗时间××时××分”。

（7）横越线路严格执行“一站、二看、三确认、四通过”制度，同时执行肢体语言动作，听从现场负责人指挥。

（8）作业过程中所测量数据填记到《THDS 探测站设备维护检修记录簿》中。

一、THDS-A（威克）系统探头标定检查

3-2 实作：THDS 探头标定检查

作业地点：THDS-A（威克）型 THDS 探测站。

作业依据：《THDS-A（威克）探测站设备巡检作业指导书》。

适合工种：THDS 维修工。

检修周期：THDS 探测站设备巡检周期为两个月一次，正常情况下两次巡检间隔为（60±10）天，对因维修天窗临时取消造成的检修延迟，须增加设备的巡视检查，确保设备安全运行。

工具材料：温度计、室外功能模拟器、长毛刷、镜头纸、无水酒精、组合工具等。

（一）作业介绍

（1）适用范围：适用于 THDS 维修工探头标定检查。

（2）作业要点：严防检修工具、设备侵入限界，危及行车安全。

（二）作业前准备

（1）作业工具：不低于 1 °C 精度温度计一支，室外功能模拟器一台，长毛刷、镜头纸、酒精、组合工具等。

（2）人员准备：按规定标准穿戴防护用品。

（3）设置防护：

① 防护员要不间断瞭望，不得兼职从事其他工作等，执行与联络员 3～5 min 主叫联系制度。

② 联络员提前 15 min 到达车站行车室，填写台账，并和防护员做好 3 ~ 5 min 互控联络。

（三）作业流程

1. 测量环温

（1）打开环温箱，放入不低于 1 °C 精度温度计。

（2）检查铂电阻转换盒不受阳光日照，不受雨淋，等待一段时间后，取出温度计，读取温度计读数。

（3）观察探测站主机的环温值，与温度计测得的数值相减，取绝对值。环温值误差绝对值应≤2 °C。

2. 设置黑体

（1）从室内引出电源，接通室外功能模拟器电源，打开电源开关，调整到需要设定的温度值，当环境温度≤30 °C 时，黑体温度设置为温升 40 °C（环温加 40 °C）和温升 70 °C（环温加 70 °C）；当环境温度 > 30 °C 时，黑体温度设置为温度 70 °C 和温度 100 °C。设置完毕后，黑体开始加温。

（2）擦拭探头镜片。用工具打开探头箱，用毛刷刷去镜头表面浮尘。有顽固污渍时，需要沾酒精擦拭保护镜片，待干燥后再擦拭使其清洁。探头清洁完毕后盖好探头箱。

（3）校定热靶曲线。打开热靶曲线页面点击校对曲线，观察热靶温度上升情况和探头输出 AD 值变化情况，形成热靶曲线斜率是否光滑。

3. 定标检查

室外功能模拟器黑体温度加热到设定温度后，将探测站软件主界面切换到“黑体定标”界面，如图 3-20 所示。在标定设置框的“黑体”下方的输入框内输入黑体所设温度，然后在标定控制项点击“开始”按钮开始定标。待定标开始后将黑体依次放置于左侧外探、左侧内探、右侧内探、右侧外探窗口上方，各停留 10 s 左右，如图 3-21 所示。全部放置完毕后点击“停止”按钮，在屏幕中部标定结果显示框内显示本次定标结果，在“平均温度”栏内显示的温度即为定标温度。将显示定标温度值与设定温度相减，取绝对值，即为各探头标定误差绝对值。温升 40 °C 时探头标定误差绝对值≤2 °C，温升 70 °C 时探头标定误差绝对值≤3 °C，设置为温度 70 °C 时探头标定误差绝对值≤2 °C，设置为 100 °C 时探头标定误差绝对值

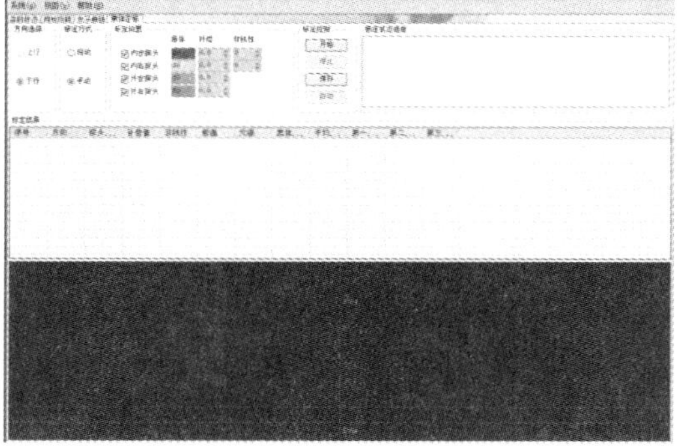

图 3-20 “黑体定标”界面

图 3-21 定标检查

≤3 °C，超标时应对“标定设置”框内“补偿”及“非线性”（光子探头）的值进行适当调整，显示温度偏低时将该值增大，显示温度偏高时将该值减小。调整后重新定标，直至定标合格，最后点击“保存”键进行保存。

4. 填写台账

将各探头标定数据记录到台账上，对测得的数据进行分析，对超标项要检查相关部件，排除故障。

二、THDS-A（威克）系统电源箱检查

作业地点：THDS-A（威克）型 THDS 探测站。

作业依据：《THDS-A（威克）探测站设备巡检作业指导书》。

适合工种：THDS 维修工。

检修周期：THDS 探测站设备巡检周期为两个月一次，正常情况下两次巡检间隔为（60 ± 10）天，对因维修天窗临时取消造成的检修延迟，须增加设备的巡视检查，确保设备运行。

（一）作业介绍

（1）适用范围：THDS 维修工电源箱电压测试。

（2）作业要点：分析技术数据，发生变化检测，检查相关部件，排除隐患。

（二）作业前准备

（1）作业工具：准备一台计量不过期、功能正常、电量充足的万用表。

（2）人员准备：按规定标准穿戴防护用品。

（3）设置防护：

① 防护员要不间断瞭望，不得兼职从事其他工作等，执行与联络员 3 ~ 5 min 主叫联系制度。

② 联络员提前 15 min 到达车站行车室，填写台账，并和防护员做好 3 ~ 5 min 互控联络。

（三）作业流程

1. 检查电源箱外观

（1）直观检查各电源插板外观无损伤、氧化。插拔板件检查时，必须先关闭电源，检查完毕后再打开电源开关。

（2）检查后部各电源插头连接牢固。不符合要求时处理。

2. 测量各直流电源电压

（1）测量 + 32 V 功率电源：打开万用表电源开关，将万用表调至直流 200 V 电压挡，测量电源箱电压。红表笔接电源箱功率电源板上“ + 30 V”端子，黑表笔接电源箱功率电源板上“地”端子。读取万用表显示数值。限度为：（ + 32 ± 3 ）V，超标时调整。

（2）测量主 15 V 加热电源：将万用表调至直流电压 20 V 挡，红表笔接电源箱加热电源板上“主 15 V”端子，黑表笔接“主 15 地”端子。读取万用表显示数值。主 15 V 加热电源限度为：（ + 15 ± 0.2 ）V，超标时调整。

（3）测量辅 15 V 加热电源：红表笔接电源箱加热电源板上“辅 15 V”端子，黑表笔接“辅 15 地”端子。读取万用表显示数值。辅 15 V 加热电源限度为：（+15±0.2）V，超标时调整。

（4）测量 +7 V 制冷电源 1：红表笔接电源箱制冷电源板 1 上“+7 V”端子，黑表笔接“7 V 地”端子。读取万用表显示数值。7 V 制冷电源限度为：（+7±0.2）V，超标时调整。同样方法测量制冷电源板 2 上的电压。

（5）测量 +18 V 信号电源：红表笔接电源箱信号电源板上“+18 V”端子，黑表笔接“地”端子。读取万用表显示数值。+18 V 信号电源限度为：（+18±0.2）V，超标时调整。

（6）测量 −18 V 信号电源：红表笔接电源箱信号电源板上“−18 V”端子，黑表笔接“地”端子。读取万用表显示数值。−18 V 信号电源限度为：（−18 V±0.2）V，超标时调整。

（7）测量 +12 V 板用电源：红表笔接电源箱信号电源板上“+12 V”端子，黑表笔接“地”端子。读取万用表显示数值。+12 V 板用电源限度为：（+12±0.2）V，超标时调整。

（8）测量 −12 V 板用电源：红表笔接电源箱信号电源板上“−12 V”端子，黑表笔接“地”端子。读取万用表显示数值。−12 V 板用电源限度为：（−12±0.2）V，超标时调整。

（9）测量 5 V 逻辑电源：红表笔接电源箱逻辑电源板上“VCC”端子，黑表笔接“地”端子。读取万用表显示数值。5 V 逻辑电源限度为：（+5+0.2）V，超标时调整。

（10）测量 5 V 校零电源：红表笔接电源箱逻辑电源板上“校 5 V”端子，黑表笔接“校地”端子。读取万用表显示数值。5 V 校零电源限度为：（+5±0.1）V，超标时调整。

3. 整理台账

将所有测量电压指标记录到台账上。

【任务自检】

1. 简述 THDS 红外轴温探测系统的基本构成。
2. 探测站的室外设备有哪些？室内设备有哪些？
3. 简述 THDS 系统的车轮传感器的布局及功能。
4. THDS 探测站设备发生应急故障时，该如何处理？
5. 正确描述 THDS-A 系统探测站的工作流程。
6. 探测站上线前准备及作业要求是什么？

任务二　THDS 系统运用与管理

【任务描述】

（1）掌握 THDS 系统的预报职责和运用标准；
（2）掌握 THDS 系统热轴预报及处理程序；
（3）具备 THDS 系统运用与管理的基本能力。

【背景知识】

THDS 运用管理是指对铁路列车热轴预报相关工作,规定车辆轴温智能探测系统(THDS)运用标准、预报流程、热轴处置、工作标准和责任界定等程序。

各级铁路货车、客车运用主管部门负责对 THDS 运用质量进行评价，制定 THDS 运用和处置标准，对红外线调度员（值班员）进行业务指导和技术培训，对 THDS 进行运用验收，对 THDS 运用责任进行界定等工作。在集团公司调度所设置车辆运行安全监测站，配备红外线调度员，简称红调；在列检作业场设置列检复示站，配备红外线值班员。

一、预报职责

（1）车辆红外线调度员负责全线 THDS 探测站微热级热轴报警的跟踪监测；负责全线 THDS 探测站强、激热级热轴和“客车疑似抱闸”信息的预报。

（2）货车运用部门列检复示站 THDS 值班员负责本站探测的到达作业中热轴预报和温升最大值预报。遇强热、激热预报时，应立即向车辆红外线调度员报告，由机辆部（车辆）红外线监测中心调度员分析后按相关规定处理。

二、运用标准

（1）THDS 热轴预报标准分为微热、强热、激热 3 级。热轴预报标准规定为：

① 红外线调度员热轴预报标准。

货物列车：微热（含货车疑似抱闸微热）跟踪，强热（含货车疑似抱闸强热）最近前方站停车，激热（含货车疑似抱闸激热）立即停车；当 THDS 探测站发生微热报警时，前方或后方任一探测站因故障不能正常探测时，在本站按强热预报。

旅客列车：微热跟踪，强热最近前方站停车，激热和“客车疑似抱闸”立即停车。

② 货车运用车间列检复示站热轴预报标准。

到达作业的列车：微热及以上预报；最大值预报。

③ 热轴联控。

当货车运用车间列检复示站探测的到达作业的货物列车发生强热、激热预报，以及旅客列车发生热轴（含疑似抱闸）报警时，列检复示站 THDS 值班员须使用录音电话与车辆监测中心红外线调度员联控。

（2）机辆部（车辆）监测中心红外线调度员和列检所 THDS 值班员均要依据预报标准对照热轴报文、波形进行分析，按热轴等级和规定的预报内容进行热轴预报。热轴预报主要内容：探测时间、探测站名称、运行方向、列车编组、热轴车位、车号、左/右侧、轴位、热轴等级等。

（3）列检复示站 THDS 值班员对本站探测的到达作业货物列车遇到下列情况无法预报时，须立即通知现场列检人员进行人工轴温检查：

① THDS 发生临时故障时。

② THDS 受到干扰出现异常时。

③ 列车在 THDS 探测站调速或停车影响探测时。

④ 因停电、维修、线路施工及其他因素等造成 THDS 无法探测时。

三、预报流程

1. 车辆监测中心红外线调度员热轴预报流程

1）货车强热预报流程

车辆监测中心红外线调度员（以下简称红外线调度员）接到货物列车强热报警时，首先对热轴报文、波形进行分析，确认无误后，要将热轴信息传至相应的行调复示终端进行预报，列车调度员须根据复示终端的报警显示按键进行确认。红外线调度员再使用录音电话将热轴预报内容通知列车调度员，由列车调度员确定车次，及时安排停车、甩车，强热预报应在 90 s 以内完成。

2）货车激热预报流程

红外线调度员接到货物列车激热报警时，热轴信息直接传至行调复示终端，若确认属正常热轴报警时，红外线调度员应立即使用直通录音电话将热轴预报内容通知列车调度员，由列车调度员确定车次，及时安排停车、甩车；激热预报应在 60 s 以内完成。若确认属设备误报热轴时，应立即使用直通录音电话通知列车调度员不作预报。

正常热轴预报后，红外线调度员须在 60 min 内填写《红外线热轴预报通知书》，并送达列车调度员，双方签字确认。红外线调度员还应及时将热轴预报的情况通知车辆调度，车辆调度安排有关车辆维修人员处理热轴车辆。

3）客车强热预报流程

车辆红外线调度员接到旅客列车强热和“客车疑似抱闸”报警时，首先对热轴报文、波形进行分析，确认无误后，要将热轴信息传至相应的行调复示终端进行预报，列车调度员须根据复示终端的报警显示按键进行确认，车辆红外线调度员再使用录音电话将热轴预报内容通知列车调度员，同时列车调度员按规定安排停车检查。

4）客车激热预报流程

红外线调度员接到旅客列车激热报警时，热轴信息直接传至行调复示终端，若确认属正常热轴报警时，红外线调度员应立即使用录音电话将热轴预报内容通知列车调度员，同时列车调度员按规定安排停车检查。若确认属设备误报热轴时，应立即使用录音电话通知列车调度员不作预报。激热和“客车疑似抱闸”预报应在 60 s 以内完成，强热预报应在 90 s 以内完成。

热轴预报后，红外线调度员须在 60 min 内填写《红外线热轴预报通知书》，并送达列车调度员，双方签字确认。红外线调度员还应及时将热轴预报的情况通知车辆调度员。

2. 列检复示站 THDS 动态检车员热轴预报流程

（1）列检复示站 THDS 值班员对达到预报标准的热轴报警信息和最大值报警信息，应做好相应记录，同时须及时搜集现场检查处理结果信息。

（2）当列检复示站探测的到达作业的货物列车发生强热、激热预报，以及旅客列车发生热轴（含疑似抱闸）报警时，列检复示站 THDS 值班员须立即电话通知车辆红外线调度员，由红外线调度员按规定处理。

3-3　THDS 热轴预报及处置流程

四、热轴处置

（一）货物列车热轴预报后的处置

1. 强热处置流程

列车调度员接到强热预报后，须立即安排列车在最近前方站侧线停车并通知机车乘务员；机车乘务员采用常用制动停车。前方停车车站有列检作业场的，由列检人员检查、确认、处理；无列检作业场的，由车站安排将该车从列车中摘下，按规定通知机辆部（车辆）派员前往检查处理。

2. 激热处置流程

列车调度员接到激热预报后，须立即呼叫机车乘务员就地停车；机车乘务员接到列车调度员的口头停车命令后，采用常用制动停车。

（1）列车在区间停车时，由车辆乘务员负责检查、判断和处置，无车辆乘务员的由机车乘务员判断处置，确认能否继续安全运行。机车乘务员按规定对激热报警信息准确确定激热货车编组位置和轴位，并对轴承外观和车轮状态进行检查。当检查确认轴承外观和车轮状态无异状，可以继续运行时，应及时报告车站值班员并转报列车调度员，由列车调度员发布调度命令，限速不超过 25 km/h 就近运行到前方车站或限速不超过 15 km/h 退行至后方车站。当检查发现轴承变色（变蓝或变红）、冒烟、外圈破损或变形、前盖丢失或变形、外圈存在新圆周磨痕、密封罩脱出，以及存在严重抱闸等异状时，及时报告车站值班员并转报列车调度员，启动区间激热拦停应急处理预案。

对激热报警，可限速不超过 25 km/h 就近运行到前方车站或限速不超过 15 km/h 退行至后方车站的列车，调度员安排车站将热轴车从列车中摘下时，仍须按上述限速要求进行调车作业，即调车牵引运行不超过 25 km/h，推进运行不超过 15 km/h，并在调车作业通知单中注明限速条件。

（2）列车在站内停车时，停车车站有列检作业场的，由列检人员检查、确认、处理；无列检作业场的，由车站安排将该车从列车中摘下，按规定通知机辆部（车辆）派员前往检查处理。

3. 热轴故障信息反馈

对无列检作业场的车站摘下的热轴铁路货车，列检人员应在规定的时间内到达甩车车站进行热轴故障检查和图像采集，并将检查结果报车辆调度员。车辆调度员接到信息后同时通知红外线调度员。红外线调度员须在发生时刻起 24 h 内将最近预报探测站设备进行标定检查，并将检查结果反馈车辆调度员。

对有列检作业场的车站摘下的热轴铁路货车，列检作业场应及时进行热轴故障检查和图像采集，并将检查结果报车辆调度员，车辆调度员接到信息后同时通知红外线调度员。红外线调度员须在发生时刻起 24 h 内将最近预报探测站设备进行标定检查，并将检查结果反馈车辆调度员。

4. 热轴跟踪处理流程

THDS 预报热轴经转动检查确认可以安全运行的，车辆调度员须通知红外线调度员，由红外线调度员对放行的 THDS 预报热轴货车跟踪 3 个探测站，在 3 个探测站内发生微热级热轴预报时，按强热预报拦停甩车换轮；跟踪时发生激热或强热预报时，按热轴预报规定处理。

5. 确认结果

列检所检车员接到 THDS 值班员热轴预报后，应立即现场进行检查确认，并及时向 THDS 值班员反馈检查确认结果，双方做好《红外线热轴预报通知书》相应内容记录。

（二）旅客列车热轴预报后的处置

1. 强热处置流程

列车调度员接到强热预报后，须立即安排列车在最近前方站停车，并将热轴信息通知机车乘务员（或通知车站值班员，由车站值班员通知机车乘务员）；机车乘务员采用常用制动停车，并将热轴信息转告车辆乘务员。车辆乘务员须对预报的强热轴承进行确认、处理，将处理情况经机车乘务员反馈列车调度员（或通过车站值班员反馈列车调度员），列车调度员反馈红外线调度员。

2. “客车疑似抱闸”处置流程

列车调度员接到“客车疑似抱闸”预报后，须立即通知机车乘务员（或通知车站值班员，由车站值班员通知机车乘务员），机车乘务员要采用常用制动立即停车，并将预报信息转告车辆乘务员。列车停车后，车辆乘务员须对预报车辆的闸瓦或踏面清扫器及车轮状态进行检查，对本辆所有轴箱均进行点温检查，并通过列车制动机简略试验确认本辆客车的制动、缓解状态，按规定进行处理后，将处理情况经机车乘务员反馈列车调度员（或通过车站值班员反馈列车调度员），列车调度员反馈红外线调度员。

3. 激热处置流程

列车调度员接到旅客列车激热预报，须立即通知机车乘务员（或通知车站值班员，由车站值班员通知机车乘务员），机车乘务员要采用常用制动立即停车，并将热轴信息转告车辆乘务员，由车辆乘务员对 THDS 预报的激热轴承进行确认、处理，将处理情况经机车乘务员反馈列车调度员（或通过车站值班员反馈列车调度员），列车调度员反馈红外线调度员。

当 THDS 探测不到列车车次时，由列车调度员确定；当 THDS 探测不到车型车号时，由机车乘务员根据机后辆序，核对货票，确定货车车号。

五、工作标准及热轴预报标准用语

（一）工作标准

1. 交接班工作标准

红外线调度员交接班时，接班人员应首先确认设备运转是否良好；交班人员应提前将设备擦拭干净并整理好环境卫生，认真填好《THDS 设备运行记录簿》和《THDS 设备故障记录簿》，并对接班人员详细说明本班设备运转、预报和跟踪情况。

2. 典型故障工作标准

有典型热轴故障时，红外线调度员必须填写《车辆典型热轴故障信息记录簿》。探测数据定期备份，长期保存。

3. 拦停工作标准

当THDS预报拦停时，红外线调度员须及时分析预报信息并组织维修人员对THDS设备进行检查标定。列检作业场在故障处理完后6 h内将处理结果及时反馈给车辆调度员，同时车辆调度员反馈红外线调度员；甩车换轮的，车辆运用部门要在热轴铁路货车摘下之日起，10日内将轴承分解图片和原因分析报运营公司机辆部。

4. 热轴轴承分解工作标准

热轴轴承分解时，由机辆部主管领导组织有关运用主任、轮轴专职、安全专职、5T运用专职等相关人员参加分析，形成《THDS热轴轴承故障诊断分析报告》逐级上报，并妥善保存轴承故障损品。

（二）红外线调度员向列车调度员预报热轴的标准用语

1. 货物列车热轴预报标准用语

1）强热预报

红外线调度员：××铁路列车调度员，我是红外线调度员×××，现在是×时×分，向您预报热轴。×时×分通过××站××方向一列货车，编组××辆，机后××位，运行方向左（右）侧第×位轴发生强热，请安排最近前方站停车。完毕！

列车调度员：红外线调度员，我是列车调度员××，×次最近前方站停车，明白！

2）激热预报

红外线调度员：××铁路列车调度员，我是红外线调度员×××，现在是×时×分，向您预报热轴。×时×分通过××站××方向一列货车，编组××辆，机后××位，运行方向左（右）侧第×位轴发生激热，请安排立即停车。完毕！

列车调度员：红外线调度员，我是列车调度员××，×次立即停车，明白！

2. 旅客列车热轴预报标准用语

1）强热预报

红外线调度员：××铁路列车调度员，我是红外线调度员×××，现在是×时×分，向您预报热轴。×时×分通过××站××方向一列客车，编组××辆，机后××位，运行方向左（右）侧第×位轴发生强热，请安排最近前方站停车。完毕！

列车调度员：红外线调度员，我是列车调度员×××，×次最近前方站停车，明白！

2）“客车疑似抱闸”预报

红外线调度员：××铁路列车调度员，我是红外线调度员×××，现在是×时×分，向您预报“客车疑似抱闸”。×时×分通过××站××方向一列客车，编组××辆，机后××位，运行方向左（右）侧第×位轴发生“客车疑似抱闸”，请安排立即停车。完毕！

列车调度员：红外线调度员，我是列车调度员×××，×次立即停车，明白！

3）激热预报

红外线调度员：××铁路列车调度员，我是红外线调度员×××，现在是×时×分，向您预报热轴。×时×分通过××站××方向一列客车，编组××辆，机后××位，运行方向左（右）侧第×位轴发生激热，请安排立即停车。完毕！

列车调度员：红外线调度员，我是××台调度员×××，×次立即停车，明白！

（三）THDS 运用台账设置及填写要求

（1）车辆运行安全中心监测站台账设置：《THDS 设备运行记录簿》《THDS 设备运行故障记录簿》《红外线热轴预报通知书》《车辆典型热轴故障信息记录簿》。

（2）台账填写原则要求：

① 无论是故障记录、热轴预报、信息反馈、记事说明等，所有台账记录的相关内容必须保持一致，不允许出现相互抵触的情况。

② 凡当班中没有进行完的工作，以及其他必须说明的问题，须在交班时向接班人员说明，并在相应的台账中加以记录。

③ 所有需要文字说明的栏目，在表达内容准确的基础上，文字填写尽可能做到简明扼要和规范。

④ 错填的可以用红笔画杠后另行重填，严禁随意涂改和销毁，自动生成的台账记录严禁随意修改和删除数据库记录。

⑤ 填写单位的名称必须是全称，不得简化。

⑥ 时间一律按 24 h 填写，小时、分钟一律填写二位数，如 08：30、00：08。

【任务实施】

一、THDS 复示站值班员岗位作业（康拓型）

作业地点：车辆段监控中心 THDS 复示站。

适用范围：车辆段监控中心康拓型 THDS 复示站值班员一班作业。

1. 作业内容

THDS 段监控中心设备点检；复示站、探测站设备运行状态实时监控，设备运行状态检查确认，发现设备异常或故障及时通知、协调相关维修人员处理；接收并记录各种检修及上线作业情况；对预报热轴拦停列车设备，通知相关运用车间进行调查并收集上报相关信息；动态检测期间，收集检测车数据、成绩信息，组织鉴定动检非优设备并收集上报相关信息；值班期间管内 THDS 设备施工及配合施工信息收集、记录和反馈

2. 作业流程

作业流程如图 3-22 所示。

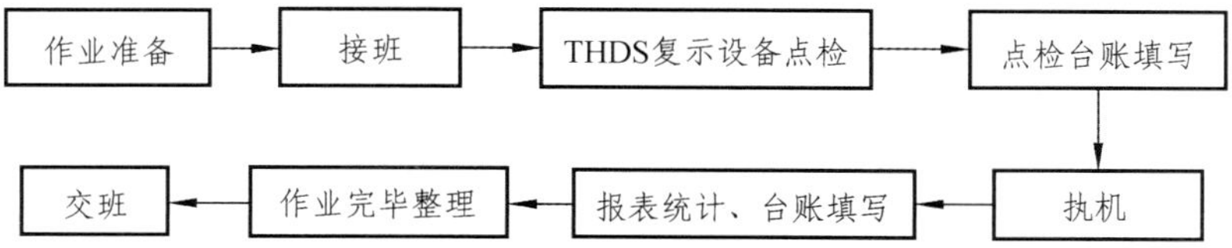

图 3-22　作业流程

二、作业程序及标准

1. 作业前准备

（1）车辆段监控中心 THDS 复示站值班员在班前应充分休息，不得饮酒，确保精力充沛，精神状态良好。

（2）接班段 THDS 复示站值班员参加班前点名会，听取上级文件、命令传达，听取值班干部（或工长）布置当日主要工作任务，了解管内设备施工、停电、动态检测、专列通过、停止作业等情况，掌握工作重点。

2. 接　班

（1）接班值班员提前 10 min 到达车辆段 THDS 复示站，整理着装，穿路服或段配发的工装，携带有效上岗证件。

（2）交、接班人员应共同观察设备工作状态正常。

（3）交接班人员共同检查台账（包括电子台账），应填写及时齐全、台账余量足够。

（4）交班人员向接班人员详细说明管内红外设备运行情况，包括未恢复的设备故障、热轴预报、各类电报、通知、文件等信息的处理、反馈情况等，说明本班未完成需移交到下一班的工作及其他重点注意事项等内容。

（5）交接班人员置换《铁路岗位培训合格证》。

3. THDS 复示设备点检

（1）值班员向上班值班员了解复示设备运行情况，应运行正常，不正常时通知 5T 检测车间维修工进行处理。值班员将设备运行情况记录到《5T 联网系统设备点检记录簿》上。

（2）检查复示站终端设备。

① 值班员检查设备运行状态：直观检查复示站主机外观整洁；风扇运转正常、无积尘、无异响；指示灯无异常显示及报警。异常时通知 5T 检测车间维修工进行处理。

② 值班员检查外设：鼠标、键盘工作正常；显示器显示正常。打印机字迹清晰，走纸正常，如图 3-23 所示。异常时通知 5T 检测车间维修工进行处理。

③ 值班员对语音记录仪进行测试，能正常录音和播放，如图 3-24 所示。异常时通知 5T 检测车间维修工进行处理。

④ 值班员用鼠标双击桌面上的“我的电脑”，查看各磁盘可用空间均大于总大小的 20%，异常时通知 5T 检测车间维修工进行处理。

⑤ 值班员查看网络通信状态，网络连接正常，未提示复示站通信中断故障信息。通信中断时通知 5T 检测车间维修工进行处理。

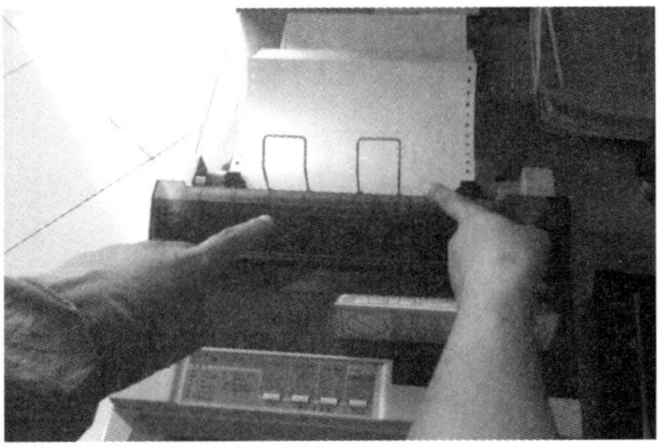

图 3-23　外接设备检查

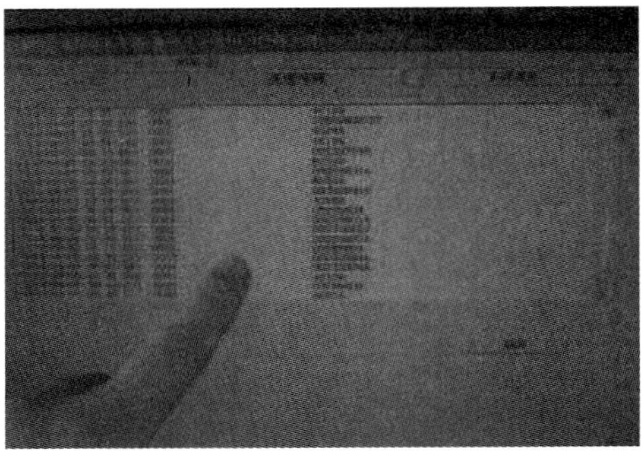

图 3-24　语音记录仪测试

⑥ 值班员检查复示设备系统工作正常，使用 Mcafee 防病毒软件，右键单击任务栏通知区域 Mcafee 图标，在弹出菜单内点击属性，查看病毒库日期，如图 3-25 所示，应距当日不超过 10 天，超过时通知工长检查病毒库，有更新时进行更新。

⑦ 值班员将复示站终端设备检查情况记录到《5T 联网系统设备点检记录簿》上。

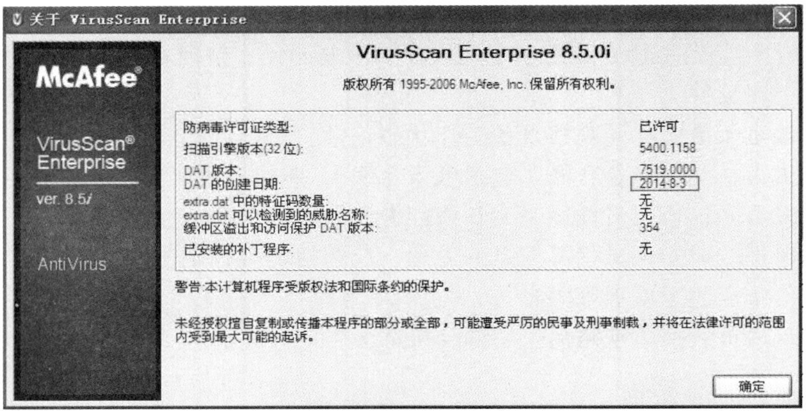

图 3-25　查看病毒库日期

（3）检查应用软件状态。

① 值班员直观检查复示站程序可以正常打开运行，运行期间无错误提示。出现错误时通知 5T 检测车间维修工进行处理。

② 值班员查看软件版本号，是否有改变。有变化时通知 5T 检测车间维修工进行处理。

③ 值班员将检查结果记录到《5T 联网系统设备点检记录簿》上。

（4）报文分析。

① 值班员点击复示站程序主界面上方的“最近过车”按钮，弹出“最近过车数据浏览”窗口，如图 3-26 所示，在窗口左侧点击探测站名，右侧显示最近该探测站列车报文，双击列车报文，弹出“过车数据浏览”窗口，右侧上部显示全列温升，下部显示全列波形。对每个探测站当前列车数据中的波形进行分析，如图 3-27 所示，检查波形是否正常，不正常时转“6. 故障及异常处理”。

② 值班员在“过车数据浏览”窗口中点击右侧下部“轴距”按钮，打开轴距表，如图 3-28 所示，轴距表标准为：货车：（170 ± 10）cm；客车：（240 ± 10）cm；25T 客车：（250 ± 10）cm；

动车：（260±10）cm。点击右侧下部“全列轴温”按钮，右侧上部显示全列车辆、车号、温升信息，如图3-29所示，检查无特种车，轴距超标或车辆表中有特种车时转“6. 故障及异常处理”。

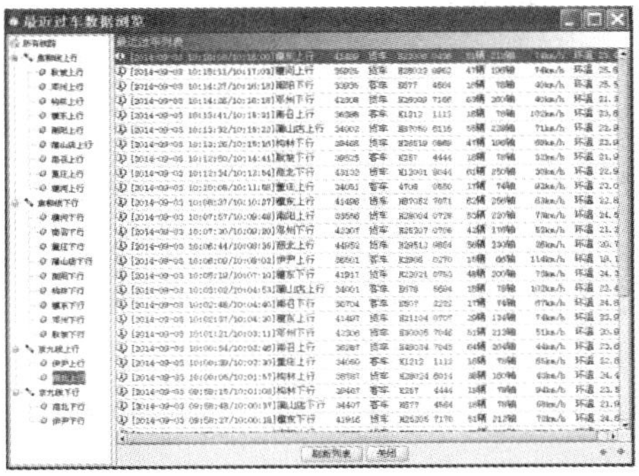

图3-26 “最近过车数据浏览”窗口

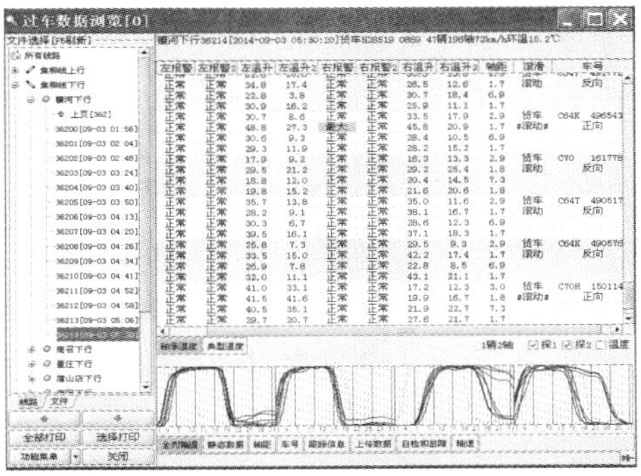

图3-27 列车数据波形分析

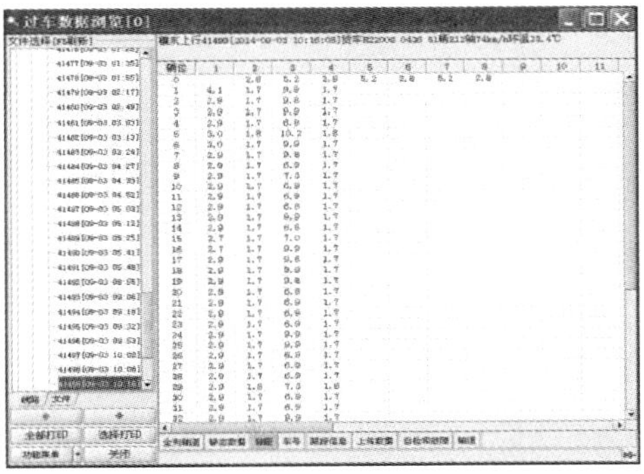

图3-28 轴距表

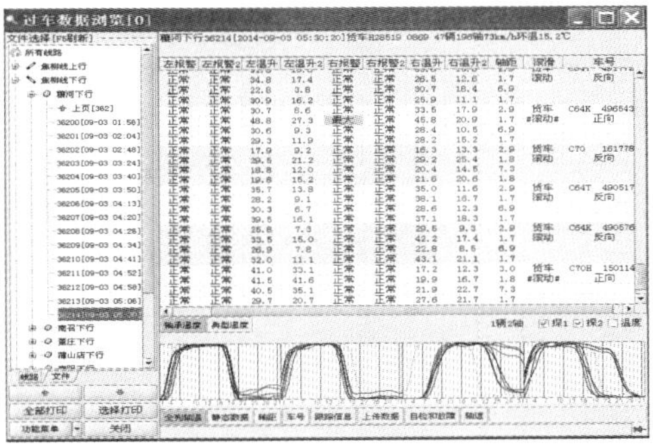

图3-29 全列轴温、车号、温升信息

③ 值班员在“过车数据浏览”窗口中点击右侧下部“静态数据”按钮，如图3-30所示。查看1#、2#、3#、4#磁钢计数正常，盘、板温正常。点击“自检和故障”按钮，如图3-31所示，查看探测站各项自检信息是否正常，是否有故障信息。有异常、故障信息时转“6. 故障及异常处理”。

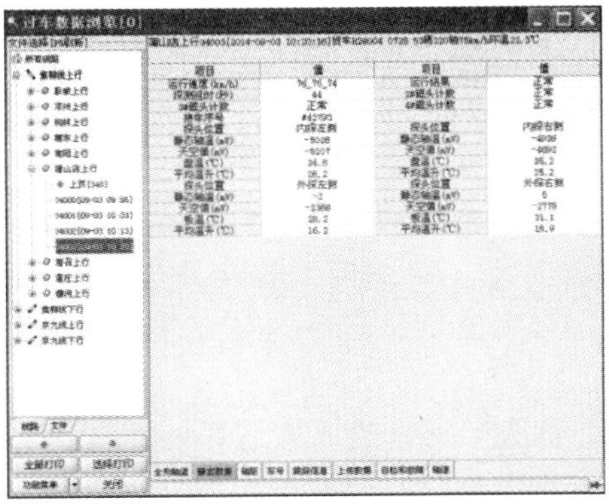

图3-30 查看磁钢计数、盘、板温

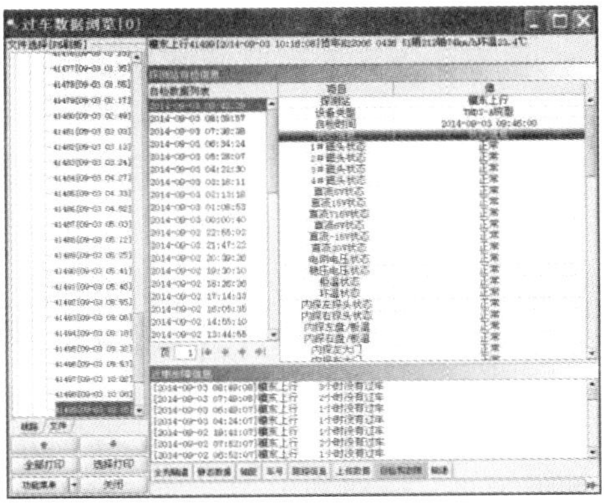

图3-31 自检和故障信息

④ 值班员将报文分析情况记录到《5T 联网系统设备点检记录簿》上。

4. 监控设备状态

（1）实时监控。

① 在“标准红外线中心软件 SIC”（简称 THDS 复示站主界面）界面值机作业。主界面上部的“网络图”实时监控设备状态和通道状态；下部左侧通过标签切换可分别显示“全部信息、列车信息、热轴信息、异常信息、一般信息”，可以直观地掌握较近时间内各探测站的过车、热轴预报及故障情况。下部右侧显示当前列车的典型波形。值机作业中不得人为退出或关闭 THDS 红外线轴温监测系统，如图 3-32 所示。

a. 设备状态：图标代表各探测站、“路局前置机”等设备。

b. 通道状态：探测站图标的颜色代表状态，白色代表通道处于正常通信状态，红色叉则代表通道通信中断。

c. 在岗确认：系统每半小时自动弹出“值班员在岗确认”提示框，值班员须在 300 s 内，使用鼠标左键单击“确认”按钮，进行在岗信息确认，如图 3-33 所示。

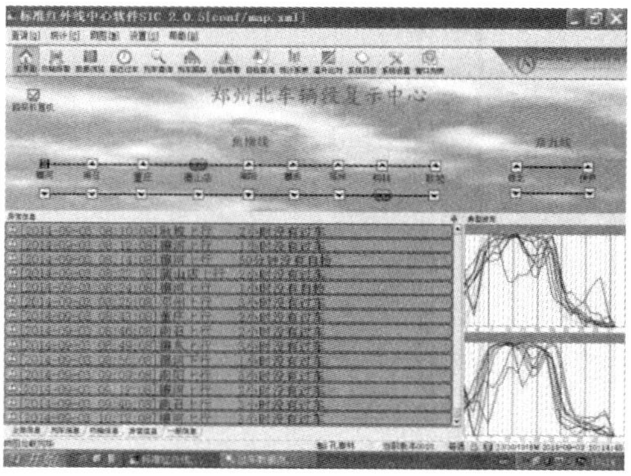

图 3-32 THDS 复示站主界面

图 3-33 值班员在岗确认

② 值班员实时监控过程中，系统提示故障报警时，立即查看故障设备自检信息、列车报文、网络通信情况，转“6. 故障及异常处理”。

（2）大列跟踪。

① 值班员查询和跟踪所复示线路上行一列直通货车列车进入管区第一个探测站至编组站探测信息（如当班时间内无达到条件的列车，可跟踪多列货物列车，覆盖线路上每一个探测站）。用“（4）报文分析”方法调阅该区段各探测站通过该列车的报文数据，点击右侧下方“跟踪信息”按钮，如图 3-34 所示，从中核实各探测站的编组辆数、轴数一致，对轴距、均值、环温、最大值和波形进行分析对比，发现异常情况转“6. 故障及异常处理”。调阅的同时将时间、编组、环温、轴距、均值、板（盘）温、最大值信息记录到《红外线轴温监测中心大列跟踪记录簿》上。

② 同样方法查询和跟踪所复示线路下行一列直通货车列车进入管区第一个探测站至编组站探测信息，并将数据记录到《红外线轴温监测中心大列跟踪记录簿》上。

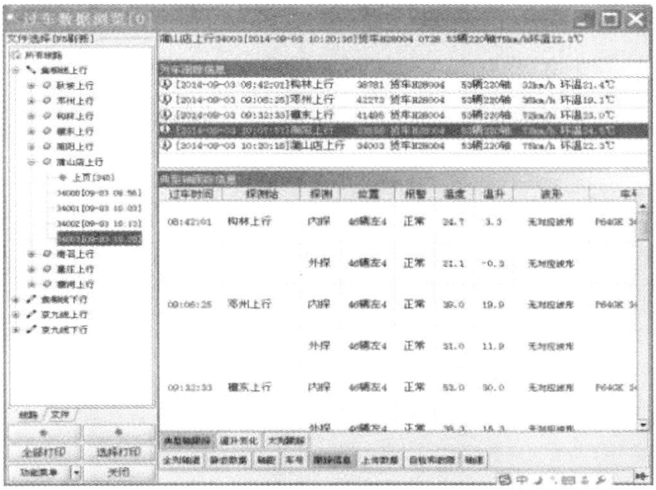

图 3-34　信息跟踪

（3）设备状态确认。

① 值班员每 2 h 对管内红外线探测设备各个方向的接车数据调阅一次，查看以下内容是否正常：大列轴温数据、自检信息、热轴报警、左右侧均值、车辆表、轴距表、板盘环温信息、典型波形、车号信息等，调阅时将列车通过时间、编组、尾部车辆温升、最大值温度及轴位信息记录到《××车辆段红外探测站设备状态确认记录簿》上。

② 值班员调阅报文发现上述信息异常时，转“6. 故障及异常处理”。

5. 接收检修信息

（1）值班员对当天复示范围内 THDS 设备施工和维修作业计划、作业进度、安全防护措施、盯控干部到岗离岗情况实时掌握。值班员接到管内各 THDS 探测站维修工打来电话，汇报设备日常检修维护、故障处理、大小修，或设备更新安装、施工配合等检修信息时，须警示作业人员必须严格遵守上线作业相关安全规定，与现场进行安全联控，提醒作业人员对设备做检修标记，如图 3-35 所示。

图 3-35　值班员工作现场

（2）值班员对正在检修设备所预报的各类故障及异常要进行分析，及时通知现场作业人员，确认是设备故障时，转“6. 故障及异常处理”。

（3）值班员将维修工汇报的检修作业的日期、探测站名、方向、作业内容、开始时间、结束时间、检修人、现场防护员、驻站联络员等信息记录到《5T 及 AEI 设备维修记录簿》上。

6. 故障及异常处理

（1）值班员在实时监测、大列跟踪、设备状态确认作业中，发现设备发生通信中断、报告自检信息、异常报警、设备车辆标签及编组识别错误及其他异常信息时，如图 3-36 所示，要立即用录音电话通知设备所属车间 5T 值班员，要求相关车间按规定对设备进行抢修检查和处理。及时调阅该探测站及其相邻探测站前后过车数据各不少于 10 列进行分析、比对，及时判断故障原因，为现场维修人员快速处理故障提供信息保障。同时通知 5T 检测车间主任（值班干部）、5T 检测车间值班维修工、信息技术科值班专职，并适时询问故障处理维修工现场设备故障处理进展情况。将设备名称、故障现象、发生时间、通知时间、人员等信息记录到《××车辆段 5T、AEI 系统故障记录簿》上。

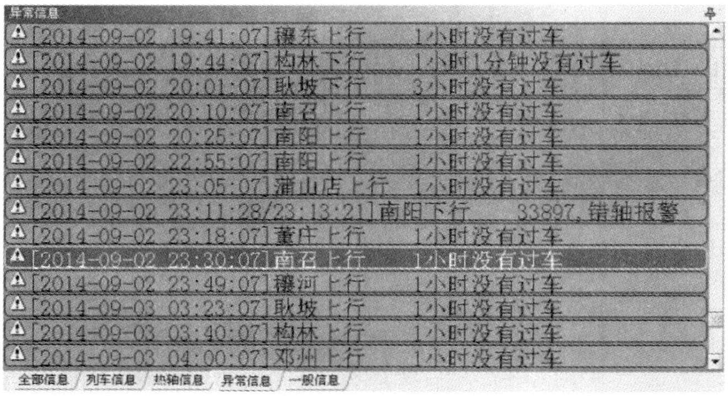

图 3-36 故障及异常信息

（2）值班员在故障停时达 1 h 时通知信息技术科 THDS 专职。接到维修人员的技术支持请求后或故障停时达 2 h 时，通知信息技术科科长、5T 检测车间主任、值班维修工和主管段长启动二级故障抢修预案，正常上班时间通知 5T 检测车间主任派遣抢修车辆，其他时间通知段安全生产指挥中心值班调度派遣抢修车辆；通知局 5T 调度员。同时将通知时间记录到《××车辆段 5T、AEI 系统故障记录簿》上。故障停时达到 3 h 时，通知信息技术科值班专职准备起草停机电报。

（3）接到设备故障处理人员报告故障涉及通信、供电等其他部门时，值班员要立即向铁路局集团公司监测站调度员汇报，并将故障情况通知涉及的供电段、通信段等单位值班调度进行协调，同时通知 5T 维修人员做好配合工作。

① 通信故障的判断与处理。

值班员用“ping *.*.*.* –t”命令测试探测站及相应网关通信的质量，如图 3-37 所示。按键盘［PrtscSysRq］键将测试结果显示屏图像复制，粘贴到画图板程序内并保存，如图 3-38 所示，留做网络通信故障判定故障依据。故障处理人员到达探测站电话汇报时，将 ping 命令测试情况告知故障处理人员。接到设备故障处理人员确认故障为通信部门原因时，立即用录音电话将故障地点、时间、现象及故障处理人员的判断通知××通信段调度，要求其派人处理。通知情况要记录到《××车辆段 5T、AEI 系统故障记录簿》上。

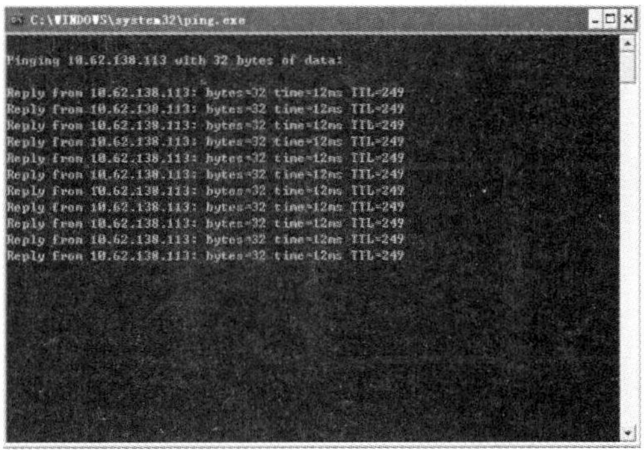

图 3-37　探测站及相应网关通信测试

图 3-38　图像保存

② 供电故障的处理。

值班员接到故障处理人员判断 THDS 设备外部供电故障汇报后，要根据故障探测站与供电段对应关系，立即用录音电话通知××供电段调度，要求其派人处理。通知情况要记录到《××车辆段 5T、AEI 系统故障记录簿》上。

（4）THDS 设备故障处理（设备异常调查处理）完毕后，值班员要与维修人员共同核对不少于 3 列车，报文均正常后方可确认故障排除，通知局 5T 调度员正式启用设备。

（5）故障处理全过程应如实记录在《××车辆段 5T、AEI 系统故障记录簿》中备查，同时填写《5T 及 AEI 设备故障统计簿》。故障处理完毕后，督促运用车间上报《THDS 设备故障分析报告》，核对其中的时间、人员、地点、故障现象、原因等要素信息无误后传信息技术科值班专职、THDS 专职。

7. 施工信息收集及反馈

（1）值班员根据接班点名传达的施工信息，及时记录《××车辆段复示站（中心）施工信息传递反馈记录簿》，并对运用车间施工或配合施工工作的信息进行收集，负责对当日施工及施工配合工作相关信息进行传递和反馈。

（2）施工时对拆除设备的前后探测站设备加强监控，发现异常时转“6. 故障及异常处理”。

8. 动态检测列车信息收集及传递

（1）值班员根据接班点名传达的动态检测列车信息，对动态检测列车重点监控，动态检测车通过所辖探测站后，调阅列车报文，查看基本信息、热轴表、波形表、车辆表、轴距表、自检表、车号表内各数据正常，无故障及异常报警提示，有故障及报警提示时，转“6. 故障及异常处理”。

（2）值班员打开列车报文的全列轴温表，点击上方全列轴温信息栏内的动态检测车所在辆位第 2 轴或第 7 轴，下方显示该探测站内、外探方位角第一峰值与峰峰值，如图 3-39 所示；查看并记录探测站动态检测方位角成绩，应符合规定。

（3）值班员在全列轴温表中，查看并记录检测车模拟轴（3、4、5、6 轴）温度。

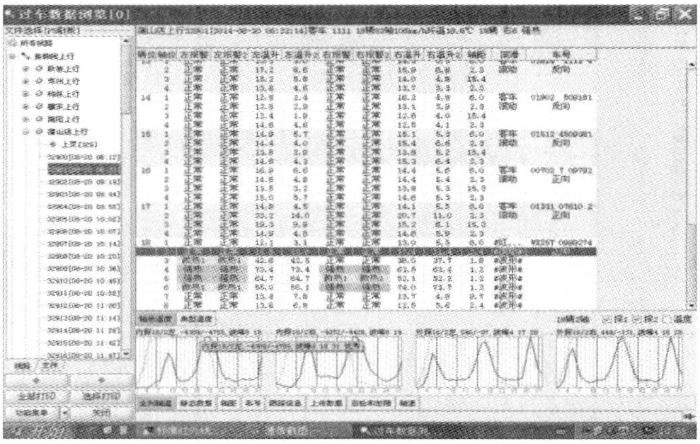

图 3-39　列车轴温表

（4）值班员接到动态检测车上随车人员通知动态检测测温精度、方位角、计轴计辆、轴距、无线传输等成绩为良好时，立即通知相关运用车间；成绩为合格、不合格时立即通知信息技术科值班专职、THDS 专职、5T 检测车间主任。督促运用车间上报《THDS 设备动态检测非优设备分析报告》并进行核对，确认时间、地点、动检成绩、原因等要素信息无误后传信息技术科值班专职、THDS 专职。

（5）检测车开行当日将检测车通过情况记录到《红外线轴温监测中心大列跟踪记录簿》上。

9. 预报热轴拦停列车设备鉴定

（1）值班员接到段值班调度员通知某探测站预报强、激热、微热跃升或连续微热拦停列车时，应立即通知设备所属运用车间 5T 值班员，要求其立即通知车间主任（值班干部），组织人员，按巡检标准对该探测站设备进行鉴定。督促运用车间上报《预报拦停热轴车辆 THDS 设备调查分析报告》及设备巡检鉴定记录。同时将信息通知 5T 检测车间主任（值班干部）、信息技术科值班专职、THDS 专职、主管段长。

（2）值班员发现探测站预报激、强、微热时，应对报文进行全面分析，判断基本信息、热轴波形、轴距表、车辆表、自检信息等是否有异常，有异常时转“6. 故障及异常处理”。打印热轴波形，调阅前方 3 个探测站的信息。

（3）值班员接到运用车间上报的《预报拦停热轴车辆 THDS 设备调查分析报告》后，对时间、探测站名、车次、辆数、热轴辆位、车号、速度、温升等关键信息进行核对，核对无误后报信息技术科值班专职、THDS 专职。

（4）值班员将热轴预报相关信息及现场反馈信息记录到《THDS 铁路货车热轴故障信息记录簿》（电子台账）上。

10. 交　班

（1）调阅所辖探测站上下行最近一列货物列车轴距表、典型波形，确认设备状态应正常。

（2）与局监测站核对 THDS 设备故障情况、热轴预报情况、区间探测数据，应与局监测站一致，不一致时报告信息技术科 THDS 专职。

（3）对本班红外线探测情况进行汇总，夜班值班员填写《红外线轴温探测安全日报》，整理打印机纸带。

（4）对计算机、鼠标、键盘、打印机等设备进行清扫、擦拭。

（5）向接班人员详细说明管内红外设备运行情况，包括未恢复的设备故障、热轴预报、各类电报、通知、文件等信息的处理、反馈情况。

（6）交接班人员共同检查确认打印机状态及打印纸余量、台账（包括电子台账）填写及台账余量、设备及环境卫生整洁。

（7）与接班人员共同确认复示设备工作状态，共同在《THDS值班员交接班记录本》上签字。

（8）交接班人员置换《铁路岗位培训合格证》。

11. 台账填写相关要求

（1）相关台账记录的填写内容必须保持一致，不允许出现任何相互抵触的情况。

（2）凡任何当班中没有进行完的工作，以及其他必须说明的问题，须在交班时向接班人员说明，并在相应的台账中加以记载。

（3）所有有关需要文字说明的栏目，包括备注栏，在表达内容准确的基础上，文字填写尽可能做到简明扼要和规范，禁止草书、连笔。

（4）错填的可以用红笔画杠后另行重填，严禁随意涂改和销毁。（自动生成的台账记录严禁随意修改和删除数据库记录）

（5）时间一律按24 h制填写。

【任务自检】

1. THDS热轴预报标准分为哪几个等级？

2. 简述货车红外线调度员热轴预报标准。

3. THDS复示站值班员台账怎么填写？

4. 简述货车激热预报流程。

5. 值班员在实时监测、大列跟踪、设备状态确认作业中，发现设备发生通信中断、报告自检信息、异常报警、设备车辆标签及编组识别错误及其他异常信息时，该如何处理？

拓展任务　铁路车号自动识别系统

【任务描述】

（1）认知车号自动识别系统的功能；

（2）熟悉AEI-S1型车号自动识别系统的组成、作用及安装要求；

（3）能熟练描述AEI-S1型车号自动识别系统的工作过程。

3-4 认知车号自动识别系统

【背景知识】

铁路车号自动识别系统（简称ATIS系统）实现了铁路运输现代化，提高了铁路运输效率。车号自动识别系统有以下功能：实现车次、车号自动识别，为铁路运输管理提供车次、车号等实时的基础信息；代替人工抄录车号，保证数据真实性、及时性、准确性和连贯性；提高编组站作业效率，减轻了作业人员的劳动强度；提供运输确报信息，实现运输确报现代化管理；能对车辆实时跟踪管理现在车数量管理；现在车分布统计分析；机车、车辆运行跟踪查询。可实现动态管理车辆技术履历信息查询；车辆检修信息统计分析；列检所作业量统计分析。确保行车安全，实现故障车辆准确预报；与红外轴温系统结合，可精确预报热轴车辆的车号和所在列车的车次，准确处理热轴故障；为车辆安全动态监测系统、超偏载系统、平轮探测系统提供准确的车次、车号信息；建立故障车辆档案，实现全路信息共享，进行动态及跟踪管理。

一、铁路车号自动识别系统构成

车号自动识别系统构成网络图如图 3-40 所示。

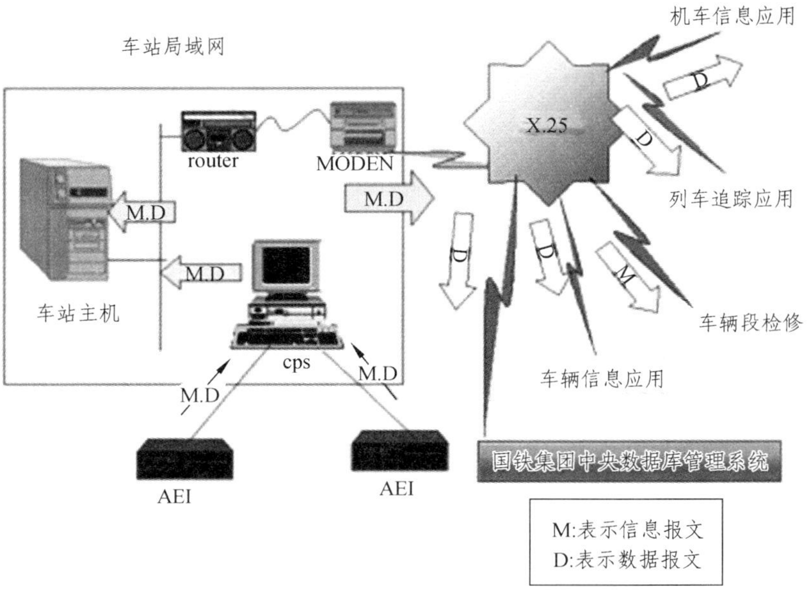

图 3-40　铁路车号系统构成网络图

铁路车号自动识别系统主要由车辆标签、地面 AEI 设备、车站 CPS 系统、列检复式系统、AEI 监控中心设备、标签编程网络、国铁集团车号信息查询中心等部分组成，如图 3-41 和图 3-42 所示。

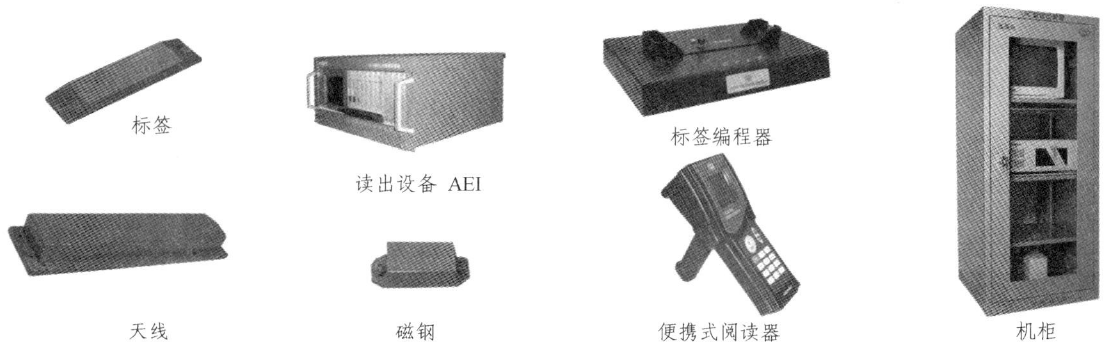

图 3-41　铁路车号自动识别系统的硬件设备

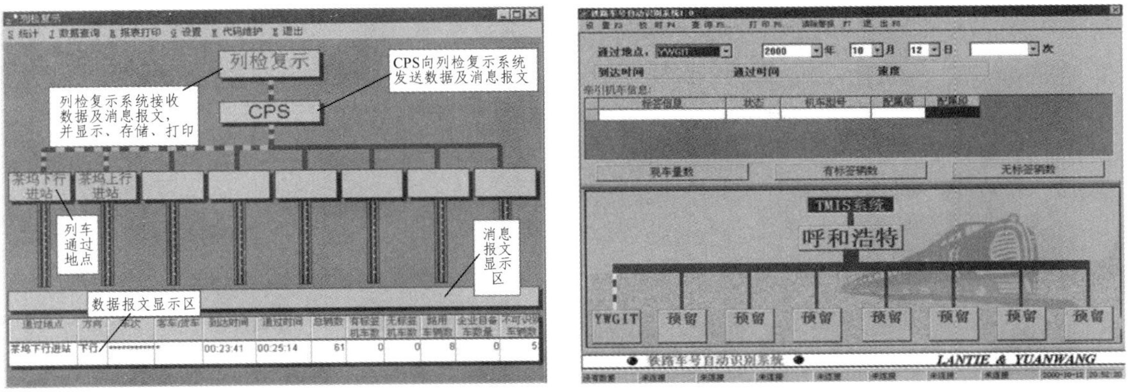

图 3-42　铁路车号自动识别系统软件

1. 车辆标签

车辆标签作为车辆的主要配件，内部存储器中存有车辆标识信息包括：车辆属性码、车种、车型、车号、换长、制造厂及制造年月等信息。标签安装在被识别车辆的底部中梁上，车辆电子标签安装于车体底部。

标签本身是无源的，它是靠地面识别设备发射的微波信号提供能量使其工作。标签设计简单，工作稳定可靠，识别精度高，具有很长使用寿命，并且不需要维护。

2. 地面识别系统（AEI）

地面识别系统由室外的车轮传感器、地面天线和室内的 RF 射频装置、读出主机、电源防雷、信号及通信防雷装置等部分组成。

其中，车轮传感器、天线安装在线路上，地面识别设备安装在铁路干线运行区间、局交界口、编组站出入口，实时准确地完成列车的识别，并将识别出的标签信息及辅助信息通过通信电缆传输至中央处理设备和终端设备。

（1）地面天线：发射微波信号和接收标签反射回来的调制信号。

（2）读出计算机：采集标签信息；测速、计轴、计辆；标签定位；与车站 CPS 设备通信；自检。

（3）RF 射频装置：RF 射频装置是微波发射、接收、解调的装置。

（4）车轮传感器（磁钢）：采集车轮信号。

（5）防雷设备：防雷箱分为电源防雷箱和信号及通信防雷箱。

3. 集中控制管理计算机系统及复示终端设备

该设备由计算机、打印机、通信模块及软件构成。安装于编组站、交界口车站及列检所等场所，完成对列车标签信息的显示功能。提交各个有关部门使用。

4. 信息跟踪查询终端设备

信息跟踪查询终端设备设在分局、路局车辆调度中心，查询车辆跟踪管理信息及车辆的运行区间位置，查询车辆检修状况信息报告、交界口车流统计结果等。

5. 标签编程系统

标签编程器是标签安装前，将车辆信息写入标签内存装置，可在车辆段或车辆工厂进行编程写入，操作数据对用户开放。

6. 国铁集团中央数据库管理系统

国铁集团中央数据库管理系统是全路标签编程站的总指挥部，其把标签编程站申请的每批车号与中央车号数据库进行核对，对重车号则重新分配新车号，再向标签编程站返回批复的车号信息。该系统既集中统一地处理、分配和批复车号信息，同时又是一个信息管理和信息查询中心。

二、铁路车号自动识别系统工作流程

（一）铁路车号自动识别系统工作原理

1. ATIS 系统中的 AEI 设备

铁路车号自动识别系统（简称 ATIS 系统）中地面 AEI 设备是关键设备。它分布面广，工作环境恶劣。系统要求地面 AEI 设备一年 365 天，每天 24 h 工作。在车辆应用中，地面 AEI 设备一般安装在无人值守的路边小房内；在机务应用中，一般安装在机务段的进入闸楼内。

2. ATIS 系统的工作原理

电子标签安装于机车或车辆底部，地面读出装置（AEI 设备）天线则安装于轨枕之间，开机传感器安装于来车方向前方钢轨内侧，地面读出装置主机安装于路边 AEI 设备小房内。

当列车到来时，首先由开机车轮传感器向地面读出装置主机传送一个开机信号，地面读出装置由天线向外发射电磁波，形成一个有效的“阅读区”，如图 3-43 所示；当安装于车体底部的电子标签进入“阅读区”后，收到微波照射信号在其内部建立电源并使电子标签内部电路工作，将所保存的标签数据信息调制到微波信号上反射回地面读出装置。地面读出装置接收到由电子标签反射回来的信号，经数据处理后得到电子标签贮存的车号识别代码信息。同时计轴判辆信息也送入读出装置主机，经处理后获得标签和车辆的对位信息。

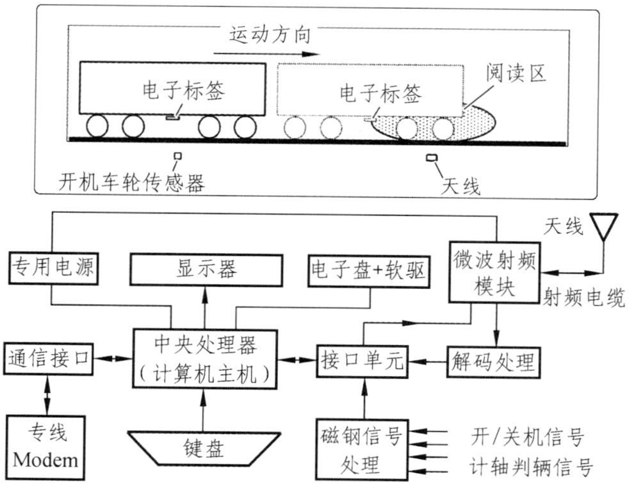

图 3-43　ATIS 系统的工作原理示意图

AEI 主机将收到的数据信息进行处理后，形成发送报文传送到 CPS；CPS 汇总多套 AEI

主机的数据报文及消息报文后，向指定的目标转发（车辆段列检复示系统、分局监控系统、其他 TMIS 网络车号信息查询系统等）。

（二）铁路车号自动识别系统的工作流程

铁路车号自动识别系统信息流程图如图 3-44 所示。

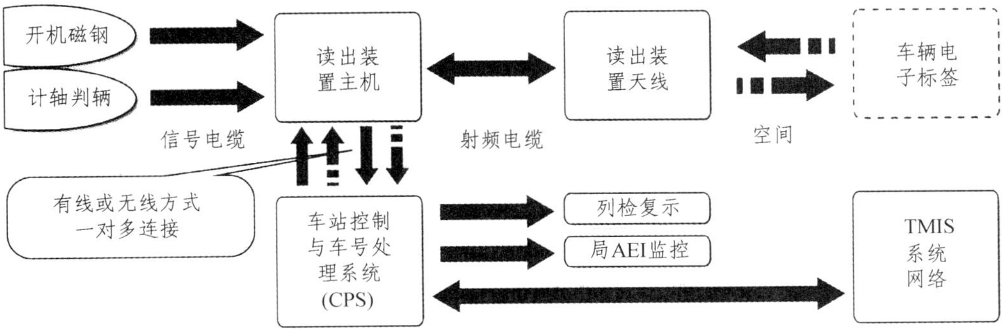

图 3-44 铁路车号自动识别系统信息流程图

典型接车工作状态情况描述：列车到达开机磁钢后，1 号磁钢灯闪烁 6 次，地面 AEI 设备射频模块启动工作，此时经天线辐射出微波射频信号，列车到达天线后，2、3 号磁钢灯交替闪亮，若到达天线的机车或车辆上装有标签，AEI 设备接收到标签信息后，屏幕上显示所接收到的标签信息。列车通过后，地面 AEI 设备自动关闭射频装置，通过调制解调器向 CPS 传送收到的列车过车信息。

（三）铁路车号自动识别系统的扩展应用

铁路车号自动识别系统作为列车车辆职能跟踪装置与铁路运行安全监控预警体系（即“5T”系统）结合，通过智能化、网络化等技术，建立起地面设备对运行车辆的动态检测、数据集中、联网运行、远程监控、信息共享的安全防范预警体系，如图 3-45 所示。

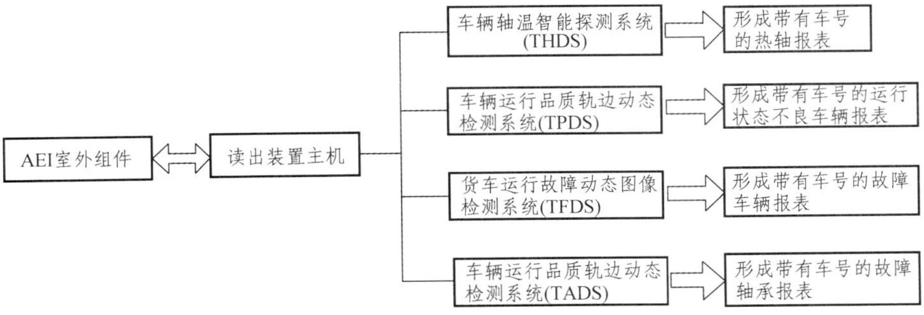

图 3-45 车号自动识别系统与“5T”结合配置方案图

车辆轴温智能探测系统（简称 THDS）配套 XC 型车号自动识别系统可准确及时预报发生热轴车辆的车次、车号信息，避免扣车摘车错误的发生；对未达到预报标准的微热车辆进行准确的热轴跟踪；提高红外轴温探测系统的功效、减轻人员劳动强度；全自动生成热轴与车号数据相对应的报表；实现红外轴温探测系统网络数据的实时查询与共享。

车辆运行品质轨边动态检测系统（简称 TPDS）配套 XC 型车号自动识别系统可准确及

时预报运行状态不良车辆的车次、车号信息；对轴位进行自动定位；对货车运行状态进行准确跟踪并分级评判；监测车辆总重、轮重，识别车辆超载、偏载；全自动生成运行状态与车号数据相对应的报表。

货车运行故障动态图像检测系统（简称 TFDS）配套 XC 型车号自动识别系统可准确及时预报故障车辆的车次、车号信息；判断有故障的车辆的车位；全自动生成故障车辆与车号数据相对应的报表，同时将故障上传至列检复示终端。

车辆滚动轴承故障轨边声学诊断系统（简称 TADS）配套 XC 型车号自动识别系统可准确及时预报故障轴承的车次、车号信息；对轴位进行自动定位；全自动生成故障轴承与车号数据相对应的报表。

三、AEI-S1 型铁路车号自动识别系统

（一）AEI-S1 型车号自动识别系统的构成及工作过程

1. 系统构成

AEI-S1 型车号地面识别设备由天线、车轮传感器（磁钢）、地环（选配）、AEI 主机、前置设备、KVM（键盘、鼠标和显示器）、低速探测装置（选配）、信号防雷单元、温控器（选配）、UPS 电源等部分组成。

其中，车轮传感器、环路线圈和天线等安装在室外线路上，室外设备的结构如图 3-46 所示。

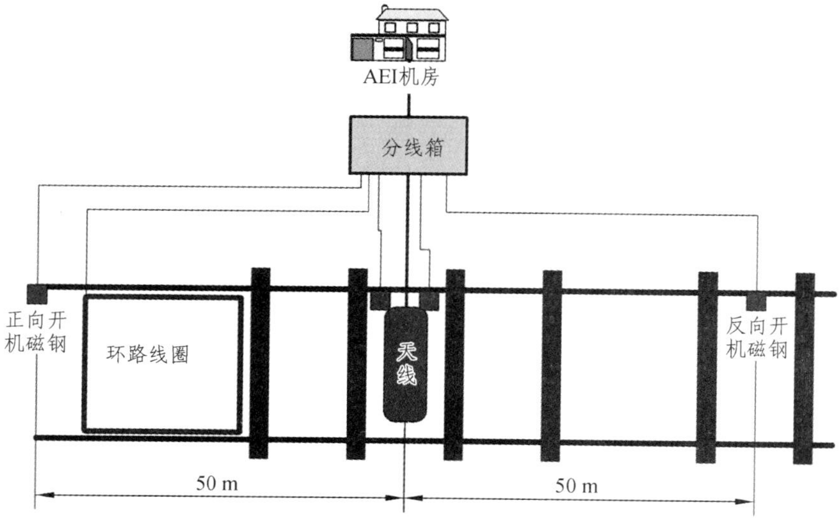

图 3-46　室外设备结构示意图

AEI 主机、前置设备、KVM、低速探测装置、信号防雷单元和温控器（选配）等设备放置在室内的机柜中。RF 射频模块安装在前置设备中。解码卡和磁钢卡安装在工业控制计算机中，组成 AEI 主机，AEI 主机上运行接车程序和报文转发程序等软件。室内设备的结构如图 3-47 所示。

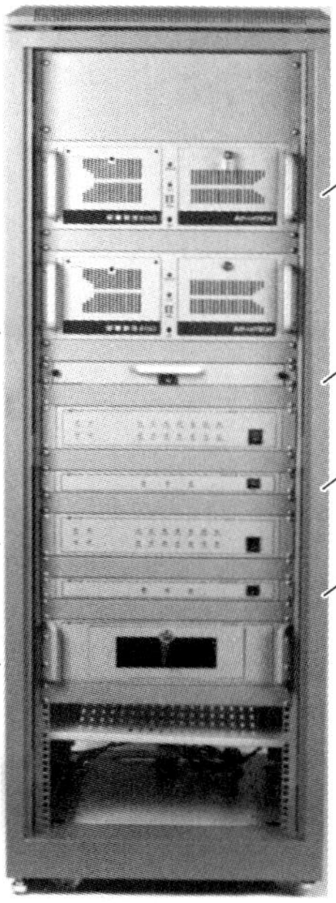

图 3-47　室内设备结构示意图

2. 工作环境要求

（1）工作温度。

室内部分：－25～＋70 °C

室外部分：－40～＋70 °C

（2）工作电源。

AC 220 V（＋15%，－20%），50 Hz

3. 系统工作过程

（1）通信过程。

AEI-S1 型车号地面识别设备与集中管理机程序（CPS）实时保持通信联络，CPS 计算机向 AEI-S1 设备发查询信息，AEI-S1 设备收到后，经过确认是查询本设备，立刻发送应答信息。如果此时 AEI-S1 设备有过车报文、消息报文或自检报文需要传送，则向 CPS 计算机发送相应的报文。

（2）采集过车信息工作流程。

① 检测列车到来。

当列车到来时，首先经过距离天线约 50 m 处的开机磁钢，车轮压过开机磁钢时，开机磁钢信号通过电缆传送到 AEI 主机，AEI 主机内的接车程序判断确定是列车到来时，立刻进入接车状态，进入接车状态时，主要完成以下工作：

a. 启动 RF 射频模块，启动解码卡、天线开始收标签；

b. 将接车处理模块初始化，设置定时器，初始化变量、参数等。

② 接收标签反射的信号、识别标签。

当安装有标签的机车或车辆经过天线作用范围内时，标签依据内存数据对微波信号进行反射调制。天线接收到标签的反射信号后，传送给 AEI 前置单元中的 RF 射频模块，RF 射频模块对已调制的标签信号进行解调、放大等处理后，送给 AEI 主机中的解码卡，进行译码和数据处理。最后形成 16 个字节（128 比特）的标签数据放置到数据缓冲区，从而完成对标签的识别。

③ 计轴判辆、测速、标签定位。

在进行标签数据读取的同时，AEI-S1 设备接车程序通过开、关门磁钢对列车车轮信号进行采集，完成计轴判辆、测速，最后结合标签数据并完成标签定位。

④ 关闭 RF 射频装置停止发射微波信号。

当整列车通过后，AEI-S1 设备接车程序根据车速快慢，控制设备延时时间，关闭 RF 射频模块，停止发射微波信号。

⑤ 形成过车报文并上传至集中管理机（CPS）。

AEI-S1 设备接车程序对过车信息和标签信息进一步进行处理，形成最终包括基本信息、列车轴距信息和标签信息的过车报文，并存储到数据库中保存，方便日后的查询。报文转发软件获取主备机报文，二者进行数据整合分析，得到最优判车结果，放入待发送缓冲区，等待上传。当 CPS 查询该 AEI 设备时，报文转发软件将缓存的过车报文发送给 CPS 进行确认。

⑥ 系统自检。

AEI-S1 设备在每次过车结束后，提供 AEI 设备自检功能，对磁钢性能、射频模块、磁钢电路、射频电路及 UPS 电源进行检测，并形成自检信息存入数据库，方便日后查询。当 CPS 查询该 AEI 设备时，双机热备及 AEI 报文转发软件将自检消息发送至 CPS，设备自检也可以通过手动点击接车服务软件的“设备手动自检”按钮来完成。

⑦ 准备接下一趟列车。

当 AEI-S1 设备完成对过车信息的采集、显示、加入数据库等操作后，该趟列车的采集处理过车过程全部结束，恢复到正常等待接车状态，等待下一趟列车的到来。

（二）AEI-S1 型车号自动识别系统设备安装调试

AEI-S1 型车号地面识别设备包括：室外设备和室内设备。

1. 室外设备

（1）确定天线的安装位置。

天线的安装位置选取应考虑以下条件：

① 建议尽量选取水平直线区段，如不满足也应选取曲线半径不小于 1 000 m 的区段。

② 天线安装地点应尽量靠近设备机房，天线与机房间的同轴电缆长度应小于 30 m。

③ 天线安装地点应尽可能选取在一节钢轨的中间，如因某种原因不能安装在中间，那么安装位置距最近的钢轨接头也应大于 10 m。

（2）确定磁钢的安装位置。

开机、开门和关门磁钢的安装位置应符合以下原则和条件：

① 开、关门磁钢应该和天线安装在同一枕木档，开、关门磁钢的中心线应该和天线中心线在同一直线上。

② 电气化区段磁钢不能安装在回流一侧的钢轨上，并尽量远离接地点。

③ 尽量避开不利的地理位置，防止设备遭受雷击、洪水、塌方等自然灾害的破坏。

④ 开机磁钢的安装位置应该以列车的运行速度来定，具体速度在 80 ~ 100 km/h 时需要装在距离天线 75 m 左右，速度在 60 ~ 80 km/h 时装在距离天线 60 m 左右，速度在 60 km/h 以下时装在距离天线 50 m 处。

⑤ 开门磁钢与关门磁钢的中心距为 270 mm。

（3）确定分线箱的位置。

分线箱位置应选择正对天线、靠近机房一侧，距离钢轨外侧大于 1.2 m，实际距离可根据实际情况而定，高度要符合铁路限界要求。

（4）安装天线。

天线安装在卡在枕木上的夹具上，天线应安装在两根枕木中间，并且距两侧枕木的距离应相同，天线应尽量保持水平。

2. 室内设备

（1）选定机柜安装位置。

机柜尽量放置在机房的中央，四周应留有足够的操作活动空间。

（2）摆放机柜内设备。

机柜内设备自上而下分别为：AEI 主机Ⅰ、AEI 主机Ⅱ、KVM 装置、前置设备Ⅰ、低速探测装置Ⅰ、前置设备Ⅱ、低速探测装置Ⅱ和信号防雷单元等。

注意事项：

- 若系统采用单套设备工作，则不安装 AEI 主机Ⅱ、前置设备Ⅱ和低速探测装置Ⅱ等设备；
- 根据运行环境的温度条件，可选配安装温控器。

3. 设备调试

（1）检查各设备间连线是否松动，避免电缆有虚接现象，检查电源接头是否牢固。

（2）打开 UPS 电源，自上而下打开 AEI 机柜内各设备电源。

（3）观察各设备状态是否正常，有无异常现象。

（4）进入 AEI 主机 Windows XP 操作系统，执行各应用程序。

（5）点击信息采集处理程序界面的“设备手动自检”按钮，查看“UPS 自检信息”“设备一自检信息”和“设备二自检信息”，若各指标正常证明设备状态良好。

（6）点击信息采集处理程序界面的“模拟磁钢造车”按钮，检查设备是否能够正常产生过车信息并处理。

（7）设置系统的工作参数，等待实际过车，并保证过车信息能够及时上传至仿真集中管理计算机（CPS）软件上。

（三）AEI-S1 型车号自动识别系统维护

1. 室外设备维护

（1）磁钢的维护。

① 观察开机、开门和关门磁钢的外观，看外部是否损坏，如损坏严重应立即更换，查看卡具是否有松动的情况。

② 清扫磁钢表面铁屑，调整磁钢的上表面距轨面为 35 mm。

③ 在机房的主机箱后面板配线端子用示波器测量磁钢的噪声，性能良好的磁钢静态噪声 V_{p-p} 应小于 100 mV，磁钢内阻应为 800 ~ 900 Ω（测量时应将磁钢线从信号防雷单元摘下后用万用表测量）。

（2）天线的维护。

① 观察天线的外观，看外部是否损坏，如损坏严重应立即更换，检查固定护板和天线的螺丝是否松动。

② 检查天线和同轴电缆的连接情况，可以通过测量天线的读取范围来实现，将天线通过手动操作打开，把标签放到距天线 1 m 的高度前后移动标签，测量读取距离，正常情况两侧距离均应大于 1.2 m。

2. 室内设备维护

（1）及时升级杀毒软件的病毒库，避免 AEI 主机受病毒侵扰。

（2）查看程序的运行情况。

① 查看“AEI-S1 接车软件”的运行情况：观察程序是否能够正常处理过车信息和设备自检信息。

② 查看“AEI-S1 报文转发程序”的运行情况：观察程序通信是否正常，是否能将各类报文转发给 CPS 程序。

③ 查看“看门狗程序”的运行情况：观察程序当前状态是否正常，查看监控事件间隔是否合理。

④ 查看“远程信息查询程序”的运行情况：在本地计算机打开 Internet Explorer 浏览器，输入该机器的 IP 地址，进入远程信息查询程序，查看各项功能是否正常。

（3）观察 AEI 前置设备状态是否工作正常。

① 4 个电源指示灯正常时为红色常亮。

② 工作状态和综测指示灯为红色闪亮。

③ 在天线打开时，RF 指示和主加载指示灯红色常亮，在收到标签信息时，标签和读写指示灯红色闪亮。

④ 当串口收发数据时，通信收和通信发指示灯红色闪亮。

⑤ 当有磁钢信号产生时，4 个磁钢指示灯红色闪亮。

⑥ 在收到重启 Modem 命令时，MODEM 指示灯红色闪亮。

（4）观察低速探测装置状态是否工作正常。

① 电源开关打开时，电源指示灯红色常亮。

② USB 电缆接入 AEI 主机后，指示灯绿色常亮。

③ USB 端口在数据收发时，数据指示灯绿色闪亮。

（5）查看各电缆的连接是否牢固。

① 查看磁钢电缆连接是否牢固。

② 查看同轴电缆与 AEI 前置设备连接是否牢固。

③ 查看各串口连线是否牢固。

④ 查看通信电缆连接是否牢固。

⑤ 查看电源线连接是否可靠，是否有打火现象。

【任务自检】

1. 简述铁路车号自动识别系统的功能。
2. 说明车号自动识别系统的组成。
3. 描述 AEI-S1 型车号自动识别系统的工作过程。
4. AEI-S1 型车号自动识别系统的天线安装位置有什么要求？

项目四　车辆滚动轴承故障轨旁声学诊断系统（TADS）

【思政课堂】笑对冰雪，直面风霜——王笑冰

王笑冰，男，土家族，中共党员。他从事铁路信号设备维护工作以来，实现了 28 年零违章、零违纪、零事故，曾获全国劳动模范、火车头奖章、铁路工匠等荣誉。

“人要成长，就要勇敢面对困难，笑对冰雪，像磨刀石一样不断打磨自己。”秋日的海南，天高气爽，在海口综合维修段一间教室里，全国劳动模范、“王笑冰工匠创新工作室”负责人、信号工王笑冰说。这句话后，藏着他不断前进的密码。

王笑冰出生于 1976 年冬天，父母期望他能够笑对冰雪，所以取名笑冰。28 年前，王笑冰从学校毕业，回到家乡，在当时的张家界电务段工作。“参加工作的第一天，我就想成为一名业务过硬的信号工。看到自己和老职工的业务差距，我非常焦急，就拿起书本使劲读。”王笑冰对此记忆犹新。

功夫不负有心人，25 岁，他成了段里最年轻的工长之一；32 岁，他成了段里最年轻的高级技师。2011 年，王笑冰在中国铁路广州局集团有限公司职业技能竞赛车站与区间信号机项目中获得全能冠军。2012 年，王笑冰由湘西转战海南。海南环岛高铁新投用的技术装备又成了新的挑战，为此，他从零开始，认真钻研，虚心求教，自学列控、调度集中系统等高铁技术，又一次搬走了拦路石。学习的最终目的在于运用，王笑冰善于总结经验，梳理出检修作业“流程清”、故障处理“一手精”工作法，提炼总结的 ZYJ7 高铁道岔启动故障电机感应小电压法、ZYJ7 高铁道岔混线故障五步法等，在一线得到广泛使用。

2013 年，海口站轨道电压偶有瞬间下降情况。王笑冰第一时间跑到现场，经过仔细检查，他发现只有操作道岔时才会有此情况发生。隐患不能过夜！王笑冰头顶星光，连夜查找隐患。他使用排除法，一组组地操作道岔，终于发现第 3 组道岔有个开口销存有瞬间短路的隐患。

工作中，他思考最多的是设备如何能不出故障、出了故障如何最快修复。为此，他坚持在执行信号设备检修作业标准和提升信号设备故障应急处理能力上双管齐下，勤于动脑、善于思考，形成了独具特色的“王笑冰工作法”。

独木不成林，一人不为众。王笑冰注重发挥劳模示范作用，毫无保留地将经验传授给同事和青工。近年来，王笑冰共培养全国技术能手 1 名、全路技术能手 13 名、高级技师 12 名、

技师 33 名。他多次参与多种教材编写，被中国铁路广州局集团有限公司聘为兼职教师，被广州铁路职业技术学院、湖南高速铁路职业技术学院聘为客座教授、客座专家。

笑对冰雪，直面风霜，敢于求索，勇于担当。王笑冰不断向着更高、更远的目标攀登，他用实际行动证明，辛勤的汗水加上深入的思考，可以让一个人做得更好，走得更远。

【项目描述】

通过本项目学习，使学生认识 TADS 系统的构成，掌握 TADS 系统探测站各部分组成、功能、设备安装要求；熟悉 TADS 系统探测站设备的日常维护与检修要求，具有对检测设备常见故障进行判断和处理的初步能力，熟悉 TADS 系统运用与管理标准，正确执行 TADS 系统预报及故障处理流程。

【知识目标】

（1）掌握 TADS 系统的构成，了解 TADS 系统网络构成；
（2）掌握 TADS 系统探测站设备组成及功能；
（3）熟悉 TADS 系统探测站设备的日常维护及检修要求；
（4）掌握 TADS 系统运用与管理标准。

【能力目标】

（1）能准确描述 TADS 系统的工作原理及检测过程；
（2）能正确操作 TADS 系统的操作界面，完成轴承故障预报及处理程序；
（3）能完成 TADS 系统的日常维护与常见故障排查；
（4）正确执行 TADS 系统轴承故障预报及故障处理流程。

任务一　TADS 系统基础知识

【任务描述】

（1）掌握 TADS 系统的构成、工作原理；
（2）掌握 TADS 系统探测站的基本组成及功能；
（3）能正确完成 TADS 系统探测站设备的日常维护。

【背景知识】

随着我国铁路技术的快速发展，列车速度的提高和车站停车时间缩短，给列车的安全运行增加了压力。其中轴承故障是列车运行中的主要故障源之一，也是影响列车安全的最大因素。与其他机械零部件相比，滚动轴承的一个显著特点，就是其寿命的离散性很大，即用同样的材料、同样的加工工艺和生产设备制造出来的同一批轴承，在相同的工况条件下，其寿命也可能有较大的差别。有的轴承因远未达到设计寿命时就出现了各种故障，所以加强轴承的监测和诊断，及时了解和掌握轴承的工作状态，就可以尽量发挥轴承的工作潜力，避免或减少事故的发生。这对列车的安全运行具有十分重要的意义。

为预防由轴承故障引起的事故，在全国铁路主要干线上大量安装了红外轴温探测系统（即THDS），形成了探测网络，以便及时发现温度过高的轴承，防止燃轴、切轴和脱轨事故，取得了很好的效果。大量轴承故障数据显示滚动轴承从故障发生到发热烧损的过程比较漫长。一般情况下故障轴承并不表现出明显的高温，而一旦表现出温度过高就已经到了故障的后期，如不及时停车处理，轴承温度将急剧上升并很快烧损。中途停车会降低铁路运输能力和经济效益，报警或处理不及时，则仍有可能引发切轴、脱轨等大事故，造成严重的行车中断和经济损失，对铁路的市场竞争力也带来不良的影响。从铁路的统计情况看，每年都有相当数量的轴承处在“带病服役”状态。在列检中货车轴承故障尤为突出，其中有些故障程度已经很严重，但红外轴温探测系统并未报警，对行车安全构成较大的、潜在的威胁。为提高铁路行车的安全性，避免或减少由轴承引发的燃轴、切轴和脱轨事故，中国铁路对车辆轴承早期故障探测的新技术与新装备有迫切的需求。

铁道车辆滚动轴承故障轨旁声学诊断系统（Train Acoustic Detection System，简称 TADS）采用声学诊断技术和计算机网络技术，通过对运行中车辆轴承噪声信号的采集和分析，识别轴承的工作状态，可提供有效的轴承内部早期故障诊断结果，在热轴之前发现故障。这是一项高新技术在铁路行业应用的重要成果，为实现我国铁路跨越式发展和安全技术装备现代化发挥了重要的作用。它与红外轴温探测系统相结合，共同构成车辆轴承的安全保障系统，能更加有效地防止切轴和脱轨，提高轴承故障的防范水平。TADS 系统增强了轴承的预警能力，将防范关口前移，体现了“预防为主”的安全指导思想，使行车安全性更高，从而确保行车安全。

一、TADS 系统的构成

4-1 认知 TADS 系统

TADS 系统主要由地面探测站、节点服务器、铁路局集团公司服务器、国铁集团服务器、复示终端组成。下面分别介绍各个构成部分。

1. 地面探测站

TADS 地面探测站是 TADS 诊断系统的核心，分为室外、室内两大部分，室外部分主要由 TADS 轨边设备和 AEI 设备组成，室内部分主要由机柜和 UPS 电源组成。机柜里有防雷箱、AEI 主机、远近端放大器、KVM 箱、HUB 箱、远程电源控制箱、SIPS 箱、主处理计算机、远端信号采集处理计算机、近端信号采集处理计算机。

地面探测站具有数据采集、计轴计辆、车次车号自动识别、故障判别、故障定位等功能。主处理计算机、远端信号采集处理计算机、近端信号采集处理计算机采用专用工控机系统，安装 Windows XP 操作系统。工控机系统具有强大的网络功能，运行稳定，易于使用，实时向节点服务器传送数据报文。

2. 节点服务器

节点服务器完成基本的数据处理及接口报文形成等功能，并上传数据报文给铁路局集团公司服务器，对系统数据传输进行实时监控。节点服务器也可以不设置，数据直接传送给铁路局集团公司服务器。

3. 铁路局集团公司服务器

铁路局集团公司服务器是 TADS 网络的关键部分，负责接收节点服务器发来的接口报文（包括数据、声音和自检信息等），创建数据库和监控管理网站，并对轴承状况进行跟踪评判，对故障轴承进行告警预报。

铁路局集团公司服务器实现的主要功能如下：

（1）实时显示、接收并处理 TADS 探测站的数据报文，建立数据库，将探测站数据进行入库，对故障轴承进行跟踪对比、预报。

（2）对处理结果上传国铁集团。

（3）查询、统计、打印通过列车的轴承声学检测信息。

（4）追踪故障轴承的发展过程。`

4. 国铁集团服务器

国铁集团服务器是数据库的中心，它建立全路车辆滚动轴承运行状态数据库和各种轴承故障档案数据库，通过收集大量的数据，建立滚动轴承早期故障诊断专家系统，自动调整系统判别模型，综合评价各种轴承运行状态和质量，为铁路车辆制造和检修提供科学、合理依据。

5. 复示终端

复示终端包括红外中心复示终端、车辆段复示终端、列检所复示终端和其他复示终端，各复示终端通过访问各级服务器管理网站，实现对 TADS 探测数据的实时监控，对故障轴承进行报警，并可以对历史探测数据进行查询和统计。其主要功能如下：

（1）实时复示相关 TADS 处理的过车报文和轴承故障报警信息，并进行处理、显示、打印、存储、汇总、统计分析。

（2）实时对 TADS 设备状况进行监视，打印显示地面设备故障等信息。

（3）准确监测地面 TADS 设备预报的轴承故障情况，实现故障轴承的报警、跟踪。

（4）各复示终端通过 TADS 轴承声音图谱播放软件还可以在线收听故障轴承和正常轴承的声音并观看声音图谱，正常轴承和故障轴承声音的三维图谱。

二、TADS 系统网络构成

1. 系统网络结构图

TADS 系统网络结构由数据信息采集级和两个应用级（铁路局集团公司应用级、国铁集团应用级）组成，如图 4-1 所示。设立 TADS 运用监控终端、铁路局集团公司复示终端、国铁集团复示终端、铁路局集团公司车辆处查询终端和国铁集团查询终端，通过 WEB 方式实现对滚动轴承运行状况的多级监控，如图 4-1 所示。

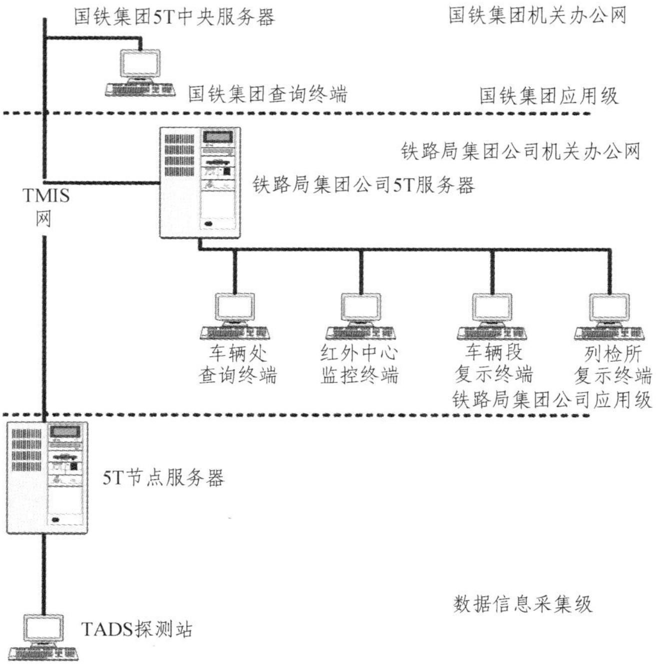

图 4-1　TADS 系统网络结构示意图

2. 多级监控体系的实现

TADS 系统轨边设备安装在列车进站方向，探测的数据经过探测站中央数据处理计算机进行分析和处理形成数据报文，通过专线或 TMIS 网以 FTP 方式发送至节点服务器，TADS 节点服务器再通过 TMIS 网以 MQ 方式上传至铁路局集团公司服务器和国铁集团中央服务器，各级服务器对数据报文进行分析和入库，同时根据分析的结果，对轴承的故障情况进行报警。设立 TADS 系统列检所复示终端、车辆段复示终端、铁路局集团公司红外中心监控终端、铁路局集团公司车辆处查询终端和国铁集团查询终端，通过访问相应级别的服务器，实现对货车滚动轴承运行状况的多级监控。

1）数据传输途径

TADS 探测站主机和各个服务器之间的数据传输途径如图 4-2 所示。

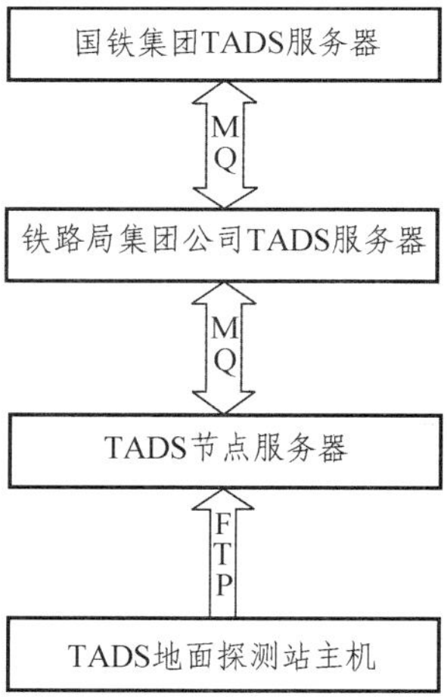

图 4-2　数据传输途径示意图

2）信息采集级

数据信息采集级包括 TADS 地面探测站和节点服务器。

TADS 地面探测站负责完成数据采集和原始故障判别等功能，将采集处理后的探测数据形成数据报文后，通过专用的传输软件以 FTP 方式传送至节点服务器，节点服务器完成基本的数据处理及接口报文形成等功能，并通过驻留在本服务器上的转发软件，将接收到的报文以 MQ 方式上传至铁路局集团公司 TADS 服务器和国铁集团 TADS 服务器。

3）铁路局集团公司应用级

铁路局集团公司应用级是 TADS 系统的主要应用级，网络结构示意图如图 4-3 所示。

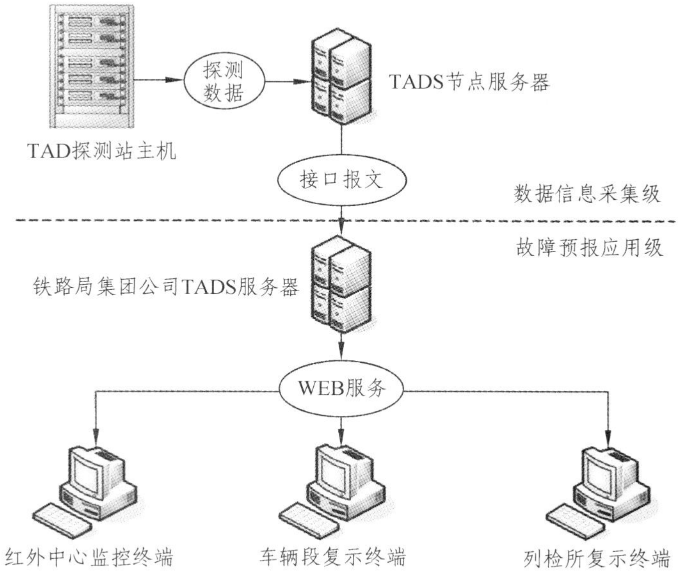

图 4-3 铁路局集团公司应用级网络构成示意图

铁路局集团公司应用级以铁路局集团公司 TADS 服务器为核心，接收所辖各节点服务器发来的接口报文（包括数据、声音和自检信息等），并将其存储到本地创建的 ORACLE 数据库中。各集团公司服务器通过 ORACLE 的 DB LINK 功能，远程访问国铁集团 TADS 中央数据库对轴承状况进行联网评判，并且可以对故障轴承进行告警提示，对其在全路的历史预报情况进行追踪。

在铁路局集团公司服务器中建立 TADS 监控管理网站，车辆处查询终端、红外中心监控终端、车辆段复示终端和列检所复示终端可以通过 IE 浏览器进行访问，实现对 TADS 探测数据的实时监控，对故障轴承进行报警处理，并可以对历史探测数据进行查询和统计，通过 TADS 轴承声音图谱播放软件，还可以在线收听故障轴承和与之对应的正常参考轴承的声音，并观看声音图谱。

4）国铁集团应用级

在国铁集团设立中央服务器，接收全路所有 TADS 探测站的检测信息报文，建立 ORACLE 数据库，将分析处理后的所有数据完整的存储，通过创建 ASP.NET 架构的部级监控管理网站，为各个终端的访问提供接口和软件支持。

在装备部有关部门设立查询终端，通过国铁集团机关办公网与国铁集团服务器相连。装备部查询终端实时显示全路所有 TADS 的列车检测报文，同时通过访问中央服务器，实现全路各种数据的查询、分析和统计。

三、TADS 系统轨边探测站

（一）探测站的功能及主要技术指标

1. TADS 系统的主要功能

（1）自动检测通过列车滚动轴承的滚子、内圈、外圈等故障。

（2）预报等级：3 级，1 级最高。

（3）适应车速：货车 30 ~ 110 km/h（最好 30 ~ 65 km/h）；动车组：25 ~ 140 km/h。

（4）检测精度：预报准确率≥97%。

（5）自动计轴、计辆和测速。

（6）预报的故障轴承的车号和轴位的自动定位。

（7）自动识别列车车次、车号信息。

（8）自动跟踪故障轴承的发展趋势。

（9）TADS 探测站应能够存储 1 个月的过车数据。

（10）数据库统计功能：自动建立全路车辆滚动轴承运行状态数据库和各种轴承故障的档案数据库，通过收集大量的数据，建立滚动轴承早期故障诊断专家系统，自动调整系统判别模型，综合评价各种轴承运行状态和质量，为铁路车辆的制造和检修提供科学、合理依据。

（11）系统自检和远程维护、升级和监控功能。

2. 探测站的主要技术指标

1）工作环境

环境温度：

室外设备：－40 ~ ＋70 °C；

室内设备：－20 ~ ＋60 °C。

环境湿度：

室外设备：小于等于 95%；

室内设备：小于等于 85%；

日温差：小于等于 35 °C。

2）适应电源

交流电源：220 ×（1 ± 15%）V，50 Hz；

双路电源切换时系统能正常工作。

3）技术指标

系统可靠性 MTBF（系统平均无障时间）：

机械部分 > 10^4 h；

电气部分 > 10^5 h；

系统可维护性 MTTP（系统故障恢复时间）：

机械部分 < 10 min；

电气部分 < 3 min。

4）信息传输

信息传输方式：TADS 探测站与铁路局集团公司监测中心采用两线专用通道或宽带传输。

数据传输接口：音频话路接口或 RJ45 接口。

数据传输速率：专线传输速率不低于 9 600 bps，网络传输为 2M。

传输接口协议：CCITT 及我国铁路通信的有关规定。

传输校验方式：文件传输协议（FTP）。

（二）探测站设备的构成

TADS 系统设备可以分为室外、室内两大部分，室外部分主要由 TADS 轨边设备和 AEI 设备组成，该部分主要是对通过的列车进行计轴、计辆、采集车号、采集轴承声音的功能。室内部分主要由机柜和 UPS 电源组成。机柜里有防雷箱、AEI 主机、远近端放大器、KVM 箱、HUB 箱、远程电源控制箱、SIPS 箱、3 台工控机。设备的整体布局如图 4-4 所示。

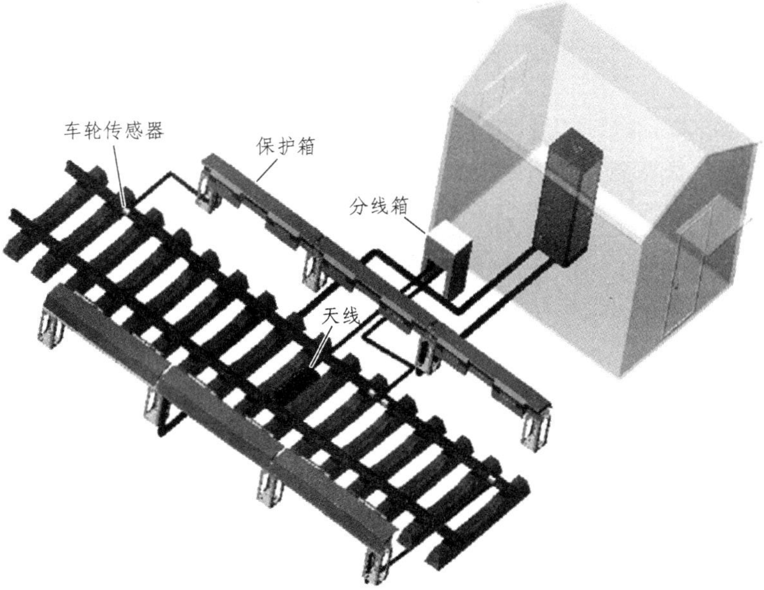

图 4-4　探测站设备的整体布局

1. 室外设备

TADS 探测站的室外设备主要包括保护箱（声音传感器阵列）、声学磁钢、AEI 地面天线及磁钢等设备，室外设备的布局如图 4-5 所示。

1）保护箱

保护箱主要是保护声学传感器，保护箱是具有抗震性的箱体，设有保护门，只有在列车通过时才打开，可适应轨边环境。保护箱安装在钢轨的两侧，每侧有 3 个，每个保护箱内有两个声学传感器，如图 4-6 所示。

图 4-5　TADS 轨旁探测站室外设备示意图

图 4-6　TADS 系统轨边保护箱

2）声学传感器（图 4-7）

轨道每侧有 6 个声学传感器，用于采集车辆轴承运转产生的声音信号。它采用指向性设计，具有很好的声学波瓣图，直接朝向轴承，能够减少噪声影响。声学传感器的指向区域大约在 6.5 m，每个传感器指向性设计的有效区域为 1.2 m 左右，并相互交叉，保证了任一个轴承在探测区域内，传感器接收的轴承振动信号是连续的，使得系统对轴承信号拾取更加全面和准确，保证了系统对故障轴承诊断的可靠性和准确性。

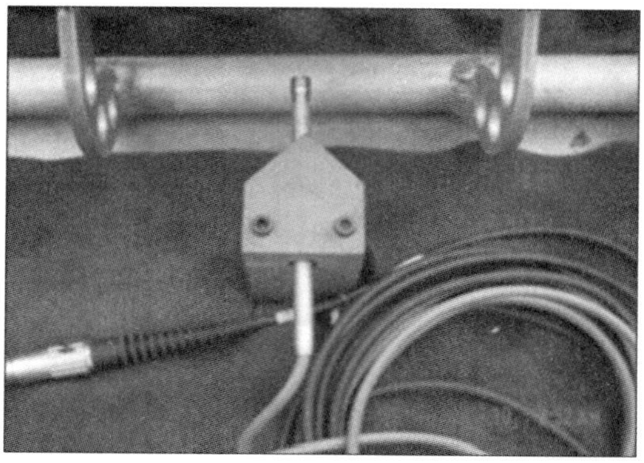

图 4-7　声学传感器

3）保护门传感器

保护门传感器是对保护门开关进行控制。通常当没有列车通过时，保护门传感器使保护门处于关闭状态。当有列车通过时，保护门传感器打开保护门，使其处于打开状态，这时声学传感器将对通过的列车进行声音采集工作。列车通过后，保护门传感器将关闭保护门，使保护门处于关闭状态。

4）声学车轮传感器

声学车轮传感器用磁钢卡具固定在钢轨上。当列车接近时，自动启动 TADS 系统，用于轴承的定位、计轴和测速等。声学车轮传感器如图 4-8 所示。

图 4-8　声学车轮传感器

5）AEI 设备

AEI 设备包括 AEI 车轮传感器、分线箱和天线，主要是对通过的列车进行车次、车号、车速等车辆信息进行采集，给声学设备提供所需要的车辆信息。AEI 车轮传感器的主要作用是列车接近时自动启动 AEI 系统的采集程序，打开 AEI 设备天线，进行 AEI 系统的计轴计辆、车轮定位等。它们都用卡具固定在钢轨上，用高压胶管引入 AEI 分线箱内，与其他信号一起引入轨边机房内。AEI 地面天线用卡具固定在枕木上，用高压胶管引入 AEI 分线箱内，与已经引入 AEI 分线箱内的车轮传感器信号一起引入轨边机房内。AEI 天线如图 4-9 所示。

图 4-9　AEI 天线

2. 室内设备

TADS 的室内设备包括 UPS 电源和设备机柜。设备机柜为各个工控机和设备提供安放位置和配线走线槽，使设备合理地安放，达到设备排列有序、美观，如图 4-10 所示。

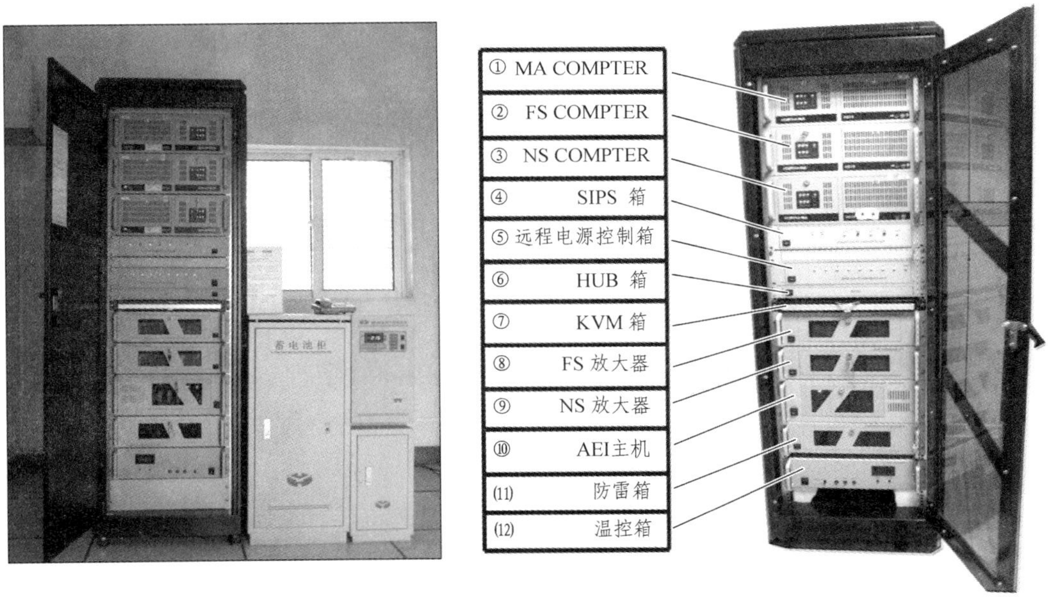

图 4-10　室内设备

1）UPS 电源

UPS 电源为在线式，当正常的供电电源停电时，UPS 电源将为设备临时供电，使设备在停电期间能够继续工作，保证了设备的正常运行。当来电后自动切换到电源供电方式，设备使用正常的供电方式。

2）主处理计算机（MA）

主处理计算机是与两台远、近端信号采集处理工业控制机协同同步工作，接收远、近端信号采集处理工业控制机采集的数据、接收 AEI 数据，并对判别的轴承故障数据进行综合判断分析，通过与 AEI 数据的结合，确定故障轴承的位置并存储数据，通过网络向上一级服务器发送采集到的过车数据。主处理计算机采用研华工控机。主处理计算机如图 4-11 所示。

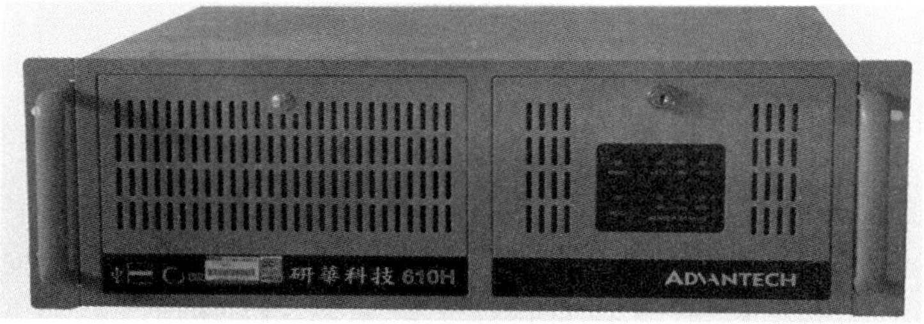

图 4-11　主处理计算机

3）远、近端信号采集处理工业控制机（FS、NS）

远、近端信号采集处理工业控制机是用来采集声音信号，并对采集上来的信号进行判断处理的计算机系统，是 TADS 系统中重要的组成部分。远、近端信号采集处理工业控制机接收到室外设备采集到的轴承声音信号，通过安装在计算机上的软件进行处理，完成轴承的诊断判别工作，并把处理后的数据传送给主处理计算机。远、近端信号采集处理工业控制机还可以对室外的声学传感器和声学磁钢进行检测。通过检测可以判断室外的声学传感器和声学磁钢的工作状况。远、近端信号采集处理工业控制机采用研华工控机，面板如图 4-12 所示。

在远、近端信号采集处理工业控制机里分别装有两个 PCI 卡，一个是 I/O 卡，一个是 A/D 卡（如图 4-13 所示）。I/O 卡控制保护门的开启和关闭，A/D 卡处理室外设备采集的声音信号和磁钢控制信号，A/D 采集卡除了具有数据采集的功能之外，还拥有专用的数据处理系统，包括 2 个 DSP 处理器和一个具有专用的 32 位板上操作系统的板上计算机系统，根据要求可以完成声音信号的抗混叠滤波、声音处理等高级功能。

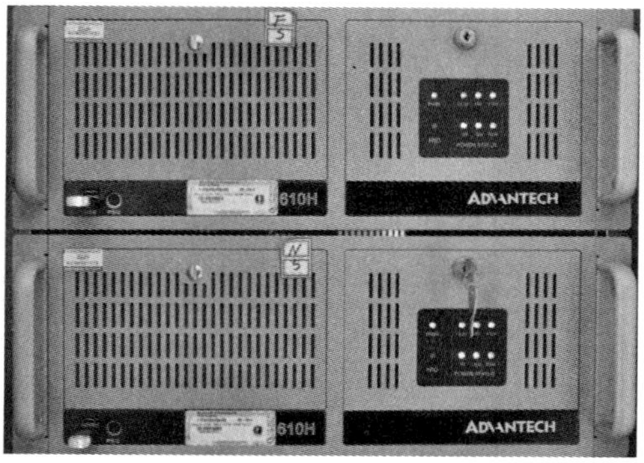

图 4-12　远、近端信号采集处理工业控制机

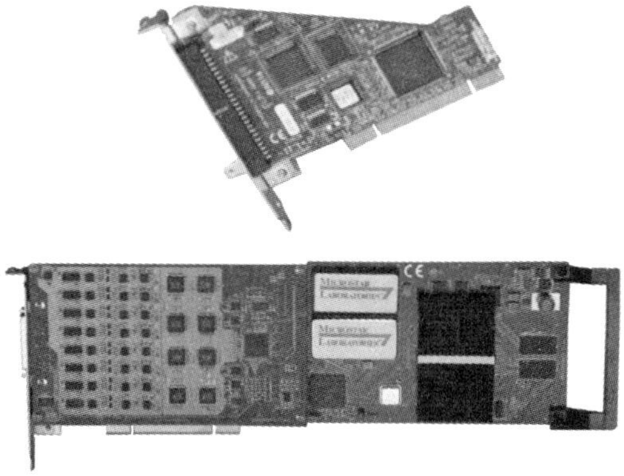

图 4-13　I/O 卡和 A/D 卡

4）电源信号分配箱（SIPS 箱）

电源信号分配箱（SIPS 箱）是对各种信号提供接口电路的机箱，通过 SIPS 箱对室外设

备进行控制信号分配，并且控制声学传感器阵列箱保护门开启或关闭以及室外风扇的开、关，如图 4-14 所示。

内部结构包括开关电源、单片机系统、线性电源。开关电源为保护门电机/风扇提供 12 V 直流电源，单片机系统实现磁钢信号的放大滤波及保护门开关的控制逻辑，并与数据采集计算机进行通信。线性电源为单片机系统和继电器提供工作电源。分配箱（SIPS 箱）内部结构如图 4-15 所示。

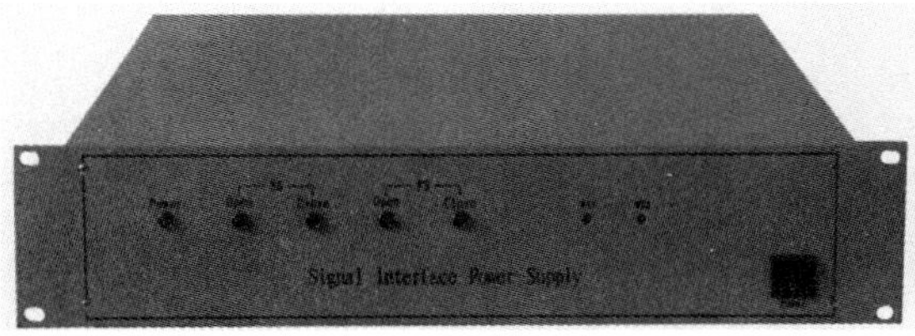

图 4-14　电源信号分配箱

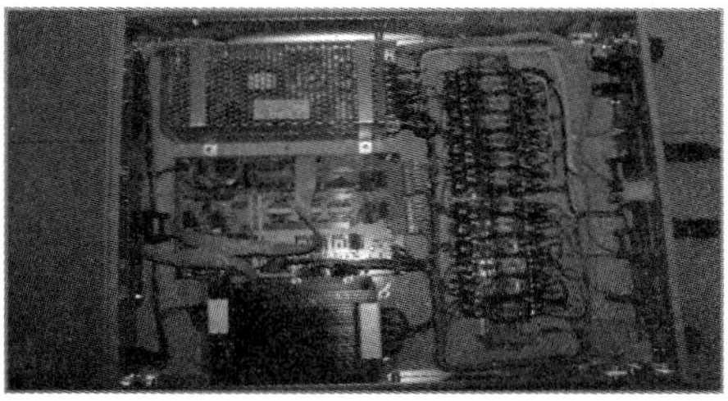

图 4-15　电源信号分配箱（SIPS 箱）内部结构

5）远程电源控制箱

远程电源控制箱是向车号地面 AEI 主机，探测站主计算机，NS、FS 数据采集计算机，SIPS 箱，HUB 箱，NS、FS 放大器箱等设备提供电源输出。它通过电话线与室内电话直接连接，可以在其他地方通过拨打电话方式，远程控制各个机器设备的电源开或关。远程电源控制箱如图 4-16 所示。

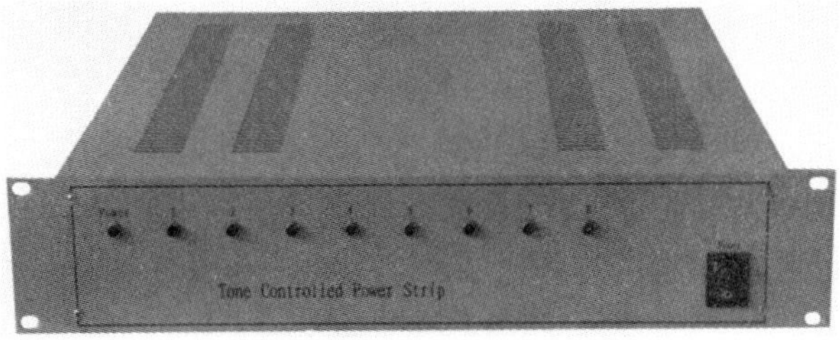

图 4-16　远程电源控制箱

6）HUB 箱

HUB 箱将主、从 3 台计算机联网，构成网络化连接，提高轨边设备综合处理数据能力及数据的高速交换能力，并且提供向上传输数据的通道。同时为 KVM 转换器提供电源。HUB 箱如图 4-17 所示。

图 4-17　HUB 箱

7）KVM 转换器箱

KVM 是提供 3 台计算机的显示界面和控制操作的显示器，通过它可以方便地操作任意一台计算机，可以提供快捷方便的显示操作工作。KVM 如图 4-18 所示。

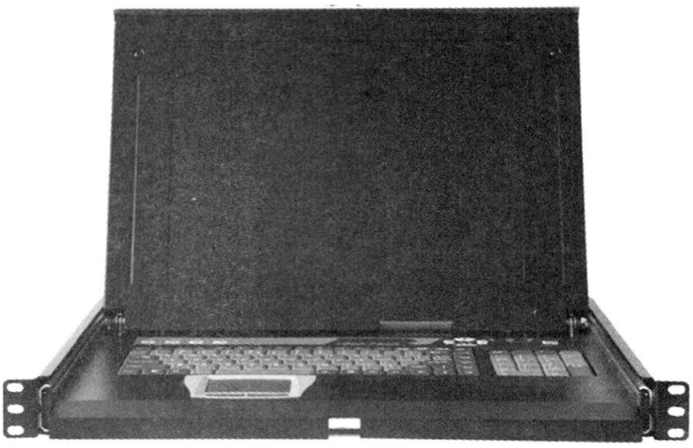

图 4-18　KVM 转换器箱

8）FS、NS 放大器

放大器包括远、近端放大器组。每组 6 个通道，接收声学传感器阵列信号，并对室外声学传感器阵列信号进行滤波和高保真放大处理，是采集轴承声音的重要组成部分。放大器的主要技术指标如下：

供电：110 ~ 200 V，50 Hz；

最大允许输入电压：31.6 V 峰值；

通道数：4 个；

工作频率范围：0.3 Hz ~ 1 MHz；

输出接口：Q9 插头；

放大倍数：－20 ~ ＋60dB；

输入阻抗：1 MΩ/300 pF；

输出阻抗：50 Ω/500 pF；

远、近端放大器如图 4-19 所示。

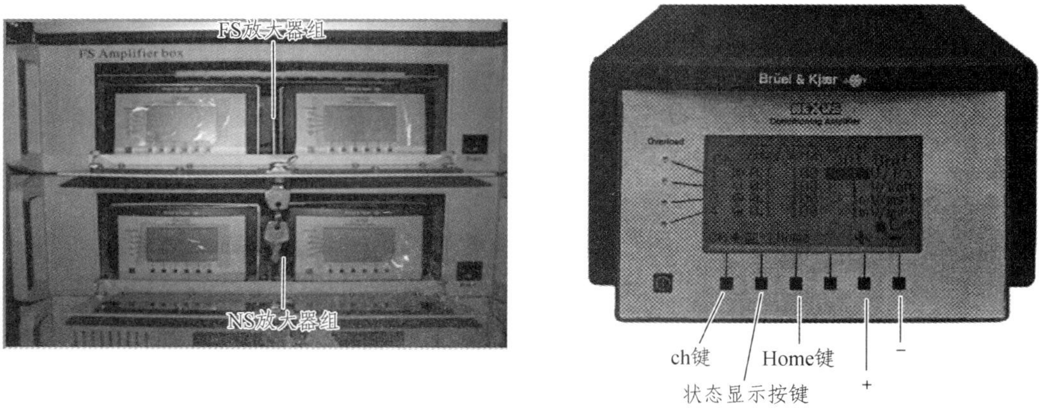

图 4-19　远、近端放大器

9）AEI 主机

AEI 主机主要用于自动识别列车的车次、车号信息，计轴、计辆、测速，并将有关信息数据提供给 TADS 设备,完成对预报的故障轴承车号和轴位的自动定位。AEI 主机如图 4-20 所示。

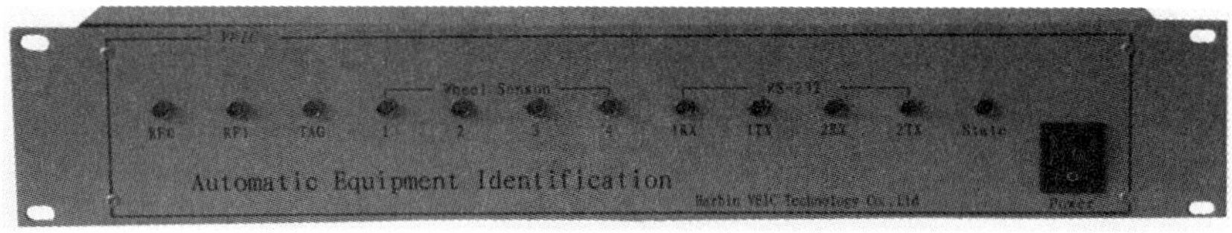

图 4-20　AEI 主机

10）防雷箱

防雷箱是对除声学传感器外的各种传感器信号、通信信号、控制电源信号进行抗雷电冲击及抗浪涌保护的装置，是保证设备安全的必要设备，可以对防止设备遭受雷击起到很好的作用。防雷箱如图 4-21 所示。

图 4-21　防雷箱

四、探测站设备的安装调试

（一）探测站室外设备的安装

1. 选点要求

（1）线路。

① 信号机外 500 m；

② 直线区段，轨边设备前 200 m、后 50 m 线路为直线，下坡度不大于 4‰，上坡不限；

③ 可以适应 30 ~ 110 km/h 的车速，选址应为 30 ~ 60 km/h 区段；

④ 无空气制动区段；

⑤ 传感器阵列边缘距离钢轨接头、焊头大于 5 m；

⑥ 该轨道中心与邻近轨道的中心距离大于 4.25 m；

⑦ 路基无病害；

⑧ 避开桥梁、道岔和电气化线路分相点；

⑨ 避开不利的地理位置，防止设备遭受雷击、洪水、塌方等自然灾害的破坏。

（2）轨边设备机房。

① 轨边机房距离最远端声学传感器不应大于 20 m；

② 轨边机房面积不小于 10 m^2；

③ 工作温度：室外设备为 −40 ~ +75 °C，室内为 −15 ~ +45 °C（可用温控设备保证温度要求）；

④ 湿度：室外设备为小于等于 95%，室内设备为小于等于 85%；

⑤ 地线：设防雷地线和保护地线，防雷地电阻小于 4 Ω，保护地电阻小于 10 Ω。

（3）电源。

① 电压：220 ×（1 ± 15%）V，50 Hz；

② 容量：3 kV · A；

③ 二路供电。

（4）通道。

① 提供一个光缆网络接口或一对能保证 9 600 bps 以上速率的专线通道，并备用一对；

② 提供一部直拨电话；

③ 提供 3 个 IP 地址。

2. 安装流程

TADS 的室外设备安装主要包括声音传感器阵列、声学磁钢、车号自动识别系统等设备。声学传感器阵列即保护箱用以保护其内部声学传感器，具有减震作用，可适应轨边环境，箱体设有保护门，只有列车通过时才打开。声学磁钢用卡具固定在钢轨上，用高压胶管引入保护箱内，与其他信号一起引入轨边机房内。车号识别系统（AEI）的地面天线用卡具固定在枕木上，用高压胶管引入分线箱内，开机、开关门磁钢用卡具固定在钢轨上，其磁钢信号通过轨边箱引入机房内。TADS 室外设备的安装流程如图 4-22 所示。

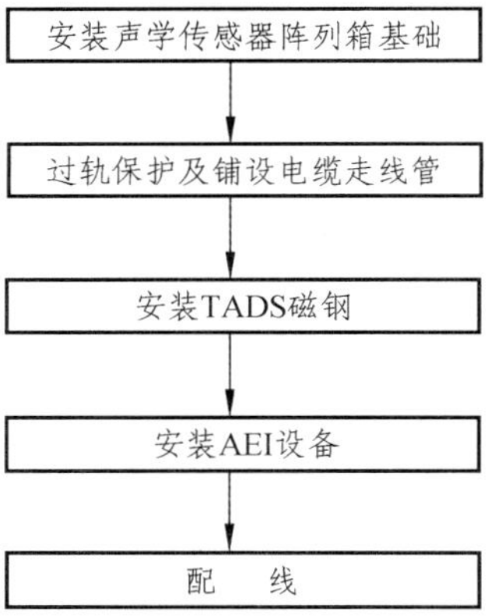

图 4-22　TADS 室外设备安装流程图

3. 声学传感器阵列箱基础

（1）确定安装位置：远端过轨管线最好正对着机房的电缆槽。

（2）确定基础中心点：在钢轨两侧用专用卡尺确定距钢轨内侧 1 570 mm 的两个点，以此两点为基点确定 4 个相距 2 438 mm 的水泥基础中心点，在钢轨上做好颜色标记。以这 8 个点为中心挖 4 个直径约 500 mm 的圆坑，如图 4-23 所示。

（3）安装基础。

① 调整基础圆桶使其中心距离钢轨内侧为 1 570 mm，尽量保持上表面水平；

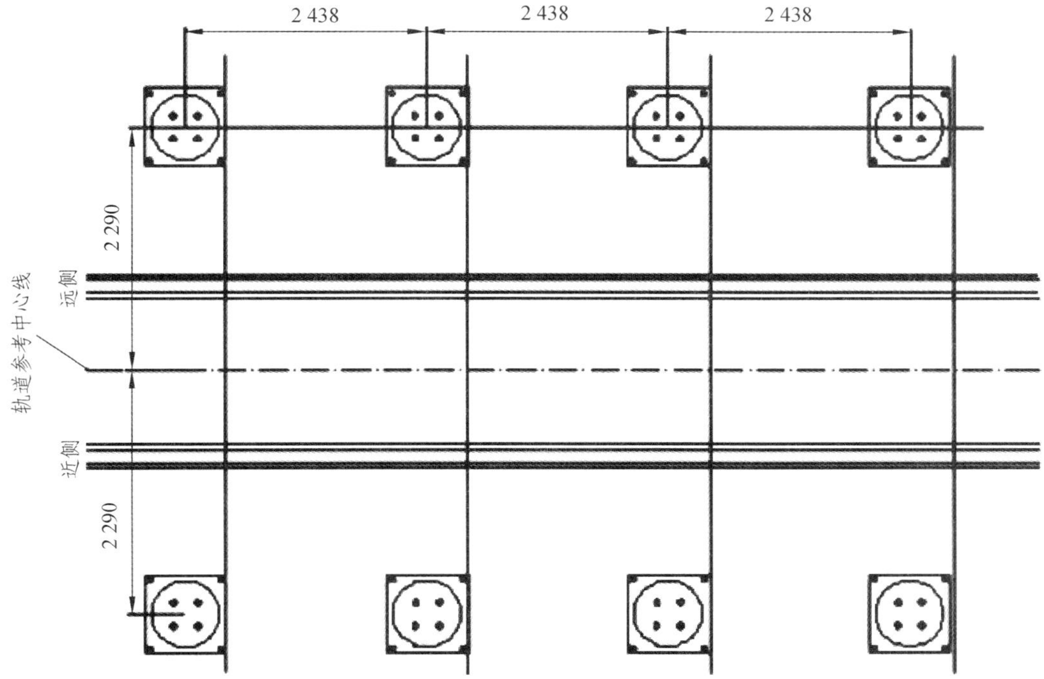

图 4-23　地基部分俯视图

② 根据板凳支架的高度，基础圆桶上表面到钢轨上表面为支架高度 178 mm；

③ 再次调节基础上表面水平（见图 4-24）。

（4）安装支架：支架靠近钢轨一侧与钢轨内侧的距离为（1 420 ± 10）mm。

（5）安装过轨钢管：过轨保护管的作用是保护室外信号线，其规格：直径 110 mm、长度 3.5 ~ 4 m。

图 4-24　基础圆桶安装

① 过轨保护管采用钢管，分别分配给近端信号线、远端信号线、车号 AEI 信号线 3 部分。

② 过轨位置的确定：当确定 4 个水泥基础之后，在靠近第 2 个水泥基础约 200 mm 的位置挖过轨沟。

③ 过轨沟挖掘完毕之后，将过轨钢管铺设沟中；如果过轨钢管长度不够，运用套管接在其外。

④ 当铺设完钢管之后，将两端用塑料密封上，保持其内清洁没有石土，以便过轨信号线的穿过。

⑤ 回填石土，将路基恢复。

⑥ 过轨材料（钢管规格）：直径 110 mm；根据现场需要确定过轨根数和过轨钢管长度。

⑦ 过轨钢管施工的标准：埋管深度钢轨平面以下 1.5 m。过轨钢管出线端距钢轨两侧的距离为：1 600 mm（钢轨保护端延长至路基边行人道为宜）。

（6）安装声学传感器阵列：在支架上面放胶垫起到减震作用。

4. MIC 箱体

MIC 箱体是保护传感器的部件，安装在板凳支架上。

（1）MIC 箱体分为 1、2、3 号箱体；1、3 号为边侧箱体，2 号为中间箱体；2 号箱体的两端都有走线用的圆形通道口；1 号箱体为单侧开口，开口在右端；3 号箱体为单侧开口，开口在左端。

（2）安装位置确定后，将减震垫片套至安装螺栓上，调整其上底面高度以保证其与轨边高度为 198 mm。

（3）将箱体安装至垫片之上，调整箱体的横向距离，确保箱体中安装 MIC 的垫木前端之间的距离为（1 219 ± 2）mm。

（4）3 个箱体间距调完后，紧固螺丝，安装箱体完毕。

（5）安装设备清单：MIC 箱 6 个，1、2、3 号箱各两个，垫片若干。

（6）安装要求及规格：

箱体基座下沿距轨面高度为（198 ± 10）mm；

箱体基座下沿与钢轨内侧距离为（1 420 ± 10）mm；

5. 声学传感器

（1）安装 MIC 箱体完毕后，打开保护盖。

（2）用内六角工具把镶嵌麦克用的垫木松开。

（3）用胶布把麦克接触垫木的部分缠裹好，其粗细以稍微大于其镶嵌孔为宜。

（4）用专用工具确定声学传感器的位置之后，紧固其内六角，把 MIC 固定住，把专用工具从 MIC 箱上拿下。

（5）当各端声学传感器安装完毕后，把各个声学传感器线的输出端标记清楚，以便与室内接线联调做准备。

（6）设备清单：声学传感器 12 个，安装专用工具 1 个，胶布若干。

（7）安装尺寸：声学传感器须与专用工具缺口处距离 1 mm。

安装时，将专用工具上的柱体对准 MIC 箱体上的确定孔（见图 4-25），放置下去，使工具的下沿和 MIC 箱体严密接触。扳起声学传感器确定部件。确定声学传感器的位置。声学传感器编号顺序如图 4-26 所示。

图 4-25　声学传感器安装示意图

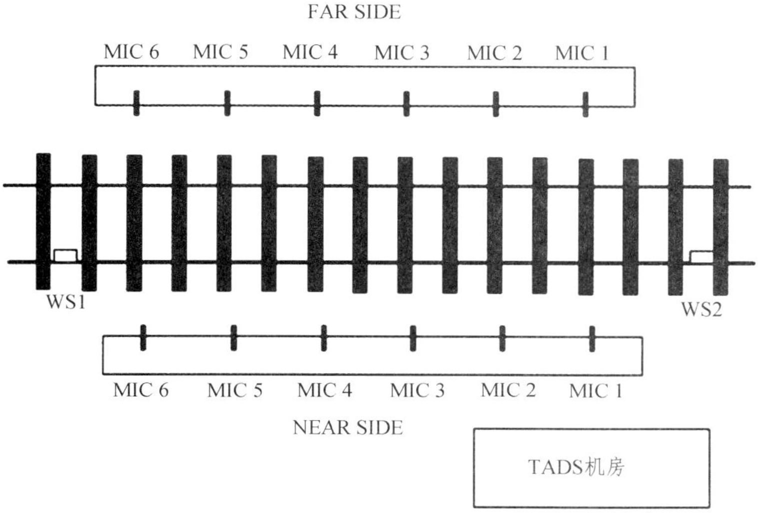

图 4-26　声学传感器编号顺序示意图

6. 声学车轮传感器（WS1、WS2）

沿钢轨方向距最近的声学传感器 1200 mm 以外的距离，将声学车轮传感器安装在钢轨内侧。用高压胶管保护声学车轮传感器线通过保护箱底部的进线孔，在中间箱与事先已穿进中间保护箱通往机房的分线箱的电缆对接（见图 4-27）。

图 4-27　声学车轮传感器距离测量示意图

注意事项：

① 对于电气化区段，尽量不将声学车轮传感器接触到钢轨；

② 安装后，应保证声学车轮传感器的上表面距轨面 30 ~ 40 mm；

③ 声学车轮传感器上表面应与轨面水平。

7. 地面 AEI

1）安装天线

天线应安装在两根枕木的中间，用卡具卡在枕木上，并且距两侧枕木的距离应相同，天线应尽量保持水平，并加装天线护罩，天线的同轴电缆在高压胶管的保护下进入 AEI 的分线箱，安装后示意图参见图 4-9。

注意事项：安装天线时，注意保持 6 个减振器的螺杆在天线安装孔内居中，以保证天线安装完毕后，支撑天线的 6 个减振器应不受剪切力。

2）安装车轮传感器

AEI 设备的车轮传感器，包括开机车轮传感器和开关门车轮传感器。根据预先选好的地点安装开机车轮传感器（距离天线中心线 50 m，具体视车速而定），根据车轮传感器总装图的结构按顺序将开机车轮传感器安装在钢轨内侧。用高压胶管保护车轮传感器线连接到 Hz-12 分线箱内，把开关门车轮传感器安装在距天线中心线距沿轨道方向的距离为 1 000 ~ 1 500 mm 的地方，把磁钢线穿入高压胶管（开关门用）连到 AEI 分线箱内。

注意事项：

① 对于电气化区段，尽量不将车轮传感器接触到钢轨；

② 车轮传感器安装后，应保证车轮传感器的上表面距轨面 30 ~ 40 mm；

③ 开关门车轮传感器的间距 270 mm，如图 4-28 所示；

④ 车轮传感器上表面应与轨面水平。

图 4-28　车轮传感器安装示意图

（二）探测站室内设备的安装

1. 机　柜

设备机柜为各个工控机和设备提供安放位置和配线走线槽，使设备合理的安放，达到设备排列有序、美观。机柜应尽量放置在探测小房的中间，周围留有活动的空间。

2. 机柜内设备安装与配线

工控机有 Master Computer，NS Computer，FS Computer，SIPS 箱，远程电源控制箱，HUB 箱，KVM 箱，放大器（4 个），AEI 机箱，防雷箱。总共为 11 个机箱，在比较寒冷或气温温差大的地方，还需要加设温控箱，视情况而定。

1）主处理计算机（MA COMPUTER）

主处理计算机采用研华工控机，安放在机柜的第 1 层，电源取自远程电源控制箱，计算机的显示、键盘、鼠标线通过专用电缆接到 KVM 机箱的接口 1，两个串口一个接 AEI 主机，一个接远程电源控制箱的串口上，网络接口通过网线接到 HUB 箱的端口 1 上。主处理计算机后面板如图 4-29 所示。

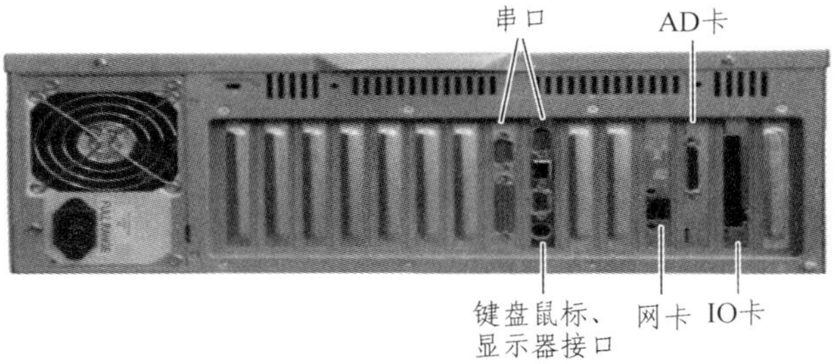

图 4-29　主处理计算机后面板

2）远、近端信号采集处理工业控制机（FS COMPUTER、NS COMPUTER）

远、近端信号采集处理工业控制机采用研华工控机，安放在机柜的第 2 层和第 3 层，电源取自远程电源控制箱，计算机的显示、键盘、鼠标线通过专用电缆接到 KVM 机箱的接口 2 和 3 上，NS、FS 计算机后两个串口分别接到 NS、FS 放大器箱内的放大器上，网络接口通过网线接到 HUB 箱的端口 2、3 上。安装在远、近端信号采集处理工业控制机上的 A/D 卡和 I/O 卡通过连接线连到 SIPS 箱上，如图 4-29 所示。

3）电源信号分配箱（SIPS 箱）

电源信号分配箱（SIPS 箱）安放在机柜的第 4 层，电源取自远程电源控制箱。SIPS 箱的后面板的外侧有 AMPN/AMPF 插头、FSDOOR/NSDOOR 插头、DCTRIN/DCTROUT 插头、TP IN 插，TADS WS1、WS2 插头，AD NS/AD FS 插头、IO NS/IO FS 插头，如图 4-30 所示。

内部结构包括开关电源、单片机系统、线性电源。开关电源为保护门电机/风扇提供 12 V 直流电源，单片机系统实现磁钢信号的放大滤波及保护门开关的控制逻辑，并与数据采集计算机进行通信。线性电源为单片机系统和继电器提供工作电源，参见图 4-15 所示。

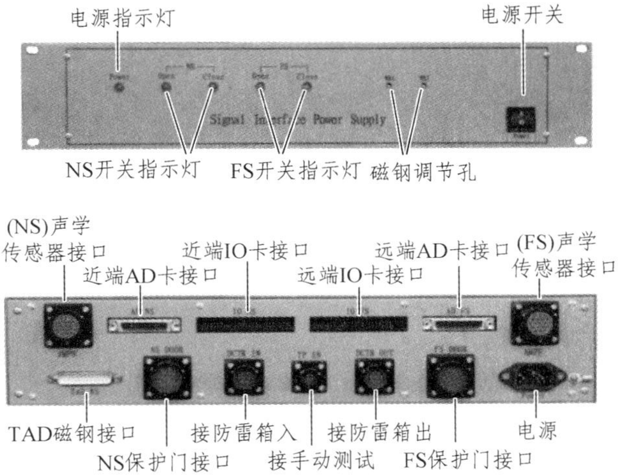

图 4-30　电源信号分配箱（正面、背面）

4）远程电源控制箱

远程电源控制箱安放在机柜的第 5 层，电源输入取自机柜的电源插座上，电源输出分别与车号地面 AEI 主机，探测站主计算机，NS、FS 数据采集计算机，SIPS 箱，HUB 箱，NS、FS 放大器箱输入连接，如图 4-31 所示。

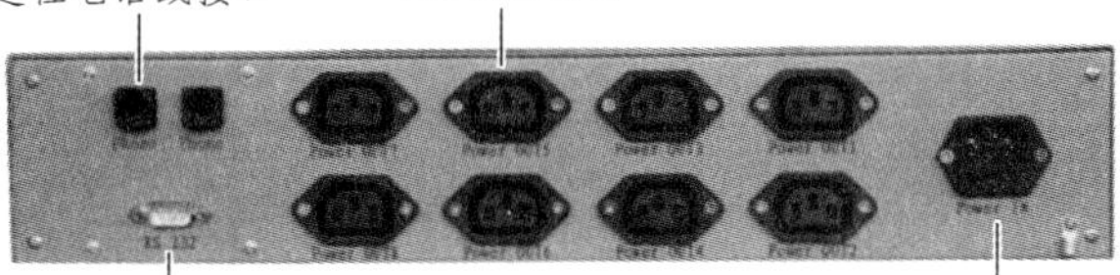

图 4-31　远程电源控制箱

5）HUB 箱

HUB 箱安放在机柜的第 6 层，电源取自远程电源控制箱，其网络接口通过通用网线将 TADS 探测站的一个主机和两个数据采集计算机连接起来，如图 4-32 所示。

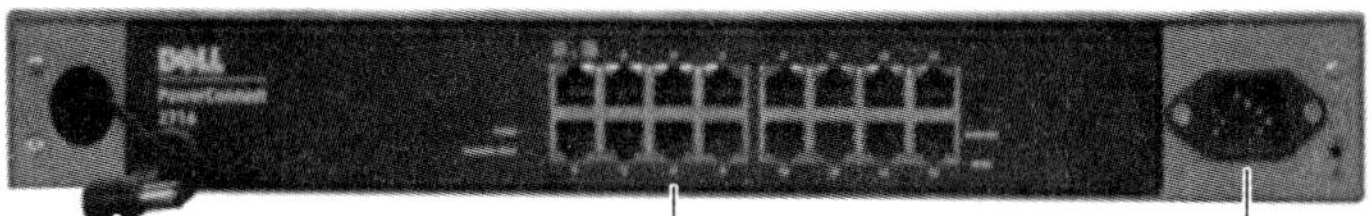

图 4-32　HUB 箱

6）KVM 转换器

KVM 转换器安放在机柜的第 7 层，电源取自 HUB 箱，后面的接口通过 3 根专用电缆将主计算机和远、近端采集计算机的显示键盘鼠标连接到其 1、2、3 通道上，如图 4-33 所示。

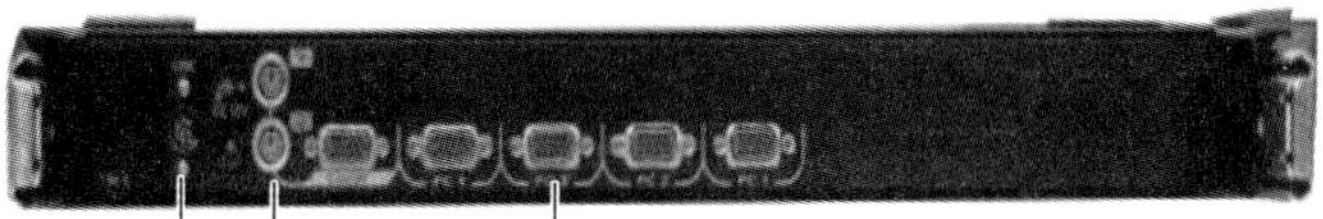

图 4-33　KVM 转换器

7）FS、NS 放大器

FS、NS 放大器安放在机柜的第 8 层和第 9 层，电源取自远程电源控制箱，机箱后面是中间开门，两侧分别为传感器输入进线和电源及信号放大输出的 19 芯航空插座。航空插头根据需要分别放在左侧或右侧。其中，CH1 ~ CH6 与室外传感器通过专用电缆一一连接，AMPN（F）与 SIPS 箱的 AMPN（F）通过专用 19 芯带航空插头的电缆连接，如图 4-34 所示。

8）AEI 主机

安放在机柜的第 10 层，电源取自远程电源控制箱，主机的磁钢信号通过 DB25 端口用专用信号电缆与防雷箱的相应的 DB25 端口连接，从室外进来的同轴电缆连接到主机箱内 RF 射频装置的 ANT0 端口上，通信端口 RS-232-2 通过 9 针串口线与主计算机相应的串口连接，如图 4-35 所示。

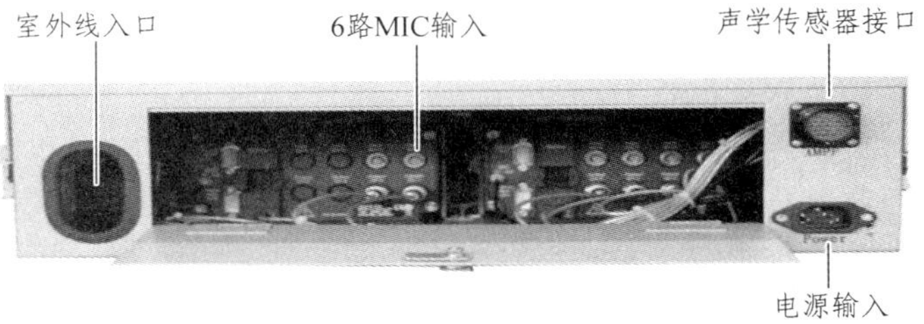

图 4-34　FS、NS 放大器

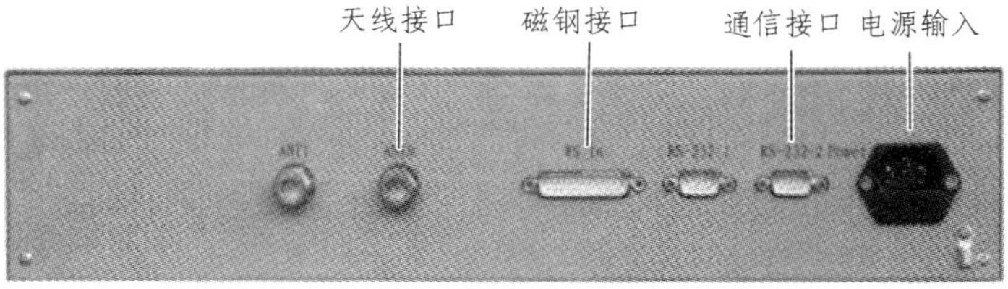

图 4-35　AEI 主机

9）防雷箱

安放在机柜的最下层，除传感器信号外，所有的外部信号都通过防雷箱与室外连接。机箱后面板并排用 4 个 9 针室外端子排，分别与室外近侧传感器阵列箱（NS）、室外远侧传感器阵列箱（FS）、AEI 磁钢（AEI D）和通信防雷入、AEI 磁钢（AEI R）和通信防雷出连接；机箱后面板还有 2 个 DB25 插座和 2 个 4 芯航空插座，分别为防雷箱的 AEI 磁钢防雷输出与 AEI 主机的接口（AEI WS）、防雷箱声学用磁钢及接近开关信号防雷输出与 SIPS 箱的接口（TAD WS）、防雷箱的电源及控制防雷输出与 SIPS 箱的连线的插座（DCTRIN 和 DCTROUT），如图 4-36 所示。

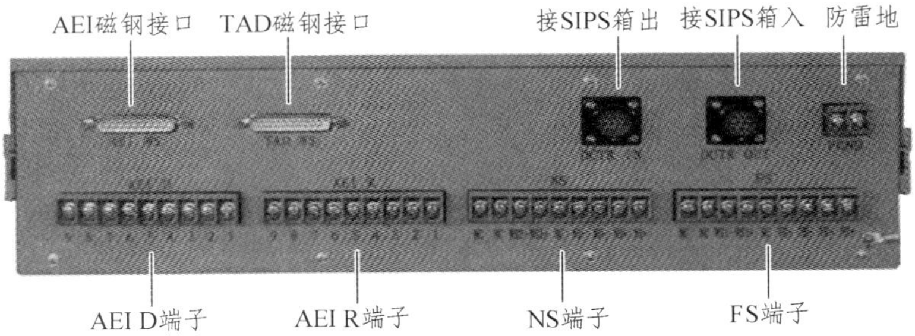

图 4-36　防雷箱

五、TADS 系统探测站的工作原理

TADS 系统采用轨边声学探测及计算机诊断技术，对运行列车的车辆滚动轴承所发出的故障信号（声学噪声）进行实时的拾取、滤波、采集，并经过后台分析处理，可以判断轴承内圈、外圈、滚子等主要部位的裂纹、剥离、磨损、侵蚀等故障，从而实现滚动轴承早期故障的在线诊断。TADS 系统采用了声学传感器合成阵列技术和多传感器信号合成及定位技术，保证了系统对故障轴承诊断的可靠性和准确性。利用故障轴承信号拾取技术和系统降噪技术及频谱分析和小波形分析技术，使得系统对故障轴承缺陷程度具有极高预报精度。该系统与

车号自动识别系统结合，从而实现故障轴承的车号和轴位的自动定位。

（一）滚动轴承的振动与噪声分析

滚动轴承主要由内圈、外圈、滚动体和保持架 4 部分组成，如图 4-37 所示。内、外圈之间相对转动，滚动体绕轴心自传，同时相对内、外圈公转。

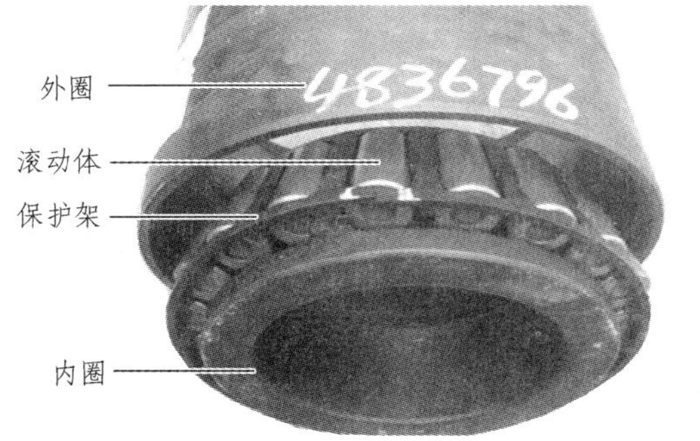

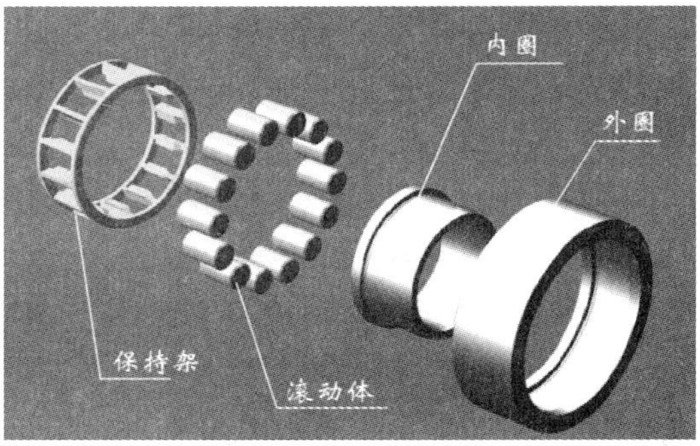

图 4-37　铁路货车滚动轴承结构图

滚动轴承在旋转时必然会发生振动，这种振动是由几种振动合成的，它主要与轴承转动体的固有振动和轴的振动等有关。在轴承无故障时，轴承在旋转时表现出来的振动主要是由转动面的光洁度和波纹度引起的。在轴承发生故障时，转动面劣化，转动体通过损伤部分时，由于冲击现象而发生极快速的冲击振动。我们通过检测这样的振动声音信号，便可进行针对故障的滚动轴承的早期诊断。一般来说，轴承产生振动和噪声的原因是多方面的，主要与外部振源的激励、轴承自身的结构特点、制造和装配误差、内部缺陷或故障 4 种因素有关。

1. 外部激励

与轴承接触的其他振源（如传动轴、壳体等）对轴承产生激振力，引起轴承的振动和噪声。这种振动和噪声以低频成分为主，一般在轴承总的振动能量中所占比例很小。

2. 轴承的结构特点

滚动轴承承载时，由于滚动体的公转，使轴承负荷区的滚动体数目不断变化，滚动体在不同位置时受力大小也不一样，因而承载刚度发生变化，引起轴心的起伏波动，产生振动和噪声。在一定的转速下，这一振动或噪声具有确定的性质，频率较低。

3. 轴承制造和装配误差

正常状态下，可以说这部分因素造成的轴承振动和噪声占主导地位。制造方面包括轴承零件加工面（内、外圈滚道面和滚动体工作面）的波纹度、形位公差、滚动体直径误差等，装配方面包括轴承偏心、转子不平衡、轴弯曲等，都将引起轴承的振动和噪声。这些制造和装配因素造成的激振力多具有周期性，但在实际过程中，各因素之间的关系十分复杂，所以总的激振力随机性较强，频率成分较多，从而正常轴承在这些激振力的联合作用下所产生的振动和噪声，也呈现出较强的随机性，含有多种频率成分。

4. 轴承内部缺陷或故障

当轴承零件的滚动工作面上出现故障（如剥离、碎裂、点蚀、塑性变形等）时，在轴承运转中，滚动体碾压到故障部位，就会产生冲击振动。这种冲击振动与正常情况下的振动有所不同，具有很宽的频率范围，常能激起轴承零件的共振，引发异常声响。这种信号的特点是每个冲击的作用时间很短，时域能量不大，但频谱丰富，且冲击具有周期性。

综上所述，正常状态的轴承在运转中也有十分复杂的振动和噪声，其信号总体上表现出随机特性，虽含有周期成分，但频率较低，能量较弱。一旦轴承内部出现局部损伤，则振动和噪声信号的结构将发生变化，出现周期性的冲击脉冲，引起轴承系统的高频共振响应（见图 4-38）。

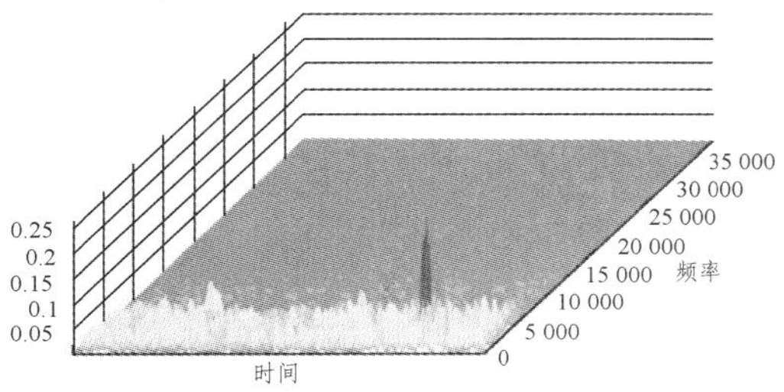

（a）正常轴承

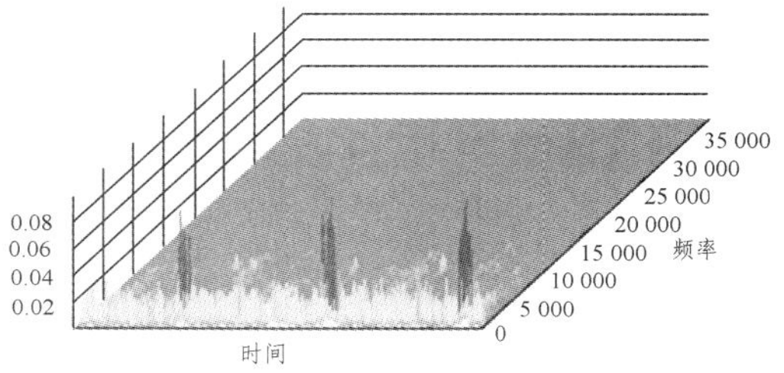

（b）故障轴承（滚子故障）

图 4-38　正常轴承与故障轴承声音图谱

（二）滚动轴承声学诊断

利用声传感器拾取轴承的声音（噪声）信号，采用特定的信号分析技术，可以从时域、频域或幅域提取出轴承的故障特征，再应用各种模式识别方法，就能够实现滚动轴承的故障诊断。幅域特征可以反映故障的程度，频域特征则可以反映故障的部位。因为故障部位不同，其产生的重复冲击频率是不一样的。根据轴承运动学原理，如果已知轴承的几何参数和转速，就可以计算出各轴承零件产生故障时的特征频率。通过对实测信号进行分析，查找特征频率成分，即可判别故障所在。轴承声学诊断的关键技术有如下几种。

1. 声学信号的采集与合成

根据铁路车辆轴承的运行机理及轴承的尺寸，车轮旋转 2 周，轴承滚动体旋转 1 周的特点，对于轴承内部某一部位发生故障产生缺陷时要全面、准确地拾取故障轴承所产生的振动声音。声学传感器的指向区域大约在 6.5 m。若采用单独的声学传感器，在这么大的指向区域内保持接收信号灵敏度的一致性是不可能的，从而难于对轴承故障作出准确判断。为此，TADS 采用单侧 6 个声学传感器阵列，每个声学传感器指向性设计的有效区域为 1.1 m 左右，并相互交叉，保证了某一个轴承在探测区域内传感器接收的轴承振动信号是连续的。

由于采用 6 个传感器，就要求 6 个声学传感器接收信号的灵敏度一致，因此系统采用了具有在每个传感器与放大器之间采用自适应校准技术保证了 6 个声学传感器接收信号灵敏度的一致性。由于采用 6 个传感器对于某一个轴承来说需要将 6 个传感器接收的信号进行合成，这种信号合成技术也是此系统的关键技术。对于相邻轴承同时进入声学传感器阵列探测区，该系统采用测速、测距等技术来区分不同轴承信号。由于采用了传感器阵列技术，使得系统对轴承信号拾取更加全面和准确，保证了系统对故障轴承诊断的可靠性和准确性。

图 4-39 是某一个轴承通过声学传感器 MC1 ~ MC6 时的时间及波形，将每个传感器的声

音信号分成 T1 ~ T6 段，则该轴承的合成信号为 MC1 ~ MC6 所对应的时间段 T1 ~ T6 的合成。

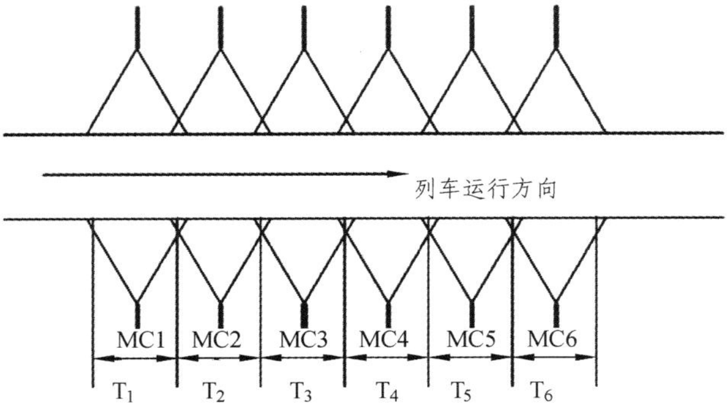

（a）传感器位置布置

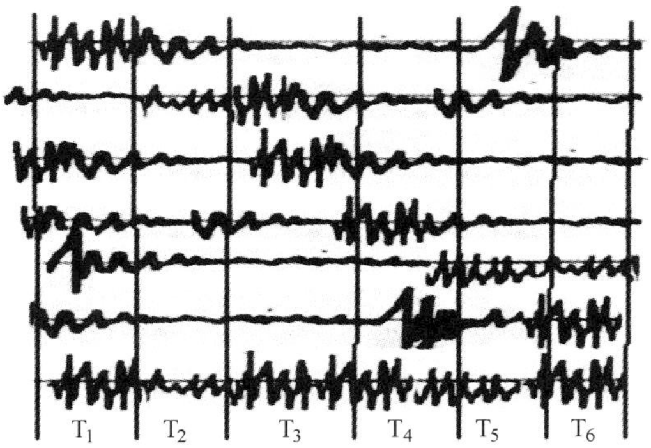

（b）噪声信号合成

图 4-39　某一轴承的噪声信号合成

2. 滚动轴承状态识别

滚动轴承状态识别是根据轴承的运行信息对其状态进行分类。由于运行过程与环境的复杂性，一般来说所采集的信号与状态之间并不存在一一对应的关系，这就需要应用各种模式识别方法来进行诊断。常用的方法主要有：简单对比分析法、逻辑判别法、贝叶斯分类法、信息距离判别法、模糊诊断法、灰色系统、专家系统、神经网络，以及上述几种方法的相互结合。

（三）故障轴承的车号定位和轴位的自动定位

在 TADS 系统中，还加入了车号自动识别设备（AEI），在轴承故障预报的同时，将故障轴承的车号和轴位信息直接传送到上位机。轴承在车辆中的定位是根据标签的安装位置定义的，与列车运行的方向无关。轴承位置的定义如图 4-40 所示。

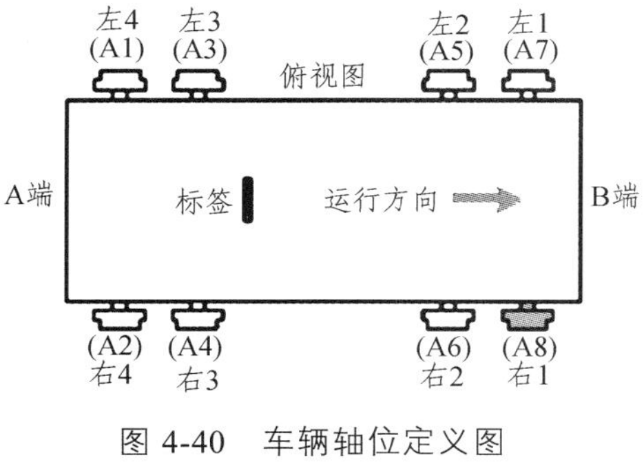

图 4-40　车辆轴位定义图

1. 按照运行方向定义

按照运行方向，列车运行方向的左端依次定义为左 1 ~ 左 4，列车运行方向的右端依次定义为右 1 ~ 右 4。

2. 按照标签位置定义

将车辆距离标签安装位置近的一侧定义为 A 端，另一侧为 B 端，需要与列车运行方向区别开。从 B 端看向 A 端，距离 A 端较近的第 1 个车轴的右侧定义为 A1 轴承，另一端即左端定义为 A2，第 2 个车轴的右侧定义为 A3 轴承，另一端为 A4，以此类推，如图 4-40 所示。

（四）TADS 系统地面探测站的运行

如图 4-41 所示，列车从右侧驶入 TADS 探测站，车轮经过开机磁钢，使车号自动识别系统开机运行。车轮经过测速磁钢时，通过式（4-1）便可计算列车的运行速度和轴距、定距等信息。

$$v = \frac{s}{t_1 - t_2}, \quad L = v(t_n - t_1) \tag{4-1}$$

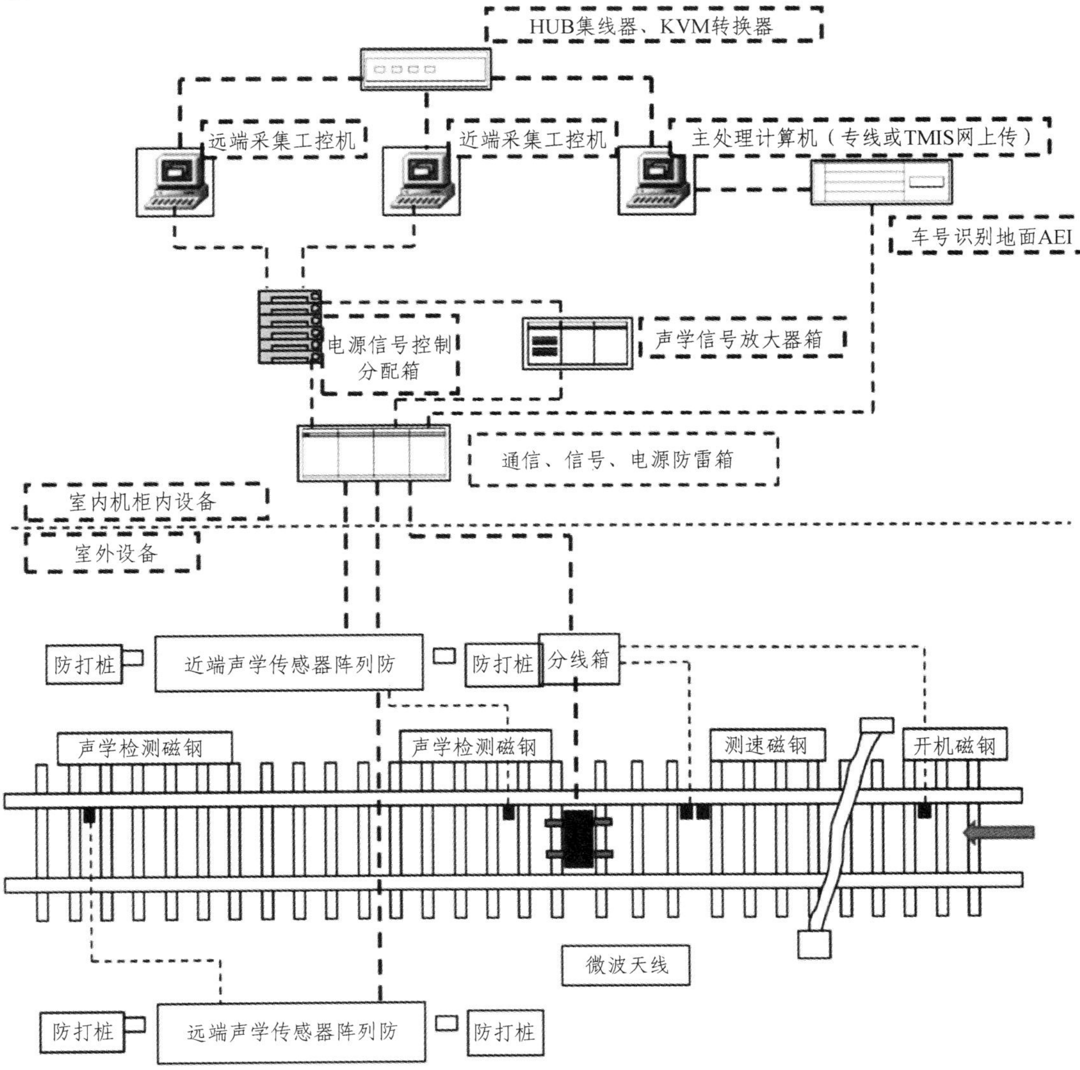

图 4-41　TADS 轨边设备构成图

当车辆通过底面 AEI 天线时，室内 AEI 设备主机通过车辆标签读取车辆信息，用于轴承噪声信号采集时进行车号和轴位的匹配。当车轮通过声学检测磁钢时，TADS 系统的室外探测设备的保护箱打开，进行轴承噪声信号的采集。当列车通过后，TADS 系统关闭、车号自动识别系统关闭。轴承噪声信号通过防雷箱，声学信号放大器，远、近端采集工控机传入主处理计算机进行轴承故障的判断，并结合车辆信息，对故障轴承进行预报。

六、TADS 系统的故障处理

TADS 设备的故障主要通过两种途径发现，通过路局的 TADS 网站预报和 TADS 设备的维修人员采用远程监控对 TADS 地面站进行维护。

（一）检　查

主要通过两种方法进行检查。一种方法是通过访问铁路集团公司或国铁集团 TADS 监控及管理网站可以确认设备基本状态是否良好；另一种方法是通过远程控制软件实现对 TADS 探测站设备详细状态的查看、故障分析及处理。通常对 TADS 设备的远程监控可以按照图 4-42 所示的流程进行。

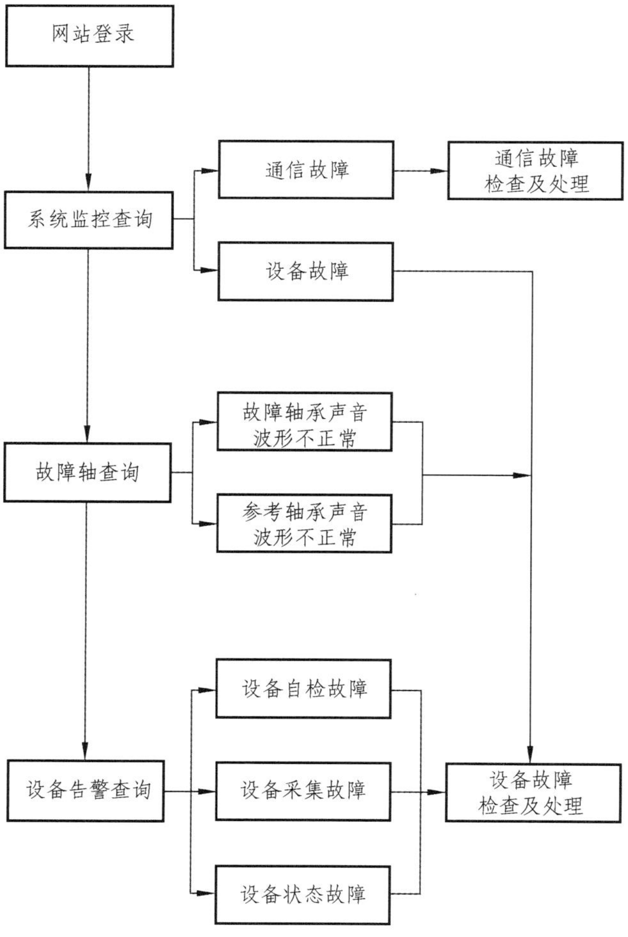

图 4-42　TADS 远程监控流程图

（1）登录铁路集团公司或国铁集团 TADS 网站。

（2）使用“系统监控”功能，选择查询全部设备，显示出所有设备当前状态，包括“通信状态”和“设备状态”。

通信状态：绿色表示正常，红色表示异常。

① 通信故障表示列车探测数据中断时间已经超过探测站设置的告警时间。

② 出现通信故障，请参见检查确认及原因分析中“通信故障”处理。

设备状态：包括 1 个正常级（绿色）和 3 个异常级（按严重程度由高到低分别用红、橙、黄 3 种颜色表示），监控内容包括“WS1、WS2 不匹配”和“单端处理”两种。

③ 出现“WS1、WS2 不匹配”情况，请参见检查确认及原因分析中“WS1、WS2 未匹配过多”处理。

④ 出现“单端处理”情况，请参见检查确认及原因分析中“单端处理情况过多”处理。

（3）使用“故障轴查询”功能，选择不同探测站查询，打开该探测站远近端采集的故障轴承声音文件，查看采集的声音波形是否正常。

① 查询某个探测站最近一段时间内的所有故障轴承，如果所有故障轴承均为一端预报，则通过查看对端参考轴承的声音波形，确认对端的声音采集是否正常。

② 故障轴承或对端参考轴承声音波形不连续（有个别通道信号过低或缺失）、波形整体幅值过低，请参见检查确认及原因分析中“声音采集部分异常”处理。

（4）使用“其他功能”下的“设备告警查询”功能，选择探测站，消息类型选择“全部”或依次选择“设备状态自检信息”“列车采集故障信息”和“设备状态统计信息”分别查询，确认设备是否出现报警信息。常见设备报警信息如下：

①“设备状态自检信息”中出现“远端麦克通道 1 不通”“远端麦克通道 3 有脉冲噪声”等麦克信号报警情况，请参见检查确认及原因分析中“声音采集部分异常”处理。

②“列车采集故障信息”中出现“AEI 超时”报警过多情况，请参见检查确认及原因分析中“AEI 超时”处理。

③“列车采集故障信息”中出现“保护门没打开”或“保护门没关闭”报警过多情况，请参见检查确认及原因分析中“保护门故障”处理。

④“列车采集故障信息”中出现“轴承分类文件中的轴数与 TADS 中的不一致”报警过多情况，请参见检查确认及原因分析中“轴承分类文件中的轴数与 TADS 中的不一致”处理。

⑤“设备状态统计信息”中出现 NS 和 FS 成功处理列车数相差比较多，及主从机软件复位次数比较多时，请参见检查确认及原因分析中“设备状态统计不良”处理。

（二）检查确认及原因分析

1. 通信故障

在发现通信故障的情况下，可以按照图 4-43 所示流程进行检查和处理。

（1）通过 Ping 命令等方法，测试 TADS 探测站网络是否正常，如果无法连通，则通知现场维护人员检查确认网络通道及设备是否正常。

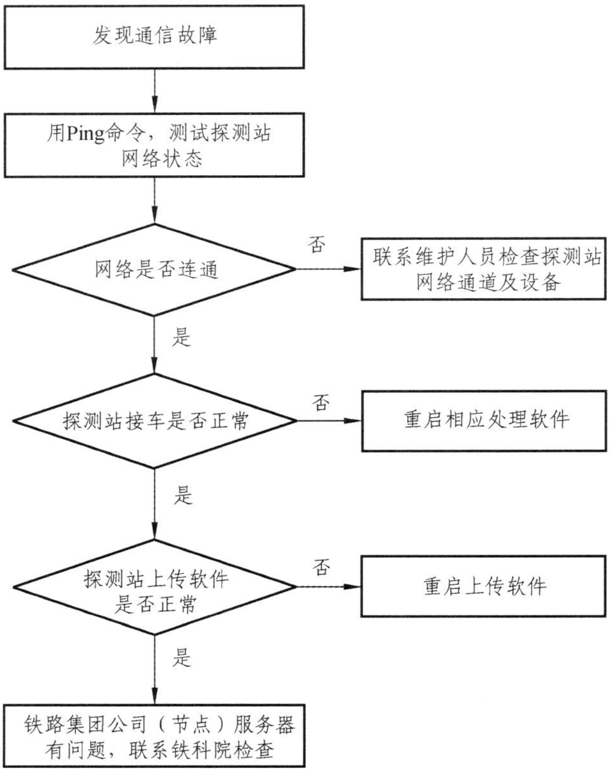

图 4-43　通信故障检查及处理流程图

（2）检查探测站主机上的处理软件（TSATV30）是否正常，是否有新的列车处理成功，如果发现处理异常，则查看远端和近端从机上接车软件（TADS_ABD）是否正常，根据故障情况，选择重启相应的主机或从机软件。

（3）检查探测站主机上的传输软件（GETFTP）是否正常，如果出现死机等异常情况，重新启动传输软件。

（4）在探测站处理正常的情况下，检查节点或铁路集团公司服务器上的 FTP 服务器运行是否正常（通过 FTP 命令测试），可以联系铁科院进一步检查。

2. 设备故障

1）WS1、WS2 未匹配过多

（1）查看出现 WS1、WS2 未匹配的列车的通过速度，判断是否是车速过高或过低引起。

（2）远程登录探测站设备主机及两台从机，观察设备软件是否工作正常。

（3）观察从机车轮传感器电压判别门限是否改动，不正常则重新设置参数。

（4）将出现 WS1、WS2 未匹配的该列车从机上的 FS 报文、NS 报文，主机上的 MAS 报文、R 报文拷回本地进行分析，如果需要调磁钢放大倍数、磁钢安装高度或磁钢电压判别门限，即联系现场人员进行调试或更换。

2）单端处理过多

（1）远程登录探测站设备主机及两台从机，观察设备软件是否工作正常，如软件不能正常运行，则联系维护人员检查设备硬件。

（2）确定该列车未成功处理端是 FS 还是 NS，找到相应的 FS 或 NS 报文，确认报文是否丢失或报文中是否有其他故障报警。

（3）将该列车的 MAS、NS、FS、AEI、R 报文拷贝回本地计算机，详细分析报文内容及报文形成时间。

3）声音采集部分异常

（1）远程登录发生故障的探测站设备机器（FS 或 NS）。

（2）用放大器控制软件查看放大器各通道参数设置是否正常，需要时重新设置参数。

（3）联系维护人员检查麦克、麦克线、放大器、A/D 卡硬件和保护门是否正常。

4）AEI 超时

（1）远程登录探测站设备主机及两台从机，观察设备软件是否工作正常，如不正常，则重启软件。

（2）检查主机和两台从机的系统时间是否相同，如不同，进行调整。

（3）将从机上的 FS 和 NS 报文，主机上的 MAS、R 报文拷回本地，分析报文，看是否是单向 AEI 设备反向过车造成。

（4)判断是否是车速过低时 AEI 采集形成一个 R 报文,但 TADS 采集分列形成多个报文,造成后几个报文无法与 AEI 信息匹配造成;

（5）检查主机的 Carlable 程序运行是否正常，如果长时间没有过车数据形成，联系维护人员检查车号设备硬件及连线。

5）保护门故障

（1）远程登录出现该故障的从机，关闭 TADS_ABD 软件，运行 I/O 卡 Mesasurement&Automation 软件，测试 I/O 卡控制及状态显示是否正常。

（2）联系维护人员去现场看保护门的实际开关情况。

（3）检查 SIPS 箱、声学阵列箱内的电机、保险、行程开关、继电器及其连线是否正常。

6）轴承分类文件中的轴数与 TADS 中的不一致

（1）远程登录探测站设备主机及两台从机，观察设备软件是否工作正常。

（2）将该车的 MAS、NS、FS、AEI、R 报文拷贝回本地计算机，分析 AEI 采集轴数与 TADS 采集轴数是否存在不一致情况，判断是哪个设备出现计轴错误情况，查找相应的原因。

（3）结合出现该错误的列车的通过速度，判断是否是车速过高或过低引起的 AEI 或 TADS 计轴出错。

（4）结合 AEI 的轴距表，判断是否是特殊车型造成 AEI 产生未匹配轴。

（5）结合前一列过车情况综合分析，判断是否是由于两列车间隔过近，前一列车的 AEI 报文未及时删除造成的结合错误。

（6）如果是 TADS 计轴错误，需要调整磁钢放大倍数、磁钢安装高度，则联系现场人员进行调试或更换。

7）设备状态统计不良

（1）远程登录探测站设备主机及两台从机，观察设备软件是否工作正常。

（2）检查主机和从机的硬件运行情况，对磁盘进行整理。

（3）检查主机和从机是否中毒，杀毒软件是否升级。

8）远、近端数据采集计算机软件无过车序号

检查主处理计算机里的 C：\TADS30\SyncFiles\TrainID.txt 文件是否丢失，如果丢失，则新建一个该 TXT 文件，并打开该文件配置相应的参数。里面的参数配置为下列格式：08L0001GWF1。08 代表年，L 代表月份，相应的月份定义见表 4-1，0001 代表该月内的过车流水号（注意：此处应当查询以前过车的流水号后，添加一个比以前过车流水号大的数字），GWF1 代表该站的站号和设备编号。

表 4-1　月份对照表

月份	1	2	3	4	5	6	7	8	9	10	11	12
字母	C	D	E	F	G	H	J	K	L	M	N	P

9）整列车或整列大部分车辆都预报轴承故障

（1）检查放大器工作是否正常。

（2）检查数据采集计算机上的 A/D 卡工作是否正常。

（3）检查室外的 MIC 以及 MIC 线连接是否正常。

【任务实施】

TADS 设备分为双月检、小修、大修检修维护周期，其中双月检为巡检，小修、大修为定期检修，小修 1 年，大修 8 年。

一、TADS 探测站设备巡检作业

（一）作业介绍

作业地点：TADS 探测站。

适用范围：TADS 探测站设备巡检作业。

检修周期：TADS 探测站设备巡检周期为（60 ± 10）天，对因维修天窗临时取消造成的检修延迟，须增加设备的巡视检查，确保设备正常运行。

作业组人员及工种要求：TADS 维修工至少 2 人，应具有中专及以上文化程度，经国铁集团或铁路集团公司培训，取得岗位合格证方可上岗。作业负责人 1 人，为车间管理人员或工长。

作业人员分工：作业人员中，作业者甲负责巡检主要作业，作业者乙负责巡检配合作业，质量确认，台账填写。作业负责人负责作业过程监控、作业人员协调指挥、作业关键环节卡控、作业人员人身安全。

主要作业内容：通过对探测站室内、外设备各项技术指标检查、测试、校验、调整，以及对各设备、设施进行紧固、清洁作业，对计算机及通信网络进行检测等，使 TADS 设备保持工作状态良好，系统运行稳定，探测及预报准确。

（二）作业流程

作业流程如图 4-44 所示。

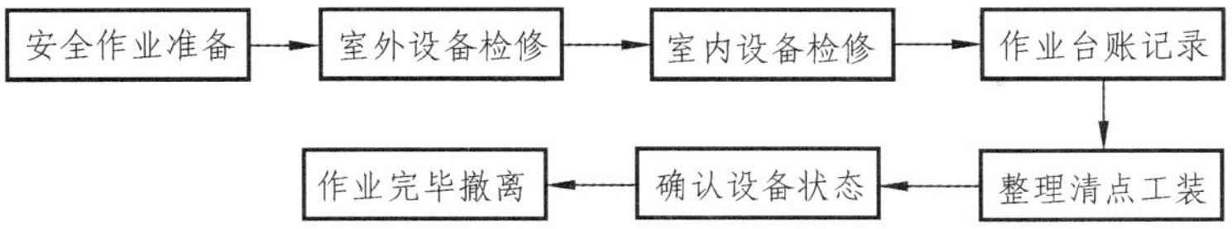

图 4-44　作业流程

（三）作业程序及标准

1. 安全作业准备

（1）按照车辆段下达的综合天窗修作业计划，运用车间主任、书记、副主任或维修班组工长在巡检作业前 2 天组织所有作业人员召开巡检作业日实施方案制定会，根据巡检作业内容，制定巡检作业日实施方案，包括作业方案、行车组织方案、安全防护方案。

（2）作业负责人在设备巡检前 1 天向设备所在地车站行车室了解天窗开始和结束时间，做好记录。

（3）巡检作业前，作业负责人组织所有参与巡检作业的人员召开日实施方案布置会，作业负责人在方案布置会上亲自将任务布置到每一名作业者。

（4）前往作业地点前，作业负责人检查所携带工具仪表作用良好、计量不过期。根据计量工具管理台账确认探测站放置工具计量不过期。检查携带备品齐全。检查作业人员着黄色防护服，穿绝缘鞋，持本人《工作证》《铁路岗位培训合格证》。

（5）入网前，作业负责人将入网人员姓名、工器具、材料录入《入网人员、工器具、材料明细清单》。入网人员手拿工器具、材料列队，由作业负责人拍照留存。接到驻站联络员通知可以入网后，现场防护员打开作业门，所有人员列队入网后，现场防护员锁闭作业门。

（6）到达探测站后，作业负责人或作业者甲向铁路集团公司监测站调度员报告巡检开始时间及作业人员名单，向车辆段监控中心值班员报告巡检开始时间、作业人员名单、作业记录仪编号及移动电话号码，并向车辆段监控中心值班员（或 TADS 动态检车员）了解设备运行状态，共同核对相关探测数据。

（7）驻站联络员通知可以开始作业，现场防护员到达防护位置后，作业负责人安排作业人员设置软隔离，软隔离设置到位后方可通知作业人员开始上道作业。

（8）作业过程中作业负责人接现场防护员下道避车或停止作业的通知后，立即使用督促语："请所有人员下道、到安全区集中避车"通知所有作业人员下道避车或停止作业。作业人员回答："好，立即下道避车"，并立即下道在避车安全区内避车。现场防护员通知可以开始作业后方可上道继续作业。

（9）人员下道避车的同时，必须恢复设备状态，将作业机具、材料移出线路，并放置、堆码牢固，不得侵入建筑限界；两线间距离小于 6.5 m 时不得停留人员和放置机具、材料。所有人员下道避车时应面向列车认真瞭望，防止列车上的抛落、坠落物或绳索伤人。

2. 检查室外设备

1）检查磁钢及卡具

（1）安装 ZR 磁钢，使用车轮传感器测量专用尺和车轮传感器检测仪检修时，按照以下标准进行测量。

① 作业者甲清洁磁钢及卡具，检查磁钢及安装架无锈蚀、不受砟石挤压，对各紧固件涂油。

② 作业者甲直观检查磁钢外观无损坏，弹簧垫圈齐全；磁钢引线无损伤、断裂，有护管保护。

③ 作业者甲目视检查磁钢及卡具各紧固螺栓防松标记，发现移位或松动时用扳手紧固，并用车轮传感器专用尺复核开、关门磁钢安装尺寸。

a. 核查磁钢顶面与轨平面距离：

测试方法步骤及标准：作业者甲蹲在两钢轨间，面对磁钢，打开车轮传感器测量专用尺电源开关，并按压校零按钮。将测量尺活动端拉开至 50 mm 处，将车轮传感器测量专用尺固定端垂直置于磁钢上表面的几何中心，车轮传感器测量专用尺尺身紧贴钢轨内侧面，推动车轮传感器测量专用尺活动端使之紧贴于钢轨上表面。读取显示屏读数，即为被测磁钢顶面与钢轨上平面距离，如图 4-45 所示。

（a）测量 ZR 磁钢高度　（b）测量 ZR 磁钢外沿与钢轨内侧距离　（c）测量开关门 ZR 磁钢距离

图 4-45　核查磁钢顶面与轨平面距离

b. 核查 AEI 开关门磁钢外沿与钢轨内侧距离：

测试方法步骤及标准：作业者甲蹲在两钢轨间，面对磁钢。作业者甲按压校零按钮，将测量尺活动端拉开至 150 mm 处，将车轮传感器测量专用尺尺身紧贴磁钢上表面，通过磁钢几何中心，将固定端与钢轨内侧面垂直并密贴，推动车轮传感器测量专用尺活动端使之紧贴于磁钢外侧面，读取显示屏读数即为磁钢外沿与钢轨内侧距离。

c. 核查 AEI 开关门磁钢中心距：

测试方法步骤及标准：作业者甲蹲在两钢轨间，面对磁钢。作业者甲按压校零按钮，将测量尺活动端拉开至 300 mm 处，将车轮传感器测量专用尺固定端垂直紧贴于关门磁钢右侧面，测量专用尺尺身紧贴开门磁钢外侧面，测量专用尺尺身保持水平，推动测量专用尺活动端使之紧贴于开门磁钢右侧面，读取显示屏读数即为开关门磁钢中心距。

d. 使用非数显车辆传感器测量专用尺时，测量方法与前述相同。读取数值时，首先观察副尺“0”刻度线（游标零线）左侧主尺上最靠近的一条刻线的数值，即为测量数值的整数部分，再观察副尺上游标零线右侧与主尺数值线对齐的刻度线，其左侧最近数值即为测量数值小数部分第一位数值，数值刻度线与对齐刻度线间距为 N，则 $N\times0.02$ 即为测量数值小数部分第二位数值。

e. ZR 磁钢安装尺寸标准：磁钢顶面与钢轨上平面距离，标准为（37 ± 2）mm；开、关门磁钢外沿与钢轨内侧距离，标准为 88^{+2}_{-3} mm；开、关门磁钢中心距，标准为（270 ± 2）mm。

不符合安装要求应立即进行调整。

④ 用车轮传感器检测仪测量 AEI 开、关门磁钢最大输出信号幅值。

测试方法及步骤：作业者乙解开磁钢引线与室内电缆接头，作业者甲将测试线和模拟轮接入检测仪。将模拟轮放置于磁钢顶面中心，将测试线的红黑鳄鱼夹分别接在磁钢的正负引出线上。打开检测仪电源开关，显示“SCR-T4 车轮传感器检测仪”字样后，显示功能菜单“磁极、幅值”，默认光标选择 “磁极”上，按“右移”键一次，选择“幅值”，按确定键，对磁钢输出幅值进行测量。读取显示屏 5 次自动测量数值，取中间值，即为磁钢实际最大输出信号幅值，应符合（14 ± 1）V 范围，如图 4-46 所示。

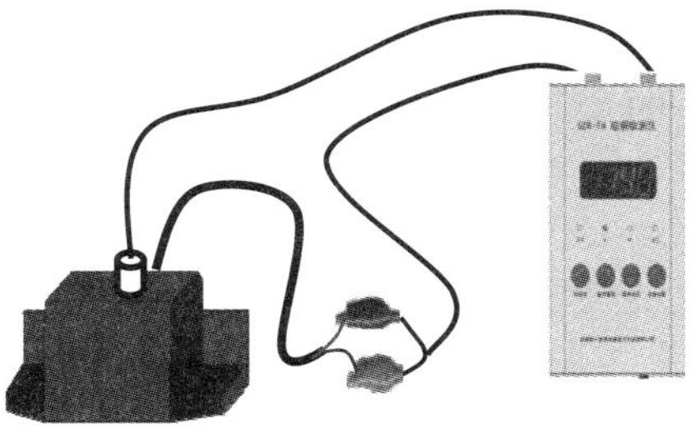

（a）测量 ZR 磁钢输出幅值

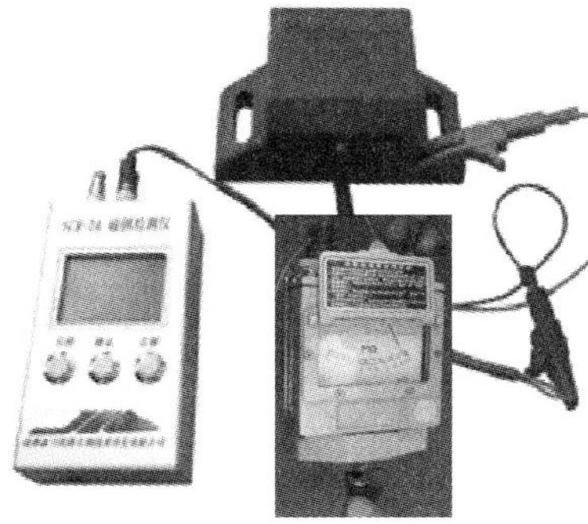

（b）测量 ZR 磁钢绝缘电阻

图 4-46　测量 AEI 开、关门磁钢最大输出信号幅值

⑤ 用兆欧表测量 AEI 开、关门磁钢绝缘电阻。

测试方法及步骤：作业者甲用兆欧表测量前，将兆欧表水平放置轨边，两表笔分开，快速转动摇把（顺时针方向、每分钟 120 转以上），此时指针应指于“∞”位。然后将两表笔短接，慢慢摇动摇把，指针回到“0”处。作业者甲将引出线合并接红表笔，黑表笔接磁钢外壳。快速转动摇把（顺时针方向、每分钟 120 转以上）待指针稳定后，读取数值，即为磁钢实际绝缘电阻值，应符合绝缘电阻>200 MΩ 范围。

（2）安装哈科磁钢，使用车轮传感器测量专用尺和示波器检修时，按照以下标准进行测量：

① 作业者甲清洁磁钢及卡具，检查磁钢及安装架无锈蚀、不受碴石挤压，对各紧固件涂油。

② 作业者甲直观检查磁钢外观无损坏，弹簧垫圈齐全；磁钢引线无损伤、断裂，有护管保护。

③ 作业者甲目视检查磁钢及卡具各紧固螺栓防松标记，发现移位或松动时用扳手紧固，并用车轮传感器专用尺复核开、关门磁钢安装尺寸。

a. 核查磁钢顶面与轨平面距离：

测试方法步骤及标准：作业者甲蹲在两钢轨间，面对磁钢，打开车轮传感器测量专用尺电源开关，并按压校零按钮，将测量尺活动端拉开至 50 mm 处，将车轮传感器测量专用尺固定端垂直置于磁钢上表面的几何中心，车轮传感器测量专用尺尺身紧贴钢轨内侧面，推动车轮传感器测量专用尺活动端使之紧贴于钢轨上表面。读取显示屏读数，即为被测磁钢顶面与钢轨上平面距离，如图 4-47 所示。

（a）测量磁钢高度

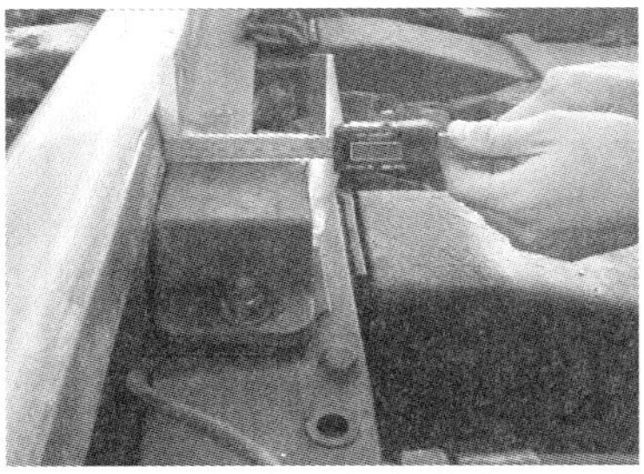
（b）测量磁钢外沿与钢轨内侧距离

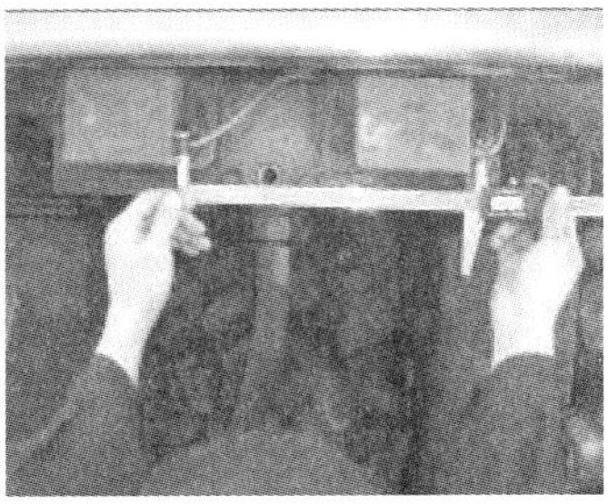
（c）测量开关门磁钢距离

图 4-47　核查磁钢顶面与轨平面距离

b. 测量 AEI 开关门磁钢外沿与钢轨内侧距离：

测试方法步骤及标准：作业者甲蹲在两钢轨间，面对磁钢。作业者甲按压校零按钮，将测量尺活动端拉开至 150 mm 处，将车轮传感器测量专用尺尺身紧贴磁钢上表面，通过磁钢几何中心，将固定端与钢轨内侧面垂直并密贴，推动车轮传感器测量专用尺活动端使之紧贴于磁钢外侧面，读取显示屏读数即为磁钢外沿与钢轨内侧距离。

c. 核查 AEI 开关门磁钢中心距：

测试方法步骤及标准：作业者甲蹲在两钢轨间，面对磁钢。作业者甲按压校零按钮，将测量尺活动端拉开至 300 mm 处，将车轮传感器测量专用尺固定端垂直紧贴于关门磁钢右侧面，测量专用尺尺身紧贴开门磁钢外侧面，测量专用尺尺身保持水平，推动测量专用尺活动端使之紧贴于开门磁钢右侧面，读取显示屏读数即为开关门磁钢中心距。

d. 使用非数显车辆传感器测量专用尺时，测量方法与前述相同。读取数值时，首先观察副尺“0”刻度线（游标零线）左侧主尺上最靠近的一条刻线的数值，即为测量数值的整数部分，再观察副尺上游标零线右侧与主尺数值线对齐的刻度线，其左侧最近数值即为测量数值小数部分第一位数值，数值刻度线与对齐刻度线间距为 N，则 $N \times 0.02$ 即为测量数值小数部分第二位数值。

B2.1.3.5 哈科磁钢安装尺寸标准：磁钢顶面与钢轨上平面距离，标准为（38 ± 2）mm；开、关门磁钢外沿与钢轨内侧距离，标准为大于等于（87 ± 2）mm；开、关门磁钢中心距，标准为（270 ± 2）mm。不符合安装要求应立即进行调整。

④ 用示波器测量 AEI 开、关门磁钢最大输出信号幅值。

a. 作业者甲在室内机柜后部室外磁钢信号输入端，用螺丝刀取下接开门磁钢“+”“−”端子，用示波器测量开机磁钢最大输出信号幅值。

检测方法及步骤：作业者甲打开数字示波器电源，示波器自检。将示波器探头上的衰减开关设定到 ×1。将探头与示波器的 CH1 连接，探头端部和基准导线连接到示波器右下侧的“探头元件”连接器上。按下“AUTO”按钮。等待 10 s 后，示波器显示屏上显示频率为 1 kHz、电压峰峰值约为 3 V 的方波。

测试前，按下“CH1”按钮，设置“耦合”选项为“直流”，设置“探头”选项为“×1”，方可进行测量，如图 4-48 所示。

测量时，作业者甲将示波器探头端部接开门磁钢“+”，示波器探头基准导线接开门磁钢“−”，然后旋动“CH1”按钮上方的“Push-Variable”旋钮，设置合适垂直电压挡位为 2 V（根据磁钢输出信号大小进行挡位调整，以能观察清楚触发波形为准），作业者乙在室外用包裹绝缘层的铁器触发开门磁钢，此时示波器显示屏幕左下显示峰峰值（V_{P-P}），读取显示的最大值即为开门磁钢最大输出信号幅值。

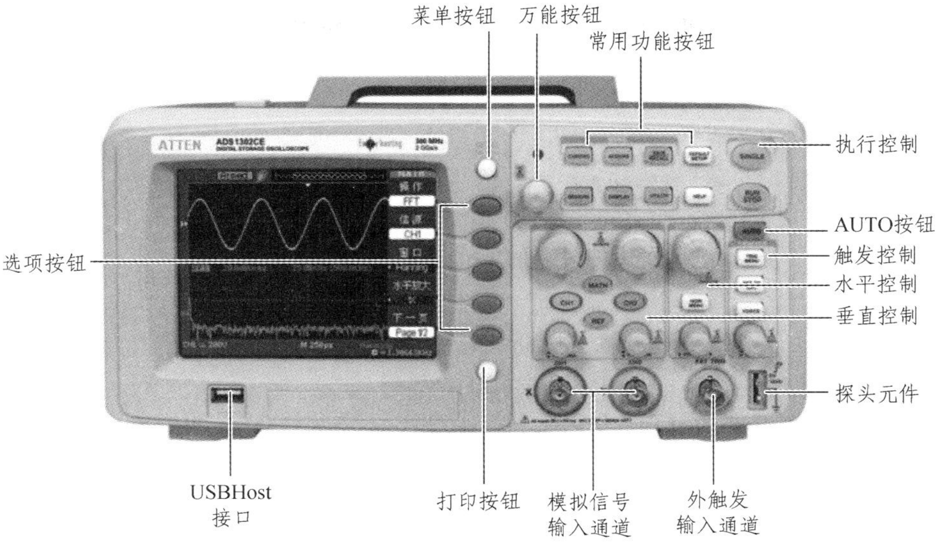

图 4-48　数字示波器

b. 用同样的方法，测量关门磁钢最大输出信号幅值。磁钢最大输出信号幅值范围 0.5～12 V 峰峰值，超限时进行处理或更换。测试完毕，作业者乙将测得的最大输出信号幅值指标记录到《TADS 探测站巡检作业记录簿》中。

（5）用兆欧表测量 AEI 开、关门磁钢绝缘电阻。

测试方法及步骤：作业者甲用兆欧表测量前，将兆欧表水平放置轨边，两表笔分开，快速转动摇把（顺时针方向、每分钟 120 转以上），此时指针应指于“∞”位。然后将两表笔短接，慢慢摇动摇把，指针回到“0”处。作业者甲将引出线合并接红表笔，黑表笔接磁钢外壳。快速转动摇把（顺时针方向、每分钟 120 转以上）待指针稳定后，读取数值，即为磁钢实际绝缘电阻值，应符合绝缘电阻>20 MΩ 范围。

（6）测量完毕，作业者甲将磁钢线芯对磁钢外壳放电；作业者乙连接磁钢引线和室内电缆，做好绝缘防水处理。作业者乙将数据记录到《TADS 探测站巡检作业记录簿》中。

（7）检查开机、WS1、WS2 磁钢及卡具。

① 作业者甲、乙按照前述检查方法，对开机、WS1、WS2 磁钢及相关部件安装尺寸和技术指标进行检查、测试、处理和记录。

② 作业者甲核查 WS1 与 WS2，WS1 与 MIC1，WS2 与 MIC1 的安装情况。目测各螺栓紧固标识线，如发生移位和松动，应立即进行复测和调整。如更换 WS1、WS2 应确认安装位置无移动，并将测量结果报设备厂家，核对从机中的设置参数。

2）检查天线及防护箱

（1）作业者甲清洁天线及天线安装架表面，检查天线及天线安装架螺栓紧固（防松标记无移位），清除锈蚀，对紧固件油润；直观检查天线及天线防护罩无变形、破损。

（2）作业者甲直观检查天线及天线安装架外观，无变形、无破损，不受钢轨及碎石挤压；检查天线同轴电缆接头无松动、防水良好，电缆无死弯；检查橡胶护管及接头，护管与接头安装严密，胶管不得有破口，直观检查，紧固，破损更换。

（3）检查天线的读取范围。

① 用便携式场强仪检查方法：

操作方法及步骤：作业者乙用包裹橡皮层的铁器敲击开机磁钢 3 次以上，作业者甲观察室内车号智能跟踪装置，开机磁钢灯闪亮大于 3 次后，RF0 灯亮，此时，天线打开，如图 4-49 所示。作业者乙以每 3 s 一次的频率继续触发开机磁钢，直到本次检查完毕。

（a）天线打开状态　　（b）场强仪距天线上方 1 m　　（c）读取距离大于 1.2 m

图 4-49　便携式场强仪的使用

作业者甲手持便携式场强仪，便携式场强仪方向应与天线方向相同，正面向下，置于天线上方 1 m 处，按下便携式场强计开关，绿灯常亮，如图 4-49 所示。沿来车方向向前移动，当便携式场强计绿灯变为黄灯时，便携式场强计所处位置距天线中心的水平距离，即为天线前部读取范围。作业者甲乙共同配合用钢卷尺分别测量前、后位置距天线中心的水平距离，天线每侧读取距离大于等于 1.2 m，如图 4-49 所示。如测试时间过长，作业者甲应在设备延时关机前补敲开门磁钢。

② 测试完毕，设备延时一定时间后自动关闭。作业者乙确认设备恢复至接车状态，记录天线的读取范围数据到《TADS 探测站巡检作业记录簿》中。

3）检查声学传感器阵列箱

（1）作业者甲对传感器阵列箱体、支架清洁、除锈。

（2）作业者甲用吸尘器（禁用鼓风机）、毛刷清除传感器阵列箱内外部灰尘；并目视检查箱内各螺帽和电缆接头防松标记，移位或松动时用扳手紧固，如图 4-50 所示。

4-2 实作：TADS 阵列箱检查

（3）作业者甲直观检查风扇无擦片，响声正常，如图 4-51（a）所示。

（4）作业者乙按下室内保护门开关测试按钮，作业者甲检查远近侧保护门，开、关同步，无卡滞，关闭严密，保护门防护网完好，如图 4-51（b）、（c）所示。

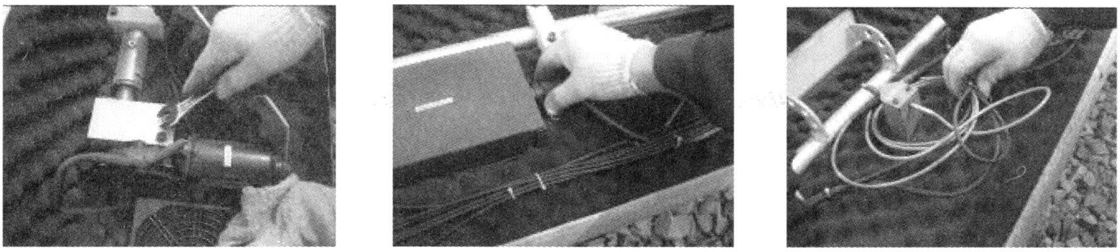

图 4-50　陈列箱内部检查与清洁

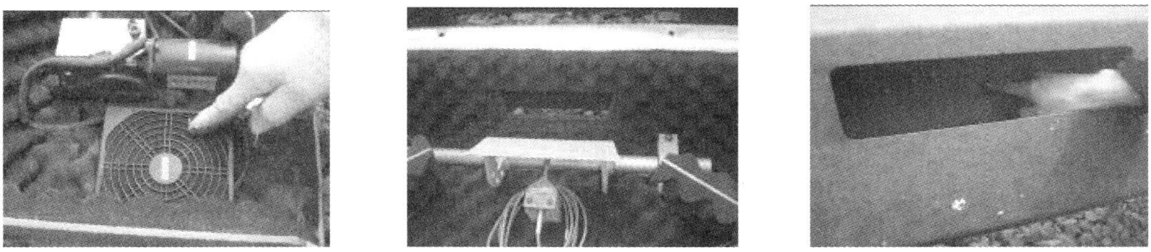

（a）检查风扇　　（b）保护门打开　　（c）保护门关闭

图 4-51　风扇及保护门测试

（5）作业者甲检查声音传感器，安装紧固无松动、位置正确。如松动，用麦克风专用卡尺测量并调整、紧固。具体调整方法：将专用工具上突起的确定用小柱，对准 MIC 箱体上的确定孔，放置下去，使工具的下沿和 MIC 箱体严密接触，扳起麦克风确定部件，确定麦克风的位置。如对麦克风的位置进行调整，调取并分析 3 列以上接车数据进行验证，确保设备探测正常。如图 4-52 所示。

图 4-52　用麦克风专用卡尺测量麦克风的位置

（6）检查完毕，作业者甲清点整理工具，与作业者乙一同安装紧固箱盖。作业者乙将传感器阵列箱检查结果记录到《TADS 探测站巡检作业记录簿》中。

4）检查轨边分线箱及 HZ12 分线箱

（1）作业者甲直观检查轨边分线箱及 HZ12 分线箱基础，应埋设牢固，箱体安装紧固，无破损。用工具清除箱体内外部锈蚀部分。

（2）作业者甲用毛刷清扫分线箱内部，用吹尘器吹尘；作业者甲检查各接线端子无松动氧化，用扳手紧固各螺帽。

（3）作业者甲用手拨动同轴电缆，检查同轴电缆松紧适度；检查同轴电缆接头紧固。

作业者甲将室外设备检修用工具及仪表整理并收回探测站室内。

作业者乙将室外设备检查情况记录到《TADS 探测站巡检作业记录簿》中。

3. 检查室内设备

1）检查机柜

（1）作业者甲对机柜进行清扫除尘，用棉布擦拭机柜、各机箱、显示器。

（2）作业者甲检查风扇，运转正常、无异响。

（3）作业者甲清理机柜周边卫生和杂物，检查门、锁良好、无破损。

2）检查计算机软硬件

（1）作业者甲用吹尘器、毛刷对机箱内外部清洁除尘。

（2）作业者甲检查工控机电源、CPU 及显卡风扇，转动正常无卡滞。

（3）作业者甲直观检查主机背面板的各接口和连接线，连接电缆无损坏，插座插头无氧化。

（4）作业者甲直观检查 5 V、12 V 电源显示，输出指示灯显示正常。

（5）作业者甲验证各计算机系统时间自动同步设置有效，如无法自动同步，须与自动校时设备时间进行核对，误差应在 30 s 之内，超过时手动调整。本地各工控机间相对误差小于 5 s。

（6）作业者甲在天窗点内升级杀毒软件，并执行杀毒程序，对系统进行杀毒。

（7）作业者甲直观检查硬盘灯工作状态，检查硬盘空余容量，利用系统自带程序检查磁盘错误，如硬盘空余容量低于 20%，需要进行碎片整理。碎片整理时，关闭杀毒软件并在天窗内进行。

（8）作业者甲直观检查 TADS 所有软件程序是否正常运行，并观察过车后是否形成过车报文，如图 4-53 所示。

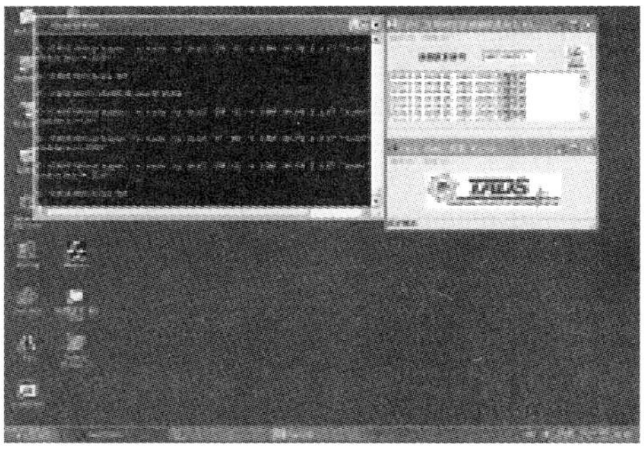

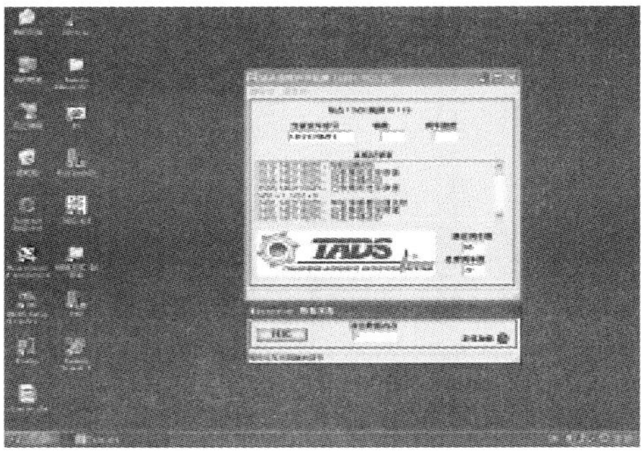

（a）查看 tsatv 程序运行状态（适用 TADS3.0 程序）（b）查看 tsds abd 程序运行状态（适用 TADS3.0 程序）

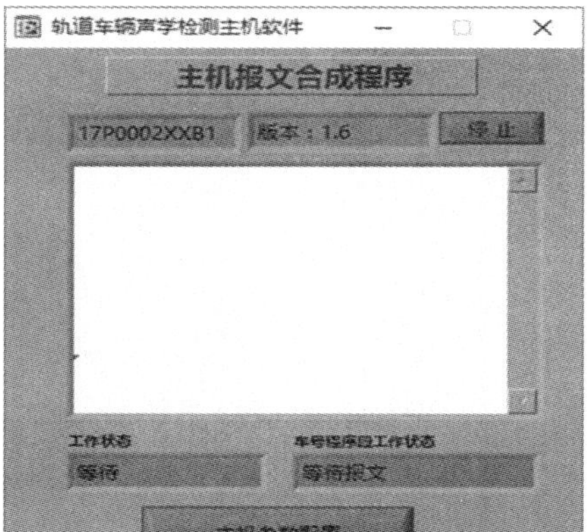

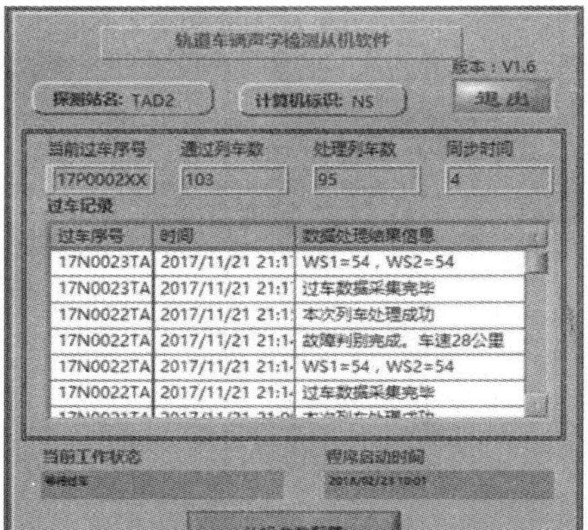

（c）查看主机程序运行状态（适用 TADS5.0 程序）（d）查看从机程序运行状态（适用 TADS5.0 程序）

图 4-53　TADS 软件程序运行检查

（9）作业者甲查看探测列车采集数据，应上传及时，数据无错误。

（10）作业者甲按照前述方法，对主机及近端、远端计算机进行检查和处理。

3）检查车号智能跟踪装置主机

（1）作业者甲用毛刷或吹尘器对智能跟踪装置主机清扫除尘，用棉布擦拭机箱。

（2）作业者甲直观检查主机工作状态，各指示灯显示正常。

（3）作业者甲直观检查连接线缆无损坏，插头插座无氧化，连接牢固；检查同轴电缆无死弯。

（4）作业者甲调取设备存车或登录“铁路车辆运行安全监控系统”，核对 2 列以上的车次、车号信息，标签数量等数据应正确，系统解码、通信等功能正常。

4）检查电源信号分配箱

（1）作业者甲用毛刷或吹尘器清扫电源信号分配箱，用棉布擦拭箱体外部。

（2）作业者甲通过触发手动开关或敲击 ws 磁钢，观察前面板指示灯显示正常，未过车时，power 指示灯闪亮，NS_close，FS_close 指示灯常亮，过车时，power，NS_open，FS_open 指示灯常亮。

（3）作业者甲直观检查连接电缆无损坏，插座插头无氧化，紧固各接线端子及插头连接。

5）检查远程电源控制箱

（1）作业者甲用毛刷或吹尘器清扫远程电源控制箱，用棉布擦拭箱体外部；检查远程电源控制箱工作指示灯正常。

（2）作业者甲用万用表测量远程电源控制箱测量输入输出电压应相等；检查连接电缆无损坏，插头、插座无氧化，连接牢固。

6）检查 KVM 切换器

（1）作业者甲用毛刷、吹尘器清洁 KVM 切换器。

（2）作业者直观检查各电缆连接牢固，无松动。

（3）作业者甲切换 KVM 按钮，能正常切换各计算机，检验键盘、鼠标及显示器转换正常，显示清晰，鼠标、键盘能正常使用。

7）检查声学信号放大器箱

（1）作业者甲对放大器箱擦拭、除尘。

（2）作业者甲察看放大器前面板指示，对比每个信道的参数正常。查看时按《放大器操作说明》操作，如同一放大器信道参数与其他不同（除麦克风灵敏度），及时与厂家联系解决，如图 4-54 所示。

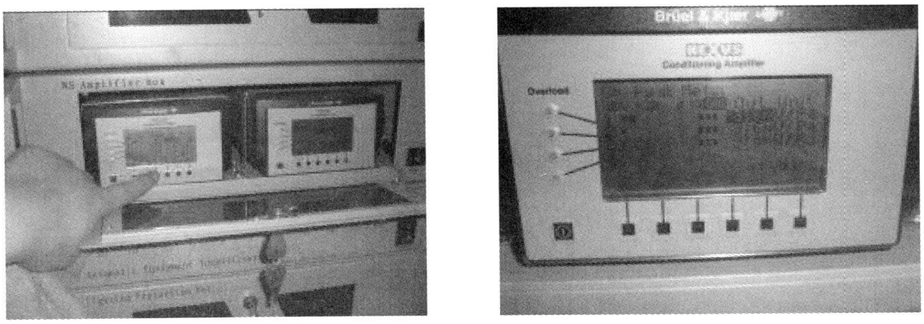

图 4-54　查看放大器设置及状态

（3）作业者甲使用声源检测，无超限指示灯常亮。

8）检查网络交换机

（1）作业者甲对网络设备擦拭、除尘。

（2）作业者甲检查集线器、交换机、光端机，观察电源、收、发等指示灯显示正常，网络畅通。如异常，按设备归属联系相关部门解决。

（3）作业者甲检查网线、RJ45 接头，网线无死弯、断线，轻触 RJ45 接头检查接头无松动、无接触不良。

（4）作业者甲用“ping”命令测试探测站各计算机与服务器之间网络，数据传输应无损、无错。

（5）作业者甲直观检查各计算机之间通信正常。

9）检查供电部分

（1）检查双路电源切换箱。

① 作业者甲清洁擦拭箱体，直观检查指示灯显示正常。

② 作业者甲用万用表在供电输入端测量一路及二路供电电压，电压应在 176 ~ 253 V，确认设备供电正常。

③ 作业者乙手动切断（大于 5 s）然后再送上正在使用的一路电源，作业者甲观察电源转换装置自动切换，设备供电正常。

④ 作业者甲检查电源箱断路器（闸刀）、保险线等正常，无异状。

（2）检查 UPS 主机及电池柜

① 作业者甲清擦拭 UPS 及电池柜。直观检查环境通风、干燥。

② 作业者甲检查 UPS 主控开关位置正确（无跳闸）；主机各按钮灵敏、数字显示（指示）正常；输入输出接线端子无松动、无烧焦。发现异常时应立即对 UPS 主机或供电线路检查处理。

③ 作业者甲用万用表测量 UPS 交流电源输入电压，应符合输入电压：176 ~ 253 V；输出电压 210 ~ 230 V。

④ 作业者甲操作 UPS 主机控制面板或手动切断电源输入，系统应切换电池供电，电池逆变供电压、电流正常。

（3）检查室内电源线缆，消防设备。

① 作业者甲直观检查室内交流电源、直流电源线缆布线规范，线缆无破皮，线头无裸露，接线无松动。探测站无违规使用大功率电器。

② 作业者甲检查探测站内灭火器压力表显示正常，检定不过期。

10）检查防雷设备

（1）检查电源防雷箱。

① 作业者甲清洁擦拭电源及信号电涌保护、防雷箱内外部，直观检查电压及电流表头显示正确。

② 作业者甲直观检查输入、输出及接地线连接紧固；后备保护开关处于 ON 状态。

③ 作业者甲直观检查电源电涌保护模块窗口状态显示，无变红、无烧灼痕迹、外观无异常；作业者甲读取记录计数器读数，与前次读数对比，确认计数器未发生新计数，如图 4-55 所示。

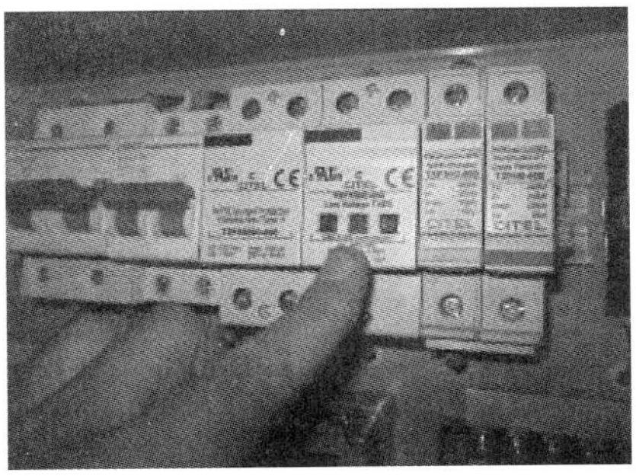

（a）检查模块窗口状态显示

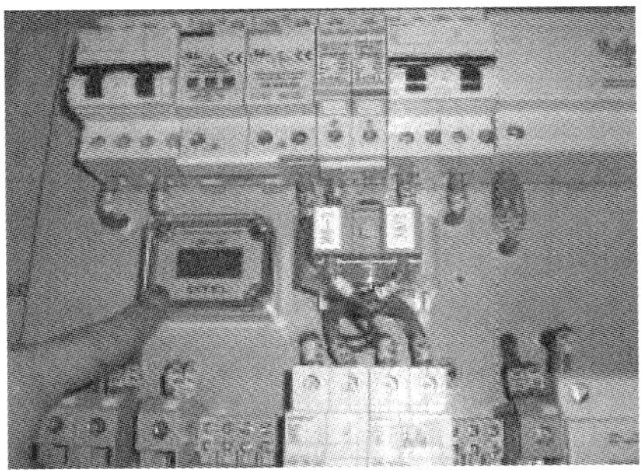

（b）观察计数器

图 4-55　检查电源电涌保护模块窗口状态

（2）检查信号防雷箱。

① 作业者甲清洁擦拭信号防雷箱内外部，直观检查输入、输出及接地线连接紧固。

② 作业者甲直观检各模块（板）接插紧固，器件无烧灼痕迹、外观无异常。

（3）发现模块（板）异常、故障保护开关跳起、计数器发生新计数时，须按照《TADS探测站季节性整修作业指导书》所述方法使用电涌保护模块检测仪对各模块进行测试，损坏须更换。

（4）雷雨季节来临前、雷雨天气过后，必须用电涌保护模块检测仪检测各防雷模块性能。

作业者乙将室内设备检查情况记录到《TADS 探测站巡检作业记录簿》中。

4. 作业台账填写核对

作业者乙将探测站设备检查情况逐项记录到《TADS 探测站巡检作业记录簿》中，并核对台账填写无误后，作业者、防护员在台账上签名。台账填写应不错不漏，不涂不改，定性用词准确，定量数值真实。

5. 作业完毕整理

（1）作业者甲、乙清理室内卫生。

（2）作业者甲、乙清理作业检查确认工作场地无工具配件遗漏，擦拭干净工具仪表，探测站室内工具、仪器按定置管理进行摆放。检查确认存放探测站的工具、仪表作用良好，计量下次检修前到期的带回或按照段计量室安排周期送检校验。

6. 确认设备状态，报告检修结束

（1）作业者甲检查设备各部工作状态，确认设备各开关按钮已恢复接车模式，工作指示灯显示正确，确认室内外设备运行及网络通信正常。

（2）作业者甲与车辆段监控中心值班员（或 TADS 动态检车员）共同核对至少两列过车数据，设备探测、自检及轴承故障报警应正常，网络传输应及时。

（3）作业者甲向车辆段监控中心值班员、铁路集团公司监测站调度员报告巡检作业结束。作业负责人保持通信畅通，及时接收段监控中心根据过车信息发现的异常情况通知。

7. 作业完毕撤离

（1）确认不再上道作业后，作业负责人安排作业人员撤除软隔离，同时清点作业人员、工具、仪器仪表，核对并填写《入网人员、工器具、材料明细单》。作业负责人对设备状态、工机具清理、人员撤离、防护撤除等进行检查，确认开通条件，并将清单照片传递到驻站联络员（不具备照片传递条件时，要利用对讲机等符合要求的通信工具联控驻站联络员，传递“清点”“确认”信息）。

（2）作业全部结束后，作业负责人通知现场防护员，现场防护员通知驻站联络员办理相关手续后撤离探测站。

（3）出网前，作业负责人检查确认带出防护网的人员、工器具、材料等，再次核对并填写《入网人员、工器具、材料明细单》，核对入网前拍摄照片。严禁将作业机具、材料遗留在防护栅栏内。现场防护员锁闭作业门，作业人员返回车间。

【任务自检】

1. 轴承产生振动和噪声的原因主要和哪 4 种因素有关？
2. 简述 TADS 系统的工作原理。
3. 简述 TADS 地面探测站的组成。
4. 简述 TADS 系统探测站的主要功能。
5. 绘图说明在 TADS 系统中，轴承在车辆中的定位规定。
6. TADS 设备故障中出现通信故障，应该怎么处理？
7. TADS 设备故障中出现声音采集部分异常，应该怎么处理？

任务二　TADS 系统运用与管理

【任务描述】

（1）掌握 TADS 系统的扣车标准；
（2）掌握 TADS 预报及反馈流程；
（3）具备 TADS 系统故障处理基本能力。

【背景知识】

车辆滚动轴承故障轨边声学诊断系统（以下简称 TADS 系统），是采用轨边声学探测及计算机诊断技术，采集运行车辆滚动轴承的振动声音信号，通过数据分析，判断无热轴轴承内圈、外圈、滚子故障的系统，是保障铁路车辆运输安全的重要设施。体现了“预防为主”的安全指导思想，使行车安全性更高，从而确保行车安全，提高铁路运输的效率和服务水平。

以 TADS 检测数据为基础，根据车辆运用管理要求，对 TADS 系统监测信息进行联网监控、故障预警、核实反馈及综合应用，可为铁路各级车辆作业及管理人员提供车辆滚动轴承故障轨边声学诊断系统监控管理服务，保障铁路车辆运行安全。

一、TADS 系统运用与管理标准

（一）TADS 系统故障报警

TADS 系统采用网络化管理，在国家铁路集团有限公司 TADS 服务器建立中央数据库，一方面可以存储全路范围内最完整、准确的货车轴承故障预报信息，另一方面对货车轴承的历史预报信息进行综合分析、对预报次数进行累计。通过对预报次数的分析和根据联网扣车评判标准进行评判，可以进一步提高预报的准确性和可靠性。故障报警流程如图 4-56 所示。

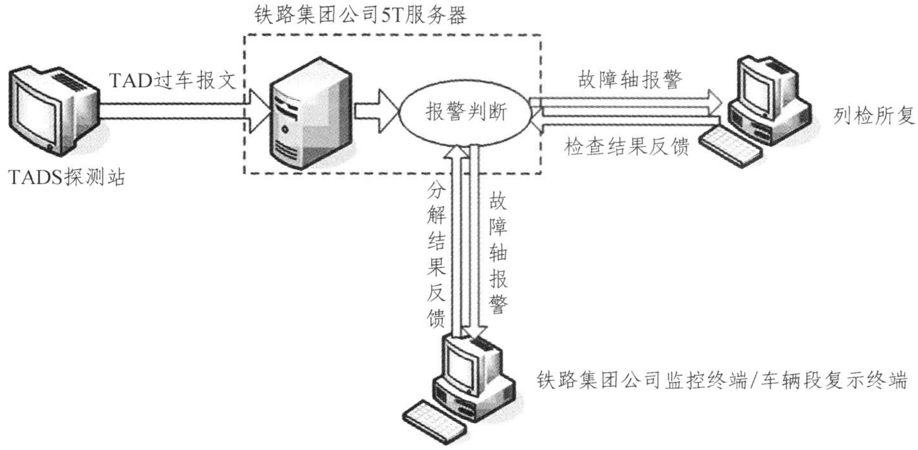

图 4-56　故障报警流程

系统自动对故障轴承在国家铁路集团有限公司中央数据库中的历次运行状态进行查询比较，当认为该轴承达到了一定的危险程度并需要做换轮处理的，会在列车即将到达的列检所提示扣车报警，弹出报警对话框，需要列检值班人员进行扣车处理和报警确认。在实时监控界面中设立扣车报警窗口，对于经过联网评判后达到扣车标准的故障轴承进行报警。

扣车标准：

（1）同一轴承连续预报一级 3 次及以上（连续 3 次以上预报一级）。

（2）同一轴承连续 5 次通过探测站，其中预报一级 3 次及以上（通过 5 次，累计 3 次一级）。

（3）同一轴承连续 6 次通过探测站，其中预报二级 3 次及以上（通过 6 次，累计 3 次二级）。

（4）同一轴承连续 8 次通过探测站，其中预报三级 5 次及以上（通过 8 次，累计 5 次三级）。

当 TADS 单次预报轴承一级故障时，由现场检车员对预报轴位进行检查确认。当同一轴承连续预报一级 3 次及以上，或同一轴承连续 5 次通过探测站，其中预报一级 3 次及以上，或同一轴承连续 6 次通过探测站，其中预报二级 3 次及以上时，系统自动弹出扣车预报对话框，现场检车员要对预报轴位进行检查确认；现场检车工长要对现场检车员认定无故障轴位进行复核，如图 4-57 所示。

4-3　TADS 故障预报及反馈

（二）TADS 系统故障预报及反馈

TADS 探测站自动进行数据采集，并对通过列车的每一个轴承的探测数据进行分析，对轴承的运行状况进行级别评定和故障诊断。探测到的轴承故障信息提供给各监控、复示及查询终端。TADS 采集系统建立数学模型，根据货车运行速度、轴承振动频率、轴承运转噪声、轴承故障类型进行后台分析。

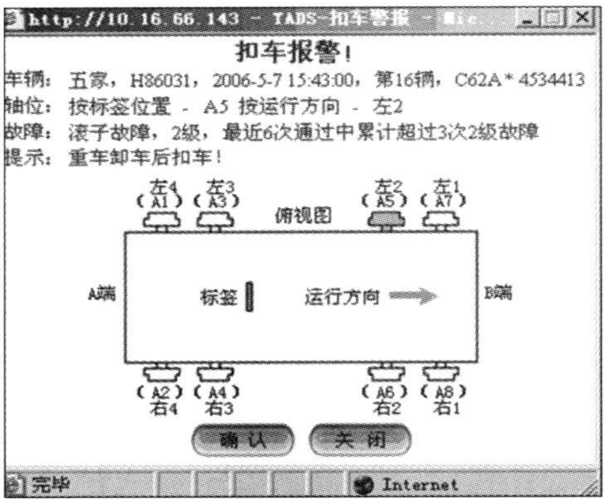

图 4-57　TADS 系统扣车报警

故障类型：外圈、内圈、滚子、其他。

故障级别：一级、二级、三级。

故障等级颜色：一级为红色，二级为橙色，三级为黄色。

1. TADS 预报单次一级轴承故障

列检所动态检车员根据列检 TADS 复示终端显示的预报一级轴承故障信息对话框，首先判别该列车是直通车还是非直通车。

如果是直通车，由动态检车员在 TADS 复示终端点击“报警管理”下的“检查结果反馈”页面，选择直通车选项，其他内容不填写，点击“提交”，系统自动将此信息上传国铁集团 TADS 数据库，完成检查结果反馈。

如果是非直通车，动态检车员要立即将车次、车号、辆序、轴位等情况经动态检车组长向列检值班员报告；由列检值班员通知现场检车员；由现场检车员对预报轴位进行检查确认，并将检查确认结果向列检值班员报告，向动态检车组进行反馈，经检查确认后，无故障车辆放行，由动态检车员在 TADS 复示终端点击“报警管理”下的“检查结果反馈”填写非直通车选项，由动态检车员填写检查结果反馈信息。有故障车辆，转入 TADS 故障处理流程，并由动态检车员填写检查结果反馈信息。填写检查结果反馈信息时，非直通车需要填写或选择的内容包括轴承位置、是否甩车、是否换轮、轴承型号、检查人和检查时间等，标志板上的轴号等信息，点击“提交”，数据上传，完成检查结果反馈。流程图如图 4-58 所示。

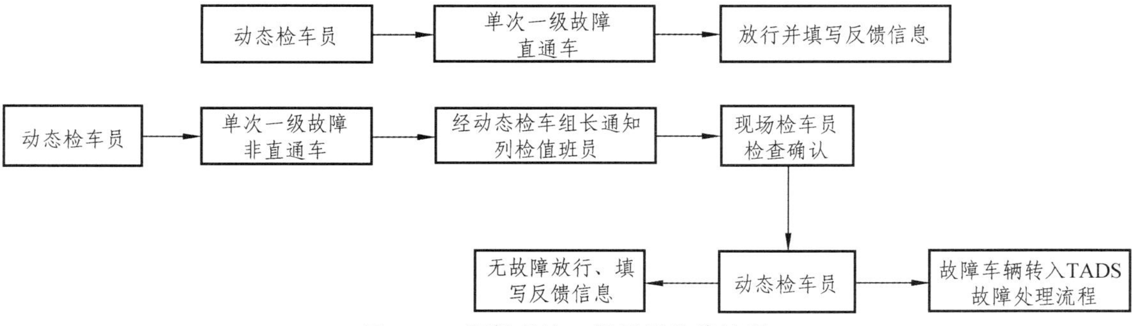

图 4-58　预报单次一级轴承故障流程

2. 扣车报警的轴承故障

当同一轴承连续预报一级 3 次及以上，或同一轴承连续 5 次通过探测站，其中预报一级 3 次及以上，或同一轴承连续 6 次通过探测站，其中预报二级 3 次及以上时，系统自动弹出扣车预报对话框。

如果是直通车，由动态检车员填写检查结果反馈信息；填写方法与预报单次一级轴承故障相同。

如果是非直通车，处理方法与预报单次一级轴承故障相同，但现场检车工长要对现场检车员认定无故障轴位进行复核，经检查确认后，无故障车辆放行，有故障车辆，转入 TADS 故障处理流程，由动态检车员填写检查结果反馈信息，填写方法与预报单次一级轴承故障相同。流程图如图 4-59 所示。

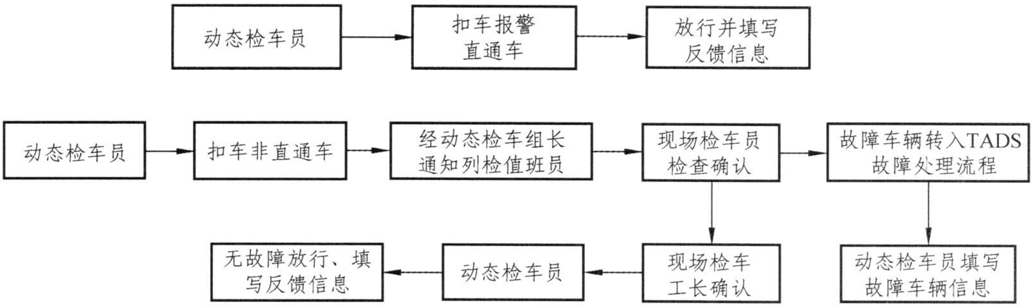

图 4-59　扣车报警的轴承故障流程

（三）TADS 系统故障轴承分解及反馈

TADS 动态检车人员负责将系统预报故障向列检值班员报告，列检值班员负责将系统所有预报故障按辆为单位向现场检车人员进行预报，现场检车人员负责对系统预报故障进行全数检查确认，并将检查确认结果向列检值班员报告，向动态检车组进行反馈，由动态检车员将检查确认结果录入各系统中。

对直通货物列车，当 TPDS 预报踏面一级损伤且 TADS 有 1 次一级或两次及以上其他级别预报时，由“货车运用质量跟踪系统”复示到终到站列检作业场，确认后甩车换轮；当 TADS 自动弹出扣车对话框时，由“货车运用质量跟踪系统”复示到终到站列检作业场，确认后换轮进行轴承退卸。

对 TADS 单次预报轴承一级故障货车和 TADS 系统自动弹出对话框的扣车预报货车，动态检车员要立即将车次、车号、辆序、轴位等情况经动态检车组长向列检值班员报告，由列检值班员通知现场检车员，由现场检车员对单次预报货车和扣车预报货车进行检查确认，现场检车工长要对现场检车员认定无故障，但是对 TADS 弹出扣车预报对话框的货车要进行复核。

现场检车员要将所有预报货车的检查确认结果向动态检车组进行反馈，由动态检车员录入 TADS。对存在故障货车按有关规定办理扣车手续，并在轴承外圈的正下方，粘贴不干胶标志，注明“TADS 故障”字样，将故障车辆调至站修所后进行换轮处理；故障车轮送至车辆段检修车间进行轴承退卸处理，检修车间对轴承退卸分解后发现的故障进行拍照存档，由车辆段安排专人汇总轴承故障类型及照片，15 日内补录入 TADS。

1. 故障轴承分解

办理扣车手续，并在轴承外圈的正下方，粘贴不干胶标志，注明“TADS 故障”字样。

将故障车辆调至站修所后进行换轮处理。

故障轮对送至车辆段检修车间进行轴承退卸处理。

检修车间对轴承退卸分解后发现的故障进行拍照存档，由车辆段安排专人汇总轴承故障类型及照片，15 日内登录 TADS 系统，录入故障轴承分解结果反馈信息。流程图如图 4-60 所示。

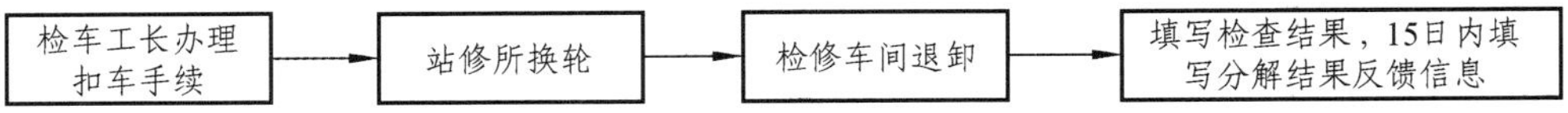

图 4-60 轴承故障处理流程图

2. 分解结果反馈

在检查结果反馈信息中填写为“换轮”的故障轴承，需要在 15 日内填写该轴承在车辆段检修车间的分解结果反馈信息，超过 15 日，按逾时处理。

在车辆段，登录 TADS 系统，点击“报警管理”下的“分解结果反馈”按钮，进入分解结果反馈页，在检查结果反馈信息中填写为“换轮”的故障轴承，会自动显示在分解结果反馈页面中，点击“填写”按钮，在下方会出现分解情况登记表。

填写步骤如下。

（1）点击“填写”按钮选中某一个故障轴承，填写分解情况登记表。选择或填写的内容包括轴承实际的故障部位、实际的缺陷类型、轴承编号、分解的检修车间名称、分解时间等信息。

（2）上传轴承实际故障部位的照片，如果有多个故障部位，则可以上传多张照片，没有故障则不需要上传。

（3）当所有故障部位照片都成功上传，并确认填写的信息准确无误后，点击【提交】按钮将分解情况反馈信息及已上传的照片一同提交给服务器，完成分解结果反馈。

3. 运用管理

从轴承安装到车辆上开始到该轴承报废期间，国铁集团 TADS 系统全程跟踪监控货车滚动轴承的工作状态，实现对全路运用的货车滚动轴承实现全程闭环管理，如图 4-61 所示。

（1）当货车车辆新造或进行检修后，TADS 系统通过车辆制造工厂或车辆段 AEI 设备和其他相关信息系统获得车辆和轴承的信息，上传国铁集团 TADS 数据库。

（2）对线路上运行的货车轴承实时监测，记录通过 TADS 时的运行状态。

（3）发现某个轴承出现故障后，自动跟踪，当轴承故障达到一定危险程度时进行报警，提示进行扣车换轮处理。

（4）故障轴承退卸分解后，车辆段将故障轴承的分解情况及故障照片信息反馈到国铁集团 TADS 数据库。

（5）当车辆进入车辆段（厂）进行定期检修时，TADS 系统结合车辆段（厂）AEI，自动将检修货车的轴承历史运行状态下载到车辆段（厂），指导车辆段（厂）对货车轴承的检修。

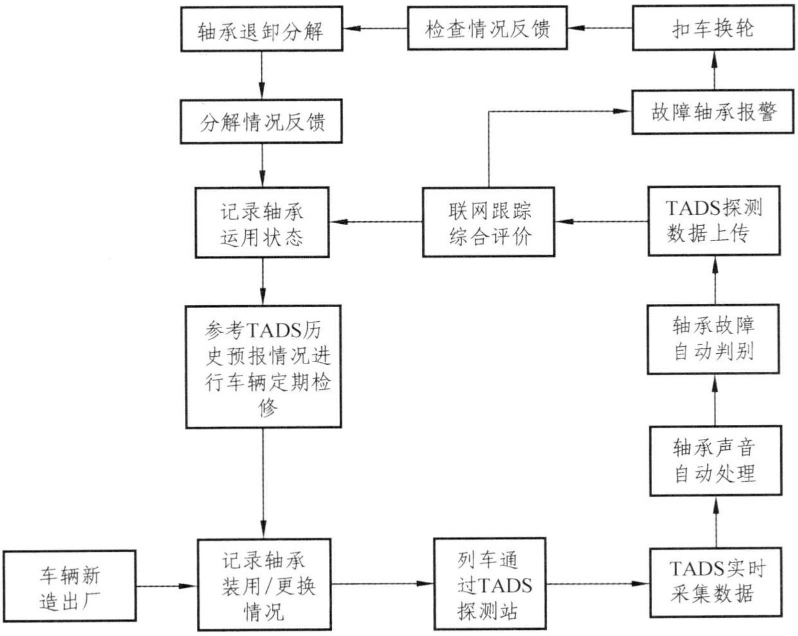

图 4-61　货车轴承闭环监控管理流程图

【任务实施】

一、车间 TADS 监控值班员岗位作业（客车）

适用范围：运用车间 TADS 监控值班员日常监控和报警处置。
作业条件：值班室联网监控计算机。
使用工具：计算机、电话、电子台账。

（一）作业内容

车间 TADS 监控值班员负责车间配属客车的客车滚动轴承轨边声学诊断系统（TADS）监控页面的实时监控，实时查询本属运用客车滚动轴承故障的报警信息；接到段联网 TADS 报警信息及时通知处置，并负责盯控途中和库内对报警信息的处置和对处置信息的回填；每日按时向相关部门上报统计数据。

（二）注意事项

（1）车间值班室的 TADS 监控值班员要求 24 h 有人值守。
（2）实时盯控车间配属客车的 TADS 报警信息。
（3）本岗位作业人员必须经铁路集团公司培训合格，并持有铁路集团公司颁发的《铁路岗位培训合格证书》。

（三）值班员一日作业流程

值班员一日作业流程如图 4-62 所示。

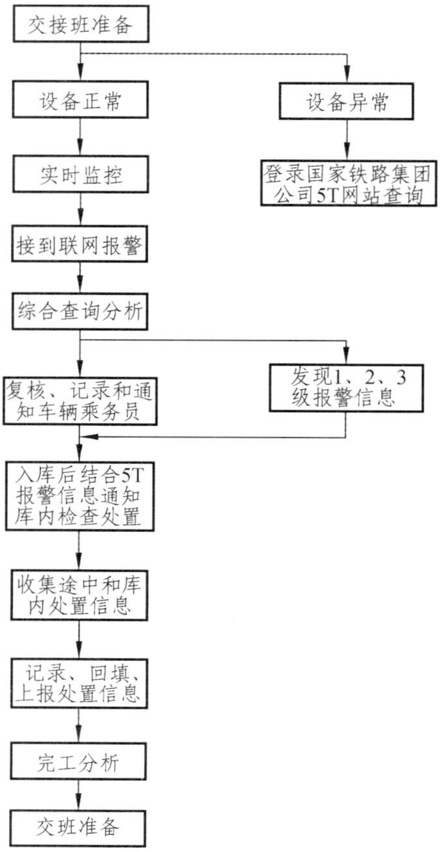

图 4-62　一日作业流程

二、作业程序及标准

1. 交接班

（1）交班，传递本班接收的新文件或要求以及本班需移交下班完成的事项。做到两班信息交接无遗漏。

（2）接班，查看台账填写和需上报报表是否准确无误并符合填写标准。

（3）交接或了解设备运行状况，确认设备运行正常，清扫各处卫生。

（4）检查计算机主机状态、网络传输状态以及应用软件的工作状态等，检查系统工作日期时间：时钟误差小于 2 min。

登录车间 TADS 监控网址和账号。

2. TADS 系统报警标准

1）TADS 暂行预报标准

TADS 单次预报的客车轴承故障须按内圈故障、外圈故障、滚子故障、综合故障 4 种类型进行预报，单次报警等级根据轴承故障的严重程度由重至轻顺序分为一级、二级、三级，未报警轴承为正常轴承。TADS 报警等级使用颜色区分，一级为红色，二级为橙色，三级为黄色。

2）TADS 暂行预报标准

TADS 对单次预报的客车轴承故障进行联网报警，报警标准如下：

（1）在最近 10 次有效探测中，符合下列情况之一时，进行 A 级报警。

① 一级、二级累计预报达到 5 次及以上。

② 一级、二级、三级累计预报达到 7 次及以上。

（2）在最近 10 次有效探测中，符合下列情况之一时，进行 B 级报警。

① 一级、二级累计预报达到 4 次及以上。

② 一级、二级、三级累计预报达到 5 次及以上。

（3）在最近 10 次有效探测中，一级、二级、三级累计预报达到 3 次及以上时，进行 C 级报警。

3. 报警信息的预报和处置程序

（1）当接到联网 A 级、B 级、C 级报警通知后，做好记录、查询“5T”综合报警情况，由车间 TADS 值班员在 TADS 页面对入库时间未知的车辆填写预计入库时间，并报告车间主管主任，立即通知随车车辆乘务员，并将预计入库时间反馈至段 TADS 值班员，并做好记录。

（2）当发生 TADS 系统一、二、三级报警，由车间 TADS 值班员结合 IC 卡刷卡情况、5T 综合报警情况、距上次检修后走行公里的数据进行综合分析后，通知库内对轮对进行检查，并做好检查结果的收集和记录，填写有关报表。

（3）标准用语：“×××车辆乘务员（班组），机后××位××××××（车号），运行方向左（右）××，××位，在××铁路集团公司××线××行××探测站预报××级报警，请判断后处置。

（4）发生联网 A 级报警后，客车首次本属入库后，负责库检的车间主管主任应立即组织进行换轮处理。换轮完毕后车间值班员将相关信息反馈至段 TADS 值班员。

（5）发生联网 B 级报警后，车间 TADS 值班员在 TADS“车辆追踪”页面查询故障轴历史报警情况明细判断 30×24 h 内是否更换过轮对。如未更换过轮对，检查 TADS 发生联网 B 级报警前的 30×24 h 内，该轴承是否存在 TPDS 预报该轮位踏面损伤冲击当量达到 19 级以上或 THDS 预报该轴位微热、强热、激热任意之一的情况，经人工确认未换轮的，当列车返程后，车间应对列车轴温 IC 卡的轴温报警数据进行分析，检查在 TADS 发生联网 B 级报警前 10×24 h 内，该轴承温度是否为全列最大值，是否累计达到 3 次及以上，综合查询情况要做好记录，并将查询信息反馈至段 TADS 值班员，段 TADS 值班员做好报警信息的记录。若发现报警轴承在 TPDS 或 THDS 系统内发生过报警或者该轴承温度为全列最大值累计达到 3 次及以上，由车间 TADS 值班员通知车间主管主任组织进行换轮处理。

（6）发生联网 C 级报警后，首次本属入库后车间 TADS 值班员要结合 IC 卡刷卡情况、5T 综合报警情况进行分析，做好记录，进行换轮处理，车间 TADS 值班员要将相关信息反馈至段 TADS 值班员。当 TADS 系统再次发生联网 C 级报警时，执行 B 级报警处置规定。

（7）首次本属入库后，负责库检的车间主管主任应立即组织对联网 A 级、B 级、C 级报警的轴承进行换轮处理。换轮完毕后车间 TADS 值班员在列车出库前，要在 TADS 系统“报警处理反馈”页面对处理结果（包含标志板 A、B、C 栏、值班员、作业者、作业时间、处理段，如标志板不清晰的待检修车间分解后进行询问）进行回填，并将换轮情况反馈至段 TADS 值班员。

4. 交　班

（1）待本班报警信息处理完毕后，检查台账记录和系统回填情况是否完毕，将本班报警数据统计分析，按照上级要求上报报表。

（2）整理设备、清洁工作环境，与接班人员办理交接。填写相关台账。清洁键盘、鼠标、计算机显示器和工作台等。

（3）交接班人员必须逐项当面交接。

【任务自检】

1. 轴承在运转过程中，存在哪些振动？
2. 解释 TADS 系统的工作原理。
3. 绘图说明在 TADS 系统中，轴承在车辆中的定位规定。
4. 准确描述 TADS 系统探测站的组成及作用。
5. 如遇需扣车报警的轴承故障，该如何处理？
6. 在 TADS 系统平台，如何填写分解结果反馈的相关内容？

项目五　车辆运行品质轨边动态监测系统（TPDS）

【思政课堂】壮志兰心　挚情“铁骨”——臧兰兰

臧兰兰，满族，中共党员，中车大连机车车辆有限公司城铁开发部车体室主任，20 多年来主持完成了 10 多种轨道交通车辆车体的研发设计，获得全国劳动模范、全国五一巾帼奖章、中央企业优秀共产党员、火车头奖章等荣誉。

1976 年 3 月，臧兰兰出生于东北农村，是家里最小的孩子，高考填志愿时选择了机车车辆专业。1999 年 7 月，臧兰兰从大连铁道学院毕业，进入有着“机车摇篮”之称的大连机车车辆厂技术开发部做设计师，设计方向为车体。

车体是轨道车辆的核心部件，被形象地称为轨道交通车辆之“铁骨”，直接关系着车辆的安全性、舒适度、节能环保水平。

随着中国轨道交通的发展加速，轨道交通装备业的技术换代也在 21 世纪初开始加速。当时许多新型车辆是企业首次研发，没有技术积累，研发从零起步。刚出校门的大学生臧兰兰迎接机遇的同时，也承担着重任和压力。

从上班第一天开始，臧兰兰总是最早来、最晚走，休息时间也是捧着资料研究，遇到不懂的问题就立刻向老设计师请教，当天一定要弄明白。在男同事居多的设计部门，老设计师对这个不怕吃苦、勇于钻研、勤学好问的小姑娘寄予厚望。

女性细腻入微的思维优势让臧兰兰能更多地站在旅客的角度去思考和设计，加上对行业技术方向的敏感性，她很快在年轻设计人员中脱颖而出，成为技术骨干。2003 年，臧兰兰和团队成员完成公司首列城市轨道车辆车体设计，实现了国内相关领域零的突破。车辆成功下线后，臧兰兰成为车体设计团队中的领头人，浓墨重彩的设计篇章就此开启。2010 年，公司铝合金车体研制项目启动，臧兰兰带队进行项目的前期调研。设计结构、仿真计算、优化方案，这样繁重、枯燥、重复的工作流程持续数年，臧兰兰始终带领着团队有条不紊地推进工作，进行型材选择设计、车体三维建模、车体静强度计算、焊缝疲劳分析，完成一系列复杂的设计和计算……终于，3 年后，首节 B 型铝合金车体静强度试验成功。得知技术数据达标那一刻，一向内敛的臧兰兰和现场的同事们一同欢呼雀跃起来。

持续自主创新，让中国的轨道交通车辆车体轻量化技术达到世界领先水平。臧兰兰先后主持完成了 10 多种轨道交通车辆车体的研发设计工作，她搭建的技术平台被应用到多个项目中，创造经济效益近 80 亿元。臧兰兰团队申请并获发明专利 6 项、实用新型专利 15 项，多个项目获辽宁省科学技术三等奖、大连市科技进步二等奖和三等奖。

从 2021 年到 21 世纪中叶，我国将分两个阶段推进交通强国建设。交通强国、铁路先行，作为轨道交通车辆车体专家，臧兰兰和团队正致力于车体新型材料的探索和车辆舒适度的研究，在科研之路上披荆斩棘，行稳致远，努力为人民群众描绘快捷美好的出行蓝图。

【项目描述】

通过本项目学习，使学生认识 TPDS 系统的构成，掌握 TPDS 系统探测站各部分组成、功能、设备安装要求；熟悉 TPDS 系统探测站设备的日常维护与检修要求，具有对检测设备常见故障进行判断和处理的初步能力；掌握 TPDS 系统运用与管理标准，正确执行 TPDS 动态检车员一列作业标准。

【知识目标】

（1）掌握 TPDS 系统及网络的构成；

（2）掌握 TPDS 系统探测站设备组成及功能；

（3）熟悉 TPDS 系统探测站设备的日常维护及检修要求；

（4）掌握 TPDS 系统运用与管理标准。

【能力目标】

（1）能准确描述 TPDS 系统的工作原理及检测过程；

（2）能正确操作 TPDS 系统的操作界面，完成故障预报及处理程序；

（3）能完成 TPDS 系统的日常维护与常见故障排查；

（4）正确执行 TPDS 动态检车员一列作业标准。

任务一　TPDS 系统基础知识

【任务描述】

（1）掌握 TPDS 系统的构成、工作原理；

（2）掌握 TPDS 系统探测站的基本组成及功能；

（3）能正确完成 TPDS 系统探测站设备的日常维护。

【背景知识】

随着我国铁路的不断提速，空载货车脱轨事故时有发生，尤其是在提速初期，由于我国货车采用转 8 A 三大件转向架，空车抗菱刚度低、回转阻尼矩不足，加上踏面磨耗等原因，车辆的临界速度在 70 km/h，状态不良的车辆甚至在 60 km/h 左右，货车超过临界速度运行就会出现以下蛇行失稳的特征：轮轨间横向相互作用明显增大、左右轮有明显的增减载现象、车体横向加速度大增。蛇行失稳增加了直线脱轨的可能性、加剧车辆零部件的磨耗、加剧对轨道结构的磨损。

车辆运行品质轨边动态监测系统（Train Performance Detection System，简称 TPDS）早期是针对货车空车直线脱轨问题而开发的一种轨边监测系统。它作为车辆运行安全监控体系的重要组成部分，利用安装在轨道上的测试平台，实时监测运行中车辆轮轨间的动力学参数，并在联网分析处理的基础上，对车辆运行状态进行联网综合评判，同时监测车轮踏面损伤和货物装载超偏载状态等情况，重点防范货车脱轨事故以及车轮踏面损伤等行车安全隐患，保障铁路货车运行安全。经过近 10 年的发展，已实现对铁路货车运行安全的实时监控和故障的闭环管理，在货车运行安全保障中发挥了重要的作用。鉴于 TPDS 在货车轮对质量监控中发挥的重要作用，2010 年起部分铁路集团公司开始尝试用 TPDS 的监测信息来指导现场进行客车轮对踏面损伤故障监测，使客车踏面剥离、失圆等故障得到了有效控制。目前，动车也已开始使用 TPDS 来监控动车轮对的运行状态。

一、TPDS 的工作原理

车辆运行品质轨边动态监测系统 TPDS 是针对货车空车直线脱轨问题以及客车相关运行状态而开发的一种轨边监测系统。利用设在轨道上的检测平台，实时在线监测运行中客货车轮轨间的动力学参数，并对其运行状态进行分级评判，在此基础上各 TPDS 探测站联网识别运行状态不良车辆。通过对运行状态不良车辆预警、追踪、处理，车辆运行品质轨边动态监测系统 TPDS 可以减少货车提速后空车脱轨事故的发生以及客车运行状态不良提前预警。TPDS 兼有货车超偏载报警和客车、货车、机车踏面损伤报警功能。它能识别运行状态不良的车辆；识别车轮踏面损伤及轮对失圆；测量车辆装载的超偏载状态；统计轨道负荷当量通过总重。

TPDS 是利用设在轨道结构中的测试系统对过往车辆进行轮轨力检测，根据检测结果判定车辆的运行状态、超偏载、车轮擦伤、轮对失圆等。传统轮轨力测试方法——钢轨剪力法，一般有效检测区长度只有 300 ~ 400 mm，行车速度较高时，轮轨间垂直力和横向力的检测精度、车轮踏面擦伤的检测率都很低。TPDS 采用移动垂直力测试、板式传感器等新技术，实现了轮轨垂直力和横向力的连续测试，再加上高平顺测试平台、状态不良车辆识别技术、车号自动识别技术等，不但大幅度提高了较高速度条件下垂直力的检测精度，增长了测量区，还可对车轮全周长范围内的踏面擦伤进行检测，提高踏面擦伤的检测率；最重要的是增加了车辆横向性能测试功能。该装置安装在直线段，可准确地识别车辆是否蛇行失稳及失稳的严重程度。

二、TPDS 联网及数据传输

TPDS 以路网车辆全面监控和信息综合利用为目标，建成覆盖全路的车辆运行安全监测信息传输网络。TPDS 采用分散检测、集中报警、联网运行、信息共享的运行模式，所有探测站联网运行，构成了由国铁集团查询中心、铁路集团公司监控中心、车辆段复示终端、列捡所复示终端、探测站等组成的监测网络，实现三级联网、三级复示。

三级联网为：探测站与基层监测中心联网、基层监测中心与铁路集团公司监控中心联网、铁路集团公司与国铁集团查询中心联网。三级复示为：前方列检所复示（重点检查、处理问题车辆）、车辆段复示（主要解决管理和设备维修上的问题）、铁路集团公司车辆安全检测技术中心复示（对疑难问题给予技术支持，及时对问题车辆进行处理）。TPDS 数据处理和传输流程如图 5-1 所示。

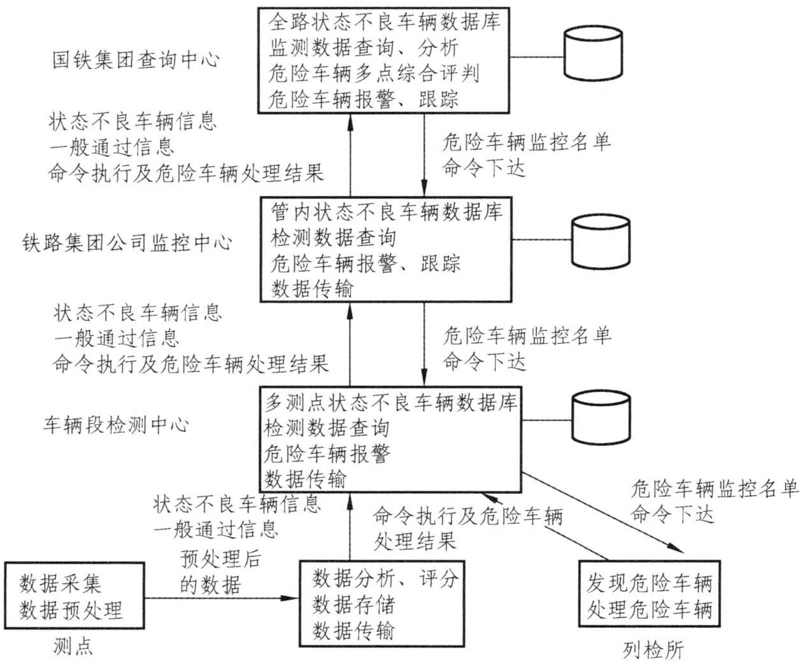

图 5-1　TPDS 测报数据处理和传输流程

三级系统为：国铁集团查询中心系统、铁路集团公司监控中心系统、检测技术复示中心。TPDS 的联网充分利用了铁路通信网既有网络通信道以及国铁集团、铁路集团公司、基层、站段四级机关局域网，构成了一个四级的树型网络，国铁集团查询中心、铁路集团公司监控中心，基层检测中心通过接入同级机关局域网，利用 TMIS 主干网实现互联。TPDS 采用 TCP/IP 通信协议，系统所有联网节点（中心服务器和监控终端、列检复示终端、探测站服务器和测点机）均按照国铁集团统一的 IP 地址分配原则分配相应的地址。TPDS 联网图如图 5-2 所示。

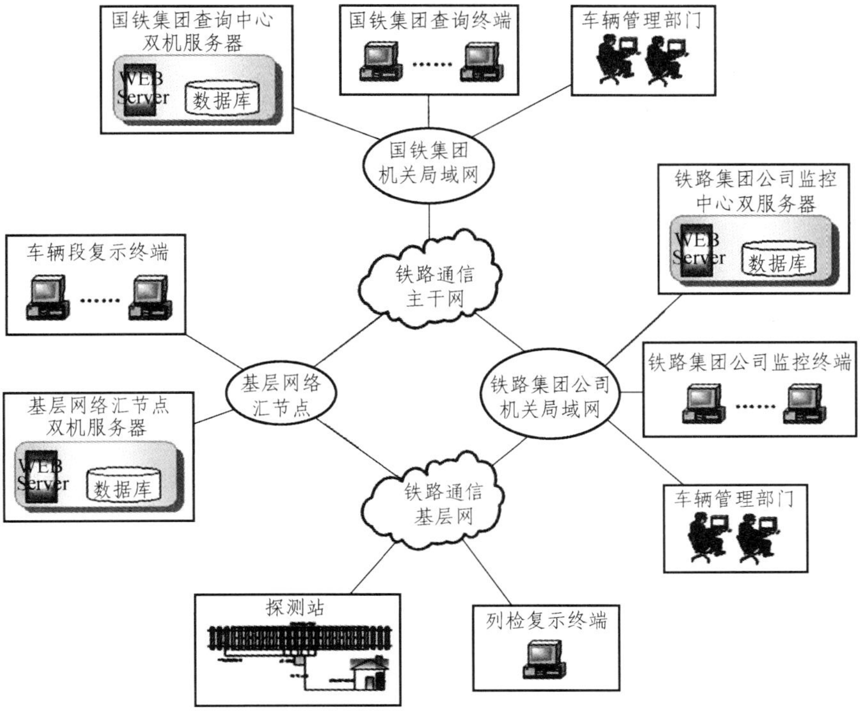

图 5-2　TPDS 联网图

三、TPDS 系统组成

TPDS 系统主要由地面探测站、列检复示系统、铁路集团公司监控中心、国铁集团查询中心组成。下面分别介绍各个组成部分。

5-1　TPDS 探测站的组成及功能

（一）TPDS 地面探测站

1. 探测站设备构成

地面探测站是车辆运行状态的地面安全检测装置，实时检测通过车辆的运行状态。其主要设备包括轨道测试平台与传感器、车号自动识别装置、测试间、监测工控机、测点服务器、不间断电源、网络设备、雨量计。其中，轨道测试平台与传感器、车号自动识别装置为室外设备，监测工控机、测点服务器、不间断电源、网络设备、雨量计主机为室内设备。设备布局如图 5-3 所示。

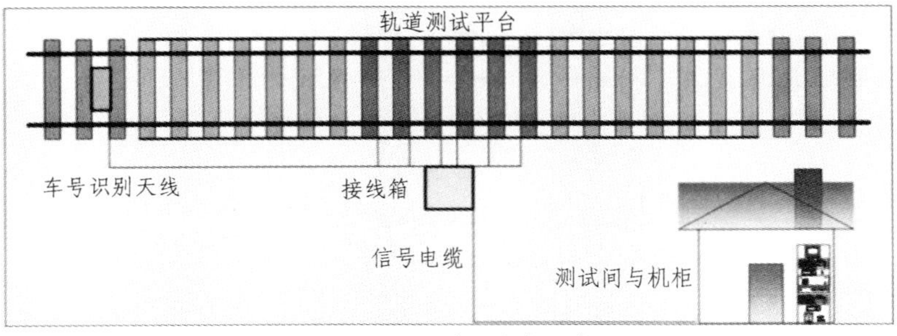

图 5-3　TPDS 探测站示意图

2. TPDS 探测站设备技术性能

称重范围：最大轴重 30 t；

适应列车运行速度范围：30 ~ 160 km/h；

自动计量动态轴重；

超载检测误差：30 ~ 40 km/h 时≤0.5%，

40 ~ 60 km/h 时≤1%，

60 ~ 160 km/h 时≤3%；

具有自动识别车轮踏面损伤功能；

自动识别运行状态不良车辆；

自动识别列车车次、车号信息；

具有系统运行状态自检及故障报警功能；

适应钢轨轨型：50 kg/m、60 kg/m、75 kg/m。

3. 探测站安全监测实现方法与测试原理

1）安全监测实现方法

（1）车辆运行状态识别：通过轮重减载系数、轴横向力/垂直力比值、轴横向力大小及变化特征实现。

（2）车轮踏面擦伤识别：通过踏面擦伤车轮引起的冲击荷载的大小识别。

（3）超偏载检测：通过车辆各轮轮载、轴载、转向架荷载大小与分布实现。

（4）当量累计通过总重：通过列车总重与累计通过列车总重累加得到。

2）测试原理

（1）垂直力测试原理。

为了满足监测要求，TPDS 采用了在较高速度条件下提高检测精度的技术措施和“移动垂直力综合检测的方法”，如图 5-4 所示。

在两剪力传感器之间设置若干个轨下垂直压力传感器，组成一个综合检测区，两种传感器采集的数据通过计算机合成处理，从而得到测试区内的垂直力之和。由于有较长的连续检测区，便能测得一段较长时间内车轮垂直力增减变化过程数据的平均值，而不是波动过程的某个瞬时值，这不仅提高了检测精度，还大大提高了装置适用的速度范围。

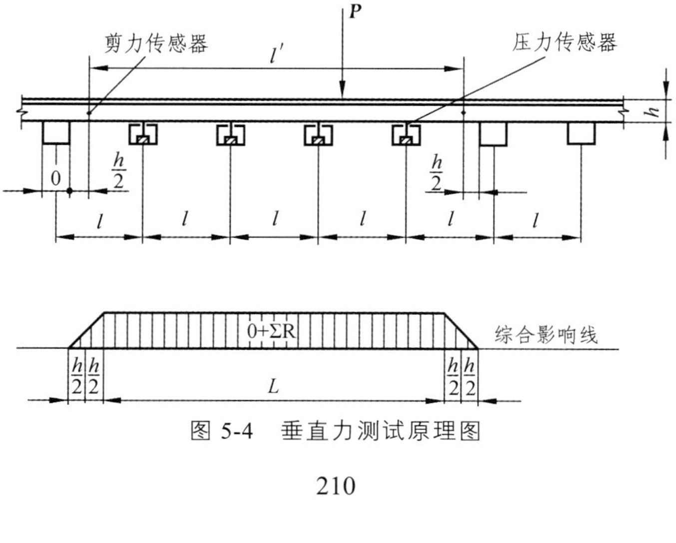

图 5-4　垂直力测试原理图

（2）横向力测试原理。

将钢轨视为传递轮轨横向荷载的载体，而在钢轨的支承点上测量钢轨受车辆作用施加在框架结构中轨枕上的作用力大小。根据轮轨作用横向荷载在钢轨上的受力影响线，通过标定获得钢轨支承点处实际承受横向荷载的比例，再依据车轮在测试区的位置，由钢轨支承点处承受横向荷载的组合而得到车轮在整个测试区连续横向荷载及变化情况。

4. 室外设备

1）轨道测试平台

轨道测试平台安装在线路上，由专用混凝土轨枕通过纵向连接形成框架式轨道结构平台。它提供了具有高平顺性和长期稳定性的平台结构，保证了线路的高平顺状态。采用了以高强度螺栓技术为核心的纵向连接，既满足了连接要求又使在既有线上的安装简便易行。同时在线路上安装时要求在框架式结构两端使用至少 15 根Ⅲ型混凝土轨枕作为纵向刚度的过渡段。通过上述措施，消除或最大限度消除了线路对车辆走行性能、轮载“动荷增量”的影响，保证了测量数据准确、装置稳定可靠。

轨道测试平台由 26 根混凝土轨枕组成（其中 A 型轨枕 10 根，B 型轨枕 16 根），轨枕间距 0.6 m，台面总长 15 m，轨枕长 2.6 m；A 型轨枕上装配二维板式传感器，B 型轨枕上设承轨槽和锚固螺栓孔，如图 5-5 所示。

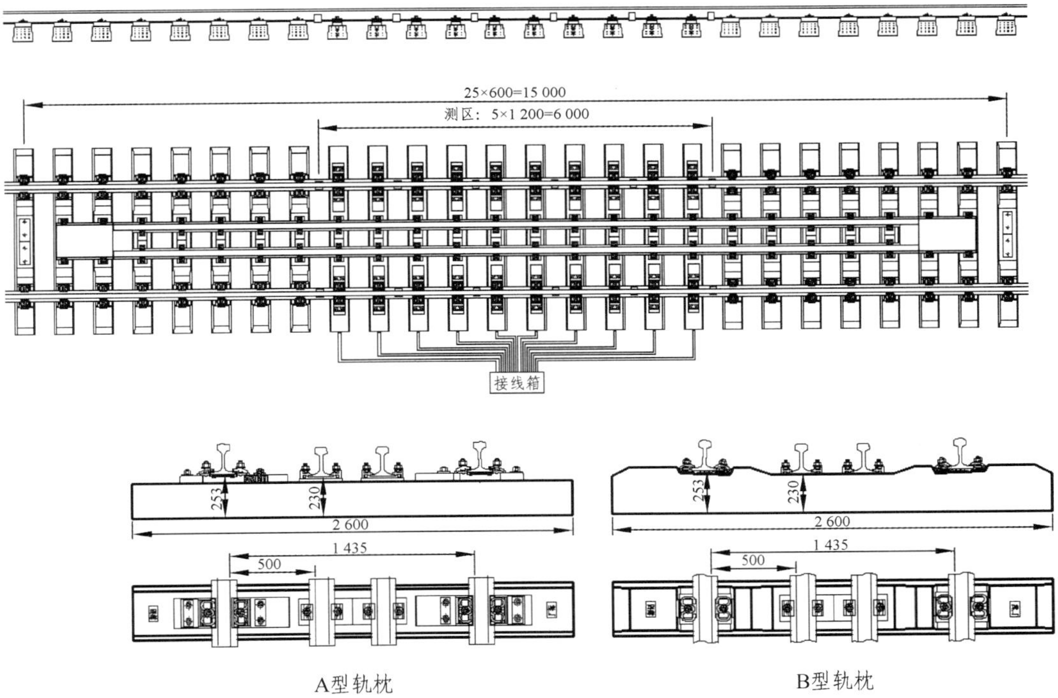

图 5-5　A/B 型轨枕组装结构图

从测试区轨道结构可以看出，纵向除了轨枕以外还有 5 条纵向梁（见图 5-6），使结构的整体性和抗扭曲的性能都大大提高，当测试区内某一轨枕出现吊板时，相邻的轨枕通过纵向梁承担部分吊板轨枕的荷载，使吊板引起的线路不平顺减小到最低水平。这样的整体结构可以保证测试区内轨道的高平顺性和长期稳定性，从而可以保证检测系统的可靠性。同时，框架式轨道测试平台安装在普通碎石道床上，具有安装方便、养护维修方便灵活的优点。

图 5-6　框架式轨道测试平台纵向连接

采用框架式测试平台还可以使连续有效检测区的长度根据需要设置（目前标准设置长度为 6 000 mm），一方面大幅度提高检测精度，另一方面大幅度加长连续测量区，从而可捕获车辆蛇行失稳波长的信息。从试验效果来看，采用这一轨道测试平台可保证在 60 km/h 速度条件下超偏载检测精度满足国铁集团有关规定的要求，在 40 km/h 速度条件下称重计量可达到低速动态轨道衡的精度要求，同时显著提高了车轮踏面擦伤的捕获率，在识别车辆运行状态方面可捕获车辆走行性能的主要特征。

测试平台的主要技术指标如下：

（1）测试平台具有足够的强度、刚度和良好的稳定性。

（2）测试平台单台荷载每节车辆 100 t，最大每节车辆 200 t。

（3）测试平台在制造过程中需要经过大型回火炉处理，有效地消除因钢板焊接产生的内部应力，防止设备产生变形，确保了产品长期使用的稳定性。

（4）钢轨和机械平台部分之间需要安装防护装置，除了适用于有轨道电路线路的功能外，还对传感器防止雷击损害起到一定的保护作用。

2）传感器

（1）传感器布局。

探测站设备测试核心部件是传感器，设备采用的板式双向压力传感器和不打孔轨腰剪力传感器两类传感器，二者均为自主研制、国际领先、具有专利的产品。板式传感器可同时测试轮轨作用的垂直力和横向力，二者相互串扰严格控制在允许范围内。剪力传感器既可准确测量钢轨剪力又无须在钢轨上打孔，从而不影响钢轨的工作状态。板式传感器的上部与钢轨紧固、下部与轨枕紧固，既是一个测力器件，同时又起着连接钢轨和轨枕的作用，实现了对钢轨的约束，保证了行车安全，安装测试系统不必对线路和行车条件进行限制。

板式压力传感器是一个二维压力传感器，用于测试轮轨相互作用的垂直力和横向力，它通过 4 个高强螺栓固定在测试平台中 A 型轨枕上，一套设备共使用 12 只板式压力传感器，分布在 6 根 A 型轨枕上；不打孔剪力传感器用于测量钢轨在轮载下所受剪力，其信号与板式传感器信号合成后得到完整的轮轨作用力大小和波形特征，它通过专用支架固定在钢轨上，一套设备共使用 8 对剪力传感器，每股钢轨 4 对，如图 5-7 所示。

（2）传感器编号。

以行车方向为准，左轨上的传感器以两位数表示，右轨上的以 3 位数表示。编号的首数字代表传感器的类型：0——水平力，1——剪力，2——压力。尾数代表列车通过传感器的顺序，如图 5-8 所示。

图 5-7　板式压力传感器、剪力传感器

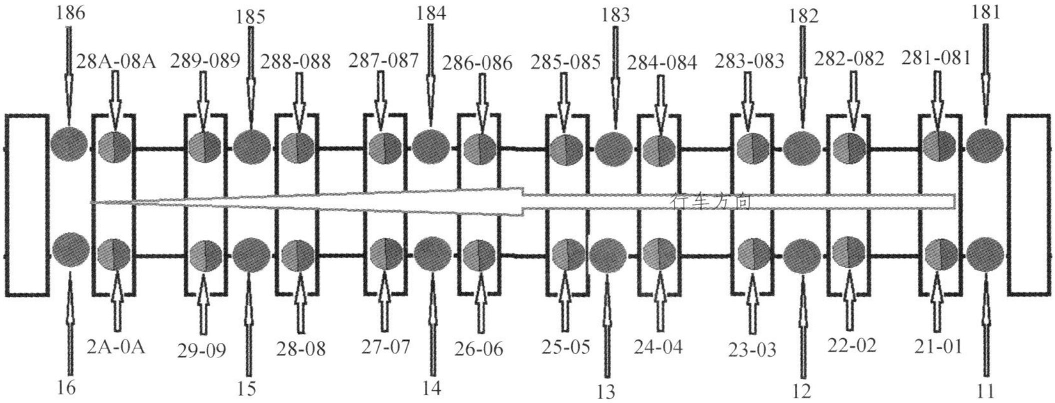

图 5-8　传感器编号示意图

3）接线箱

接线箱安装在线路路肩靠近测试平台中央部位，里面放置传感器信号线接线板。接线板将传感器的信号中转连接到测试间二次仪表上，把传感器输出信号实时准确地传送至信号调理单元，如图 5-9 所示。

图 5-9　接线箱实景图

4）雨量桶

雨量桶安装在轨边机房一侧端墙上部（尖顶房）或机房防水层上（平顶房），如图 5-10 所示，用于收集雨天雨量情况，其信号线连接在机房内雨量计主机专用接口上。

图 5-10　雨量桶安装位置

5）AEI 地面天线和车轮传感器

AEI 地面天线如图 5-11 所示，负责获取通过列车的过车信息（机车和车辆的标签信息），并通过电缆传至机房 AEI 主机。车轮传感器与 AEI 天线匹配，用来检测列车到达和通过信息，同时采集列车车速、轴距等信息。

图 5-11　AEI 设备天线和计轴测速磁钢

5. 室内设备

1）测试工控机

测试工控机完成与数据采集仪通信、实时判轴测速计辆、车辆动力学指标计算、超偏载计算、车轮踏面损伤识别及读取车号、UPS 信息，测试结果以文件形式通过网络传递给测点服务器，如图 5-12 所示。

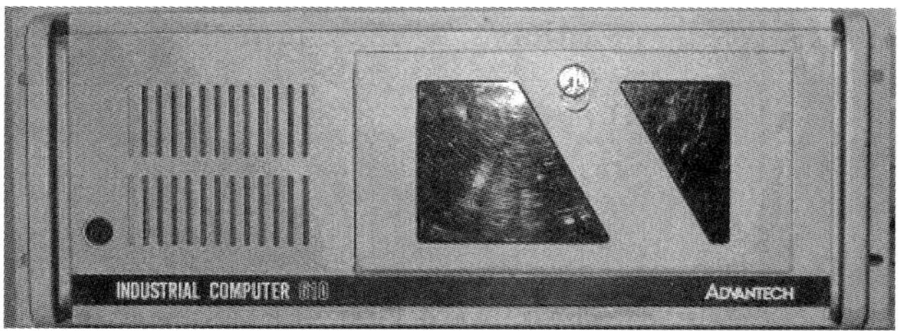

图 5-12　测试工控机

2）测点服务器

测点服务器实时接收测试工控机监测结果文件、结果文件入库、车辆运行状态综合评判、车辆装载超偏载评判、采集雨量计信息、通过局域网将数据和报警信息上传至分局服务器，如图 5-13 所示。

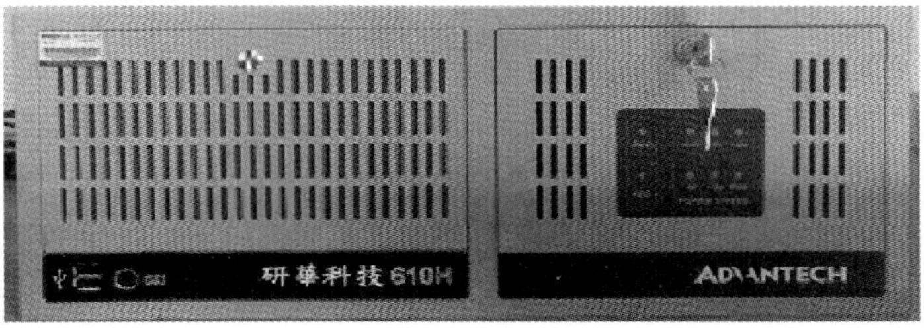

图 5-13　测点服务器

3）信号调理单元与数据采集仪

信号调理单元一方面是对传感器供电，另一方面将传感器输出的微小信号放大、滤波，并将放大模拟信号转换成数字信号传至数据采集仪。数据采集仪是由测试工控机控制，完成传感器信号的采集、合成处理，并完成与测试工控机间数据通信。信号调理单元和数据采集仪具有良好的抗电磁辐射及其他干扰能力，分辨率高，工作快速稳定，仪表结构简单，工作可靠，能适应长期无人值守稳定工作的要求，如图 5-14 所示。

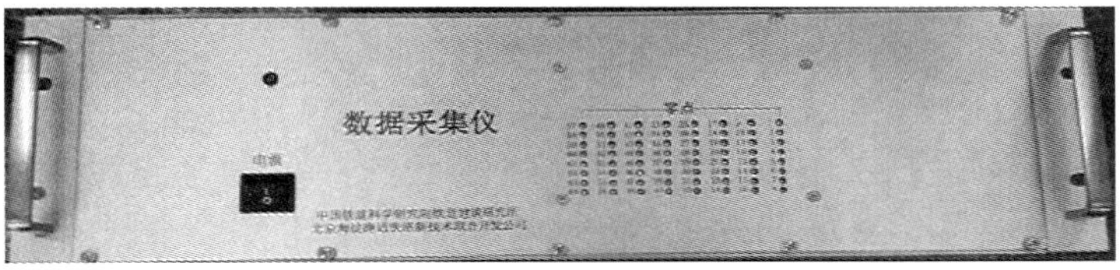

图 5-14　数据采集仪

4）AEI 主机

AEI 主机完成 AEI 地面通信、车轮传感器信号采集与处理，获得通过列车机车和车辆标签信息、车速、轴距信息等。测试报文通过串口传至测试工控机，如图 5-15 所示。

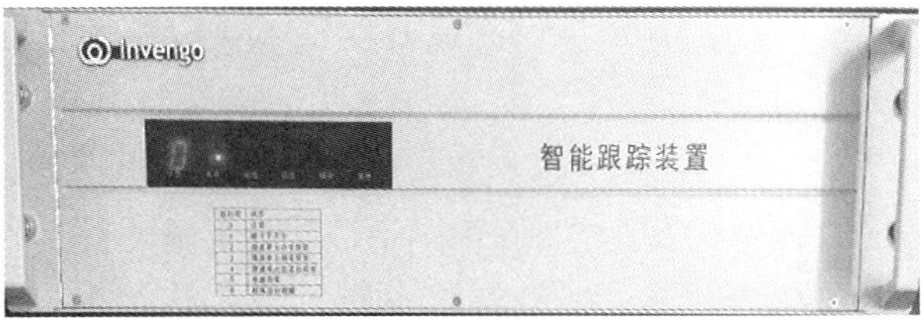

图 5-15　AEI 主机

5）雨量计主机

雨量计主机实时读取雨量桶采集的雨量数据，并与测点服务器通过串口通信，将测试结果传至测点服务器，如图 5-16 所示。

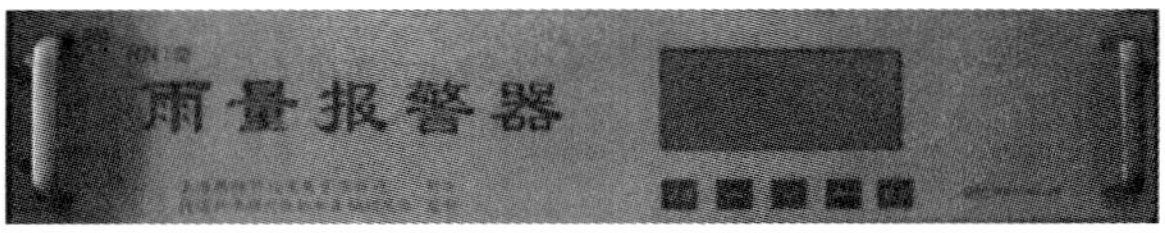

图 5-16　雨量计主机

6）数据远传单元

数据远传单元是指网络交换机或集线器，它完成测试工控机与测点服务器间网络连接，并传输测试工控机监测结果；同时完成测点服务器与设在分局 TPDS 信息管理服务器间网络连接与数据传输工作。

7）UPS 不间断电源

UPS 为探测站设备提供稳定可靠的电源，并通过串口向测试工控机传输市电供电情况、UPS 主机状态、电池状态、电源输出情况等信息。

8）防雷组件

防止探测站设备和线上设备受到雷电干扰。电源防雷箱为设备供电提供防雷保护，信号防雷元件为设备信号提供防雷保护。

（二）列检复示系统

列检复示系统对相关探测站检测的车辆运行状态信息进行实时监控，掌握状态不良车辆信息，对危险车辆自动报警，负责对危险车辆重点检查，并将检查结果上报车辆段监控中心。提供监测数据查询，可根据时间、地点、车次、车号、不良车辆状态类别或等级等进行分类查询或组合查询，提供日常统计报表。

（三）铁路集团公司/车辆段监控中心

铁路集团公司/车辆段监控中心接收探测站上报的车辆运行安全监测数据，建立路局/车辆段多测点状态不良车辆数据库；对车辆段/路局管内车辆运行状态进行实时监控，对危险车辆自动报警（声音、短信息、动态画面等），显示报警类别、等级、来源和发生时间，负责对管内监控名单上危险车辆的监控；提供监测数据查询；实现统计报表的自动汇总；将状态不良车辆的有关数据以及一般通过信息传输至上级监控中心。车辆段监控中心负责对探测站设备工作状态进行远程监视，并组织人员对设备进行维修，接收 TMIS 确报、HMIS 车辆定检等信息，与监测信息进行匹配，获得车辆装载货物情况和车辆运行与维修记录。

（四）国铁集团查询中心

国铁集团查询中心接收铁路集团公司监控中心上报的车辆运行监测数据，建立全路状态不良车辆数据库；对全路车辆运行状态进行实时监控，显示状态不良车辆信息，并对危险车辆自动报警，负责对全路各类状态不良车辆的跟踪监控；根据全路 TPDS 监测书，对状态不良车辆进行多点综合评判，根据评判结果，自动生成危险车辆名单并逐级下发；提供监测数据查询，可根据时间、地点、车次、车号进行多角度的分类查询或组合查询；实现统计和报表自动化和智能化；利用地理信息系统技术，实现监控数据显示的直观可视化；接收 TMIS 确报、HMIS 车辆定检等信息，与监测数据进行匹配，获得车辆装载货物情况和车辆运行记录。

四、TPDS 探测站设备的安装

（一）探测站设备选点要求

TPDS 系统安装位置的选择对保证实现监测功能十分重要，安装测试平台前后对两端线路的处理，直接影响到系统工作的长期稳定性和系统的检测准确度。为此，在选择结构安装位置和安装之前，应注意以下几点：

（1）应安装在正常货车速度在 60 km/h 以上的铁路正线上。

（2）设备安装在直线上，测试平台前后分别有 400 m、100 m 以上的直线段，线路坡度不超过 3‰。

（3）测试平台前后（前 400 m、后 100 m）不得有道岔区、曲线、长大桥梁等。

（4）测试平台前后 80 m 区段应避开电化区段分相点、短梁、短涵、道口及易产生洪水、塌方、冻胀等地段。

（5）应设在供电、通信、巡视、防盗条件较好的位置。

（6）适合采用 60 kg/m 钢轨的无缝线路，检测区钢轨没有接头和擦伤。

（7）适合采用新轨，使用旧轨时其垂直磨耗应小于 5 mm，侧磨应小于 6 mm，无交替侧磨。

（8）铺设区段应为Ⅱ型或Ⅲ型混凝土枕，无轨枕失效，如有失效轨枕应更换新枕；如铺设区段为Ⅱ型轨枕线路时，须在测试平台两侧分别铺设 10 ~ 15 根Ⅲ型轨枕作为过渡段。

（9）铺设位置及前后线路应有等同或接近的轨道结构强度、刚度和承载能力，必须保证有良好的轨道平顺性。至少应满足有关铁路线路维修规程要求的日常养护维修标准。

（10）铺设位置及前后线路必须采用优质道砟（符合有关工务维修要求），道床不能有板结、道砟囊、翻浆冒泥等病害。同时道床两侧排水条件应良好、道床不易被粉化物掩埋。

（11）铺设区段及前后线路应无严重的路基病害，保证线路路基状态良好、边坡稳定，没有或不易产生较为严重的路基下沉和路基冻胀等病害。

（二）轨边机房技术要求

（1）机房与测试平台应尽量靠近（不大于 30 m），减少因电缆线过长而产生故障的概率，同时避免感应雷电的影响。

（2）机房与传感器接线箱间应设置电缆穿线管，穿线管埋深不小于路基面 30cm（寒冷地区适当加大埋深），室内设出线孔。

（3）机房的使用面积不小于 10 m^2。

（4）有可靠的 220 V 电源（两路供电、自动切换）及接地装置两组（设备地和防雷地，接地电阻小于 4 Ω），电源功率不小于 3 kV · A。

（5）设置架空防静电地板或电缆沟槽。

（6）有防雨、通风、防盗、防鼠等功能，并进行防潮处理。

（7）机房与外界间应具备铁路电话和不小于 128 K 的数据传输通道（含两端接入设备，设备输出接口为 2 个 RJ45）。

（三）室外设备安装及技术要求

1. 室外设备安装流程

室外设备安装流程如图 5-17 所示。

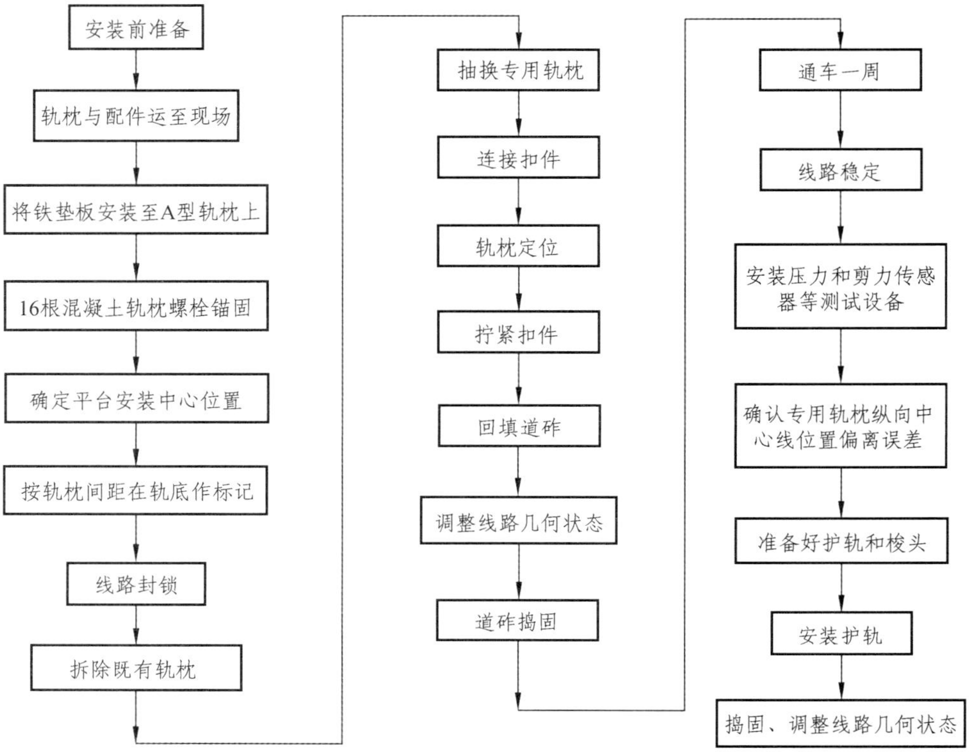

图 5-17　室外设备安装流程图

2. 测试平台安装

1）线路整修

在选择的设备安装位置，应对前后线路（前 400 m、后 100 m）进行整修，整修要求如下：线路方向不平顺小于 4 mm，高低不平顺小于 4 mm，轨距误差小于 +4、−2 mm。消除轨道结构中的三角坑，更换轨道结构的失效零部件。消除道床板结、道砟囊，整治道床排水。

2）测试平台连接件紧固与线路整修

轨道测试平台安装完成并通车后，应随时对局部线路状态进行观察、加强道床捣固。发现轨道不平顺状态不满足要求应及时整治并捣固。

轨道平顺状态要求：方向不平顺小于 4 mm，高低不平顺小于 3 mm，轨距误差小于 +3、−1 mm，测试平台中心线与线路实际中心线误差不大于 3 mm，没有三角坑。

通车一定时间（正线行车量较大时需要一周左右的时间）后，再次进行全面检查和捣固，通车碾压、道床完全稳定后，可局部扒砟，对轨枕之间的连接板高强度螺栓进行拧紧，拧紧力矩达到设计力矩，即 60 ~ 65 kgf · m[①]。回添道砟至正常状态。

---

① kgf 为非法定计量单位，1 kgf≈9.8 N。

3）线上设备安装控制

轨道几何尺寸：测试平台组装后，轨道几何尺寸要严格控制，要求轨道高低不平顺小于 4 mm，方向不平顺小于 4 mm，轨距误差在（－1，＋3 mm）内，测试平台中心线与线路实际中心线误差不大于 3 mm。

铁垫板与轨枕间高强螺栓扭矩：轨道几何尺寸调整到设计要求后，铁垫板与轨枕间高强螺栓使用专用电动扳手拧紧至扭矩 60 kgf · m。

纵向连接板高强螺栓扭矩：测试平台纵向连接板上高强螺栓在铺设过程中只作初拧，初拧扭矩在 10 kgf · m 左右，待所有部件安装到位，且轨道几何尺寸调整到设计要求后，二次拧紧高强螺栓至扭矩 30～40 kgf · m；经过一定周期的列车碾压、道床稳定后，重新调整轨道几何尺寸直到满足设计要求，再将连接板高强螺栓通过专用电动扳手拧紧至扭矩 60 kgf · m。

轨道纵向刚度过渡措施：测试平台安装在Ⅲ型轨枕线路时，在测试平台两端与线路连接处不设过渡段。测试平台安装在Ⅱ型轨枕线路时，须在测试平台两侧分别铺设 10～15 根Ⅲ型轨枕作为过渡段。

3. 接线箱安装

安装传感器之前，应埋设专用接线箱。其位置在轨道测试平台中部靠近机房一侧的轨道外侧的建筑限界以外的地方，其基础支撑是埋设在定位处的混凝土板桩或角钢支架（参见图 5-9）。

通车碾压、道床完全稳定后，可进行传感器的安装。传感器的安装由专业人员在封锁线路时间内进行，现场部门应负责进行安全防护并进行协助作业。

传感器换装后，将传感器信号线通过轨枕中间的入线口穿入，并通过穿线管接入接线箱，再由接线箱引入机房。由轨枕出线口至接线箱的穿线管应埋设在道床和路基内，由接线箱至机房的穿线管应埋设在路基面以下。

4. 传感器安装

1）板式压力传感器的安装

探测站设备共使用双向板式传感器 12 只，每根 A 型钢枕上 2 只。安装步骤为：

（1）拆卸钢轨扣压件（螺栓、垫圈及弹条、尼龙绝缘垫等）。使用专用扳手松开 A 型轨枕上固定铁垫板的高强度双头螺栓，用普通扳手将其卸下。

（2）用起道机顶起钢轨，卸下铁垫板和轨下胶垫。

（3）将橡胶垫板放在板式传感器的承轨槽内，用传感器替换铁垫板塞入钢轨与轨枕之间，使传感器正位，用普通扳手将高强度螺栓以 15 kgf · m 的扭矩扭入轨枕。用 M24/M22 异型双头螺栓将弹条座固定在传感器上，将轨下胶垫位置整正后，在轨底两侧置入尼龙绝缘垫，撤去起道机，安装 B 型弹条、平垫圈，旋紧 M24 螺母，压紧弹条，使之处于 5 点接触的工作状态。

（4）待剪力传感器安装完毕后，将压力和剪力传感器导线一同引入轨枕内穿线槽，再从轨枕端头结构侧面的穿线孔穿出，经过穿线管中引至接线箱。

（5）安装传感器导线的保护罩，使用专用电动扳手将连接传感器与 A 型轨枕间的高强度双头螺栓拧紧，螺母拧紧力矩为 60～65 kgf · m，如图 5-18 所示。

图 5-18　换装好传感器后的情形（撤去了保护罩）

2）剪力传感器的安装

探测站设备共使用剪力传感器 12 对，每股钢轨上 6 对。

需要工具：有效长度不小于 5 m 的钢尺、直角尺、划针、点冲、石笔、手锤、剪力安装专用工具一套（20 ~ 100 N/m 测力扳手、手砂轮、小电动扳手、电动扳手专用套头 S19）、棘轮扳手、S27 套头、S19 套头、铣刀、电源线、什锦锉和适当的绝缘材料垫布（拉钢尺时垫在钢轨和钢尺之间，防止造成短路影响行车信号）等。

注意：安装传感器过程中应保证轨道电路的正常工作。禁止两侧钢轨同时进行安装作业。工作过程中必须有专人进行安全防护，以保证人身及行车安全。安装剪力传感器的过程可在行车间隔中进行，但必须严加防护，以保证人身及行车安全。传感器信号线穿线管应进行防水、防鼠处理，穿线管较长时应间隔设置接线检修井，在穿线管拐弯处必须设置检修井。如穿线管较短，但需转向时，穿线管弯曲半径必须符合专业要求。

说明：① 剪力传感器的穿线和接线等工作应与压力传感器同类工作一道进行。安装完传感器后，由专业技术人员进行车号识别系统的安装作业。

② 在传感器和车号识别系统安装作业过程中，需要现场施工部门做以下配合：安全防护、扒砟、挖沟埋穿线管、做检修井、埋线等。

TPDS 探测站室内设备安装主要涉及所有仪器仪表上架安装、UPS 安装、电源防雷箱安装及室内设备配线。

（四）室内设备安装与技术要求

1. 机柜设备安装

机柜应放在机房适当位置，机柜尺寸 600 mm × 800 mm × 1 300 mm（长、宽、高），四周留有足够活动空间。机柜内设备布局如图 5-19 所示。

图 5-19　机柜内设备布局

2. UPS 安装

1）选择安装场所

为了保证 UPS 正常工作，请将 UPS 安装在可控制的环境，同时为避免过热，请保持机器通风顺畅，各通风孔及风扇不可被杂物阻塞。一个适合 UPS 安装的场所，必须具备以下条件：

（1）接近电源配电盘。

（2）地面平稳，避免振动。

（3）通风而干燥，干净无尘埃，周围无腐蚀性气体。

（4）远离热源，避免阳光直射，避免雨淋或受潮。

（5）UPS 的前后面板能够清楚监视，并容易触控。

（6）距离墙壁最少有 10 cm。

2）接线注意事项

（1）电池端正负极性不能接反，使用的导线足够粗。

（2）交流端禁止使用一般家庭用插座，因一般家庭用插座最大只有 15 A，会造成过负载而烧毁。

（3）输入电缆尽量接到市电源头处，并利用就近配电盘内的电力作为 UPS 的输入电源。

（4）尽量避免和其他设备共用电力开关。

（5）提供良好接地系统，地线尽量利用接近地棒处的接点或配电盘内的接地起始点。

（6）如有疑问，请及时与经销商或生产厂家联系。

3）连接电池组和市电

（1）先确认 UPS 后面板的电力开关处于“OFF”状态。

（2）用随机附带的导线连接电池组（见图 5-20）。

（3）用数字电压表测量电池组电压为规定的值，并确认正负极。

（4）用随机附带的电池连线连接电池组，红线接正极，黑线接负极，并确认连接牢靠。

（5）将电池连线插到后面板的电池接口。

（6）将交流电源线插入电力插座。

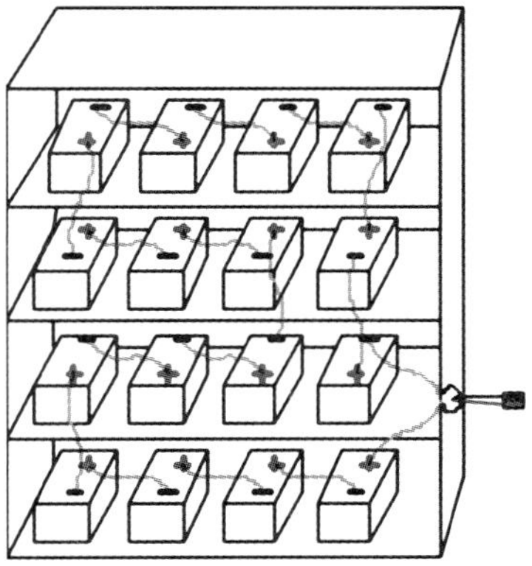

图 5-20　电池连接图

4）开机前准备工作

（1）再次确认后面板的电力开关处于“OFF”位置，前面板开关机按键为弹起待机状态。

（2）再次确认电池线极性正确，插接牢靠。

（3）再次确认电池电压为该系列 UPS 所需的电压。

（4）不接负载。

（5）打开配电盘开关，用电表检查交流输入电压是否是 UPS 所需的单相电压。

5）工作状态

UPS 开机时，前面板液晶屏上显示“NCP UPS”，关机时则无显示。UPS 工作原理如图 5-21 所示。

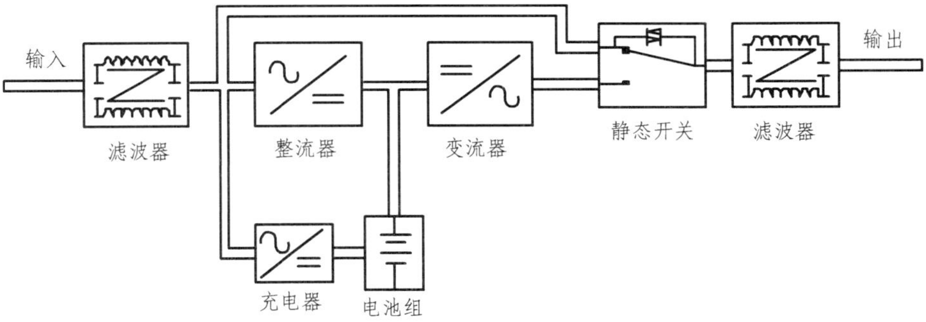

图 5-21　UPS 工作原理图

3. 电源防雷箱安装（TSP-012PD）

电源防雷箱从双路电源输出端取电（插座式），防雷箱输出端连接 UPS 输入端，防雷地连接在室内防雷地线端子上。

1）安装基本原则

（1）电源电涌保护箱安装时应按照表 5-1 选择面积合适的连接导线。所有电线接头必须连接牢固可靠。

表 5-1　连接导线

进线/出线	防雷地连线	设备地连线
≥4 mm^2	≥16 mm^2	≥4 mm^2

（1）安装现场防雷地接地电阻值应不大于 4 Ω，设备地接地电阻值应不大于 4 Ω。

（3）电源出线不宜与进线及接地线靠近平行敷设，信号线不宜于电源线靠近平行敷设。

（4）电源电涌保护箱应尽量靠近接地排安装，接地线至接地母线排的长度小于 50 cm。接地线应尽量平直，其转弯半径应不小于 10 cm。

（5）电源电涌保护箱应尽量靠近被保护设备安装。

（6）必须按箱内标识仔细接线，特别注意进线与出线位置，及 L 与 N 线位置，保证接线正确。

2）安装方法

（1）安装电源电涌保护箱要求现场有适当尺寸的墙面（600 mm 宽 × 600 mm 高）。

（2）将电涌保护箱的安装挂件装好，放置于欲安装的位置上，靠紧墙面，在 4 个安装挂件的安装孔处用铅笔在墙面上做好打孔用的记号。

（3）用电锤在做好记号的 4 个位置上打孔，孔径 8 mm，孔深 10cm，然后装上预埋式膨胀螺丝。

（4）将电涌保护箱放置于安装位置，4 个安装孔与膨胀螺丝对齐，拧入 4 个螺丝，将电涌保护箱固定。

3）接线方法

（1）电源电涌保护箱正方有两个 PGA21（大）电缆固定头、两个 PGA13.5（小）电缆固定头。其中 PGA21（大）作为电源进出线接头，PGA13.5（小）作为防雷地与设备地连线接头。

（2）连线时，首先把电缆固定头螺帽拧松，将对应线缆穿入孔中，连入防雷箱相应接线排上。最后把电缆固定头螺帽拧紧。

（3）将主供电电源和备用供电电源的相线和中性线、防雷地、设备地分别与电源电涌保护箱的对应接线端子相连接。

五、TPDS 系统设备维护

（一）TPDS 设备检修维护管理

1. 基本原则

TPDS 设备检修维护管理工作须按照“以车辆部门为主，相关部门为辅”的原则，实行国铁集团、铁路集团公司（以下简称铁路局）和车辆段三级管理，充分发挥各级机构的作用，落实 TPDS 设备定岗、定员、定量、定责和包人、包机、包修（四定三包）制度。

2. 各级职能

（1）国铁集团车辆主管部门负责全路 TPDS 布局的统一规划，技术标准和预报标准的制定，以及系统检修维护人员技术资格证的考核与颁发。

（2）铁路局车辆处负责全局 TPDS 全面工作，明确专人负责全局 TPDS 规划、新建、改造、技术、检修等管理工作，组织相关人员技术培训，并负责与相关部门协调。

（3）铁路局车辆检测所参与管内 TPDS 的规划、建设等工作；通过国铁集团资质认证后，负责 TPDS 设备的安装和大修、小修工作；对车辆段 TPDS 检修工作提供技术支持；负责铁路局车辆运行安全监测站设备的维护和检修；负责对系统检修维护管理人员的技术培训；负责专用配件配送、管理和集中检修工作。

（4）铁路局车辆运行安全监测站由车辆处负责业务管理，监测站值班员对铁路局管内 TPDS 网络运行状态进行不间断监控，网络和监测站设备出现故障时通知相关部门处理，统计、分析及上报相关数据。

（5）车辆段由主管段长负责本段 TPDS 的全面工作，明确专人负责本段 TPDS 的新建、改造、设备检修、技术管理等具体工作。车辆段动态检测车间负责本段管内 TPDS 设备的日常维护和故障抢修。

3. 人员要求

1）人员配备

铁路局车辆处、车辆段应配备 TPDS 技术管理人员，铁路局车辆检测所、车辆段动态检测车间应配备技术管理和维修人员。配备标准由各铁路局根据有关规定和实际情况确定。从事 TPDS 技术和管理工作的人员应配备一定数量的高级工程师和工程师，维修人员应配备一定数量的高级技师和技师。

2）基本素质要求

从事 TPDS 维修工作的人员应具有中专及以上文化程度，技术管理人员应具有大专以及上文化程度；应从具有一定实践经验和掌握专业技术知识、责任心强的人员中选拔。实行竞争上岗，择优录用，并保持相对稳。

3）持证上岗

TPDS 设备检修维护人员须经过国铁集团或路局集团公司组织的技术培训，理论、实作考核合格后填发《铁路岗位培训合格证书》的“资格性培训合格证”，做到持证上岗。铁路局每年对 TPDS 设备检修维护人员组织相应的适应性培训，考核合格后在《铁路岗位培训合格证书》的“适应性培训考核记录”栏予以填写。

4）专业技能

维修人员应掌握铁道车辆、计算机、网络通信技术等相关知识，熟练掌握 TPDS 使用维护技能，具有快速判断、处理设备故障的能力。

（二）TPDS 设备检修基本规定

1. 基本原则

TPDS 设备维护检修是保障系统正常运行的基础，其维护的基本原则是坚持日常维护与定期检修相结合的设备维修体制，建立网络监控、三层维护（现场维护、网络维护、系统维护）、三层支持（现场作业级、技术支持级、专家诊断级）的系统设备维护保障机制。

2. 检修分类

设备检修分日常维护和定期检修。日常维护包括日检、月检、春秋季整修和处理临时故障。

定期检修分为小修和大修，设备定期检修须严格按规定的修程周期进行，确保设备不失修。

1）日常维护

日常维护须严格按照标准进行，认真填写检修和故障记录。日检、月检和春秋季整修须保证检修质量。建立故障处理快速反应机制，确保临时故障及时处理。检修作业完毕，维修人员应与车辆运行安全监测站值班人员共同确认设备运行正常后方可离开。

探测站设备实行月检，由车辆段动态检测车间负责，重点检查设备的工作状态，并保持设备和室内外环境整洁。测试设备相关的公务设备由公务部门负责，按有关规定施修。

铁路局车辆运行安全监测站和列检复示设备实行日检，分别由监测站值班人员和列检作业场动态检车员负责，日检内容为：检查计算机主机运行状态、网络传输状态、供电情况、UPS 电源、防病毒软件工作状态以及应用软件的工作状态。

TPDS 应用软件及数据库的维护和升级由设备生产厂家负责。软件、数据库升级或更新必须经国铁集团车辆主管部门批准后实施，同时将升级或更新内容报铁路局车辆处备案。

2）定期检修

（1）定期检修分为小修、大修两级修程，检修周期小修 1 年、大修 6 年。

（2）系统设备中服务器、计算机、UPS 电源、打印机等固定资产设备按国家相关规定进行检修，铁路局车辆运行安全监测站和列检复示站设备不进行小修。

（3）测试设备相关的工务设备由工务部门负责，按有关规定施修。

（4）定期检修工作应遵循以下原则：小修以全面检测为主；大修以恢复为主，第二个大修到期更新。为进一步提高设备性能，大修允许更换改进的有关硬件及升级软件。当多种检修修程重叠时，以高级修程为主。各级修程可以提前或延后进行，提前或延后时间为：小修 2 个月，大修 6 个月。施修单位须制定大修、小修工艺标准，严格按照标准施修，建立设备检修台账，认真填写检修记录，做好质量跟踪。

3）服务器维护

（1）TPDS 双机集群服务器由国铁集团查询中心双机集群服务器、铁路局车辆运行安全监测站双机集群服务器、基层节点双机集群服务器组成，安装在各级信息（电子）部门机房。

（2）国铁集团查询中心双机集群服务器放置在国铁集团信息技术中心机房，由国铁集团信息技术中心负责国铁集团双机集群服务器的网络连通、供电、服务器操作系统的日常维护、服务器硬件（含集群）日常运行监控。

（3）铁路局车辆运行安全监测站双机集群服务器、基层节点双机集群服务器放置在铁路局信息技术所（处）机房，由铁路局信息技术所（处）负责铁路局车辆运行安全监测站双机集群服务器、基层节点双机集群服务器的网络连通、供电、服务器操作系统的日常维护、服务器硬件（含集群）日常运行监控。

（4）TPDS 双机集群服务器检修维护管理工作分为硬件检修维护（含集群）、操作系统及系统应用软件管理维护 3 部分。系统应用软件维护由 TPDS 设备厂家负责；服务器硬件（含集群）及操作系统维护由信息部门负责。

（5）服务器上数据库、WEB 服务器的设置及应用系统的安装维护由软件开发单位负责。

（6）各铁路局建立双机集群服务器设备故障报修处理流程，发生故障严格按规定流程施修，并认真做好记录。

3. 作业安全

严格执行轨边作业安全防护制度，对探测站设备检修和维护时应减少对列车正常探测的影响，设备停机检修应通知铁路局车辆运行安全监测站，维修人员现场作业应注意人身安全，轨边作业至少 2 人，另设安全防护人员 1～2 人，并配备必要的联络工具，安全防护人员须通过安全防护培训并考试合格。

检修时间、方式和地点，见表 5-2。

表 5-2　检修时间、方式和地点

项目	日、月检	春秋整修	小修	大修
修时	1 天	1 天	5 天	20 天
地点	现场	现场	指定单位	指定单位
方式	包人	包组	定人	定人

（三）TPDS 设备日常检查与维护

设备日常维护以月检、临时故障处理的方式进行。日常维护的重点是检查室外设备的紧固、清洁等，以及对室内设备使用、运行状态进行确认。

1. 电器部分

1）日常检查

日常检查应每月进行一次，可与车辆红外线轴温检测设备日常检查同步进行。其检查步骤为：

（1）打开测试间内控制柜和测试主机箱、车号识别装置主机箱、测点服务器主机箱，查看监测系统各部分及传输设备供电情况、地线和通信电缆是否正常可靠、各种信号线插头是否牢固。

① 检查总电源：正常情况下，不间断电源前面板上外供电指示灯亮，否则，检查各插头接触状况是否良好、配电柜是否有电。

② 检查不间断电源：正常情况下，不间断电源前面板各指示灯呈绿色，否则，检查不间断电源开关是否处于开启状态、有无总电源。

③ 检查测试主机、车号识别装置主机、测点服务器电源：正常情况下，各主机的电源指示灯亮，呈红色，否则，检查各主机供电插头与插座的接触状况是否良好。

④ 检查数据采集仪电源：正常情况下，数据采集仪前面板上电源指示灯亮，呈红色，否则，检查供电插头与插座接触状况。

⑤ 检查数据远传设备电源：一般情况下，数据远传通过光缆或电缆来进行，检查时应注意查看光电转换器、交换机等设备的电源指示灯是否亮，否则应检查电源插头与插座的接触状况。

⑥ 检查控制柜背面各种接插件连接是否牢固、可靠，地线和通信电缆是否正常。

（2）检查测试工控机监测软件运行情况。

① 打开显示器（KVM）电源开关，正常情况下，屏幕上无任何警告提示，屏幕中央显示监测软件工作界面，如有故障，查看故障处理部分。

② 关闭显示器（KVM）。

（3）检查测点服务器监控软件运行情况和雨量计工作状态。

（4）定期检查雨量计的安装状态，确保设备不松动及电缆连接状态良好。

（5）作好检查情况记录，关好各主机箱，锁好控制柜门。

2）电器设备一般故障处理

（1）如由于无供电导致数据采集仪电源指示灯不亮，通电后应先关闭测试主机，再重新开启主机，才能进行正常监测工作，否则因数据采集仪不能初始化、并与主机握手，测试主机无法从数据采集仪取得采集的数据。

（2）任何情况下，关闭数据采集仪电源或因各种原因导致数据采集仪无电源供电，恢复供电后，若要进行监测工作都必须进行测试主机的重启。

（3）测试工控机和测点服务器的监测软件因意外情况停止运行时（屏幕会显示出错信息），先记录出错信息，然后关闭监测软件，重新启动测试主机；若监测软件仍不能正常工作，关闭测试主机，联系专业维护人员或与生产厂商联系。

（4）雨量计的安装状态不良时应立即修正，工作状态不良时要及时清扫飘落进雨量桶中的树叶或其他杂物。

2. 传感器部分

1）日常检查

监测系统共使用12只二维板式压力传感器和8对剪力传感器。日常检查应与正线轨道日常检查同步进行，检查时应注意：

（1）通过测试软件界面查看传感器零点处于正常范围（剪力传感器零点位于界面第一列，零点范围 -13 000 ~ +17 000；水平力传感器零点位于界面第二、三列；垂直力零点位于界面第四列，零点范围应在 -6 000 ~ 10 000），波动小。

（2）钢轨与压力传感器间绝缘状况，白色绝缘块无破损、失效。

（3）弹条扣件与钢轨间扣压牢固，扣件扣压力满足工务维修规范。

（4）板式传感器与钢枕联接牢固，高强螺栓扭矩保持在600 ~ 650 N · m。

（5）板式传感器有无明显外观破损。

（6）测试区钢轨轨底不与道砟接触、轨底与钢枕间无道砟或其他杂物。

（7）剪力传感器保护罩无松动、位置固定无前后移动。

（8）剪力传感器信号线及防护管无破损，位置相对稳定。

2）传感器一般故障处理

（1）传感器零点偏移过大时，用万用表直流电压毫伏挡测量接线盒传感器信号端，若信号电压超过10 mV，可能传感器出现故障，此时，将传感器电缆从接线板取下，用万用表电阻挡测试传感器阻抗是否在额定范围，若超出范围，表明传感器失效，更换传感器；若信号电压和传感器阻抗均不超限，则表明二次仪表相应通道存在故障，此时应通知厂商解决。

（2）白色绝缘块破损失效应及时更换，扣件扣压力不足应及时拧紧。

（3）固定板式传感器的高强螺栓松动应用专用工具拧至规定扭矩。

（4）板式传感器外观破损应及时更换新传感器。

（5）剪力传感器保护罩松动、移位后应及时恢复原位并拧紧。

（6）剪力传感器信号线防护管破损时应用胶带封好，破损严重时更换新防护管。

（7）钢轨应力放散前要将护罩或信号线碍事的剪力传感器拆掉，将拆下来的剪力传感器用多层塑料袋包好（防潮），埋在道砟下面。

（8）压力传感器的更换：准确判断哪只传感器损坏；松掉 M22 螺母及螺栓顶起，用起道机（或千斤顶）顶起钢轨换掉坏的传感器。剪断坏传感器的线，用新的信号线引接线箱。

（9）剪力传感器的更换：准确判断哪只传感器损坏；用砂纸将铁锈除去；安装方法同前新压力传感器安装。剪断坏传感器的线。用新的信号线引接线箱。

3. 框架式轨道测试平台部分

1）日常检查

框架式轨道测试平台的日常检查应与正线轨道日常检查同步进行，其检查要点为：

（1）测试平台结构在线路上定位准确，结构部位线路中心线与测设的线路中心线两者误差不得大于 3 mm；轨道几何状态满足快速线路工务维修规程要求。

（2）轨道平台部位及邻近线路的路基状态良好，边坡稳定，没有较为严重的路基下沉、翻浆冒泥和路基冻胀等病害。

（3）轨道平台结构安装部位及两端线路（前 400 m、后 100 m）的轨道结构部件——钢轨、扣件、轨枕及联接件满足相应的铁路干线工务养护维修规范规程的要求，没有不良和损坏的部件。

（4）联接板和轨枕翼板联接用高强度螺栓的紧固力矩满足设计要求（500 ~ 650 N · m），无锈蚀。

（5）传感器与轨枕联接可靠，螺栓紧固力矩满足设计要求（500 ~ 650 N · m），无锈蚀。

（6）弹条扣件和传感器之间的联接螺栓联接状态良好，弹条的扣压力满足工务养护维修规范规程的要求，螺栓无松动、弹条无局部永久变形，弹条前端中间部位与钢轨绝缘垫板处于密贴接触状态。

（7）轨道平台结构下道床稳定、道砟均匀密实，钢枕上无道砟。

（8）钢轨无显著爬行。

（9）检查轨枕有无明显破损失效。

（10）轨道电路工作正常，及时清除结构上的污物，以免使轨道的绝缘受到威胁或暂时破坏。

2）测试平台一般故障处理

（1）通过清筛、换砟、捣固等作业，及时整治道床板结、道砟粉化，保证道床状态良好、轨枕无空吊。

（2）所有高强螺栓、普通螺栓出现锈蚀应及时进行涂油或其他防锈处理，螺栓扭矩失效（扭矩低于设计扭矩 80%）时，应及时用专用工具拧紧至设计要求的扭矩。

（3）钢轨垂直磨耗大于 5 mm，侧磨大于 6 mm，应考虑换轨。

（4）轨枕失效时应及时更换，更换完毕后，将轨道平台结构的纵向联接板连好，进行捣固作业，待轨道平台地段的线路稳定、轨道平顺性达到要求后，用电动扭矩扳手将联接板联接螺栓拧紧至设计扭矩。

（5）运用中发现钢轨有爬行时应及时检查弹条的扣压力（包括线路两端各 50 m 线路的弹条）。

（6）弹条扣件、绝缘橡胶块破损、失效时应及时更换。

（7）轨道平台结构出现锈蚀时应进行除污、喷涂油漆等防腐蚀工作，以提高结构的抗腐蚀能力和延长使用寿命，并保持良好的外观。

（8）轨道几何状态超限、测试平台位置移动时，应及时进行线路养护作业，确保轨道几何状态满足工务维修规程要求、测试平台中心与线路中心偏差小于 3 mm。

（9）断螺丝的处理：反扣丝锥法；保证不连电的情况下，在断螺栓处焊接方头，旋出；先钻小孔，然后扩孔，用棱钢旋出。

【任务实施】

一、TPDS 探测站设备巡检作业指导书

作业地点：TPDS 探测站。

适用范围：TPDS 探测站设备巡检作业。

检修周期：TPDS 探测站设备巡检周期为（60 ± 10）天，对因维修天窗临时取消造成的检修延迟，须增加设备的巡视检查，确保设备运行。

（一）作业内容

通过对探测站室内、外设备各项技术指标检查、测试、校验、调整，以及对各设备、设施进行紧固、清洁作业，对计算机及通信网络进行检测等，使 TPDS 设备保持工作状态良好，系统运行稳定，探测及预报准确。

1. 作业组人员及工种要求

TPDS 维修工至少 2 人，应具有中专及以上文化程度，经国铁集团或铁路集团公司培训，取得岗位合格证方可上岗。作业负责人 1 人，为车间管理人员或工长。

2. 作业人员分工

作业人员中，作业者甲负责巡检主要作业，作业者乙负责巡检配合作业，质量确认，台账填写。作业负责人负责作业过程监控、作业人员协调指挥、作业关键环节卡控、作业人员人身安全。

（二）作业流程

作业流程如图 5-22 所示。

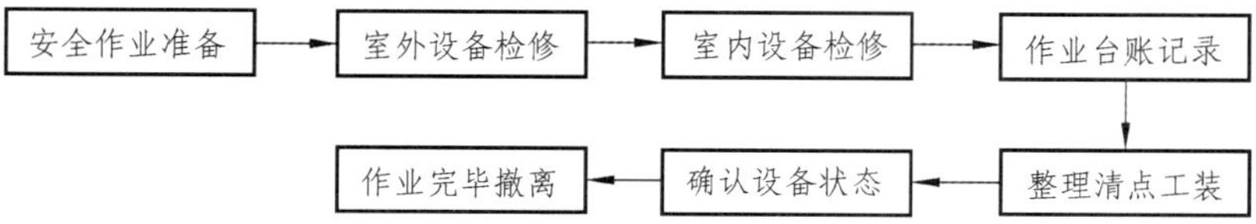

图 5-22　作业流程

二、作业程序及标准

1. 安全作业准备

（1）按照车辆段下达的综合天窗修作业计划，运用车间主任、书记、副主任或维修班组工长在巡检作业前 2 天组织所有作业人员召开巡检作业日实施方案制订会，根据巡检作业内容，制订巡检作业日实施方案，包括作业方案、行车组织方案、安全防护方案。

（2）作业负责人在设备巡检前 1 天向设备所在地车站行车室了解天窗开始和结束时间，做好记录。

（3）巡检作业前，作业负责人组织所有参与巡检作业的人员召开日实施方案布置会，作业负责人在方案布置会上亲自布置到每一名作业者。

（4）前往作业地点前，作业负责人检查携带工具仪表作用良好、计量不过期。根据计量工具管理台账确认探测站放置工具计量不过期。检查携带备品齐全。检查作业人员着黄色防护服，穿绝缘鞋，持本人《工作证》《铁路岗位培训合格证》。

（5）入网前，作业负责人将入网人员姓名、工器具、材料录入《入网人员、工器具、材料明细清单》。入网人员手拿工器具、材料列队，由作业负责人拍照留存。接到驻站联络员通知可以入网后，现场防护员打开作业门，所有人员列队入网后，现场防护员锁闭作业门。

（6）到达探测站后，作业负责人或作业者甲向铁路集团公司监测站调度员报告巡检开始时间及作业人员名单，向车辆段监控中心值班员报告巡检开始时间、作业人员名单、作业记录仪编号及移动电话号码，并向车辆段监控中心值班员（或 TPDS 动态检车员）了解设备运行状态，共同核对相关探测数据。

（7）驻站联络员通知可以开始作业，现场防护员到达防护位置后，作业负责人安排作业人员设置软隔离，软隔离设置到位后方可通知作业人员开始上道作业。

（8）作业过程中作业负责人接现场防护员下道避车或停止作业的通知后，立即使用督促语："请所有人员下道、到安全区集中避车"通知所有作业人员下道避车或停止作业。作业人员回答："好，立即下道避车"，并立即下道在避车安全区内避车。现场防护员通知可以开始作业后方可上道继续作业。

（9）人员下道避车的同时，必须恢复设备状态，将作业机具、材料移出线路，并放置、堆码牢固，不得侵入建筑限界；两线间距离小于 6.5 m 时不得停留人员和放置机具、材料。所有人员下道避车时应面向列车认真瞭望，防止列车上的抛落、坠落物或绳索伤人。

2. 检查室外设备

1）检查板式传感器

（1）作业者甲清除传感器和保护罩锈蚀部分，用毛刷、棉布擦拭并清洁传感器和保护罩。传感器和保护罩应清洁、无锈蚀、无破损，保护罩密封良好，检查传感器裂纹、破损时更换。

（2）作业者甲目视检查各固定螺栓防松标记，发现移位或松动时使用测力扳手检查固定螺栓紧固情况，螺栓扭矩应达到 600 ~ 650 N · m 标准。作业者甲旋转测力扳手手把尾部调整螺栓，使手把上测力刻度处于规定位置，如图 5-23（a）所示。顺时针紧固螺栓，测力扳手发出"咔咔"声时，即达到规定扭矩，如图 5-23（b）所示。

（a）调整确认力矩刻度

（b）紧固螺栓

图 5-23 用测力扳手检查固定螺栓紧固情况

（3）作业者甲逐一直观检查各白色绝缘胶块位置处于传感器承轨槽中央，钢轨下绝缘胶垫无窜出、无破损；传感器绝缘罩、绝缘垫无破损、窜出。确认钢轨与传感器绝缘，无导通，如图 5-24 所示。

（4）作业者甲逐一直观检查弹条扣件，应紧固无松动，传感器不受挤压，如图 5-25 所示。

（5）作业者甲清除传感器与钢轨间杂物、砟石。

图 5-24　确认绝缘块处理承轨槽中央

图 5-25　确认绝缘胶垫无窜出

2）检查剪力传感器

（1）作业者甲清除传感器保护罩锈蚀部分，用毛刷、棉布擦拭并清洁传感器保护罩。传感器保护罩应清洁、无锈、无裂损，保护罩密封良好，发现传感器及保护罩密封不良时，应重新涂胶密封。

（2）作业者甲清除卡轨器锈蚀部分，目视检查各固定螺栓防松标记，发现移位或松动时扳手紧固，清除卡轨器与钢轨间杂物、砟石，并在紧固件上涂黄油防锈。

（3）作业者甲检查传感器定位。目视检查各固定螺栓防松标记及传感器定位标记，发现移位或松动时，用钢卷尺进行复测并用扳手调整，同侧钢轨相邻两传感器间距应为客货型为（1 200 ± 3）mm，货型为（1 600 ± 3）mm，如图 5-26 所示。不符合标准时，在天窗点内调整。剪力传感器调整后，须使用测力扳手将 4 根紧固螺栓交替、反复紧固，直至 4 根螺栓同时达到要求力矩 30 N · m 为止。如图 5-27 所示。

（4）作业者甲打开保护罩直观检查信号线保护管，应无破损，信号线保护弹簧套入保护管内且与钢轨绝缘，如图 5-28 所示。

图 5-26　测量传感器间距

图 5-27　小孔剪力传感器调整

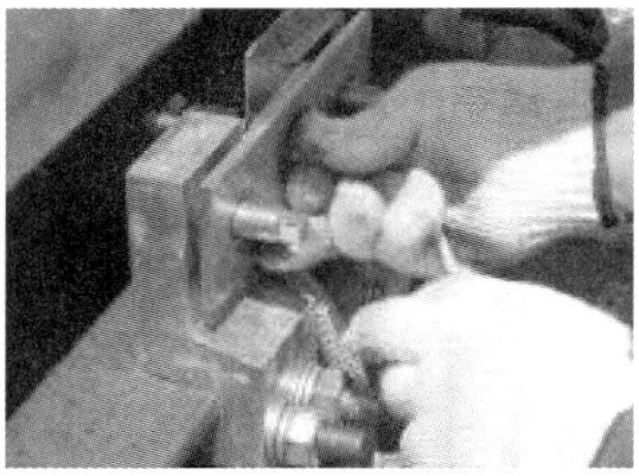

图 5-28　老式传感器调整

3）检查磁钢及卡具

（1）作业者甲清洁磁钢及卡具，检查磁钢及安装架无锈蚀、不受砟石挤压，对各紧固件涂油。

（2）作业者甲直观检查磁钢外观无损坏，弹簧垫圈齐全；磁钢引线无损伤、断裂，有护管保护。

（3）作业者甲目视检查磁钢及卡具各紧固螺栓防松标记，发现移位或松动时用扳手紧固，并用车辆传感器测量专用尺核查开、关门磁钢安装尺寸。

① 核查磁钢顶面与轨平面距离。

测试方法步骤及标准：作业者甲蹲在两钢轨间，面对磁钢，打开车轮传感器测量专用尺电源开关，并按压校零按钮，如图 5-29 所示。将测量尺活动端拉开至 50 mm 处，将车轮传感器测量专用尺固定端垂直置于磁钢上表面的几何中心，车轮传感器测量专用尺尺身紧贴钢轨内侧面，推动车轮传感器测量专用尺活动端使之紧贴于钢轨上表面。读取显示屏读数，即为被测磁钢顶面与钢轨上平面距离，如图 5-30 所示。

图 5-29　车轮传感器专用尺校零

图 5-30　测量远望磁钢高度

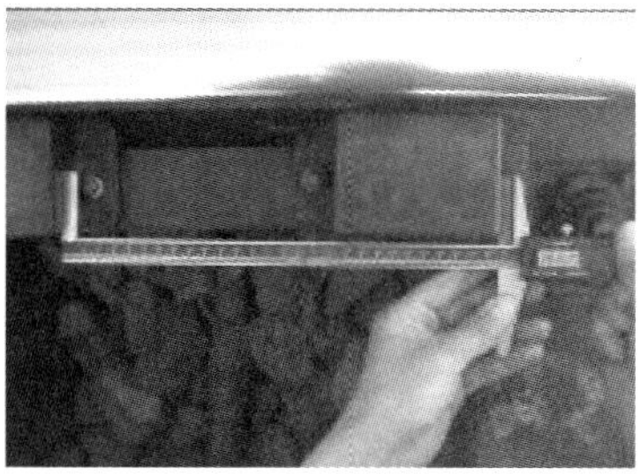

图 5-31　测量远望开关门磁钢距离

② 核查开关门磁钢中心距[客货型设备无 2#（开门）、3#（关门）磁钢不测量]。

测试方法步骤及标准：作业者甲蹲在两钢轨间，面对磁钢。作业者甲按压校零按钮，将测量尺活动端拉开至 300 mm 处，将车轮传感器测量专用尺固定端垂直紧贴于关门磁钢右侧面，测量专用尺尺身紧贴开门磁钢外侧面，测量专用尺尺身保持水平，推动测量专用尺活动端使之紧贴于开门磁钢右侧面，读取显示屏读数即为开关门磁钢中心距，如图 5-31 所示。

③ 使用非数显车辆传感器测量专用尺时，测量方法与前述相同。读取数值时，首先观察副尺“0”刻度线（游标零线）左侧主尺上最靠近的一条刻线的数值，即为测量数值的整数部分，再观察副尺上游标零线右侧与主尺数值线对齐的刻度线，其左侧最近数值即为测量数值小数部分第一位数值，数值刻度线与对齐刻度线间距为 N，则 $N\times 0.02$ 即为测量数值小数部分第二位数值。

④ 远望磁钢安装尺寸标准：磁钢顶面与钢轨上平面距离，50 kg：（35 + 2）mm；60 kg：（36 + 2）mm；75 kg：（43 + 2）mm。开、关门磁钢中心距（280 ± 2）mm。不符合安装要求应立即进行调整。

（4）用示波器测量开、关门磁钢最大输出信号幅值。

① 作业者甲在室内机柜后部室外磁钢信号输入端，用螺丝刀取下接开门磁钢“+”“–”端子，用示波器测量开机磁钢最大输出信号幅值。

检测方法及步骤：作业者甲打开数字示波器电源，示波器自检。将示波器探头上的衰减开关设定到 ×1。将探头与示波器的 CH1 连接，探头端部和基准导线连接到示波器右下侧的“探头元件”连接器上。按下“AUTO”按钮。等待 10 s 后，示波器显示屏上显示频率为 1 kHz、电压峰峰值约为 3 V 的方波。

测试前，按下“CH1”按钮，设置“耦合”选项为“直流”，设置“探头”选项为“×1”，方可进行测量，如图 5-32 所示。

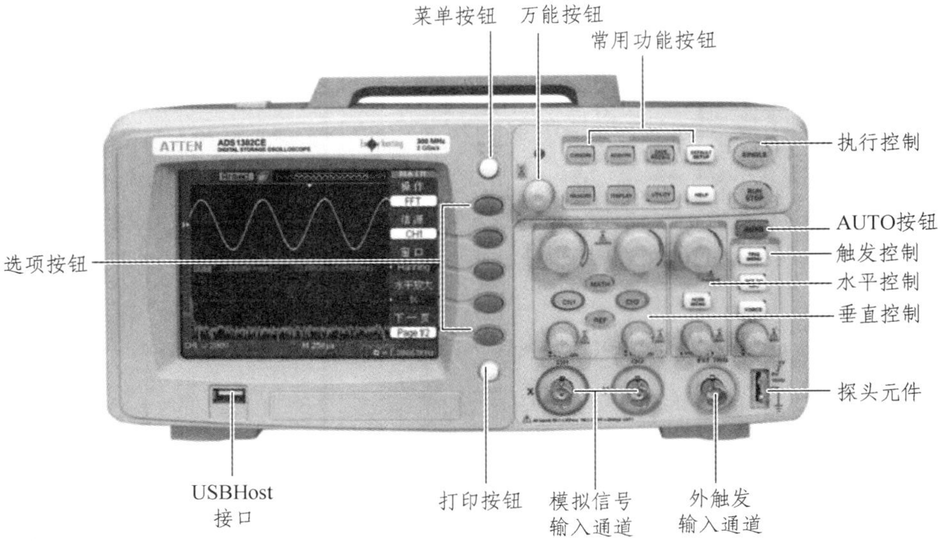

图 5-32 示波器显示图

测量时，作业者甲将示波器探头端部接开门磁钢“+”，示波器探头基准导线接开门磁钢“-”，然后旋动“CH1”按钮上方的“Push-Variable”旋钮，设置合适垂直电压挡位为 2 V（根据磁钢输出信号大小进行挡位调整，以能观察清楚触发波形为准），作业者乙在室外用包裹绝缘层的铁器触发开门磁钢，此时示波器显示屏幕左下显示峰峰值（$V_{\text{P-P}}$），读取显示的最大值即为开门磁钢最大输出信号幅值。

② 用同样的方法，测量关门磁钢最大输出信号幅值。磁钢最大输出信号幅值范围 0.5 ~ 15 V 峰峰值，超限时进行处理或更换。测试完毕，作业者乙将测得的最大输出信号幅值指标记录到《TPDS 探测站巡检作业记录簿》中。

（5）用兆欧表测量开、关门磁钢绝缘电阻。

测试方法及步骤：作业者甲用兆欧表测量前，将兆欧表水平放置轨边，两表笔分开，快速转动摇把（顺时针方向、每分钟 120 转以上），此时指针应指于“∞”位。然后将两表笔短接，慢慢摇动摇把，指针回到“0”处。作业者甲将引出线合并接红表笔，黑表笔接磁钢外壳。快速转动摇把（顺时针方向、每分钟 120 转以上）待指针稳定后，读取数值，即为磁钢实际绝缘电阻值，应符合绝缘电阻>200 MΩ 范围。

（6）测量完毕，作业者甲将磁钢线芯对磁钢外壳放电；作业者乙连接磁钢引线和室内电缆，做好绝缘防水处理。

（7）作业者甲、乙按照（1）~（6）所述检查方法，对开机磁钢及相关部件安装尺寸和技术指标进行检查、测试、处理和记录。作业者乙将数据记录到《TPDS 探测站巡检作业记录簿》中。

4）检查天线及防护箱

（1）作业者甲清洁天线及天线安装架表面，检查天线及天线安装架螺栓紧固（防松标记无移位），清除锈蚀，对紧固件油润；直观检查天线及天线防护罩无变形、破损。

（2）作业者甲直观检查天线及天线安装架外观，无变形、无破损，不受钢轨及砟石挤压；检查天线同轴电缆接头无松动、防水良好，电缆无死弯；检查橡胶护管及接头，护管与接头安装严密，胶管不得有破口，直观检查，紧固，破损更换。

（3）检查天线的读取范围。

① 测试方法与步骤：在系统待机状态下，作业者甲用包裹橡皮层的铁器轻划开机磁钢大于3次或使用软件手动控制开机，作业者乙在室内观察智能跟踪主机前面板数码管显示，同时“发射”指示灯点亮，“接收”“错码”灯同时闪亮，此时天线进入工作状态。

作业者甲手持便携式场强仪，便携式场强仪方向应与天线方向相同，正面向下，置于天线上方1 m处，如图5-33所示。按下便携式场强计开关，绿灯常亮，沿来车方向向前移动，当便携式场强计绿灯变为黄灯时，便携式场强计所处位置距天线中心的水平距离，即为天线前部读取范围。作业者甲乙共同配合用钢卷尺分别测量前、后位置距天线中心的水平距离，天线每侧读取距离大于等于1.2 m，如图5-34所示。

图5-33　场强仪距天线上方1 m

图5-34　读取距离大于1.2 m

② 作业者乙确认设备恢复至接车状态，记录天线的读取范围数据记录到《TPDS探测站巡检作业记录簿》中。

5）工务部门检查测试平台项目及标准（由5T维修人员联系并配合工务部门实施完成）

（1）检查清扫测试平台，检查测试平台各部，应无锈蚀、无破损。

（2）逐一检查各绝缘胶块位置正确、无窜出、无破损，螺栓紧固。

（3）用测力扳手检测纵向连接板无松动，拧紧力矩 588～637 N·m（客货型设备此项不测）。

（4）直观检查扣件弹条应紧固。

（5）用铁路线路测量仪测量轨道几何尺寸，轨道几何状态良好，直观检查道床状态稳定无空吊、道砟饱满。

（6）检查枕端信号线保护管良好、无破损。

（7）作业者甲乙负责测试平台检查整修质量验收，不达标准的应要求工务部门重新检查和整修，验收合格后，由作业者乙将测试平台检查结果记录到《TPDS 探测站巡检作业记录簿》中。

6）检查轨边接线箱

（1）作业者甲直观检查接线箱基础应埋设牢固，箱体安装紧固、无破损。

（2）作业者甲用毛刷清扫接线箱内部、用吹尘器吹尘，检查各接线端子应无松动氧化；作业者甲用工具紧固各螺母及帽，如图5-35所示。

（3）作业者甲检查信号线引入、引出保护管无破损，管内无积水，如图 5-36 所示。

图 5-35　紧固接线板

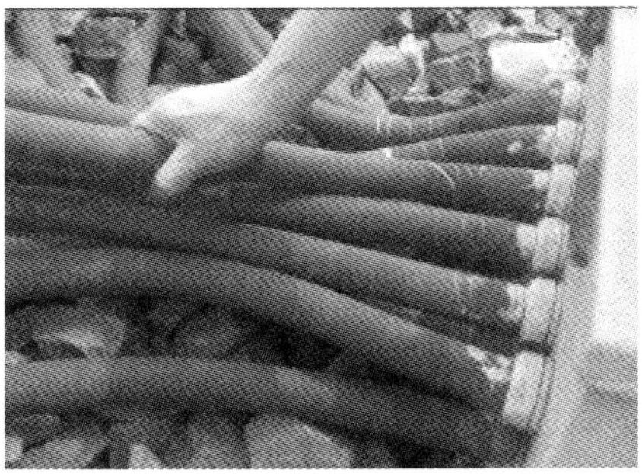

图 5-36　检查保护胶管及接头

7）检查雨量桶

（1）作业者甲检查雨量桶安装牢固、无破损，清除桶内杂物。

（2）作业者甲检查雨量桶内翻斗翻转灵活、连接紧固。检查信号线完好、无破损、连接紧固。

作业者甲将室外设备检修用工具及仪表整理并收回探测站室内。

作业者乙将室外设备检查情况记录到《TPDS 探测站巡检作业记录簿》中。

3. 检查室内设备

1）检查室内设备机柜

（1）作业者甲对室内设备机柜进行清扫除尘，用棉布擦拭机柜内外部。

（2）作业者甲检查风扇，运转正常、无异响。

2）检查测点服务器、工控机

（1）作业者甲对机箱内外部清洁除尘，机箱、滤尘网清洁无尘。

（2）作业者甲检查各计算机风扇，转动正常无卡滞、无异音。

（3）作业者甲检查主机背面板的各接口和连接线，紧固各接线端子及插头连接，摇动各接头无松动。

（4）作业者甲验证各计算机系统时间自动同步设置有效，如无法自动同步，须与自动校时设备时间进行核对，误差应在 30 s 之内，超过时手动调整。本地各工控机间相对误差小于 5 s。

（5）作业者甲在天窗点内升级杀毒软件，并执行杀毒程序，对系统进行杀毒。

（6）作业者甲检查硬盘空余容量，利用系统自带程序检查磁盘错误，如硬盘空余容量低于 20%，需要进行碎片整理。碎片整理时，关闭杀毒软件并在天窗内进行。

（7）作业者甲检查系统及各应用程序运行正常，数据处理、存储、传输正常；直观检查车辆运用评判软件运行状态，程序运行正常无错误或异常提示。

（8）作业者甲检查工控机、测点服务器数据存档目录，删除过期、失效文件。（操作必须在铁科院技术指导下完成）

3）检查传感器性能

（1）查看和调整板式传感器零点。

① 作业者甲查看 DAQ 监测软件（货型为 Jcxt 监测软件），板式传感器零点范围标准（介于 – 6 000 ~ 10 000）和剪力传感器零点范围标准（介于 – 13 000 ~ 170 000），板式传感器零

点飘移与上次巡检比较变化大于 500，或超出零点范围时，拔打联系铁科院技术支持电话，进行在线检测或在其电话指导下，进一步处理。

② 作业者甲对调整后的零点数据截屏保存图片文件，文件按年月日命名，保存在“我的文档”文件夹，如图 5-37 所示、图 5-38 所示。作业者乙将测试数据记录到《TPDS 探测站巡检作业记录簿》中。

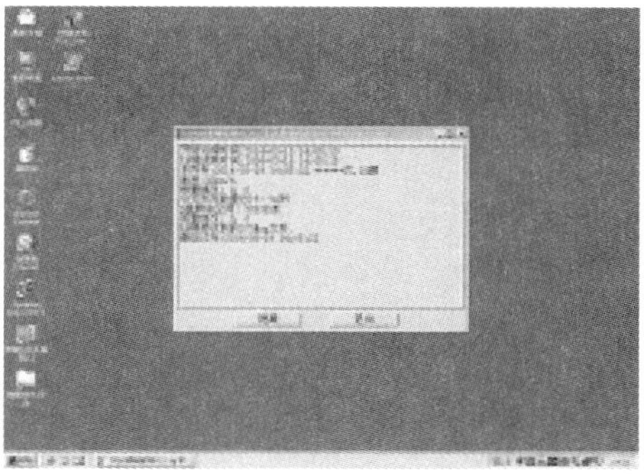

图 5-37　查看车辆运用评判软件运行状态

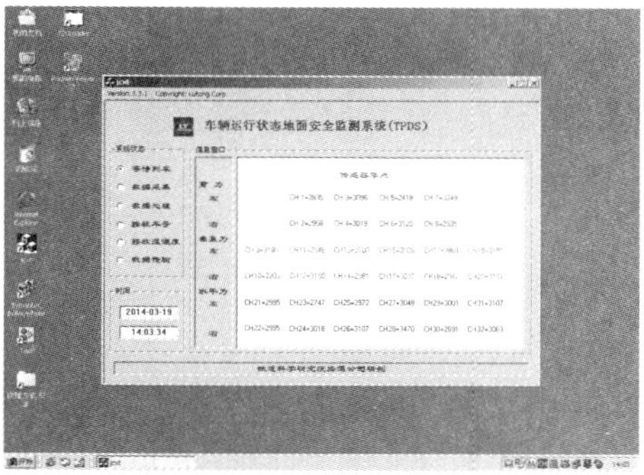

图 5-38　保存截屏图片

（2）测量传感器输入、输出阻值。

作业者甲在轨边箱测量传感器输入、输出阻值（老式剪力 350 ± 25 Ω；小孔剪力 380 ± 5 Ω；板式输入 750 ± 5 Ω，输出 700 ± 5 Ω）、输出信号值（剪力 0 < 输出 ≤ 10 mV；板式 0 < 输出 ≤ 10 mV）。超出范围时，将剪力传感器拆除后测量，如拆除后测量输出在范围内则重新安装，否则更换剪力传感器。压力传感器超出范围时更换传感器，如图 5-39、图 5-40 所示。

图 5-39　测量板式传感器输入输出电阻

图 5-40　测量剪力传感器输入输出电阻

（3）作业者甲按以上所述方法和步骤，对传感器逐一进行测试，确认参数超标更换传感器时，须与设备厂家联系配合进行技术指导和相关参数调整，更换完成后，调取并分析 3 列以上接车数据进行验证，确保设备探测正常。作业者乙将测试数据记录到《TPDS 探测站巡检作业记录簿》中。

4）检查 KVM 切换器

（1）作业者甲用毛刷、吹尘器清洁 KVM 切换器。

（2）作业者直观检查各电缆连接牢固，无松动。

（3）作业者甲切换 KVM 按钮，能正常切换各计算机，检验键盘、鼠标及显示器转换正常，显示清晰，鼠标，键盘能正常使用。

5）检查车号智能跟踪装置主机

（1）作业者甲用毛刷或吹尘器对智能跟踪装置主机清扫除尘，用棉布擦拭机箱。

（2）作业者甲直观检查主机工作状态，各指示灯显示正常。

（3）作业者甲直观检查连接线缆无损坏，插头、座无氧化，连接牢固；检查同轴电缆无死弯。

（4）作业者甲调取设备存车或登录“铁路车辆运行安全监控系统”，核对 2 列以上的车次、车号信息，标签数量等数据应正确，系统解码、通信等功能正常。

6）检查雨量计主机

（1）作业者甲用毛刷或吹尘器清扫雨量计主机，用棉布擦拭雨量计主机外部。

（2）作业者甲观察液晶显示屏显示状态正常。

7）检查数据采集仪

（1）作业者甲用毛刷或吹尘器清扫数据采集仪设备，用棉布擦拭数据采集仪外部，观察电源指示灯状态正常。

（2）作业者甲紧固各接线端子及插头连接，检查连接电缆无损坏，插座插头无氧化，连接紧固，接触良好。

8）检查网络设备

（1）作业者甲对网络设备擦拭、除尘。

（2）作业者甲检查集线器、交换机、光端机，观察电源，收、发等指示灯显示正常，网络畅通。如异常，按设备归属联系相关部门解决。

（3）作业者甲检查网线、RJ45 接头，网线无死弯、断线，轻触 RJ45 接头检查接头无松动、无接触不良。

（4）作业者甲用“ping”命令测试探测站各计算机与服务器之间网络，数据传输应无损、无错。

（5）作业者甲直观检查各计算机之间通信正常。

9）检查供电部分

（1）检查双路电源切换箱。

① 作业者甲清洁擦拭箱体，直观检查指示灯显示正常。

② 作业者甲用万用表在供电输入端测量一路及二路供电电压，电压应在 176～253 V，确认设备供电正常。

③ 作业者乙手动切断（大于 5 s）然后再送上正在使用的一路电源，作业者甲观察电源转换装置自动切换，设备供电正常。

④ 作业者甲检查电源箱断路器（闸刀）、保险线等正常，无异状。

（2）检查 UPS 主机及电池柜。

① 作业者甲清擦拭 UPS 及电池柜。直观检查环境通风、干燥。

② 作业者甲检查 UPS 主控开关位置正确（无跳闸）；主机各按钮灵敏、数字显示（指示）正常；输入输出接线端子无松动、无烧焦。发现异常时应立即对 UPS 主机或供电线路检查处理。

③ 作业者甲用万用表测量 UPS 交流电源输入电压，应符合输入电压 176～253 V；输出电压 210～230 V。

④ 作业者甲操作 UPS 主机控制面板按钮启动逆变器，系统应切换电池供电，电池逆变供电压、电流正常。

（3）检查室内电源线缆，消防设备。

① 作业者甲直观检查室内交流电源、直流电源线缆布线规范，线缆无破皮，线头无裸露，接线无松动。探测站无违规使用大功率电器。

② 作业者甲检查探测站内灭火器压力表显示正常，检定不过期。

10）检查防雷设备

（1）检查电源防雷箱。

5-2 实作：检查电源防雷箱

① 作业者甲清洁擦拭电源及信号电涌保护、防雷箱内外部，直观检查电压及电流表头显示正确。

② 作业者甲直观检查输入、输出及接地线连接紧固；后备保护开关处于 ON 状态。

③ 作业者甲直观检查电源电涌保护模块窗口状态显示（如图 5-41 所示），无变红、无烧灼痕迹、外观无异常；作业者甲读取记录计数器读数，与前次读数对比，确认计数器未发生新计数，如图 5-42 所示。

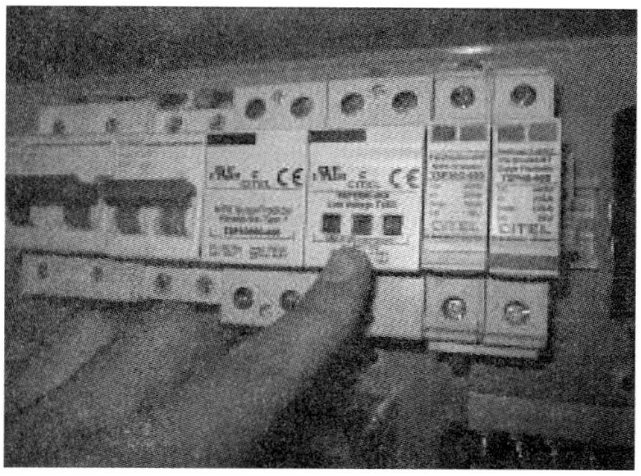

图 5-41 检查模块窗口状态显示

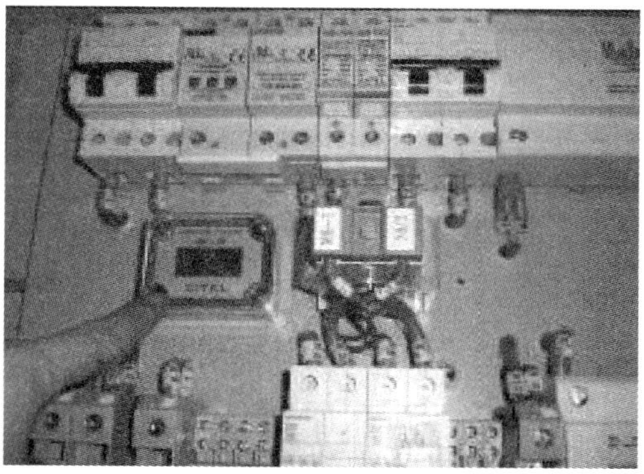

图 5-42 观察计数器

（2）发现模块（板）异常、故障保护开关跳起、计数器发生计数时，须按照《TPDS 探测站季节性整修作业指导书》所述方法使用电涌保护模块检测仪对各模块进行测试，损坏须更换。

（3）雷雨季节来临前、雷雨天气过后，必须用电涌保护模块检测仪检测各防雷模块性能。

作业者乙将室内设备检查情况记录到《TPDS 探测站巡检作业记录簿》中。

4. 作业台账填写核对

作业者乙将探测站设备检查情况逐项记录到《TPDS 探测站巡检作业记录簿》中，并核对台账填写无误后，作业者、防护员在台账上签名。台账填写应不错不漏，不涂不改，定性用词准确，定量数值真实。

5. 作业完毕整理

（1）作业者甲、乙清理室内卫生。

（2）作业者甲、乙清理作业检查确认工作场地无工具配件遗漏，擦拭干净工具仪表，探测站室内工具、仪器按定置管理进行摆放。检查确认存放探测站的工具、仪表作用良好，计量下次检修前到期的带回或按照段计量室安排周期送检校验。

6. 确认设备状态，报告检修结束

（1）作业者甲检查设备各部工作状态，确认设备各开关按钮已恢复接车模式，工作指示灯显示正确，确认室内外设备运行及网络通信正常。

（2）作业者甲与车辆段监控中心值班员（或 TPDS 动态检车员）共同核对至少两列过车数据，设备探测、自检及故障报警应正常，网络传输应及时。

（3）作业者甲向车辆段监控中心值班员、铁路集团公司监测站调度员报告巡检作业结束。作业负责人保持通信畅通，及时接收段监控中心根据过车信息发现的异常情况通知。

7. 作业完毕撤离

（1）确认不再上道作业后，作业负责人安排作业人员撤除软隔离，同时清点作业人员、工具、仪器仪表，核对并填写《入网人员、工器具、材料明细单》。作业负责人对设备状态、工机具清理、人员撤离、防护撤除等进行检查，确认开通条件，并将清单照片传递到驻站联络员（不具备照片传递条件时，要利用对讲机等符合要求的通信工具联控驻站联络员，传递“清点”“确认”信息）。

（2）作业全部结束后，作业负责人通知现场防护员，现场防护员通知驻站联络员办理相关手续后撤离探测站。

（3）出网前，作业负责人检查确认带出防护网的人员、工器具、材料等，再次核对并填写《入网人员、工器具、材料明细单》，核对入网前拍摄照片。严禁将作业机具、材料遗留在防护栅栏内。现场防护员锁闭作业门，作业人员返回车间。

【任务自检】

1. 为什么要研制车辆运行品质轨边动态检测系统？
2. 简述 TPDS 系统的工作原理。
3. TPDS 系统探测站的室外部分由哪几部分组成？
4. TPDS 系统能够监测车辆的哪些部分？
5. 设置框架式轨道测试平台的意义是什么？

任务二　TPDS 系统运用与管理

【任务描述】

（1）掌握 TPDS 系统运用与管理标准；
（2）掌握 TPDS 动态检查一列作业标准；
（3）具备 TPDS 系统运用与管理的基本能力。

【背景知识】

车辆运行品质轨边动态监测系统（简称 TPDS 系统）是发现车辆运行品质不良、车轮踏面损伤和超偏载等安全隐患，并进行跟踪和故障预报警的地对车安全监测系统，是保障铁路车辆运输安全的重要设施。该系统以 TPDS 监测数据为基础，根据车辆运用管理要求，对车辆 TPDS 监测信息进行联网监控、故障预警、核实反馈及综合应用，为铁路各级车辆作业及管理人员提供客车运行品质动态监控管理服务，保障铁路车辆运行安全。

一、运用与管理标准

1. 管理制度

TPDS 使用单位（车辆段）要建立《TPDS 值班员交接班制度》，明确交接班内容，介绍当班系统运行情况及发现的较大车辆故障，向接班人员明示注意事项。建立《TPDS 值班员考勤制度》，严肃劳动纪律，按规定请销假，出现 TPDS 值班员请假情况时，要及时进行人员调整，确保当班各岗位人员到位。建立《TPDS 值班员岗位职责》，明确 TPDS 值班员岗位职责、作业内容，明确作业程序，明确预报信息的传递程序，明确系统故障的报修程序，明确系统非正常情况下的应急措施。建立《TPDS 值班员教育培训制度》，TPDS 值班员和动态检车组长要进行岗前培训，TPDS 值班员要持《岗位培训合格证》和《上岗合格证》上岗、动态检车组长要持《工班长合格证》和《岗位培训合格证》上岗。建立《TPDS 值班员统计分析制度》，进行日统计、月分析。动态检车组长每天要填写有关技术台账，记录现场值班员的反馈信息。动态检车工长每月、季、年对系统“5 率”进行计算，建立系统预报故障与现场发现故障对比分析表。建立《动态检车组台账管理制度》，动态检车组长要认真填写表报台账，不得随意销毁、涂改记录。按规定程序进行存档，保存时间不少于一个段修期。建立《动态检测与列检作业闭环管理制度》，对系统预报的故障，TPDS 值班员要按程序进行信息传递，现场检车员收到预报信息后，要认真进行确认，并将处理情况及时向动态检车组反馈，形成闭环管理。

2. 人员配备

铁路集团公司车辆处要安排专职人员全面负责管内铁路货车安全防范系统的运用管理工作，车辆段要安排专职人员负责铁路货车安全防范系统运用工作的日常管理和数据综合分析，铁路集团公司车辆运行安全监测站每班安排一名值班员，负责对 TPDS 探测信息进行监测，并负责通知行车调度员对列车进行拦停处理，轮班方式与 THDS 值班员相同。在动态检车组配备日班检车工长一人，负责对四班动态检车人员进行技术管理、业务指导和资料管理，在每班动态检车组配备动态检车组长一人，按四班配齐，负责管理本班 TPDS 值班员，每班编制均纳入现场列检作业组，由现场作业组工长进行日常管理。在每班动态检车组配备 TPDS 值班员一人，按四班配齐。TPDS 值班人员要在现场检车员中选拔，须具有高中（中专）及以上文化程度，具备一定的计算机技术等相关知识，具有一定实践经验并掌握专业技术知识，工作责任心强，身体健康。TPDS 值班员于上岗前，要取得铁路集团公司颁发的《岗位培训合格证》和《上岗合格证》，上岗人员持双证上岗，持证率须达到 100%，《上岗合格证》考核周期由各铁路集团公司自行确定。

3. 工作标准

TPDS 值班员交班时应认真填写《货车安全防范系统动态检车组交接班记录簿》，接班人员应确认设备状态良好，向交班人员了解设备使用情况及系统网络运行情况，检查记录台账，交接班人员共同在交接班记录簿上签字。TPDS 值班员负责监测 TPDS 系统运行状态，并负责传输通道故障的监测，要将 TPDS 故障情况及时上报车辆段进行处理。当 TPDS 客户端计算机无法正常工作时，要立即向列检值班员报告，由列检值班员通知该班现场检车工长，由现场检车员按技检标准对列车进行人工检查。

4. 预报标准

TPDS 报警标准由车轮踏面损伤报警标准、超偏载报警标准和运行品质不良联网报警标准组成。报警等级使用颜色区分，一级为红色，二级为橙色，三级为黄色。

1）车轮踏面损伤报警标准

根据车轮踏面损伤的当量值确定报警等级，按 3 个等级报警，由高到低分别为一级、二级、三级。车轮踏面损伤当量等于或大于 23 为一级报警，等于 21 或 22 为二级报警，等于 19 或 20 为三级报警。

2）超偏载报警标准

根据超载吨数、偏载尺寸、偏重吨数确定报警等级，按 3 个等级报警，由高到低分别为一级、二级、三级。具体报警标准见表 5-3 所示。

表 5-3　TPDS 报警标准

报警级别	一级报警（严重）	二级报警（一般）	三级报警（跟踪）
超　载	等于或大于货车容许载质量 10 t	等于或大于货车容许载质量 5 t 小于 10 t	等于或大于货车容许载质量 2 t 小于 5 t
偏　载	货车（包括货物）总重心投影与车辆纵向中心线距离等于或大于 150 mm	货车（包括货物）总重心投影与车辆纵向中心线距离等于或大于 100 mm 小于 150 mm	货车（包括货物）总重心投影距车辆纵向中心线距离等于或大于 75 mm 小于 100 mm
偏　重	货车前后两转向架架重之差等于或大于 15 t	货车前后两转向架架重之差等于或大于 10 t 小于 15 t	货车前后两转向架架重之差等于或大于 8 t 小于 10 t

3）运行品质不良联网报警标准

在探测站单次运行品质评分的基础上，实行运行品质不良联网综合评判。

探测站单次运行品质评分标准：根据货车横向晃动或减载情况确定运行品质评分等级，分为 1 ~ 6 级，1 级代表货车横向晃动或减载严重，2 ~ 5 级依次变化，6 级代表货车未见明显横向晃动或减载。运行品质状态积分根据运行品质评分等级进行换算，1 级 30 分，2 级 15 分，3 级 10 分，4 级 5 分，5 级及以下 0 分。

全路联网综合评判报警标准：TPDS 从 HMIS 中取得货车最近的厂、段修日期。从货车最近的厂、段修日期开始，将货车在空车状态下以 50 km/h 以上的速度通过 TPDS 探测站定为有效通过，累计最近 7 次有效通过的单次运行品质评分，当累计评分大于或等于 110 分时，评判为运行品质不良。

5. 处置标准

1）超偏载一级预报、处置程序

铁路集团公司监测站 TPDS 调度员对一级超载、偏载、偏重报警的货车，须立即将探测站名称、列车通过时间、车次、运行方向编组辆数、编挂位置、车种车型车号、超载或偏载或偏重报警、报警等级等，用录音电话通知列车调度员和车辆调度员，并填写《超偏载货车通知卡》送列车调度员签字。列车调度员通知列车运行前方车站值班员将报警货车摘下，由车站值班员安排对报警货车装载情况进行检查、确认和处理。车辆调度员通知车辆段派人员对报警货车的车体、枕簧、旁承等技术状态进行重点检查后，将检查结果报车站值班员。车站值班员将检查和处理情况电话通知列车调度员，并书面通知铁路集团公司 TPDS 调度员，TPDS 调度员将检查处理情况录入 TPDS。

2）超偏载二级预报、三级预报、处置程序

铁路集团公司监测站 TPDS 调度员对二级超载、偏载、偏重报警的货车，须立即将探测站名称、列车通过时间、车次、运行方向、编组辆数、编挂位置、车种车型车号、超载或偏载或偏重报警、报警等级等，用录音电话通知列车调度员。列车调度员通知列车运行前方车站值班员，车站应记录二级超偏载报警货车的车种车型车号、发到站、货物品名、发收货人等，并及时通知发、到站，电报通知下一区段站或编组站按有关规定处理，通知车站值班员，同时在 24 h 内将信息报铁路集团公司货运主管部门,并反馈到铁路集团公司计量部门、监测站。

三级超载、偏载、偏重报警货车的处理办法由各铁路集团公司制定。

3）TPDS 车轮踏面损伤预报、处置程序

一二级车轮踏面损伤报警的处理：列检作业场 TPDS 动检值班员对车轮踏面损伤报警货车，须立即将探测站名称、列车通过时间、车次、运行方向、编组辆数、编挂位置、车种车型车号、运行方向左/右侧、轮位、车轮踏面损伤当量及报警等级等，通知列检值班员，由列检值班员通知现场检车员对报警货车的车轮踏面损伤情况进行检查确认，车轮踏面损伤达到或超过运用限度的，应扣车处理。工长要对未扣车处理的一级、二级报警的车轮踏面进行复核检查确认。现场检车员将检查处理情况报列检值班员，列检值班员复核后通知 TPDS 动检值班员将一级、二级报警货车的检查和处理结果录入 TPDS。

三级车轮踏面损伤报警货车的处理办法由铁路集团公司制定。

4）TPDS 运行品质不良预报、处置程序

列检作业场 TPDS 动检值班员对运行品质不良联网报警货车，应立即将探测站名称、列车通过时间、车次、运行方向、编组辆数、编挂位置、车种车型车号、累计运行品质评分值、报警等级等，通知列检值班员，由列检值班员通知现场检车员对报警货车进行检查确认，重点检查轮对、侧架导框、侧架立柱磨耗板、斜楔及主摩擦板、摇枕斜楔摩擦面磨耗板、常接触式旁承或间隙旁承、承载鞍及与承载鞍接触的有关零部件、枕簧和心盘螺栓等技术状态，确认有故障或异状时扣车进入车辆段处理。现场检车员须将检查、处理情况报列检值班员，列检值班员复核后通知 TPDS 动检值班员将检查和处理结果录入 TPDS。

运行品质不良车辆扣车入段后，车辆段主管安全的副段长组织有关车间主任、检修专职、安全专职、5T 运用专职等相关人员进行技术鉴定、综合分析，提出运行品质不良诊断综合分析报告，车辆段自车辆摘下之日起，10 日内将分析报告报铁路集团公司车辆处。具体《运行

品质不良诊断综合分析报告》格式、内容由铁路集团公司制定。

6. 责任界定

TPDS 未对车轮踏面损伤进行一、二、三级预报的轮位，现场作业人员可以不对其进行技术检查。TPDS 值班员未及时将系统预报故障信息向列检值班员报告，未做系统预报记录及现场处理情况记录，未将处理结果及时录入系统，销毁、涂改和丢失记录，违章操作造成人为设备故障，在计算机上使用无关软件发生病毒感染，因系统故障未及时通知维修人员，因系统无法接车或图像不清晰而未向列检值班员报告的，列 TPDS 值班员责任。动态检车组长未及时将拦停信息通过录音电话通知车辆运行安全监测站值班员的，列动态检车组长责任。

列检值班员未及时将 TPDS 值班员的报告信息通知现场检车组及通知信息错误的，列列检值班员责任。车辆运行安全监测站值班员（调度员）未按规定程序办理拦停手续、迟办或错办的，列值班员（调度员）责任。

每班列检作业组均包含现场检车组和动态检车组共同组成一个质量责任主体，由现场检车组工长统一管理。接到列检值班员的故障通知后，未做确认处理，未做现场处理情况记录和未向动态检车组反馈处理情况、销毁、涂改和丢失记录的，预报的车号或故障与现场不符而没有向列检值班员核实的，列现场检车人员责任。

当 TPDS 预报重大故障，需要对货物列车进行拦停、甩车处理的，不列行车事故；未按预报信息进行检查确认和扣车处理，排到邻局后被邻局做扣车处理的，列该铁路集团公司责任。

发生热轴拦停甩车、经分解轴承存在故障时，经查该轮踏面损伤超限，TPDS 对该位车轮进行过三级及以上预报、检查确认局无反馈确认记录或有反馈确认记录但无 HMIS 更换车轮记录的（直通车除外），追究该铁路集团公司责任。

发生热轴拦停甩车、经分解轴承存在故障时，经查该轮踏面损伤超限，但 500 km 区段内，该铁路货车途径的 TPDS 未对该位车轮进行过三级及以上预报，经分析，属于 TPDS 存在漏报的，根据修程，加列 TPDS 系统供应商或系统检修、维护单位责任。

未经国家铁路集团有限公司批准，车辆处、车辆段不得允许任何单位及个人随意修改 TPDS 系统软件，凡发生上述情况的，追究车辆处或车辆段的管理责任。

二、TPDS 动态检查一列作业标准

TPDS 动态检车员必须经集团公司培训合格，并持有集团公司颁发的《铁路岗位培训合格证书》。

1. 接车作业

（1）在“TPDS 实时监控”界面值机作业，实时监控“TPDS 过车实时监控”和“全路踏面损伤及运行状态预警车辆名单”窗口（见图 5-43）。当班期间不得人为退出或关闭“TPDS 实时监控”界面。

图 5-43 上部为“TPDS 过车实时监控”窗口，实时显示某 TPDS 探测站的列车探测情况，表格内按过车时间从下至上依次显示当日过车信息（最上部为最近通过列车信息），主要包括探测站、通过时间、车次、方向、均速、首车号、尾车号、总辆数、报警数、踏面损伤、运行状态、超偏载、处理单位、到达情况、处理结果、本单位反馈等信息；下部为“全路踏面

损伤及运行状态预警车辆名单”窗口，实时显示通过本站 THDS 探测站的货物列车中曾经预报为 TPDS 车轮踏面损伤预警及运行品质预警的车辆信息。

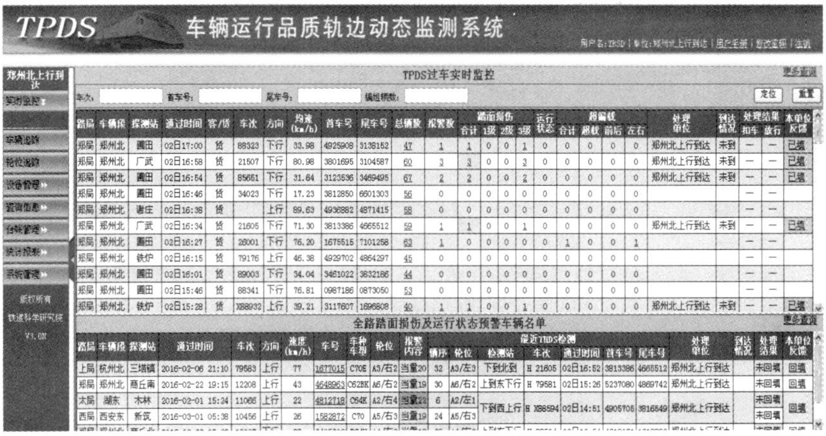

图 5-43　TPDS 系统过车界面

（2）若列车到达后仍无 TPDS 接车信息，或对照实时运行图，发现列车通过探测站 5 min 后仍无 TPDS 接车信息，须与 TADS、THDS 动态检车员进行互控，查询 TADS、THDS 系统接车信息，依据同进路的 TADS、THDS 接车信息判断 TPDS 设备的工作状态。

（3）查阅列车探测信息。

在“TPDS 实时监控”界面“TPDS 过车实时监控”窗口中，出现新的列车通过信息时（以列车通过时间为序，最上部为最近通过列车信息），表示列车通过探测站并进行正常探测。其中：

“踏面损伤合计”栏内数字表示本列车车轮踏面损伤预警数量（该数量以辆为单位，具体预警车轮信息须点击该数字，则显示预警车轮明细），单元格为红色，表示本列车车轮踏面损伤最高预警级别为 1 级；单元格为橙色，表示本列车车轮踏面损伤最高预警级别为 2 级；单元格为黄色，表示本列车车轮踏面损伤最高预警级别为 3 级；单元格无色，数字为“0”，表示本列车无车轮踏面损伤预警车辆，如图 5-44 所示。

“运行状态”栏单元格为红色，表示本列车有运行品质预警，单元格内的数字表示运行品质预警数量；单元格无色，数字为“0”，表示本列车无运行品质预警，如图 5-45 所示。

注：TPDS 系统接车时暂无自动提示功能，鉴于 TPDS 系统与 TADS 系统同点安装，TADS 系统接车时注意实时查询 TPDS 系统接车信息。

总辆数	报警数	踏面损伤				运行状态	超偏载			
		合计	1级	2级	3级		合计	超载	前后	左右
47	1	1	0	0	1	0	0	0	0	0
67	3		1	0	2	0	0	0	0	0
47	1	1	0	0	1	0	0	0	0	0
44	1	1	0	1	0	0	0	0	0	0

图 5-44　踏面损伤合计显示

总辆数	报警数	踏面损伤				运行状态	超偏载			
		合计	1级	2级	3级		合计	超载	前后	左右
55	1	1	0	0	1	0	0	0	0	0
64	2	1	0	0	1		0	0	0	0
48	1	1	0	0	1	0	0	0	0	0
67	1	1	0	0	1	0	0	0	0	0

图 5-45　运行状态显示

（4）查阅本站探测预警信息。

单击“TPDS 过车实时监控”窗口相应列车通过信息表格“报警数”栏内数字超链接，打开“该车次 TPDS 车辆详细检测信息”界面（见图 5-46），然后单击界面右侧“显示明细信息”按钮，打开“预警车辆明细信息”窗口，主要显示内容为：预警车辆“辆序”“车号”“运行状态”“超偏载”“最大冲击当量”“报警内容”“左、右轮位”“左右轮损伤当量”等预警及探测信息。

“TPDS 过车实时监控”窗口“报警数”栏内数字为 0 时，表明本列车无 TPDS 预警信息。

30053车次 TPDS 车辆详细检测信息

局别	车辆段	探测站	线别	通过时间	方向	均速(km/h)	总辆数	报警辆数	最高报警级别
郑局	郑州北	广武	京广线	2019-01-09 14:12	下行	35.03	63	6	[illegible]

导出数据　隐藏明细信息

辆序	车号	车种车型	速度(km/h)	AEI方位	总重(t)	运行状态	超载(t)	左右偏(mm)	前后偏(t)	最大冲击当量	报警内容	车轴序号	轴重(t)	轴左轮重(t)	轴右轮重(t)	左右轮重差(kg)	左轮轮位	左轮损伤当量	右轮轮位	右轮损伤当量
25	4821605	C64T	32	B	86.3	否	0	左4	前2.4	17 A6 右2	踏面损伤3		22.2	11.4	10.7	724	A7	0	A8	0
													22.2	11.5	10.7	749	A5	0	A6	17
													21.4	10.4	11	-576	A3	0	A4	0
	发站: 到站: 品名:												20.6	10.1	10.5	-420	A1	0	A2	0
27	1720722	C70E	31	A	90.4	否	0	右16	前1.9	[illegible]	[illegible]		23.2	11.2	12	-801	A2	0	A1	0
													22.9	11.7	11.2	489	A4	0	A3	[illegible]
													22.4	10.6	11.7	-1069	A6	0	A5	0
	发站: 到站: 品名:												21.9	10.7	11.2	-566	A8	0	A7	0
30	1654017	C70	30	A	94.2	否	0.4	右4	后1.3	21 A3 右2	踏面损伤2		23.3	11.5	11.8	-267	A2	0	A1	0
													23.1	11.7	11.4	327	A4	0	A3	21
													24	12	12	-13	A6	0	A5	0
	发站: 到站: 品名:												23.8	11.6	12.2	-567	A8	0	A7	0
32	4870045	C64K	30	B	88.1	否	0.4	左1	后1.1	20 A6 右2	踏面损伤3		21.6	11	10.6	390	A7	0	A8	0
													21.9	11.4	10.5	821	A5	0	A6	20
													22.8	10.9	11.9	-948	A3	0	A4	0
	发站: 到站: 品名:												21.8	10.9	11	-78	A1	0	A2	0
33	1620795	C70	30	A	94.6	否	0.8	右0	前0.7	18 A3 右2	踏面损伤3		23.7	12.2	11.5	659	A2	0	A1	0
													24	12.5	11.5	956	A4	0	A3	18
													23.5	11.4	12.1	-662	A6	0	A5	0
	发站: 到站: 品名:												23.4	11.2	12.2	-1021	A8	0	A7	0
34	1609238	C70	30	B	92.9	否	0	右5	前1.2	[illegible]	[illegible]		23.6	12.1	11.5	617	A7	0	A8	0
													23.4	12.1	11.4	711	A5	0	A6	0
													22.9	11	11.8	-770	A3	0	A4	0
	发站: 到站: 品名:												23	10.9	12.1	-1190	A1	0	A2	[illegible]

图 5-46　车辆详细检测信息

（5）查阅联网推送预警信息。

在“TPDS 实时监控”界面“全路踏面损伤及运行状态预警车辆名单”窗口中，出现新的信息时，表示通过本站 THDS 探测的列车中存在联网推送预警信息。“全路踏面损伤及运行状态预警车辆名单”中联网预警信息主要包含 TPDS 历史探测和预警信息、本站 THDS 通过信息，现场检查确认回填信息等，如图 5-47 所示。

全路踏面损伤及运行状态预警车辆名单　更多查询

路局	车辆段	探测站	通过时间	车次	方向	速度(km/h)	车号	车种车型	轮位	报警内容	最近THDS检测							处理单位	到达情况	处理结果	本单位反馈
											辆序	轮位	检测站	车次	通过时间	首车号	尾车号				
上局	杭州北	三塔镇	2016-02-06 21:10	79583	上行	77	1677015	C70E	A3/右2	当量20	32	A3/左3	下到北到	H 21605	02日16:52	3813386	4665512	郑州北上行到达		未回填	回填

图 5-47　运行状态预警车辆名单显示

其中：“路局”“车辆段”“探测站”“通过时间”“车次”“方向”“速度”“车号”“车种车型”“轮位”“报警内容”为 TPDS 历史探测信息，如图 5-47 所示表示 2016 年 2 月 6 日 21：30 通过上海铁路局杭州北车辆段三塔镇上行 TPDS 探测站的 79583 次（运行速度 77 km/h），预报 C70E-1677015 车辆 A3/右 2 轮位 TPDS 车轮踏面损伤预警三级（当量 20）。

“最近 THDS 检测”中的“辆序”“轮位”“检测站”“车次”“通过时间”“首车号”“尾车号”表示本 THDS 探测站的通过信息。若系统“轮位”未能正确判断运行方位（即左/右轮位置）时，已标签位置为准预报至现场确认。如图 5-47 所示表示 2 日 16：52 通过下到北到 THDS 探测站的 H21605 次（列车首车号为 3813386，列车尾车号为 4665512）机后 32 位 C70E-1677015 车辆 A3/左 3 轮位 TPDS 车轮踏面损伤预警三级（当量 20）。

（6）查询联合预警信息。

对 TPDS 预警轴承信息，TPDS 动态检车员须主动与 THDS、TADS 动态检车员联系，或查询 TADS、THDS 系统，确认故障车辆 THDS 预报（报警）信息、TADS 预警信息等。

5-3　实作：TPDS 预警处置

2. 预警信息预报

（1）接到列检值班员播报列车作业通知时，对采取人机分工检查或人工检查方式进行列检作业的到达、中转列车，TPDS 动态检车员须查看该列车车轮踏面损伤及运行品质预警信息（含本站 TPDS 预报及联网推送的历史预报信息），将预警信息报文内容通知列检值班员，由列检值班员通知检车员进行处理。

（2）列车预警信息查询。根据列检值班员通知的车次、首车号、尾车号、编组等信息，在“TPDS 过车实时监控”窗口查询 TPDS 预警信息。

① 在“TPDS 过车实时监控”窗口上方“车次”“首车号”“尾车号”“编组”文本框内，录入相应车次、首车号、尾车号、编组信息，单击“定位”按钮，可定位到符合条件信息，用蓝色标注，如图 5-48（a）所示。

“车次”“首车号”“尾车号”、“编组”等信息录入越详细，定位准确度越高。若仅录入“车次”“首车号”“尾车号”“编组”中任意信息时，易出现多条记录，如图 5-48（b）所示，拉动右侧“滚动条”，在记录中查找“车次”“首车号”“尾车号”“编组”完全吻合的列车信息，确定预警信息。

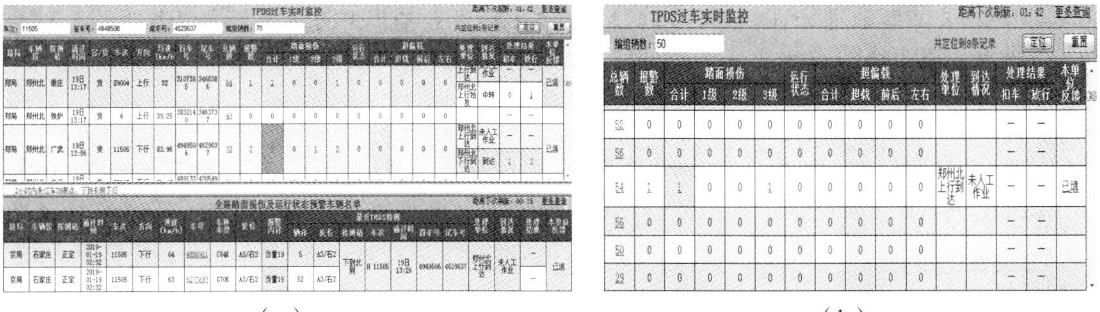

（a）　　　　　　　　　　　　　　　　（b）

图 5-48　列车预警信息查询界面

② 在“TPDS 过车实时监控”窗口未找到预警车次信息时，单击窗口右上方“更多查询”超链接，打开“TPDS 过车信息”界面，如图 5-49（a）所示。

在“TPDS 过车信息”界面上方“车次”“首车号”“尾车号”“编组”文本框内，录入相应车次、首车号、尾车号、编组信息，在“检测时间”下拉列表框，选择开始时间为当前时间 24 h 前，结束时间为系统默认时间（当前时间），单击界面右侧“查询”按钮，即可在“TPDS 过车信息”界面显示相应列车 TPDS 探测信息，如图 5-49（b）所示。

若“TPDS 过车信息”界面出现多条记录时，拉动右侧“滚动条”，在记录中查找“车次”

“首车号”“尾车号”“编组”完全吻合的列车信息，确定预警信息。若“TPDS 过车实时监控”界面未显示信息时，表明所查列车 24 h 内未经本地 TPDS 系统探测。

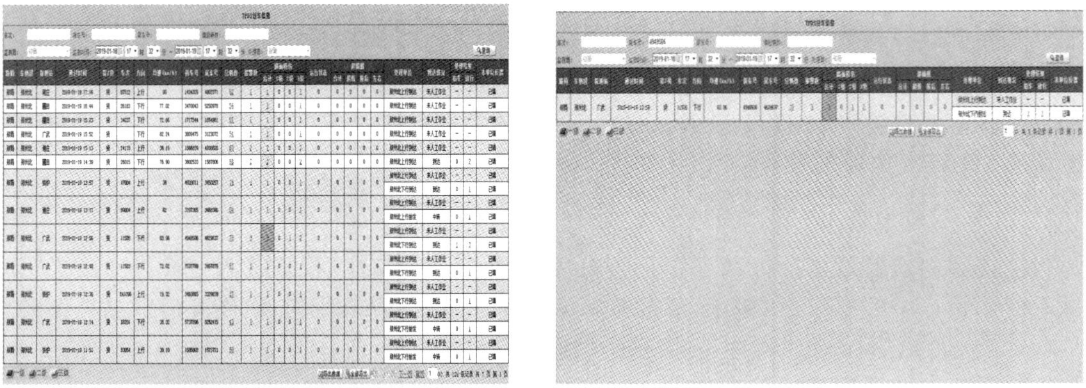

（a）　　　　　　　　　　　　　　　　（b）

图 5-49　TPDS 系统过车信息显示

③ 核实“车次”“首车号”“尾车号”“编组”信息无误后，打开“该车次 TPDS 车辆详细检测信息”界面“预警车辆明细信息”窗口（见图 5-46）。

“TPDS 过车实时监控”窗口“报警数”栏内数字为 0 时，表明本列车无 TPDS 预警信息（见图 5-50）。

TPDS过车实时监控　　距离下次刷新：02：25　更多查询

车次：　首车号：　尾车号：　编组辆数：50　共定位到8条记录　定位　重置

路局	车辆段	探测站	通过时间	客/货	车次	方向	均速(km/h	首车号	尾车号	总辆数	报警数	踏面损伤				运行状态	超偏载				处理单位	到达情况	处理结果		本单位反馈
												合计	1级	2级	3级		合计	超载	前后	左右			扣车	放行	
郑局	郑州北	圃田	19日 17:32	货	26023	下行	23.10	3328084	4892689	58	0	0	0	0	0	0	0	0	0	0			—	—	
郑局	郑州北	谢庄	19日 17:24	货	24026	上行	78.57	3803836	8004214	62	0	0	0	0	0	0	0	0	0	0			—	—	
郑局	郑州北	谢庄	19日 17:16	货	87512	上行	90	1434309	4802771	52	1	1	0	0	1	0	0	0	0	0	郑州北上行到达	未人工作业	—	—	已填
郑局	郑州北	谢庄	19日 17:06	[illegible]		上行	39.53	7544039	7544475	29	0	0	0	0	0	0	0	0	0	0			—	—	
郑局	郑州北	广武	19日 17:01	货	25081	下行	40.07	4830809	4812058	42	0	0	0	0	0	0	0	0	0	0			—	—	
郑局	郑州北	圃田	19日 16:44	货	26183	下行	77.02	3470043	5250978	56	1	1	0	0	1	0	0	0	0	0	郑州北上行到达	未人工作业	—	—	已填

图 5-50　报警数显示

④ 根据列车通过 THDS 探测站时间、车次、首尾车号信息，在“全路踏面损伤及运行状态预警车辆名单”联网推送预报记录中查找是否存在本列车预警信息。若存在该列车记录，表示该列车存在历史预报（联网推送）信息，若无该列车记录，表示该列车不存在历史预报（联网推送）信息。

（3）列检值班员向检车员进行信息预报时的内容及标准用语。

运行品质预警信息主要包括：车次、编组辆数、车号、故障车位、预警内容等。预报标准用语：“×道×次编组×辆，TPDS 运行品质预警×个，机后×位××（车号），TPDS 预报运行品质预警”。

TPDS 车轮踏面损伤预警信息主要包括：车次、编组辆数、车号、故障车位、左/右侧、轮位、预警级别等。预报标准用语：“×道×次编组×辆，TPDS 车轮踏面损伤一级预警×个，机后×位××（车号）左（右）×……；车轮踏面损伤二级预警×个，机后×位××（车号）左（右）×……；车轮踏面损伤三级预警×个，机后×位××（车号）左（右）×……”。

列车通过 TPDS 探测站正常检测，但无车轮踏面损伤和运行品质预警信息时，预报标准用语为：“×道×次编组×辆，经 TPDS 探测，无预警信息（无事）。”

列车未通过本站 TPDS 探测站或未正常探测时，须提醒现场对车轮踏面进行全面检查，同时将联网推送信息预报至现场确认。预报标准用语为“×道×次编组×辆，未经过 TPDS 探测，联网推送的预警信息为……”。

（4）对到达列车中踏面损伤一级预警或运行品质预警铁路货车，以及符合扣修条件（具体见 3.预警信息检查确认处理反馈）的铁路货车，须重点提醒检车员进行扣车，标准用语为：“×道×次编组×辆，机后×位××（车号），TPDS 预报车轮踏面损伤一级预警（或运行品质预警/符合扣修条件），须扣车。”

3. 预警信息检查确认处理反馈

（1）处置标准。列检作业场对 TPDS 本地探测、联网推送预警货车的处置执行以下标准：

① 对到达作业的踏面损伤一级预警车辆须全数扣修。

② 对到达作业、中转作业的二级、三级预警及中转作业的一级预警车辆按以下标准进行处置：

a. 车轮踏面擦伤、剥离、局部凹下、缺损超限或车轮辐板、轮辋裂损、车轮踏面碾堆的须扣修。

b. 预警车轮的轴承 THDS 预报微热或 TADS 二级及以上预警的须扣修。

c. 一级预警车轮的轴承有 TADS 三级及以上预警的须扣修。

d. 一级、二级预警车轮的轴承温升超过 55 °C 的须扣修。

e. 预警车辆存在摘车临修范围故障的须扣修。

③ 对到达作业的运行品质预警车辆须全数扣修；对中转作业的运行品质预警车辆现场检查确认，发现摘车临修范围故障时扣修。

（2）检车员对预警铁路货车的车轮踏面损伤情况进行检查确认，符合扣修条件的，须及时扣车处理。列检工长对未扣修的预警车辆须做到逐一复核确认。检车员将检查处理情况报列检值班员，列检值班员核对后通知 TPDS 动态检车员将预警铁路货车的检查和处理结果录入 TPDS。

4. 信息收集、回填

（1）TPDS 动态检车员收到列检值班员或检车员反馈的 TPDS 预警信息现场检查和处理结果时，须逐一核对车次、编组、辆序、车型车号、轴序、定检、预警级别、现车位置、复核人、处理情况、擦伤或剥离尺寸等信息。

（2）本站探测预警信息回填。

① 在“TPDS 过车实时监控”窗口，单击表格内预警车次所在行最右侧“本单位反馈”栏“回填”超链接，打开“该车次报警车辆信息反馈”界面，上部为“踏面损伤处理信息”窗口，下部为“运行状态预警处理信息”窗口，如图 5-51（a）所示。

② 在“该车次报警车辆信息反馈”界面，“到达情况”下拉列表框据实选择“到达情况”，在“填写人”文本框录入当班 TPDS 动态检车员姓名。在“踏面损伤处理信息”窗口，在“复核人”文本框，录入现场复核人姓名，核对“AEI 位置”“复核轮位”“复核车号”，选择“是否过限”（仅踏面损伤三级预警可用）、“处理”方式、“损伤类型”“剥离处数”，填写剥离或擦伤尺寸（单位 mm）；对 TPDS 预报三级预警的车辆，现场检查不过限的，在系统回填时，

“是否过限”栏内只反馈“否”，不再填写具体数据。在“运行状态预警处理信息”窗口，复核“辆序”“车号”“车型”信息，填写现场“检查情况”“处理”信息，如图 5-51（b）所示。

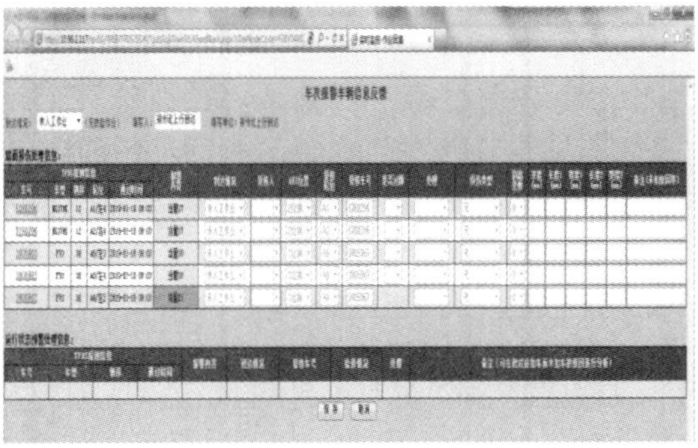

（a）

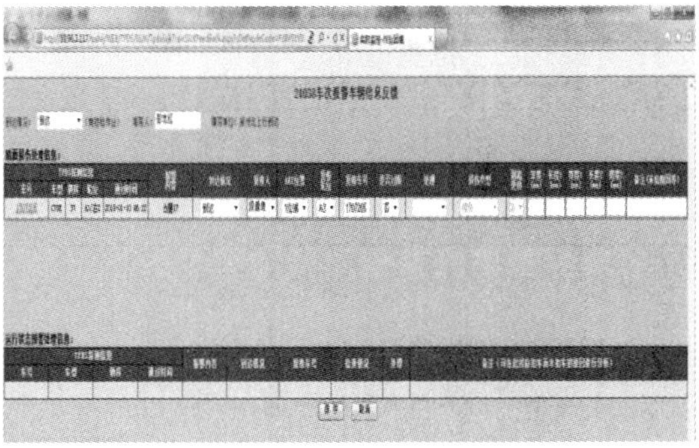

（b）

图 5-51　报警车辆信息反馈

③ 填写完毕再次核对信息无误后，单击界面下方的“保存”按钮，关闭该界面，回到“TPDS 实时监控”界面。

④ TPDS 本站探测预警信息过车超过 10 h 不能回填，“保存”按钮不可用。

（3）联网推送预警信息回填。

① 收到列检值班员或检车员反馈的联网推送的历史预报信息检查确认情况时，须在“全路踏面损伤及运行状态预警车辆名单”栏表格内预警车次所在行最右侧“本单位反馈”栏“回填”超链接，打开“该车次报警车辆信息反馈”界面，上部为“踏面损伤处理信息”窗口，下部为“运行状态预警处理信息”窗口，如图 5-51（b）所示。

② 在“该车次报警车辆信息反馈”界面，“到达情况”下拉列表框据实选择“到达情况”，在“填写人”文本框录入当班 TPDS 动态检车员姓名。在“踏面损伤处理信息”窗口，在“复核人”文本框，录入现场复核人姓名，核对“AEI 位置”“复核轮位”“复核车号”，选择“是否过限”（仅踏面损伤三级预警可用）、“处理”方式、“损伤类型”“剥离处数”，填写剥离或擦伤尺寸（单位 mm）；对 TPDS 预报三级预警的车辆，现场检查不过限的，在系统回填时，“是否过限”栏内只反馈“否”，不再填写具体数据。在“运行状态预警处理信息”窗口，复核“辆序”“车号”“车型”信息，填写现场“检查情况”“处理”信息。

③ 填写完毕再次核对信息无误后，单击界面下方的“保存”按钮，关闭该界面，回到“TPDS 实时监控”界面。

④ TPDS 联网推送预警信息过车超过 4 h 不能回填，“保存”按钮不可用。

（4）TPDS 动态检车员须在列车技检结束后半小时内，将预警反馈信息录入 TPDS 系统。

（5）TPDS 动态检车员每 2 h，负责对 TPDS 探测站探测列车信息的回填情况进行浏览检查，发现列车通过探测站 4 h 后，仍无回填信息时，须查询实时运行图，确认列车实时位置。

① 若无列检作业场作业，TPDS 动态检车员须在“该车次报警车辆信息反馈”界面，“到达情况”选择“未人工作业”，单击界面下方的“保存”按钮，保存列车信息。

② 对已录入“未人工作业”，但后期又到达的列车，由负责人工检查作业列检作业场的 TPDS 动态检车员录入现场检查确认信息。

5. 作业完毕

TPDS 动态检车员作业完毕后将系统返回“TPDS 实时监控”界面，等待接车。

6. 设备异常处置

（1）设备异常影响正常探测时，TPDS 动态检车员须立即通知列检值班员，列检值班员通知检车员进行全面检查。同时 TPDS 动态检车员须通知维修人员进行处理，并报告值班干部。TPDS 动态检车员在《列检作业场班组交接班记录簿》的“铁路货车运行安全监控系统设备故障报修情况”栏目填写 TPDS 设备名称、故障状态、发生时间、通知维修时间、处理情况、处理人、设备恢复时间（恢复时填写）、停机时间（min）、未探测列数等记录。

（2）发现设备异常影响列检作业场正常作业时和设备恢复正常后，TPDS 动态检车员须及时通知列检作业场列检值班员。

案例：

2021 年 × 月 × × 日，西安局集团公司西安东车辆段零口列检作业场技检 X9215 次货物列车，机后 26 位车辆五位车轮 TPDS 三级预警，现场检车员复核检查发现该车轮辐板与轮辋过渡区外侧周向裂纹 2 处，一处 220 mm，二处 190 mm。

【任务实施】

一、车间 TPDS 监控值班员岗位作业（客车）

适用范围：运用车间 TPDS 监控值班员日常监控和报警处置。

作业条件：值班室联网监控计算机。

使用工具：TPDS 联网计算机、录音电话、台账。

（一）作业内容

车间 TPDS 监控值班员负责车间配属客车的客车运行品质轨边动态监测系统（TPDS）监控页面的实时监控，实时查询本属运用客车车轮踏面损伤报警信息；接到段 TPDS 报警信息及时通知处置，并负责盯控对报警信息的处置和对处置信息的回填；并根据车次交路信息或车辆信息及时更新配属客车的交路字典和车辆字典。每日按时向相关部门上报统计数据。

（二）注意事项

（1）车间值班室的 TPDS 监控值班员要求 24 h 有人值守。

（2）实时盯控车间配属客车的 TADS 报警信息。

（3）本岗位作业人员必须经铁路集团公司培训合格，并持有铁路集团公司颁发的《铁路岗位培训合格证书》。

（三）值班员一日作业流程

值班员一日作业流程如图 5-52 所示。

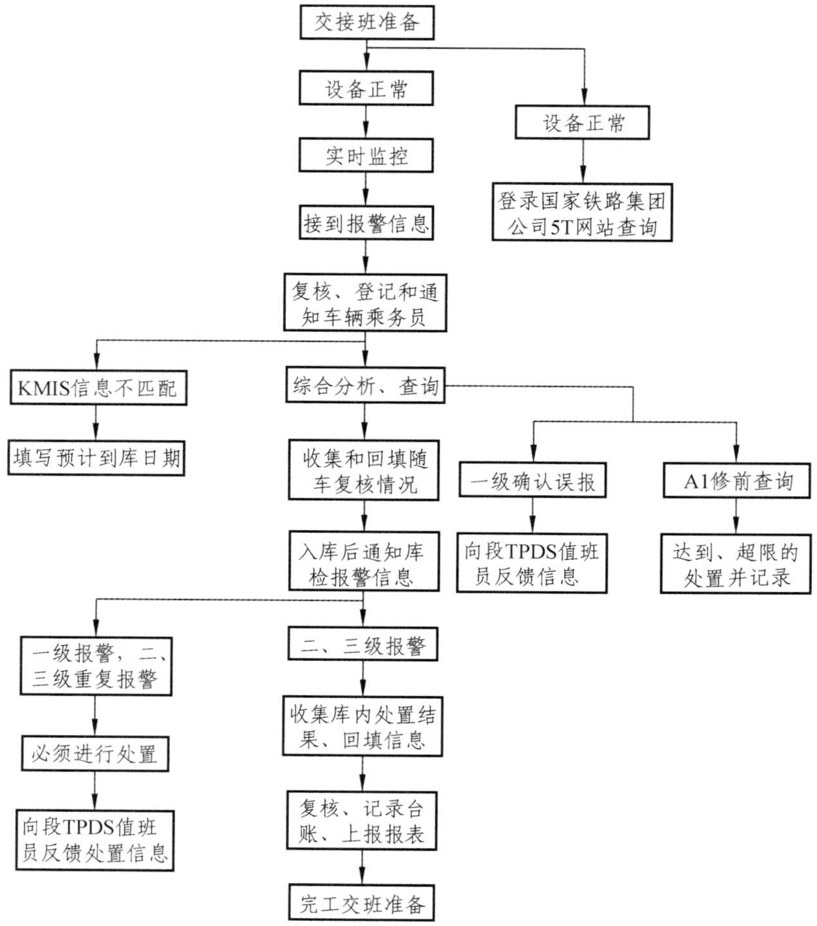

图 5-52　值班员一日作业流程

二、作业程序及标准

1. 交接班

（1）交班，传递本班接收的新文件或要求以及本班需移交下班完成的事项。做到两班信息交接无遗漏。

（2）接班，查看台账填写和需上报报表是否准确无误并符合填写标准。

（3）交接或了解设备运行状况，确认设备运行正常，清扫各处卫生。

（4）检查计算机主机状态、网络传输状态，以及应用软件的工作状态等，检查系统工作日期时间：时钟误差小于 1 min。

（5）登录车间 TPDS 监控网址和账号。

2. TPDS 系统报警预报标准与报警运用限度

报警预报标准与运用限度按照 TPDS 监控页面设置的车轮踏面损伤报警等级规则由重到轻分为：一级、二级、三级报警；用颜色区分，一级为红色，二级为橙色，三级为黄色。其中空气弹簧客车冲击当量大于等于 22 为一级报警，冲击当量 20 ~ 21 为二级报警，冲击当量

18～19 为三级报警；非空气弹簧客车冲击当量大于等于 23 为一级报警，冲击当量 21～22 为二级报警，冲击当量 19～20 为三级报警。

3. 报警信息的预报程序

（1）当接到段 TPDS 值班员通知的客车车轮踏面损伤一级、二级、三级报警信息后，运用或乘务车间值班员核对信息后立即通知车辆乘务员赶到报警车辆进行监控。

（2）当接到段 TPDS 监控人员通知的运用客车发生 TPDS 一级、二级、三级报警时，库检、运用车间值班员应在列车本属入库后通知库检人员进行检查确认。

（3）标准用语：“×××车辆乘务员（班组），机后××位××××××（车号），运行方向左（右）××，××位，在××局××线××行××探测站预报××级报警，请判断后处置。

（4）当接到段 TPDS 监控人员通知的运用客车发生 TPDS 一级、二级、三级报警时，运用车间值班员应登录国铁集团“5T”监控网址对报警车辆进行综合预报查询。点击车辆追踪，选择查询周期，对 THDS、TADS、TPDS 综合查询，并查询 TCDS 报警信息和轴温 IC 卡的数据，对查询的数据结果进行综合判断，对处置人员给予指导意见。

4. 报警信息的处置程序

（1）当接到段 TPDS 监控人员通知的一级、二级、三级客车报警信息后，库检、乘务、运用车间值班员应立即将报警车次、车号、报警车轮顺位、报警等级、探测站名称（局别、线别、名称、上下行）、通过时间等信息做好记录，对 KMIS 开行信息接收不完整，导致监测信息与开行匹配不上的报警车辆，运用车间 TPDS 值班员要填写预计到库时间，以便系统可以按到库时间进行报警处理提示，确保车辆段可以回填报警信息的核实处置情况。

（2）乘务、运用车间接到 TPDS 一级报警信息后，应立即通知车辆乘务员，并在 TPDS 监控网站进行报警车处理。

（3）根据途中车辆乘务员的处理情况，乘务、运用车间值班员及时在实时监控页面上对异常振动随车复核情况进行回填。

（4）列车入库后，对于途中发生车轮踏面损伤一级报警的客车，库检车间、运用车间应组织进行换轮或镟修处理，未经换轮或镟修处理的车辆不得出库。库检、运用车间值班员及时核对库内检查处理情况，并在 TPDS 报警车辆反馈页面上回填（确认）通知时间、值班员姓名、复核车号、复核 AEI 轮位、轮轴号、故障描述、处理结果、作业者、作业时间、验收人等信息，并将结果反馈给段 TPDS 监控人员。

（5）对于途中发生车轮踏面损伤二级、三级报警的客车，列车入库后，库检车间、运用车间要组织对车轮踏面损伤情况进行检查确认，测量车辆踏面损伤达到或超过运用限度的应镟修或更换轮对，未达到运用限度的轮对应进行跟踪，同时车间值班员须查询、盯控跟踪轮对信息，并根据信息指导作业班组进行处置，库内检查处理情况由库检车间、运用车间值班员核对后，报告段 TPDS 值班员，由车间值班员在“TPDS 报警车辆反馈”页面上回填（一、二、三级报警均要回填）通知时间、值班员姓名、复核车号、复核 AEI 轮位、轮轴号、故障描述、处理结果、作业者、作业时间、验收人等信息。

（6）对于发生 TPDS 二级或三级连续两趟重复报警的车辆，按照一级报警进行处理。

（7）库检、运用车间对因 TPDS 报警更换或镟修的故障轮对要做好璇轮和换轮记录。对因 TPDS 报警更换下来的轮对和记录（注明换轮原因）要及时送检修车间。

5. 报警信息的查询统计分析

（1）值班员认真查询报警列车、报警车辆数据，为乘务员途中检查复核、库内作业人员检查处置提供准确的信息。

（2）对于车辆乘务员途中检查复核、库内检查处理情况，车间值班员在 TPDS 监控网站进行回填（网站填写信息不能说明具体情况时，要详细做好记录），保证信息完整、准确。

（3）库检、运用车间值班员对轮对故障需要更换和镟修时，应标注清楚（如 TPDS 一级、二级、三级报警情况和库内检查镟轮或换轮原因；TPDS 二级、三级连续两趟重复报警情况和库内检查镟轮或换轮原因；客车 A1 修时查询 TPDS 冲击当量镟轮或换轮等原因，均要详细记录）。

6. A1 修查询作业标准

库检车间、运用车间在对客车进行 A1（辅）修作业前，车间 TPDS 值班员要打开 TPDS 监控网站，点击辅修支持，在下拉菜单中点击辅修车检测统计，在打开的 A1（辅）修车辆 TPDS 冲击当量监测统计页面中对计划进行 A1（辅）修客车近一个月的 TPDS 报警情况进行查询，并将查询结果通知相关班组，达到或超过辅修限度的车轮必须进行镟修或换轮处理。

非空气弹簧车:一个月内出现一次当量 18 以及以上或出现当量 17 超过 3 次的为超限车。

空气弹簧车：一个月内出现一次当量 17 的为超限车。

7. 交　班

（1）待本班报警信息处理完毕后，检查台账记录和系统回填情况是否完毕，将本班报警数据统计分析，按照上级要求上报报表。

（2）整理设备、清洁工作环境，与接班人员办理交接。填写相关台账。清洁键盘、鼠标、计算机显示器和工作台等。

注：交接班人员必须逐项当面交接。

【任务自检】

1. 简述 TPDS 系统超、偏载监控报警等级和分类标准。
2. 简述预警信息检查处置标准。
3. 当 TPDS 系统预报运行品质不良，该如何处理?
4. 当 TPDS 系统出现一二级车轮踏面损伤报警信息，该如何处理?
5. 正确描述 TPDS 系统超偏载一级报警的处置流程。
6. TPDS 系统超偏载报警标准是什么?
7. TPDS 系统车轮踏面损伤报警标准是什么?

项目六　货车故障轨旁图像检测系统（TFDS）

【思政课堂】 编组场上的列车“护航人”——伍洪章

伍洪章，中共党员，中国铁路成都局集团有限公司重庆西车辆段重庆西运用车间货车检车员，高级技师，1992 年参加工作，2013 年被授予重庆市五一劳动奖章，2015 年被评为全国铁路劳动模范，2017 年被授予全国五一劳动奖章。

伍洪章是重庆西车辆段重庆西运用车间货车检车员。从参加工作起，他始终恪守“一丝不苟干工作、无私奉献做表率”的人生信条，成长为编组场上值得信赖的列车运行安全“护航人”。

近几年，针对青年职工思想活跃的特点，伍洪章总结出了“一二三四”教学法、车辆配件标签教学法、图片直观教学法等，对新入路职工开展实训指导，受到了青年职工的普遍欢迎。他传帮带的 300 多名优秀青工中，有 9 名已成长为班组工长、5 名竞聘到管理岗位。他训练的青年职工在全路货车运用技能大赛中取得了优异成绩，1 人被评为全国青年岗位能手，4 人获得火车头奖章，6 人被评为全路技术能手，7 人被评为全路青年岗位技术能手，为确保列车安全注入了源源不竭的动力。

伍洪章作为劳模工作室领头人，带领工作室成员围绕确保现场作业安全、提高运输生产效率、减轻职工劳动强度等目标，深入调研、理性分析、集中攻关、反复试验，先后研发出钩差超限快速调整工具、气动快速打磨切割工具、轮缘磨耗剩余厚度判别尺等新工装新工具，大大提高了现场作业效率，多次在中国铁路成都局集团有限公司和段技术革新评比中获得奖励。

作为中欧班列作业组骨干，伍洪章多次与职工开展技术交流，围绕卡控好中欧班列车辆钩缓部、走行部、制动管系等关键部位质量，分享自己的经验，确保了运送春耕备耕物资、防疫生活物资、工程大型机械等车辆运行状态良好，为确保中欧班列安全平稳运输贡献了力量。

新冠肺炎疫情发生后，他主动参与疫情防控工作，放弃休假带头坚守岗位，在危急关头展现英雄本色。

工作 20 多年来，一把磨得发亮的检车锤，上百双穿烂的胶鞋，上千双磨破的手套见证了伍洪章追逐梦想的历程，记录着他奋斗历程中的动人故事，浸润了他在数九寒天、烈日酷暑下履行党员承诺时的汗水，他用自己的实际行动诠释了新时期铁路车辆人的别样风采。

【项目描述】

通过本项目学习，使学生认识 TFDS 系统的构成，掌握 TFDS 系统探测站各部分组成、功能、设备安装要求；熟悉 TFDS 系统探测站设备的日常维护与检修要求，具有对检测设备常见故障进行判断和处理的初步能力；掌握 TFDS 系统动态检查方法，正确执行 TFDS 系统作业标准。

【知识目标】

（1）掌握 TFDS 系统及网络的构成；
（2）掌握 TFDS 系统探测站设备组成及功能；
（3）熟悉 TFDS 系统探测站设备的日常维护及检修要求；
（4）掌握 TFDS 系统动态检查方法。

【能力目标】

（1）能准确描述 TFDS 系统的工作原理及检测过程；
（2）能正确操作 TFDS 系统的操作界面，完成故障预报及处理程序；
（3）能完成 TFDS 系统的日常维护与常见故障排查；
（4）正确执行 TFDS 动态检车员作业标准。

任务一　TFDS 系统基础知识

【任务描述】

（1）掌握 TFDS 系统的构成、工作原理；
（2）掌握 TFDS 系统探测站的基本组成及功能；
（3）能正确完成 TFDS 系统探测站设备的日常维护。

【背景知识】

货车故障轨旁图像检测系统（Train of Freight Failures Detection System，简称 TFDS）是车辆安全防范、预警系统（5T 系统）的重要组成部分。通过对运行货车技术状态进行动态图像检测，以人机结合的方式，及时发现车辆关键部位故障，防止货车行车事故，保障铁路运输安全的重要设施。该系统的实施，可以对货车列检作业方式进行革命性变革，实现人检向机检、人机结合，室外向室内，静态向动态的转变，将对提高列检作业质量，改变作业方式产生深远影响。TFDS 探测站根据动态检查作业的需要设置，布点平均间隔距离为 300 km，距列检作业场不小于 10 km，应设在列检作业场所在车站的进站信号机外，避开曲线、长大坡道和调速停车区段。目前，国铁集团共安装约 418 套，遍布 18 个铁路集团公司和主要干线。

一、TFDS 系统的功能

货车运行故障轨旁图像检测系统（TFDS）是一套集高速数字图像采集，大容量图像数据实时处理技术、精确定位技术、模式识别技术、抗阳光干扰技术、智能化、网络化技术以及自动控制技术于一体的智能系统，其设计目的是对货车的隐蔽故障和常见故障进行动态检测。其主要功能如下：

（1）系统自动测速、自动计轴计辆。

（2）适应车速：0 ~ 120 km/h。

（3）自动获取机车及车辆的标签信息，并自动提取车次、车号及车型等信息。

（4）自动识别客车与特种车型。

（5）对货车关键部件准确定位并抓拍图像。

（6）系统自动按部件进行图像的拼接，并通过列检终端计算机显示。

（7）系统能够自动生成列检所需各类作业台账。

（8）系统实现了数据及图像的上传接口。

（9）系统实现了自检功能，自动对防护门、图像采集计算机、车辆信息采集计算机及各软件进行监控。

二、TFDS 系统工作原理

1. TFDS 系统工作原理

TFDS 系统采用高速摄像技术、计算机及网络技术和图像模式识别技术，通过采集运行中的列车图像送入计算机进行分析与处理，计算出列车运行速度、判断出列车车种车型，并与标准库中的标准样图进行拟合，筛选出需要的车辆转向架、基础制动装置、车钩缓冲装置等车辆关键部位图像，以一车一档的方式在窗口计算机中显示。通过人机结合的方式，对抓拍后的图像进行分析、判别有关故障，从而达到动态检测车辆主要技术状态的目的。系统原理图如图 6-1 所示。

2. TFDS 系统工作流程

具体工作流程如图 6-2 所示。等待接车状态→收到 1、2 号磁钢信号→进入接车状态→打开保护门、触发车号采集装置上电进入采集状态、进行测光并将曝光参数发送给摄像机→列车机车压过 3、4 号磁钢，采集轴距信息并计算车速，同时打开补偿光源→根据底部和侧部的不同延时时间分别对 5 个摄像头进行触发拍照→图像采集计算机将图片进行压缩并传送至服务器→车辆信息采集计算机将采集到的车辆信息同时传送到服务器→服务器根据图片来源将各部件图片进行转换拼接，并将来车基本信息及时入库→各工位计算机收到来车信号和图片信息后即可浏览相应部件图片→最后一辆车通过 3、4 号磁钢后超过延时时间，系统认定过车完毕→关闭补偿光源的电源、关闭保护门、关闭摄像头采集程序同时将车号采集系统下电→进入等待接车状态。

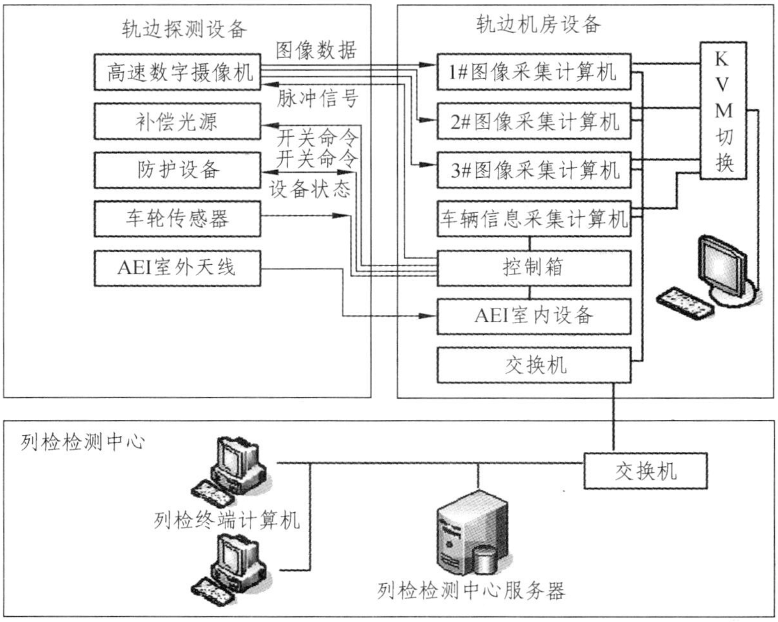

图 6-1　TFDS 系统工作原理图

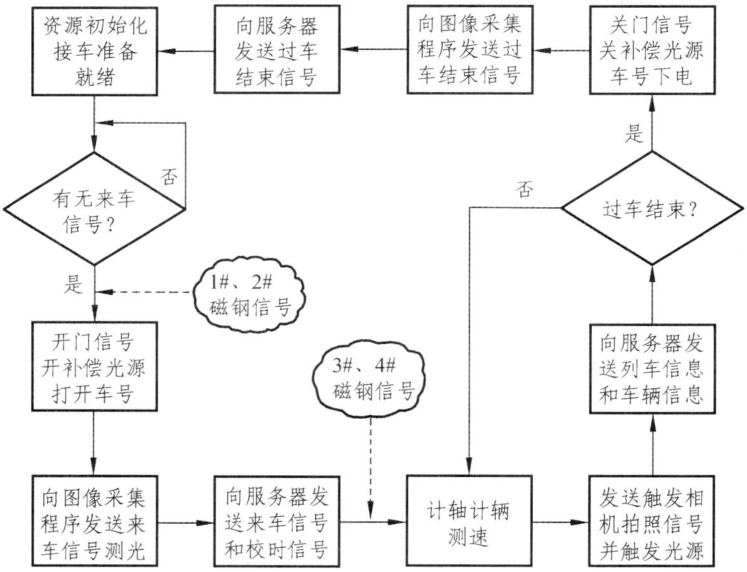

图 6-2　TFDS 系统工作流程图

三、TFDS 系统构成

TFDS 系统由检测信息采集设备、信息处理传输设备、列检所检测中心和其他复示终端构成，如图 6-3 所示。

6-1　TFDS 系统的构成及功能

1. 检测信息采集设备

检测信息采集设备即轨边探测设备，主要包括底箱、侧箱、车轮传感器、AEI 地面天线等，主要完成过车检测、光源补偿和图像采集任务，如图 6-4 所示。

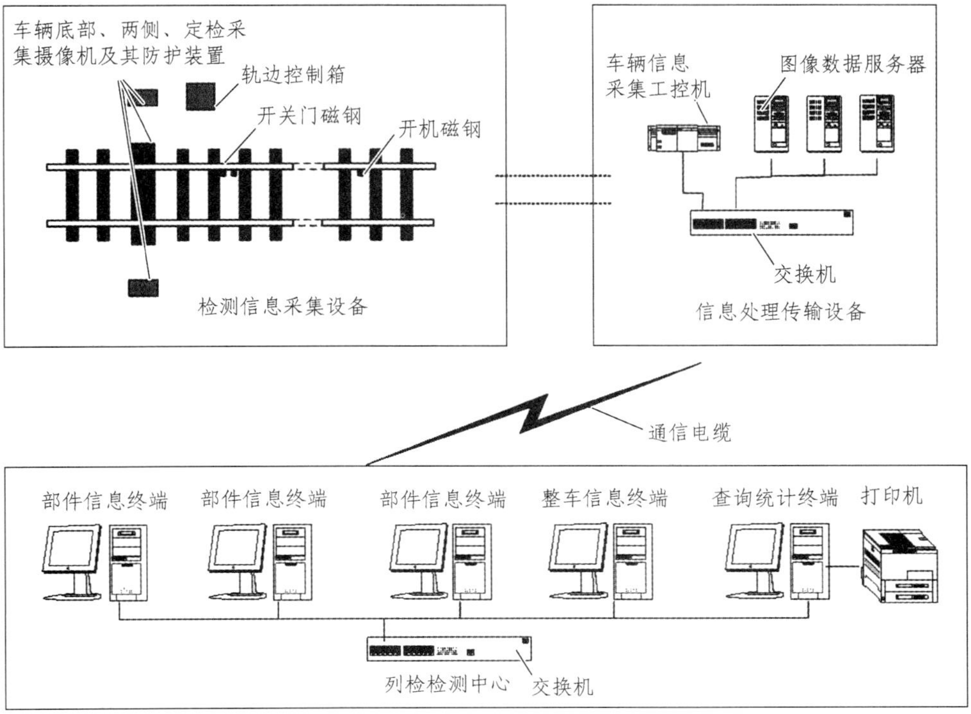

图 6-3 TFDS 系统整体框架

图 6-4 TFDS 系统轨边设备分布图

1）沉箱和侧箱

沉箱和侧箱主要完成货车图像的采集任务，主要包括相机、补偿光源、除尘风机、电机等。根据拍摄的需要沉箱布置在线路的中间，侧箱布置在线路两侧。沉箱中安装 3 台相机，侧箱中安装两台相机。另外，受周围环境影响，沉箱和侧箱具有抗震性、防水和防尘功能，用来对相机和补偿光源进行保护，如图 6-5 所示。

2）AEI 车号天线

AEI 车号天线是车号自动识别系统的一部分，其功能是采集货车底部标签内关于列车车次、车号等数据信息，并通过同轴电缆传输至车号主机，其布局如图 6-6 所示。

3）车轮传感器

车轮传感器又称为磁钢，如图 6-7 所示。主要用来检测列车的到达和通过，同时采集列车的车速和轴距等信息。目前 TFDS 系统采用 $1^{\#}$、$2^{\#}$、$3^{\#}$、$4^{\#}$两对车轮传感器，$1^{\#}$、$2^{\#}$负责计轴判辆，为 TFDS 系统提供开机依据；$3^{\#}$、$4^{\#}$负责计算车速，为相机拍照速度和频率提供依据。

（a）沉箱

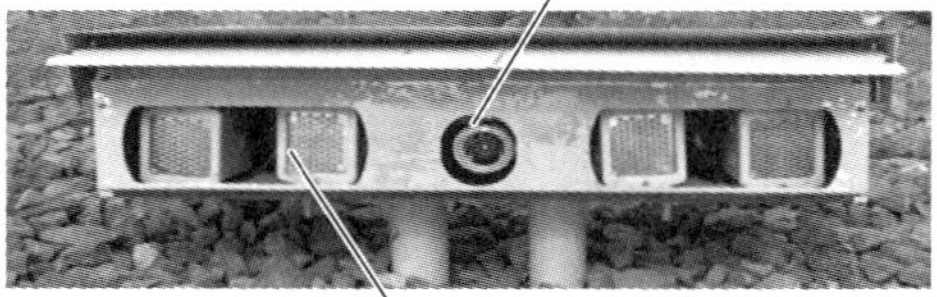

（b）侧箱

图 6-5　TFDS 系统沉箱和侧箱

图 6-6　AEI 车号天线

图 6-7　车轮传感器

2. 信息处理传输设备

信息处理传输设备即探测站机房内设备，主要包括图像采集计算机、车辆信息采集计算机、控制箱、KVM（多计算机切换器）、AEI 车号设备、信号防雷箱、远程管理机、UPS 设备等，主要负责对过车信息处理并控制室内设备的正常工作，将采集到的图片进行处理，并将处理后的图像数据传输到列检所检测中心，如图 6-8 所示。

图 6-8　TFDS 系统轨边机房设备

1）图像采集计算机

图像采集计算机主要用来准确获取高速运行过程中列车部件图像，并通过网络设备传输至列检检测中心服务器。图像采集计算机共 4 台，均为高性能工业控制计算机。

2）车辆信息采集计算机

车辆信息采集计算机主要用于接受车轮传感器的信号，计轴、计辆、测速，控制补偿光源和保护门的开启和关闭，由一台高性能工业控制计算机配备一块多功能数据采集卡构成，完成图像信息的采集控制、计轴、计辆、测速等功能。

3）液晶 KVM 切换器

KVM 是 Keyboard（键盘）、Video（显示器）、Mouse（鼠标）的缩写。主要功能是通过 KVM 控制多台服务器或电脑主机的计算机外围设备，如图 6-9 所示。

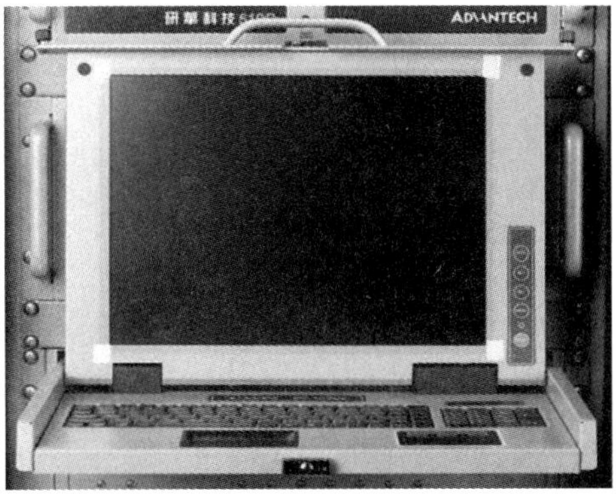

图 6-9　KVM 切换器

4）控制箱

控制箱主要为轨道设备提供稳定电源输出，接收磁钢信号，控制室外防护设备、探测设备的开关动作，以及线阵相机的频率输出。

5）AEI 车号设备

AEI 车号设备是车号采集设备的另一部分，其功能主要是读取 AEI 车号天线采集车次及车号信息，完成运行中的货车底部车号标签信息的采集。

6）UPS 设备

UPS 即不间断电源，是一种含有储能装置，以整流器、逆变器为主要组成部分的稳压稳频的交流电源。主要利用电池等储能装置在停电时给计算机/服务器、存储设备、网络设备、通信网络系统等提供不间断的电力供应。当市电输入正常时，UPS 将市电稳压后供应给负载使用，此时的 UPS 就是一台交流式电稳压器，同时它还向储能装置如电池组充电；当市电中断（事故停电）时，UPS 立即将储能装置（如电池组）的电能，通过逆变转换的方法向负载继续供应交流电，使负载维持正常工作并保护负载软、硬件不受损坏。UPS 设备通常对电压过大和电压太低都提供保护。

3. 列检所检测中心（5T 检测车间）

为加强 TFDS 集中作业管理、规范集中作业流程、提升动态检查作业质量，充分发挥 TFDS 动态检查安全防范作用，根据《铁路货车运用维修规程》《中国铁路路局集团有限公司铁路货车运用工作管理细则》，结合 TFDS 集中作业实际，成立 5T 检测车间。

5T 检测车间负责对经过 TFDS 探测的列车的动态检查作业，并负责下发车辆故障信息和图片异常信息等动态检查作业结果，承担故障漏检责任。

作业流程：接到来车提示后，“TFDS 集中通用作业平台”自动（或动态检查作业场列检值班员手动）进行分车，TFDS 动态检车员根据分车情况浏览图片，检查发现故障时，添加故障信息，发现图片异常时，添加设备故障。动态检车（工长）组长将提报的车辆故障和设备故障检查核对后，下发至相应列检作业场。列检作业场反馈现场检查处理情况后，动态检车（工长）组长进行核对，确认无误后进行上传。

【任务实施】

TFDS 设备分为半月检、小修、大修检修维护周期，其中半月检为巡检，小修、大修为定期检修，小修 1 年，大修 6 年。

一、TFDS 探测站设备巡检作业

（一）作业介绍

作业地点：TFDS 探测站。

适用范围：TFDS 探测站设备巡检作业。

检修周期：TFDS 探测站设备巡检周期为（15 ± 5）天，对因维修天窗临时取消造成的检修延迟，须增加设备的巡视检查，确保设备运行。

作业组人员及工种要求：TFDS 维修工至少 2 人，应具有中专及以上文化程度，经国铁集团或路局集团公司培训，持《铁路岗位培训合格证书》的铁路试验检测设备维修工方可上岗。作业负责人 1 人，为车间管理人员或工长。

作业人员分工：作业人员中，作业者甲负责巡检主要作业，作业者乙负责巡检配合作业，质量确认，台账填写。作业负责人负责作业过程监控、作业人员协调指挥、作业关键环节卡控、作业人员人身安全。

主要作业内容：通过对探测站室内、外设备各项技术指标检查、测试、校验、调整，以及对各设备、设施进行紧固、清洁作业，对计算机及通信网络进行检测等，使 TFDS 设备保持工作状态良好，系统运行稳定，探测准确、图片清晰。

（二）作业流程

作业流程如图 6-10 所示。

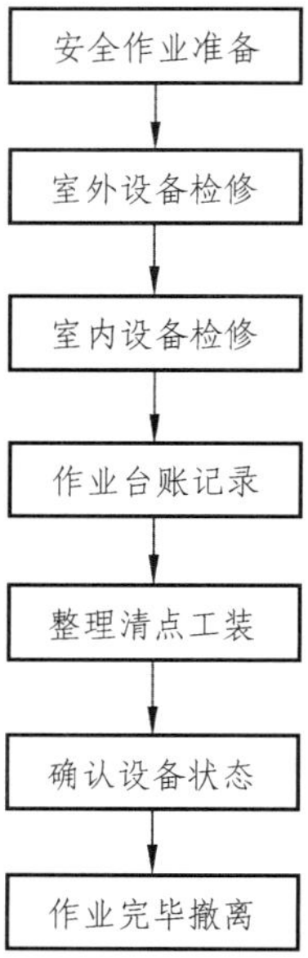

图 6-10　作业流程

（三）工具、量具和工装设施

工具、量具和工装设施见表 6-1。

表 6-1　工具、量具和工装设施

顺号	名 称	单位	数量	规格
1	数字式万用表	块	1	
2	数字示波器	台	1	
3	兆欧表	台	1	
4	接地电阻测试仪	台	1	
5	THNET-SPD 电涌保护模块检测仪	台	1	
6	便携式射频场强仪	台	1	或标准测试标签（带背板）
7	车辆传感器测量专用尺	把	1	
8	车轮传感器检测仪	台	1	
9	AEI 综合检测仪	台	1	
10	网线钳	把	1	
11	网线测试仪	个	1	
12	组合工具	套	1	含专用拆装工具
13	钢卷尺	个	1	
14	验电笔	只	1	
15	吹、除尘工具	套	1	
16	纯棉布	块	3	
17	润滑油		若干	

二、作业程序及标准

1. 安全作业准备

（1）按照车辆段下达的综合天窗修作业计划，运用车间（段修 TFDS 设备为 5T 检测车间）主任、书记、副主任或维修班组工长在巡检作业前 2 天组织所有作业人员召开巡检作业日实施方案制定会，根据巡检作业内容，制定巡检作业日实施方案，包括作业方案、行车组织方案、安全防护方案。

（2）作业负责人在设备巡检前 1 天向设备所在地车站行车室了解天窗开始和结束时间，做好记录。

（3）巡检作业前，作业负责人组织所有参与巡检作业的人员召开日实施方案布置会，作业负责人在方案布置会上亲自布置到每一名作业者。

（4）前往作业地点前，作业负责人检查携带工具仪表作用良好、计量不过期。根据计量工具管理台账确认探测站放置工具计量不过期。检查携带备品齐全。检查作业人员着黄色防护服，穿绝缘鞋持本人《工作证》《铁路岗位培训合格证》。

（5）入网前，作业负责人将入网人员姓名、工器具、材料录入《入网人员、工器具、材料明细清单》。入网人员手拿工器具、材料列队，由作业负责人拍照留存。接到驻站联络员通知可以入网后，现场防护员打开作业门，所有人员列队入网后，现场防护员锁闭作业门。

（6）到达探测站后，作业负责人或作业者甲向铁路集团公司监测站调度员报告巡检开始时间及作业人员名单，向车辆段监控中心值班员报告巡检开始时间、作业人员名单、作业记录仪编号及移动电话号码，并向车辆段监控中心值班员（或5T检测车间TFDS动态检车工长）了解设备运行状态，共同核对相关探测数据。

① 作业者甲登录浏览平台查看最近一列车过车图像，成像清晰，拍摄位置准确。

② 作业者甲登录浏览平台查看最近5列车车号数据，车号标签识别率符合标准。

（7）驻站联络员通知可以开始作业，现场防护员到达防护位置后，作业负责人安排作业人员设置软隔离，软隔离设置到位后方可通知作业人员开始上道作业。

（8）作业过程中作业负责人接现场防护员下道避车或停止作业的通知后，立即使用督促语："请所有人员下道，到安全区集中避车"通知所有作业人员下道避车或停止作业。作业人员回答："好，立即下道避车"，并立即下道在避车安全区内避车。现场防护员通知可以开始作业后方可上道继续作业。

（9）人员下道避车的同时，必须恢复设备状态，将作业机具、材料移出线路，并放置、堆码牢固，不得侵入建筑限界；两线间距离小于6.5 m时不得停留人员和放置机具、材料。所有人员下道避车时应面向列车认真瞭望，防止列车上的抛落、坠落物或绳索伤人。

2. 检查室外设备

1）检查沉箱、侧箱

6-2 实作：TFDS底侧箱、补偿光源、摄像机检查

（1）作业者甲用棉布、毛刷或吹尘器清除沉箱内外部灰尘，清扫擦拭摄像机镜头玻璃防尘罩；用无水酒精及脱脂棉擦拭相机保护罩，用镜头纸擦拭镜头。

（2）使用程序或命令测试，打开和关闭轨心保护门及补偿光源，观察轨心保护保护门应开关灵活，补偿光源应发光正常。

测试方法及步骤：作业者甲操作室内控制计算机，在"TFDS-车辆信息采集程序"软件运行界面中，点击"系统""手控设备""开门"，打开各保护门，如图6-11所示。作业者乙在室外观察轨心保护门开关应顺畅、到位、无阻滞。作业者甲再次点击"开灯""开启闪灯"测试，作业者乙在室外观察各补偿光源灯均应闪亮，明亮适当，如照片。测试完毕，作业者甲依次点击"关闭闪灯""关灯""关门"，恢复保护门正常状态。

控制按钮打开保护门　　确认轨心保护门打开　　确认轨侧保护门打开

图6-11　保护门及补偿光源开关测试

（3）作业者甲使用程序或命令测试，打开和关闭风机，观察风机吹风正常。

（4）作业者甲目视防松标记或使用工具紧固沉箱内各摄像机安装螺丝及连接部件，摄像机角度应正确、镜头无松动；目视防松标记或使用工具紧固沉箱内各补偿光源安装螺丝及连接部件，光照角度应正确，如图 6-12 所示。

检查紧固摄像机

调整摄像机角度

检查紧固补偿光源

图 6-12　设备及连接部件检查

（5）作业者甲检查沉箱内各部件连接插头、接线端子应接插紧固，对触点氧化、接触不良部位进行处理，发现有烧痕、破损或氧化严重的要更换，如图 6-13 所示。

（6）作业者甲目视防松标记或使用工具紧固电机各固定螺母，电机安装应紧固，见图 6-13。

检查插头连接

检查紧固电机固定螺母

图 6-13　沉箱内部检查

（7）作业者甲检查各连接件、传动机构状态，清除各滑动、转动接触面油泥，并加注适量润滑油。各连接件（包括连接垫、套、固定螺栓、销等）应装配到位、安装紧固、无磨损，传动机构转动灵活，无卡滞，无锈蚀、变形、断裂。

（8）作业者甲恢复轨心保护门关闭状态。

（9）作业者甲、乙按照（1）~（8）所述检查方法，对左右侧箱进行检查，并目测检查侧箱电机固定螺栓、侧箱底部固定螺栓防松标记或使用工具紧固。

2）检查磁钢及卡具

（1）作业者甲清洁、擦拭、紧固磁钢及卡具，直观检查 3、4 号磁钢及安装架无锈蚀；磁钢及安装架不受砟石挤压。

（2）作业者甲直观检查磁钢外观无损坏，弹簧垫圈齐全；磁钢引线无损伤、断裂，有护管保护。

（3）作业者甲目视检查磁钢及卡具各紧固螺栓防松标记，发现移位或松动时用扳手紧固，并用车轮传感器测量专用尺核查 3、4 号磁钢安装尺寸。

① 核查磁钢顶面与轨平面距离。

测试方法步骤及标准：作业者甲蹲在两钢轨间，面对磁钢，打开车轮传感器测量专用尺电源开关，并按压校零按钮。将测量尺活动端拉开至 50 mm 处，将车轮传感器测量专用尺固定端垂直置于磁钢上表面的几何中心，车轮传感器测量专用尺尺身紧贴钢轨内侧面，推动车轮传感器测量专用尺活动端使之紧贴于钢轨上表面。读取显示屏读数，即为被测磁钢顶面与钢轨上平面距离，如图 6-14（a）所示。

② 核查磁钢外沿与钢轨内侧距离。

测试方法步骤及标准：作业者甲蹲在两钢轨间，面对磁钢。作业者甲按压校零按钮，将测量尺活动端拉开至 150 mm 处，将车轮传感器测量专用尺尺身紧贴磁钢上表面，通过磁钢几何中心，将固定端与钢轨内侧面垂直并密贴，推动车轮传感器测量专用尺活动端使之紧贴于磁钢外侧面，读取显示屏读数即为磁钢外沿与钢轨内侧距离，如图 6-14（b）所示。

③ 核查 3、4 号磁钢中心距。

测试方法步骤及标准：作业者甲蹲在两钢轨间，面对磁钢。作业者甲按压校零按钮，将测量尺活动端拉开至 300 mm 处，将车轮传感器测量专用尺固定端垂直紧贴于 4（或 3 号）磁钢左侧面，测量专用尺尺身紧贴 3、4 号磁钢外侧面，测量专用尺尺身保持水平，推动测量专用尺活动端使之紧贴于 3（或 4 号）磁钢右侧面，读取显示屏读数即为开关门磁钢中心距，如图 6-14（c）所示。

（a）测量 ZR 磁钢高度　（b）测量 ZR 磁钢外沿与钢轨内侧距离　（c）测量开关门 ZR 磁钢距离

图 6-14　磁钢检查

④ 使用非数显车辆传感器测量专用尺时，测量方法与前述相同。读取数值时，首先观察副尺“0”刻度线（游标零线）左侧主尺上最靠近的一条刻线的数值，即为测量数值的整数部分，再观察副尺上游标零线右侧与主尺数值线对齐的刻度线，其左侧最近数值即为测量数值小数部分第一位数值，数值刻度线与对齐刻度线间距为 N，则 $N\times 0.02$ 即为测量数值小数部分第二位数值。

⑤ ZR 磁钢安装尺寸标准：磁钢顶面与钢轨上平面距离，标准为（37 ± 2）mm；3、4 号磁钢外沿与钢轨内侧距离，标准为 88^{+2}_{-3} mm；1、2 号磁钢中心距和 3、4 号磁钢中心距，标准为（270 ± 2）mm。不符合安装要求应立即进行调整。

（4）用车轮传感器检测仪测量 3、4 号磁钢最大输出信号幅值（每月第二次巡检检查）。

测试方法及步骤：作业者乙解开磁钢引线与室内电缆接头，作业者甲将测试线和模拟轮接入检测仪。将模拟轮放置于磁钢顶面中心，将测试线的红黑鳄鱼夹分别接磁钢的正负引出线上。打开检测仪电源开关，显示“SCR-T4 车轮传感器检测仪”字样后，显示功能菜单“磁极、幅值”，默认光标选择“磁极”上，按“右移”键一次，选择“幅值”，按确定键，对磁钢输出幅值进行测量。读取显示屏五次自动测量数值，取中间值，即为磁钢实际最大输出信号幅值，应符合（14±1）V 范围，如图 6-15 所示。

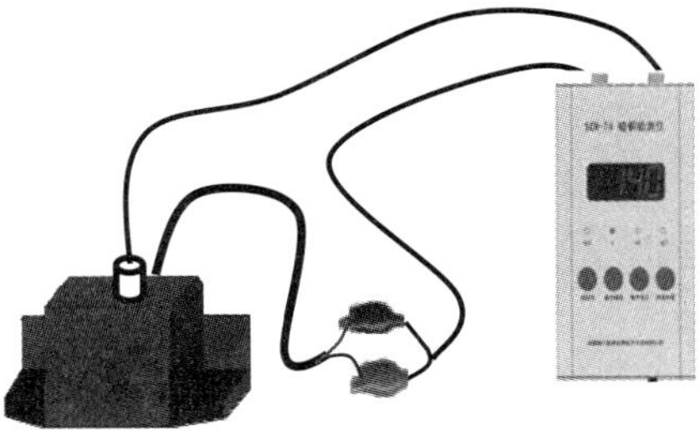

测量 ZR 磁钢输出幅值

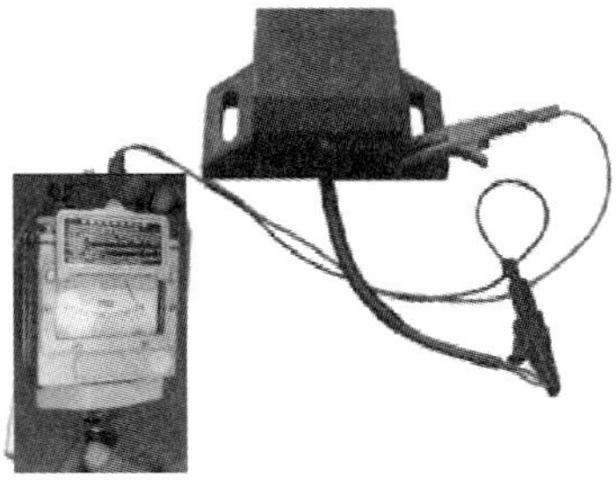

测量 ZR 磁钢绝缘电阻

图 6-15　磁钢参数测量

（5）用兆欧表测量 3、4 号磁钢绝缘电阻（每月第二次巡检检查）。

测试方法及步骤：作业者甲用兆欧表测量前，将兆欧表水平放置轨边，两表笔分开，快速转动摇把（顺时针方向、每分钟 120 转以上），此时指针应指于“∞”位。然后将两表笔短接，慢慢摇动摇把，指针回到“0”处。作业者甲将引出线合并接红表笔，黑表笔接磁钢外壳。快速转动摇把（顺时针方向、每分钟 120 转以上）待指针稳定后，读取数值，即为磁钢实际绝缘电阻值，应符合绝缘电阻>200 MΩ 范围。

（6）测量完毕，作业者甲将磁钢线芯对磁钢外壳放电；作业者乙连接磁钢引线和室内电缆，做好绝缘防水处理。作业者乙将数据记录到《TFDS 探测站巡检作业记录簿》中。

（7）作业者甲、乙按照（1）~（6）所述检查方法，对 1、2 号磁钢安装尺寸和技术指标进行检查、测试、处理和记录。

3）检查风机箱

（1）作业者甲清理箱体内外部锈蚀，用毛刷、吹尘器清除箱内部灰尘，检查箱安装牢固，箱体及安装座（支架、平台）安装牢固，无破损。

（2）作业者甲对箱内各接线端子紧固，接触良好；检查风机转动无异音。

4）检查车号天线

（1）作业者甲清洁天线及天线安装架表面，检查天线及天线安装架螺栓紧固（防松标记无移位），清除锈蚀，对紧固件油润；直观检查天线及天线防护罩无变形、破损。

（2）作业者甲直观检查天线及天线安装架外观，无变形、无破损，不受钢轨及碴石挤压；检查天线同轴电缆接头无松动、防水良好，电缆无死弯；检查橡胶护管及接头，护管与接头安装严密，胶管不得有破口，直观检查，紧固，破损更换。

5）检查天线的读取范围（每月第二次巡检检查）。

（1）检测方法及步骤：作业者甲操作室内控制计算机，在“TFDS 程序-车辆信息采集程序”软件运行界面中，点击“系统”“手控设备”，然后在运行的界面中，点选“测试车号”，如图 6-16 所示。此时天线进入工作状态，室内车号智能跟踪装置功放指示灯亮。

手控设备程序

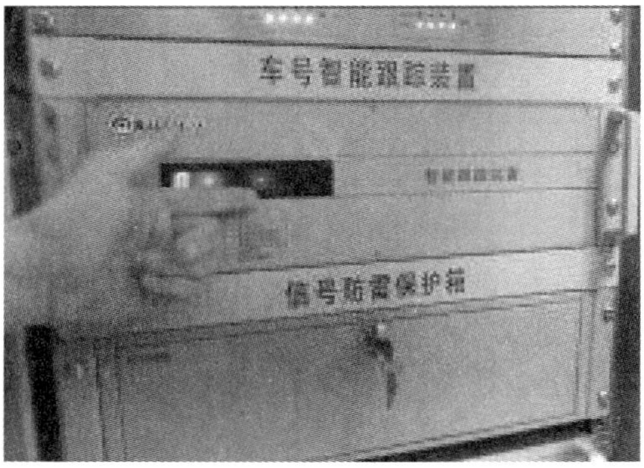

车号智能跟踪装置进入工作状态

图 6-16　车号智能跟踪装置检查

作业者甲手持便携式场强仪，便携式场强仪方向应与天线方向相同，正面向下，置于天线上方 1 m 处，按下便携式场强计开关，绿灯常亮，如照片。沿来车方向向前移动，当便携式场强计绿灯变为黄灯时，便携式场强计所处位置距天线中心的水平距离，即为天线前部读取范围。作业者甲乙共同配合用钢卷尺分别测量前、后位置距天线中心的水平距离，天线每侧读取距离大于等于 1.2 m，如图 6-17 所示。

场强仪距天线上方 1 m

读取距离大于 1.2 m

图 6-17　地面天线位置测量

（2）测试完毕，作业者甲手动操作关闭功放，恢复设备接车程序。作业者乙将天线的读取范围数据记录到《TFDS 探测站巡检作业记录簿》中。

6）检查轨边监控设备

（1）作业者甲检查紧固监控摄像机各紧固件，并涂油润滑。

（2）作业者甲检查并擦拭室外监控摄像机及防护罩，进入监控浏览页面浏览当前监控画面，拍摄位置正确，监控画面应清晰、流畅。

作业者甲将室外设备检修用工具及仪表整理并收回探测站室内。

作业者乙将室外设备检查情况记录到《TFDS 探测站巡检作业记录簿》中。

3. 检查室内设备

1）检查机柜

（1）作业者甲对室内设备外观检查，对设备机柜、机箱进行清扫除尘，重点清扫电源风机、滤尘网等，用棉布擦拭机柜、各机箱、显示器等。

（2）作业者甲直观检查机柜、机箱各地线连接牢固。

2）检查车辆、图像信息采集设备及 KVM 切换器

（1）作业者甲用吹尘器和毛刷清洁各计算机。

（2）作业者甲观察网络连接图标，并用“ping”命令测试网络连接状态，网络连接正常。

（3）作业者甲直观检查风扇工作正常，转动正常无卡滞、无异音。

（4）作业者甲手动测试软件，调取配置参数检查系统及各应用程序运行正常。

（5）作业者甲手动测试软件，软件运行正常，系统响应及时，各控制准确；调取配置参数，参数配置正确；各应用程序信息采集、存储、传输正常。

（6）作业者甲检测硬件正常，CPU 及内存使用率过高时进行清理；检查硬盘空余容量，利用系统自带程序检查磁盘错误，如硬盘空余容量低于 20%，需要进行碎片整理。碎片整理时，关闭杀毒软件并在天窗内进行。

（7）作业者甲升级车辆、图像信息采集设备杀毒软件，在天窗内执行杀毒程序，对系统进行杀毒（每月第二次巡检检查）。

（8）作业者甲验证各计算机系统时间自动同步设置有效，如无法自动同步，须与自动校时设备时间进行核对，误差应在 30 s 之内，超过时手动调整。本地各工控机间相对误差小于 5 s。

（9）作业者甲直观检查主机各接口和连接线缆无损坏，插头、座无氧化，连接正确，轻触接头无松动、无接触不良。

（10）作业者甲按照（1）~（9）所述方法，对车辆、图像信息采集工控机逐一进行检查、测试和处理。

（11）作业者甲切换 KVM 按钮，检验各采集机、工控机键盘、鼠标及显示器转换正常。显示器显示无延迟，按键、鼠标灵活。

3）检查（电源）控制箱（柜）

（1）作业者甲用毛刷或吹尘器清洁箱体内部，用棉布擦拭（电源）控制箱（柜）体外部，箱（柜）体应清洁。

（2）作业者甲直观检查各指示灯显示正常，紧固各接线端子及插头连接。

（3）作业者甲通过手动模拟设备过车，检查继电器开合正常。

4）检查车轮传感器主机（磁钢板）（无此设备不检查）

（1）作业者甲用毛刷或吹尘器清洁箱车轮传感器主机，箱体应清洁。

（2）作业者甲直观检查主机工作状态，各指示灯显示正常。

（3）作业者甲直观检查连接线缆无损坏，插头、座无氧化，连接牢固。

5）检查车号智能跟踪装置主机

（1）作业者甲用毛刷或吹尘器对智能跟踪装置主机清扫除尘，用棉布擦拭机箱。

（2）作业者甲直观检查主机工作状态，各指示灯显示正常。

（3）作业者甲直观检查连接线缆无损坏，插头、座无氧化，连接牢固；检查同轴电缆无死弯。

（4）作业者甲调取设备存车或登录“铁路车辆运行安全监控系统”，核对 2 列以上的车次、车号信息、标签数量等数据应正确，系统解码、通信等功能正常。

6）检查系统网络

（1）作业者甲清扫擦拭网络设备，直观检查集线器、光纤收发器、交换机等指示灯，数

据收发显示应正常，网络畅通。

（2）作业者甲用“ping”命令测试车辆、图像信息采集设备之间及设备与服务器之间网络通信，数据传输应无损、无错。如判断网络不通或传输丢包等时，拔出设备网线，用网线检测仪进行测试，确定为网线插头问题时，用压线钳重新压制水晶插头。当判断设备及网线插接均正常时，应立即通知通信或信息部门配合检查。

7）过车测试

（1）作业者甲利用车辆采集软件或模拟器进行“模拟过车”或直观检查系统接车状态，查看保护门系统、图像采集系统、车号采集系统、风机除尘系统、光源补偿系统等运行情况，相关软件运行正常，系统响应及时，各控制准确，接车及数据处理正常。

（2）作业者甲联系 TFDS 动态检车组长或登录“铁路车辆运行安全监控系统”，了解至少两列过车情况（含客、货列车），图像采集、部件拼接应显示正确，网络传输应及时，探测客车功能正常。

8）检查供电部分

（1）检查双路电源切换箱。

① 作业者甲清洁擦拭箱体，直观检查指示灯显示正常。电源控制箱（柜）的双路电引入开关均应处于闭合状态，具备自动切换、手动切换功能的控制箱应处于自动切换状态。

② 作业者甲用万用表测量电源箱内一路及二路供电线路输入端，电压应在 176 ~ 253 V，确认设备供电正常。

③ 作业者乙手动切断（大于 5 s）然后再送上正在使用的一路电源，作业者甲观察电源转换装置自动切换，设备供电正常。

④ 作业者甲检查电源箱断路器（闸刀）、保险线等正常，无异状。

（2）检查 UPS 主机及电池柜。

① 作业者甲擦拭 UPS 及电池柜。直观检查环境通风、干燥。

② 作业者甲检查 UPS 主控开关位置正确（无跳闸）；主机各按钮灵敏、数字显示（指示）正常；输入输出接线端子无松动、无烧焦。发现异常时应立即对 UPS 主机或供电线路检查处理。

③ 作业者甲用万用表测量 UPS 交流电源输入电压，应符合输入电压：176 ~ 253 V；输出电压 210 ~ 230 V。

④ 作业者甲操作 UPS 主机控制面板按钮或切断电源输入，系统应切换电池供电，电池逆变供电压、电流正常（每月第二次巡检时检查）。

（3）检查室内电源线缆，消防设备。

① 作业者甲直观检查室内交流电源、直流电源线缆布线规范，线缆无破皮，线头无裸露，接线无松动。探测站无违规使用大功率电器。

② 作业者甲检查探测站内灭火器压力表显示正常，检定不过期。

9）检查防雷设备

（1）检查电源防雷箱。

① 作业者甲清洁擦拭电源及信号电涌保护、防雷箱内外部，直观检查电压及电流表头显示正确。

② 作业者甲直观检查输入、输出及接地线连接紧固；后备保护开关处于 ON 状态。

③ 作业者甲直观检查电源电涌保护模块窗口状态显示，无变红、无烧灼痕迹、外观无异常；作业者甲读取记录计数器读数，与前次读数对比，确认计数器未发生新计数，如图 6-18 所示。

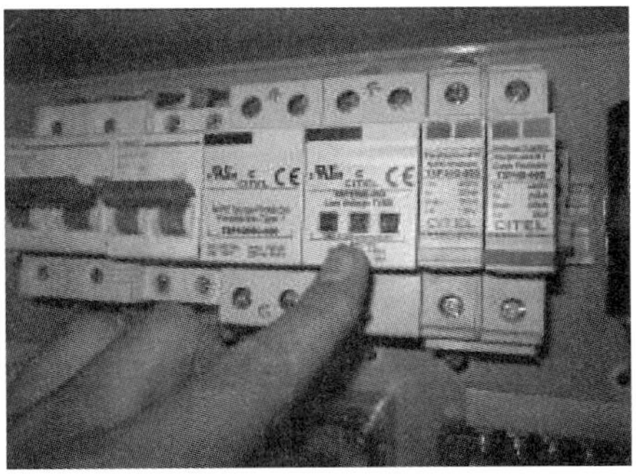

检查模块窗口状态显示

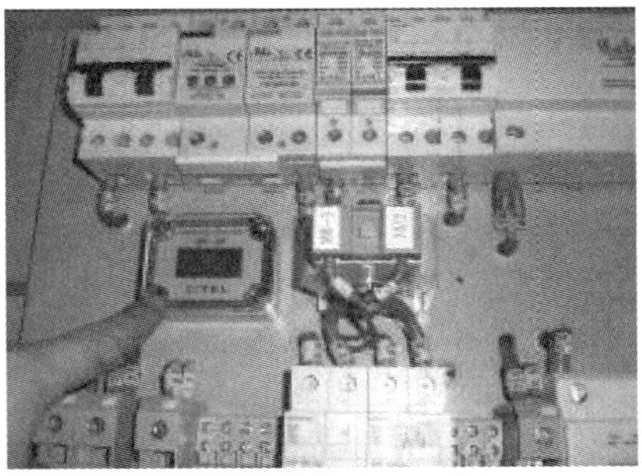

观察计数器

图 6-18　电源防雷箱检查

（2）检查信号防雷箱。

① 作业者甲清洁擦拭信号防雷箱内外部，直观检查查输入、输出及接地线连接紧固，如照片。

② 作业者甲直观检查信号电涌保护器表面无烧灼痕迹、外观无异常。

（3）发现模块（板）异常、故障保护开关跳起、计数器发生新计数时，须按照《TFDS 探测站设备季节性整修作业指导书》所述方法使用电涌保护模块检测仪对各模块进行测试，损坏须更换。

（4）雷雨季节来临前、雷雨天气过后，必须用电涌保护模块检测仪检测各防雷模块性能。

10）作业者乙将室内设备检查情况记录到《TFDS 探测站巡检作业记录簿》中。

4. 作业台账填写核对

作业者乙将探测站设备检查情况逐项记录到《TFDS 探测站巡检作业记录簿》中，并核对台账填写无误后，作业者、防护员在台账上签名。台账填写应不错不漏，不涂不改，定性用词准确，定量数值真实。

5. 作业完毕整理

（1）作业者甲、乙清理室内卫生。

（2）作业者甲、乙清理作业检查确认工作场地无工具配件遗漏，擦拭干净工具仪表，探测站室内工具、仪器按定置管理进行摆放。检查确认存放探测站的工具、仪表作用良好，计量下次检修前到期的带回或按照段计量室安排周期送检校验。

6. 确认设备状态，报告检修结束

（1）作业者甲检查设备各部工作状态，确认设备各开关按钮已恢复接车模式，工作指示灯显示正确，确认室内外设备运行及网络通信正常。

（2）作业者甲与车辆段监控中心值班员（或 5T 检测车间 TFDS 动态检车工长）共同核对至少两列过车数据，图像采集、部件拼接应显示正确，网络传输应及时。

（3）作业者甲向车辆段监控中心值班员、郑州局集团公司监测站调度员报告巡检作业结束。作业负责人保持通信畅通，及时接收段监控中心根据过车信息发现的异常情况通知。

7. 作业完毕撤离

（1）确认不再上道作业后，作业负责人安排作业人员撤除软隔离，同时清点作业人员、工具、仪器仪表，核对并填写《入网人员、工器具、材料明细单》。作业负责人对设备状态、工机具清理、人员撤离、防护撤除等进行检查，确认开通条件，并将清单照片传递到驻站联络员（不具备照片传递条件时，要利用对讲机等符合要求的通信工具联控驻站联络员，传递“清点”“确认”信息）。

（2）作业全部结束后，作业负责人通知现场防护员，现场防护员通知驻站联络员办理相关手续后撤离探测站。

（3）出网前，作业负责人检查确认带出防护网的人员、工器具、材料等，再次核对并填写《入网人员、工器具、材料明细单》，核对入网前拍摄照片。严禁将作业机具、材料遗留防护栅栏内。现场防护员锁闭作业门，作业人员返回车间。

【任务自检】

1. 简述 TFDS 系统的工作原理。
2. 正确描述 TFDS 系统的工作流程。
3. 简述 TFDS 系统的构成及各部分的功能。
4. TFDS 探测站设备巡检作业的主要内容是什么？
5. TFDS 探测站设备巡检作业人员如何分工？

任务二　TFDS 系统运用与管理

【任务描述】

（1）掌握 TFDS 系统动态检查方法；
（2）掌握 TFDS 故障发现、预报、反馈程序；
（3）正确执行 TFDS 系统动态作业检查标准。

【背景知识】

TFDS 系统是对运行中列车车辆安全关键部位进行图像检测的设备，是车辆早期故障检测的重要设施，其管理、维修、使用等工作，涉及的部门和人员较多，要求各部门必须加强协作、密切配合，各有关领导及科室、车间要高度重视，细化各自负责部分的作业办法标准，严格按照各自的分管范围和职责要求，逐级负责、责任到人，认真做好工作，确保系统的正常运行。

一、TFDS 系统运用与管理办法

（一）TFDS 系统动态检查要求

动态检查作业应按照“直通优先、先开优先”的原则安排检查顺序，每列车的动态检查作业须由 1 个动态检车组完成。每个动态检车组采取分段包车的方式设置检查工位，并由动态检车组长或工长发出指令，系统智能分组、分车、分辆。包车设置检查工位时，每个检查工位须按转向架的侧视—转向架的仰视—车底部的仰视—车钩缓冲的仰视—车钩缓冲的侧视—中间部侧视的顺序进行图像检测。

在确保列车到达列检作业场前或通过车站前完成列车的动态检查作业的前提下，应根据列车的区间运行时间、列车编组数量、TFDS 探测站的安装位置等具体情况，确定检查工位数量；根据列车运行图规定的车流密度、列车追踪间隔时间以及检查径路数量或探测站数量等确定动态检车组数量。

TFDS 动态检查时间原则上按 10 min（50 辆/列）的标准掌握。做到不漏检、不误判、不错报。以每组 5 名 TFDS 动态检车员为例，编组每列每增加或减少 1 ~ 5 辆车，相应增加或减少技检时间 1 min。

（二）TFDS 系统动态检查标准

TFDS 动态检车员在进行动态检测作业时，须先进行图片顺线经查，后进行图片放大检查。转向架底部必须严格按照“Z”“8”字，转向架侧架必须严格按照“凹”字，车钩钩缓必须严格按照“e”“V”字，中间部底部必须严格按照“三”字，中间部侧视必须严格按照“二”字的视线流程、检查顺序和质量标准对图像进行分析判断，TFDS 动态检车员要对整幅图片浏览分析完成后方可添加故障。

（三）TFDS 系统故障发现、预报、反馈程序

TFDS 动态检车员在检查作业时，应将发现故障局部放大（含疑似故障），确认后用红色线条的方形框标出故障部位，按规定选录正确的故障名称，自动将故障图片和列车车次、过车开始时刻（年、月、日、时、分、秒）、车速、编挂位置、车种车型车号、故障名称、故障提交人、组别、故障发现时刻等信息提交到 TFDS 动态检车工长作业终端，TFDS 动态检车工长对提交的故障进行复核。对符合“通过作业 TFDS 动态检查范围和质量标准”范围内的和其他危及行车安全的故障，按照“先报告后提交”的原则，向铁路集团公司红外线调度员进行预报拦停，办理拦停手续。TFDS 动态检车员遇有丢图、窜图、曝光等原因造成图像不清晰时，须及时提交设备故障信息；TFDS 动态检车工长对 TFDS 动态检车员提交的车辆故障和设备故障信息须逐个进行确认，并将确认后的车辆故障和设备故障信息下发至相应的列检作业场，列检作业场列检值班员通过“TFDS 集中通用作业平台”，将到达、中转作业列车的 TFDS 发现故障信息全数预报至现场检车组检查确认。现场检车组须在脱轨器下轨后 10 min 内将检查确认情况反馈至列检值班员，列检值班员须在脱轨器下轨后 30 min 内将相关信息录入“TFDS 集中通用作业平台”。

TFDS 动态检车组长要定时查看故障的反馈情况，发现故障已反馈后，逐条检查核对现场确认、处置情况，及时上传故障信息。

（四）TFDS 系统拦停故障预报程序

对通过铁路货车故障轨边图像检测系统（TFDS）检测的列车，TFDS 动态检车员须按规定的检查范围进行检查。

（1）发现符合“通过作业 TFDS 动态检查范围和质量标准”范围内的和其他危及行车安全的故障时，TFDS 动态检车员须立即口头报告 TFDS 动态检车工长，由 TFDS 动态检车工长快速判断确认后，立即使用语音记录装置良好的直通电话将需要拦停的车次、故障铁路货车编挂位置和车种车型车号、故障等情况通知铁路集团公司红外线调度员，并通知车间值班干部。

（2）列检人员须将预报拦停的故障确认、处理结果反馈给列检值班员，列检值班员报安全生产调度指挥中心值班调度和 TFDS 动态检车工长，TFDS 动态检车工长将故障处理方式、处理人、处理时间等内容，自故障发生时刻起 24 h 内录入 TFDS 系统中，安全生产调度指挥中心值班调度报铁路集团公司红外线调度员和车辆调度员。

（3）在现场故障处理完成后，TFDS 动态检车工长立即填写《TFDS 预报拦停处理车辆故障信息记录》并传真至集团公司车辆部。

（五）TFDS 设备故障无法正常进行动态检查时应急处置办法和管理制度

（1）动态检查作业场应按时确认 TFDS 探测站接车情况，做好设备监控，发现故障立即通知维修人员处理，按照规定程序启动应急预案。

（2）TFDS 动态检查作业发现因雨、雪、光线等环境因素干扰图像或丢图、窜图、曝光等图片异常时，TFDS 动态检车组须按规定提交设备故障，并及时通知相应列检作业场列检值班员对实行人机分工检查方式的列车安排进行人工补充检查；TFDS 动态检车员只对能正常探测的部位进行动态检查，发现车辆故障（含疑似故障）后，须按规定程序和标准进行提交，由动态检车组长对提交的故障逐一复核。

（3）TFDS 设备出现故障影响复示终端正常检测时，动态检查作业场值班员须将相关信息在《动态检查作业场班组交接班记录簿》上进行记录，详细记录故障状态、发生时间、通知维修时间、处理情况、处理人、设备恢复时间、停机时间、未探测列数等信息，并及时通知相应列检作业场列检值班员对实行人机分工检查方式的列车安排进行人工检查。

（4）TFDS 设备出现故障影响复示终端故障恢复后，动态检查作业场值班员须及时通知相应的列检作业场列检值班员。

（5）列检作业场列检值班员发现“TFDS 集中通用作业平台”无法正常使用时，须及时通知动态检查作业场值班员并索要 TFDS 动态检查作业提交的车辆故障明细。

二、TFDS 系统动态检查作业标准

动态检查“一班、一列、一辆”标准如下：

1. 一班工作标准

（1）班前准备：按规定着装，进行酒精含量测试。

（2）接班会：值班干部主持，工长、列检值班员等人员参加，学习有关文件、电报、指示、命令，听取车间工作要求，并提出本班注意事项，传达和分配当班工作任务。

（3）班前点名：工长组织点名，传达上级有关文件、电报、命令、指示和车间的要求。

根据车流计划、重点事项、安全薄弱环节等进行安全预想，进行作业分工及安排本班重点工作，提出注意事项，进行班前技术安全提问，检查职工着装及精神状态。

（4）接班：检查设备运行状态、网络运行、通信状态、数据传输等情况，检查工作场所定置管理情况。列检值班员确认前一班未完成需本班继续进行的工作和存在的问题。

（5）分组排班：动态检车组长根据人员考勤情况进行分组排班，完毕后通知列检值班员进行分车作业。

（6）列车作业：按照规定对货物列车进行的动态检查作业。

（7）交班：确认设备运行状态、网络运行、通信状态、数据传输及故障处理等情况，交代本班未完成的工作及其他注意事项等内容。

（8）完工分析：对各项工作完成、故障发现等情况进行统计。

（9）交班总结：值班干部主持，工长、列检值班员参加，汇报生产任务、故障处理、典型事例、存在问题等情况。值班干部对当班工作进行评价，对发生的严重问题须及时组织班组人员召开分析会。

2. TFDS 一列作业标准

（1）过车提示：当系统弹出“语音界面”提示及发出来车提示音时，动态检查作业场列检值班员须立即在“智能分车”页面，查看该列车“接车状态”。

（2）智能分车：动态检查作业场列检值班员待“接车完毕”后，采取系统自动分车或手动分车方式将接入列车分配至待检作业组。

（3）作业通知：动态检查作业场列检值班员分车完毕后，通知动态检查作业组准备作业。

（4）开始作业：动态检车组长对列车及图片信息核对完毕，确认作业组动态检车员全部到位后，发布作业口令。

（5）分析图片：TFDS 动态检车员分别打开 TFDS 探测图片，按照分车结果和检查范围进行作业。

列检作业场对到达、中转列车作业实行人机分工检查方式时，TFDS 动态检查作业须执行“人机分工 TFDS 动态检查范围和质量标准”；对上述情况以外的货物列车，执行“通过作业 TFDS 动态检查范围和质量标准”。对执行“人机分工 TFDS 动态检查范围和质量标准”及“通过作业 TFDS 动态检查范围和质量标准”的 TFDS 动态检查作业，均执行 TFDS 一辆动态检查程序标准。

（6）故障加载：TFDS 动态检车员在检查作业时，发现故障（含疑似故障）按规定加载正确的故障名称；遇有丢图、窜图、曝光等原因造成图像不清晰时，须及时提交设备故障信息；发现“通过作业 TFDS 动态检查范围和质量标准”范围内的和其他危及行车安全的故障，应按照规定办理拦停手续。

（7）故障确认：动态检车组长对 TFDS 动态检车员提交的车辆故障和设备故障信息逐个进行确认。

（8）作业完毕：动态检车组长确认小组 TFDS 动态检车员全数作业完毕后，组织后续列车作业或指挥本组动态检车员列队离开动态检车室，到待检室休息。

（9）故障下发：动态检车组长将确认后的车辆故障和设备故障信息下发至相应的列检作业场。

（10）故障上传：待列检作业场列检值班员将现场检查确认结果录入“TFDS 集中通用作

业平台”后，动态检车组长进行核对并负责故障上传。

3. 人机分工 TFDS 一辆动态检查作业标准

人机分工 TFDS 一辆动态检查作业标准根据“人机分工 TFDS 动态检查范围和质量标准”，以转 K5 和转 K6 型转向架、13A 和 17 型车钩钩缓（互钩差）、C70（H）型敞车中间部为基础制定。

1）侧架部分

（1）转 K6 型侧架。

6-3 实作：TFDS 转向架侧架部检查

视线流程（见图 6-19）：

图一：横梁—车体地板—侧架—承载鞍—轴承—挡键—车轮—交叉支撑装置—侧架—车体地板；→图二：车体地板—侧架—摇枕—摇枕弹簧—侧架—摇枕弹簧—摇枕—侧架—车体地板；→图三：车体地板—侧架—交叉支撑装置—车轮—挡键—轴承—承载鞍—侧架—车体地板—横梁（图中四、五、六同上）。

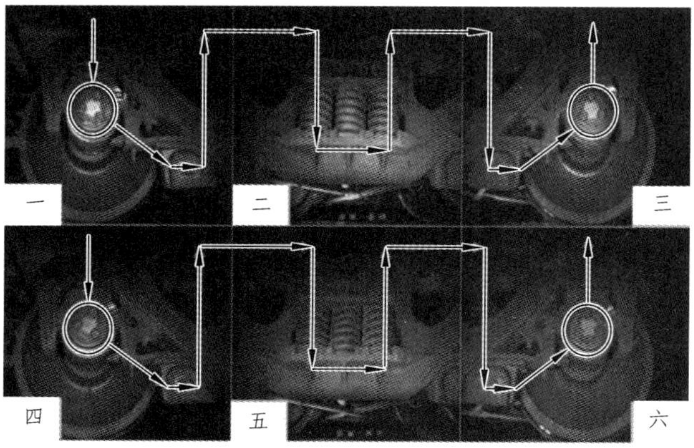

图 6-19 转 K6 型侧架部位“凹”检查方法及顺序

TFDS 检查范围和质量标准见表 6-2。

表 6-2 转 K6 型侧架“凹”字检查范围和质量标准

序号	人机分工检查范围和质量标准
1	横梁无折断
2	地板无破损
3	侧架无折断
4	轴箱橡胶垫中间橡胶与上、下层板无错位
5	承载鞍无错位、挡边无折断
6	滚动轴承无甩油，外圈无破损，前盖、轴端螺栓无丢失
7	轴承挡键无丢失、螺母无松动、丢失
8	车轮踏面、轮辋无缺损
9	交叉杆端部螺栓无丢失
10	摇枕无折断
11	摇枕弹簧无折断、窜出、丢失

（2）转 K5 型侧架。

视线流程（见图 6-20）：

图一：横梁—车体地板—侧架—承载鞍—轴承—挡键—车轮—闸瓦及闸瓦插销—侧架—车体地板；→图二：车体地板—侧架—摇枕—摇枕弹簧—弹簧托板—侧架—摇枕弹簧—摇枕—侧架—车体地板；→图三：车体地板—侧架—闸瓦及闸瓦插销—车轮—挡键—轴承—承载鞍—侧架—车体地板—横梁（图中四、五、六同上）。

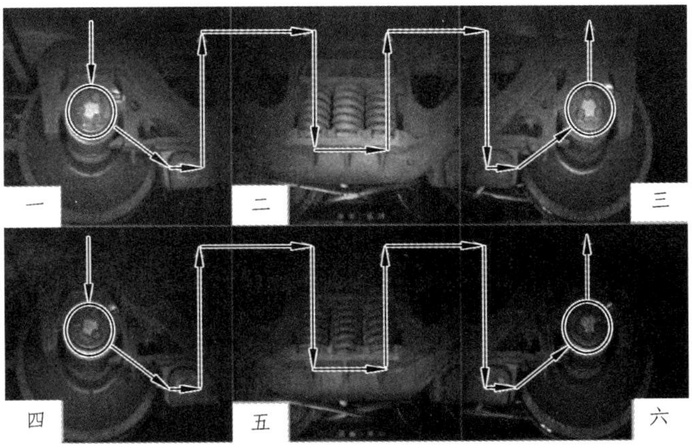

图 6-20　转 K5 型侧架部位“凹”字检查方法及顺序

TFDS 检查范围和质量标准见表 6-3。

表 6-3　转 K5 型侧架“凹”字检查范围和质量标准

序号	人机分工检查范围和质量标准
1	横梁无折断
2	地板无破损
3	侧架无折断
4	承载鞍无错位、挡边无折断
5	滚动轴承无甩油，外圈无破损，前盖、轴端螺栓无丢失
6	轴承挡键无丢失、螺母无松动、丢失
7	车轮踏面、轮辋无缺损
8	闸瓦无折断、丢失，磨耗不超限，闸瓦插销安装位置正确，闸瓦插销环无丢失
9	摇枕无折断
10	摇枕弹簧无折断、窜出、丢失
11	转向架弹簧托板、折头螺栓无折断、螺母及开口销无丢失

2）制动梁、摇枕部位

（1）转 K6 型侧架。

6-4　实作：TFDS 制动梁部检查

视线流程（见图 6-21）：

图一：交叉杆—摇枕弹簧—闸瓦及闸瓦插销—闸瓦托—车轮—安全索—制动梁—脱轨自动制动装置；→图二：上拉杆及圆销、开口销—中拉杆及圆销、开口销—制动梁支柱及圆销、开口销—制动梁支柱夹扣—心盘—制动梁梁体—交叉

杆扣板螺栓；→图三：车轮—闸瓦及闸瓦插销—闸瓦托—安全索—制动梁—交叉杆—摇枕弹簧—摇枕（沿图三长箭头指向图四）；→图四：摇枕弹簧—交叉杆—闸瓦托—闸瓦及闸瓦插销—车轮—安全索—制动梁—脱轨自动制动装置；→图五：固定支点及圆销、开口销—中拉杆及圆销、开口销—制动梁支柱及圆销、开口销—制动梁支柱夹扣—心盘—制动梁—交叉杆扣板螺栓；→图六：车轮—闸瓦及闸瓦插销—闸瓦托—安全索—制动梁—摇枕弹簧—交叉杆。

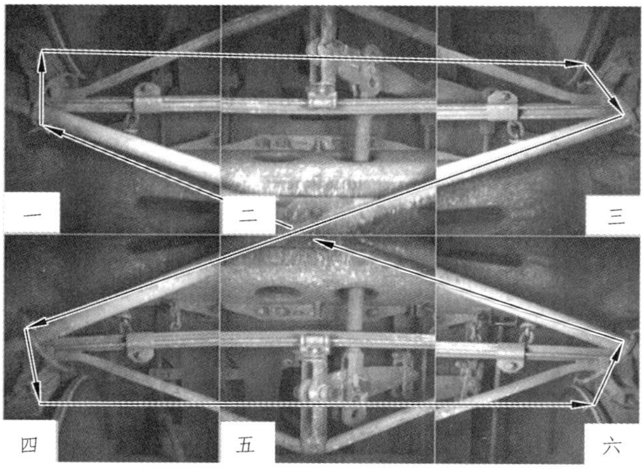

图 6-21　转 K6 型转向架部位“8”字检查方法及顺序

TFDS 动态检查范围和质量标准见表 6-4。

表 6-4　转 K6 型侧架“8”字检查范围和质量标准

序号	人机分工检查范围和质量标准
1	交叉杆体无折断、明显变形，扣板螺栓、铆钉无丢失
2	摇枕弹簧无折断、窜出、丢失
3	安全索无丢失
4	闸瓦无折断、丢失，磨耗不超限，闸瓦插销安装位置正确，闸瓦插销环无丢失
5	车轮踏面无缺损
6	制动梁安全链无脱落
7	脱轨自动制动装置拉环无脱落、丢失
8	下心盘螺栓无折断，螺母及开口销无丢失，心盘无脱出
9	制动梁梁体无折断，闸瓦托下铆钉无丢失，制动梁无脱落
10	制动梁支柱夹扣螺母无丢失
11	制动梁支柱无折断，圆销及开口销无折断、丢失
12	中拉杆无折断、丢失，圆销及开口销无折断、丢失，拉铆销套无丢失
13	移动、固定杠杆无折断、丢失
14	上拉杆无折断、丢失，圆销及开口销无折断、丢失
15	摇枕无折断
16	固定杠杆支点座、固定杠杆支点、固定杠杆支点链蹄环及圆销、开口销无折断、丢失，拉铆销套无丢失，固定杠杆支点座拉铆钉无丢失

（2）转 K5 型转向架。

视线流程（见图 6-22）：

图一：车轮—闸瓦及闸瓦插销—闸瓦托—制动梁—制动梁安全链—上拉杆及圆销、开口销；→图二：移动杠杆—中拉杆及圆销、开口销—制动梁支柱及圆销、开口销—制动梁支柱夹扣—心盘；→图三：脱轨自动制动装置—制动梁—制动梁安全链—车轮—闸瓦及闸瓦插销—闸瓦托—制动梁—弹簧托板—摇枕（沿图三长箭头指向图）；→图四：制动梁—闸瓦托—闸瓦及闸瓦插销—车轮—制动梁—制动梁安全链—固定支点圆销、开口销；→图五：固定杠杆—中拉杆及圆销、开口销—制动梁支柱及圆销、开口销—制动梁支柱夹扣—心盘；→图六：脱轨自动制动装置—制动梁—制动梁安全链—制动梁—闸瓦托—闸瓦及闸瓦插销—车轮。

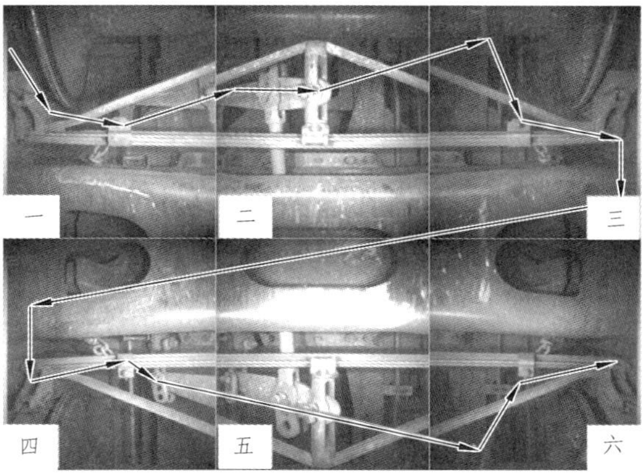

图 6-22　转 K5 型转向架部位“Z”字检查方法及顺序

TFDS 动态检查范围和质量标准见表 6-5。

表 6-5　K5 型转向架“Z”字检查范围和质量标准

序号	人机分工检查范围和质量标准
1	车轮踏面无缺损
2	闸瓦无折断、丢失，磨耗不超限，闸瓦插销安装位置正确，闸瓦插销环无丢失
3	制动梁梁体无折断，闸瓦托下铆钉无丢失，制动梁无脱落
4	制动梁安全链无脱落
5	固定杠杆支点座、固定杠杆支点、固定杠杆支点链蹄环及圆销、开口销无折断、丢失，拉铆销套无丢失，固定杠杆支点座拉铆钉无丢失
6	移动、固定杠杆无折断、丢失
7	中拉杆无折断、丢失，圆销及开口销无折断、丢失
8	制动梁支柱无折断，圆销及开口销无折断、丢失
9	制动梁支柱夹扣螺母无丢失
10	下心盘螺栓无折断，螺母及开口销无丢失，心盘无脱出
11	脱轨自动制动装置拉环无脱落、丢失
12	转向架弹簧托板无折断
13	摇枕无折断
14	上拉杆无折断、脱落、丢失，圆销及开口销无折断、丢失

3）车底中部

（1）中间部 1。

视线流程（见图 6-23）：

图一、图二、图三：车轮—横梁—上拉杆—主管—支管—上拉杆吊架—横梁—地板；→图四、图五、图六：支管—地板—横梁—车号自动识别标签—地板；→图七、图八、图九：脱轨自动制动装置—支管—车轮—地板—横梁—人力制动机拉杆及吊架—横梁—地板—人力制动机拉杆链。

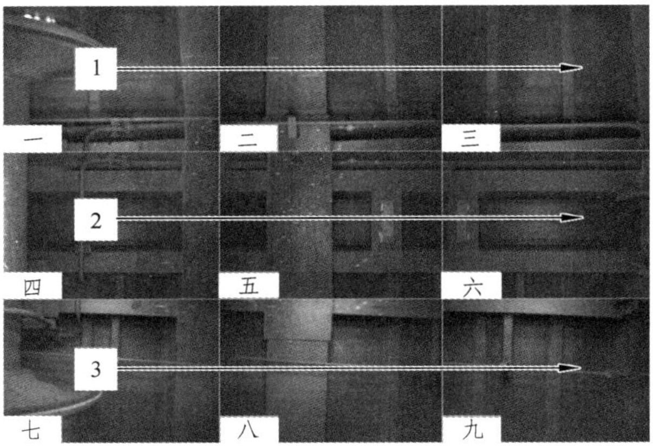

图 6-23　中间部 1“三”字检查法

TFDS 动态检查范围和质量标准见表 6-6。

表 6-6　中间部 1“三”字检查范围和质量标准

序号	人机分工检查范围和质量标准
1	车轮踏面无缺损
2	横梁无折断
3	上拉杆无折断、丢失
4	上拉杆吊架无折断、脱落
5	制动主管、支管、连接管无折断，卡子及螺母、法兰螺母无丢失
6	地板无破损
7	铁路货车车号自动识别标签无丢失
8	脱轨自动制动装置拉环无脱落，拉环无丢失、塞门手把无关闭
9	人力制动机拉杆吊架无脱落
10	人力制动机拉杆无折断、脱落

（2）中间部 2。

视线流程（见图 6-24）：

图一、图二、图三：上拉杆、圆销及开口销—横梁—地板—主管—上拉杆、圆销及开口

销；→图四、图五、图六：横梁—制动缸前杠杆及吊架—闸调器—制动缸后杠杆及吊架—支管；→图七、图八、图九：人力制动机拉杆及拉杆链—制动缸—支管—地板。

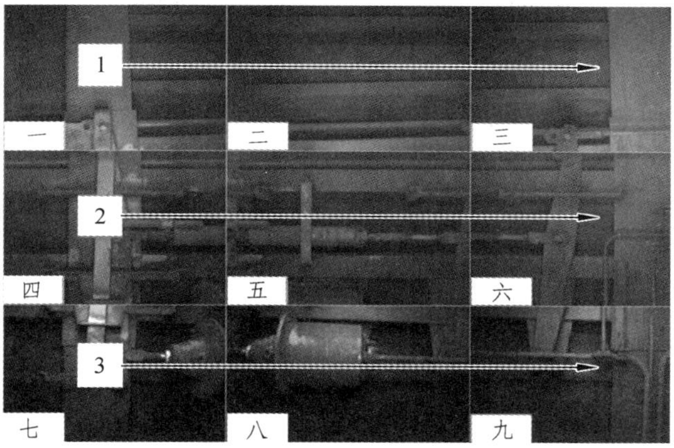

图 6-24　中间部 2“三”字检查法

TFDS 动态检查范围和质量标准见表 6-7。

表 6-7　中间部 2“三”字检查范围和质量标准

序号	人机分工检查范围和质量标准
1	上拉杆圆销及开口销无折断、丢失
2	横梁无折断
3	地板无破损
4	制动缸前杠杆、圆销及开口销无折断、丢失，吊架无折断、脱落
5	闸调器无破损、闸调器螺杆连接螺母防松垫圈及开口销无丢失，吊架无折断、脱落
6	闸调器圆销及开口销无折断、丢失
7	制动缸后杠杆、制动缸后杠杆支点及圆销、开口销无折断、丢失，吊架无折断、脱落，制动缸后杠杆支点组装螺母无丢失
8	人力制动机拉杆、拉杆链无折断、脱落
9	制动缸无脱落、丢失，吊架无脱落
10	制动主管、支管、连接管无折断，卡子及螺母、法兰螺母无丢失

（3）中间部 3。

视线流程（见图 6-25）：

图一、图二、图三：缓解阀拉杆—主管—支管—副风缸—上拉杆及吊架—横梁—地板—车轮；→图四、图五、图六：支管—缓解阀拉杆及吊架—主管—截断塞门—组合式集尘器—支管—地板—横梁；→图七、图八、图九：制动阀及防盗罩—组合风缸—支管—横梁—地板—脱轨自动制动装置—车轮。

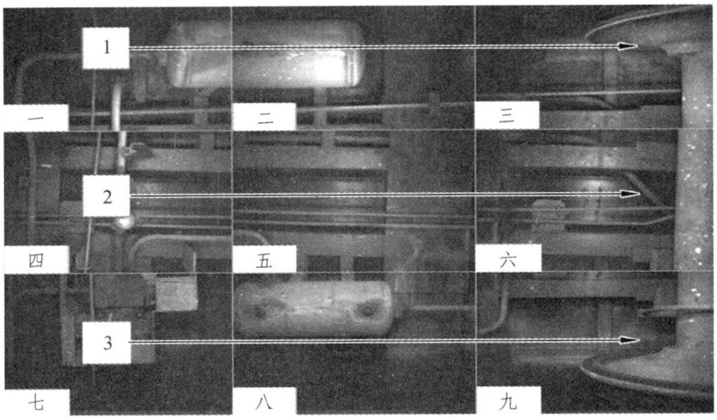

图 6-25 中间部 3“三”字检查法

TFDS 动态检查范围和质量标准见表 6-8。

表 6-8 中间部 3“三”字检查范围和质量标准

序号	人机分工检查范围和质量标准
1	制动主管、支管、连接管无折断，卡子及螺母、法兰螺母无丢失
2	副风缸无脱落、丢失，吊架无脱落
3	上拉杆无折断、丢失，吊架无折断、脱落
4	车轮踏面无缺损
5	截断塞门手把无关闭
6	组合式集尘器无丢失
7	缓解阀拉杆无折断、脱落、丢失；缓解阀拉杆开口销无折断、丢失，吊架无脱落；缓解阀无丢失
8	制动阀防盗罩无脱落
9	组合风缸无脱落、丢失，吊架无脱落
10	脱轨自动制动装置拉环无脱落，拉环无丢失
11	横梁无折断
12	地板无破损

4）车钩缓冲部位

13A 型和 17 型车钩。

视线流程（见图 6-26）：

6-5 实作：TFDS 车钩钩缓部检查

图四：从板座—缓冲器—钩尾框—钩尾框托板—从板—从板座—钩尾销；→图五：车钩托梁—钩体—钩锁—钩舌销—制动软管—下锁销组成—钩体支撑座；→图六：钩尾销托梁—从板座—从板—安全托板—缓冲器—钩尾框—钩尾框托板；→图三：脱轨自动制动装置—车轮—主管—横梁—车体地板；→图二：折角塞门—人力制动机轴链；→图一：人力制动机轴链—导向杆—人力制动机拉杆—吊架—横梁—车体地板—车轮；→图七：车轮—主管—横梁—车体地板；→图八：折角塞门—钩提杆—钩提杆复位弹簧；→图九：横梁—车体地板—车轮。

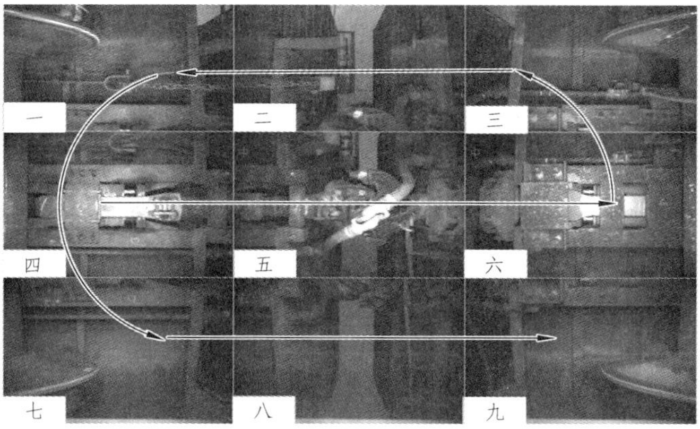

图 6-26　13A 型和 17 型车钩“e”字检查方法及顺序

TFDS 动态检查范围和质量标准见表 6-9。

表 6-9　13A 型和 17 型车钩“e”字检查范围和质量标准

序号	人机分工检查范围和质量标准
1	从板座无破损
2	缓冲器无破损
3	钩尾框无折断
4	钩尾框托板螺母、开口销无丢失；钩尾框托板含油尼龙磨耗板无窜出
5	从板无折断、丢失
6	钩尾销及安全吊螺母无松动、丢失，13 A 型钩尾框安全吊螺栓开口销无丢失
7	车钩托梁无折断，螺栓、螺母无丢失
8	钩体无折断
9	钩锁锁腿无折断
10	钩舌销无折断、丢失，钩舌销开口销无丢失
11	制动软管无丢失，制动软管连接状态良好
12	下锁销组成配件无丢失、脱落
13	钩体支撑座含油尼龙磨耗板无窜出；钩体支撑座止挡铁及螺母或铆钉无丢失
14	钩尾销托梁螺母、开口销无丢失；钩尾销托梁含油尼龙磨耗板无窜出
15	安全托板螺母、开口销无丢失
16	脱轨自动制动装置拉环无脱落、丢失，塞门手把无关闭
17	车轮踏面、轮辋无缺损
18	制动主管无折断，卡子及螺母、法兰螺母无丢失
19	横梁无折断
20	地板无破损
21	折角塞门手把无关闭（列尾端未挂列尾装置的除外）
22	人力制动机轴链无折断、脱落
23	导向杆无卡滞
24	人力制动机拉杆无折断、脱落，吊架无脱落；轴链拉杆与车轴无接触
25	钩提杆及复位弹簧无折断、丢失

5）互钩差部位

13A 型和 17 型车钩。

视线流程（见图 6-27）：

图一：人力制动机轴链—钩提杆—车钩—车钩防跳插销及吊链—制动软管—折角塞门。（图二同图一）

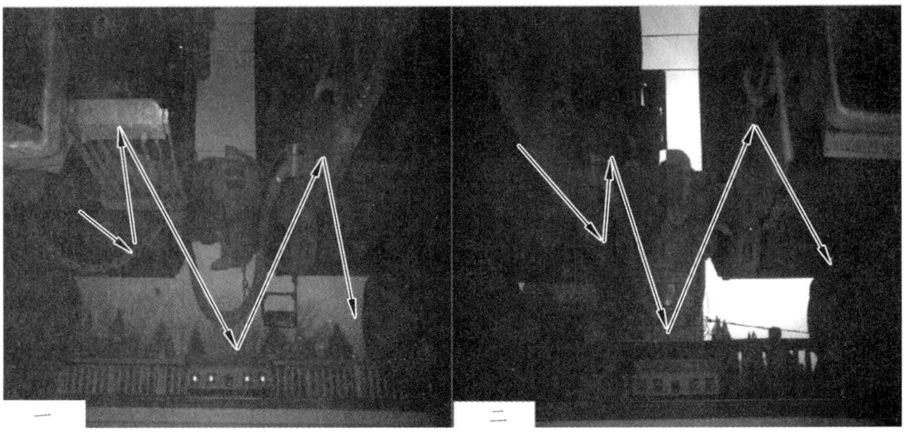

图 6-27　互钩差部位“V”字检查方法及顺序

TFDS 动态检查范围和质量标准见表 6-10。

表 6-10　13A 型和 17 型车钩“V”字检查范围和质量标准

序号	人机分工检查范围和质量标准
1	人力制动机轴链无折断、脱落，吊架无脱落，导向杆无卡滞，轴链拉杆与车轴无接触
2	钩提杆及复位弹簧无折断、丢失
3	钩体无折断
4	下锁销组成配件无丢失、脱落
5	制动软管无丢失，制动软管连接状态良好，制动软管吊链无丢失、挂钩与制动软管无脱出
6	折角塞门手把无关闭（列尾端未挂列尾装置的除外），折角塞门手把及卡子无丢失
7	车钩防跳插销及吊链无丢失，车钩防跳插销插设良好

6）中间部侧部

（1）中间部侧部 1。

视线流程（见图 6-28）：

图一、图二、图三：降压风缸—加速缓解风缸—制动阀防盗罩—缓解阀拉杆—空重车自动调整装置限压阀（调整阀）—附加杠杆—支管—地板—横梁；→图四、图五、图六：上拉杆—副风缸—支管—缓解阀拉杆—主管—地板—横梁。

6-6　实作：TFDS 中间部侧部检查

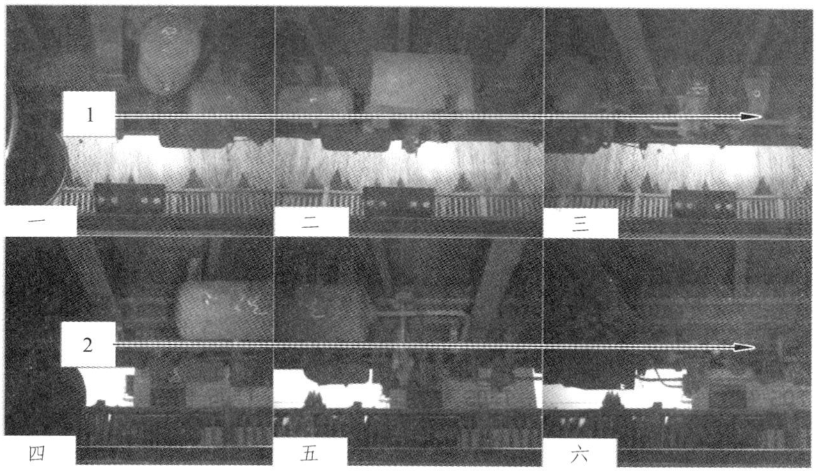

图 6-28　中间部侧部 1“二”字检查方法及顺序

TFDS 动态检查范围和质量标准见表 6-11。

表 6-11　中间部侧部 1“二”字检查范围及质量标准

序号	人机分工检查范围和质量标准
1	降压风缸无脱落、丢失，吊架无脱落
2	加速缓解风缸无脱落、丢失，吊架无脱落
3	制动阀防盗罩无脱落
4	缓解阀拉杆无折断、脱落、丢失；缓解阀拉杆开口销无折断、丢失，吊架无脱落
5	空重车自动调整装置限压阀、调整阀无丢失
6	附加杠杆无丢失，吊架无脱落
7	制动主管、支管、连接管无折断，卡子及螺母、法兰螺母无丢失
8	上拉杆无折断、丢失，吊架无折断、脱落，圆销、开口销无折断、丢失
9	副风缸无脱落、丢失，吊架无脱落
10	横梁无折断
11	地板无破损

（2）中间部侧部 2。

视线流程（见图 6-29）：

图一、图二、图三：支管—制动缸—人力制动机拉杆链—人力制动机拉杆及吊架—地板—横梁；→图四、图五、图六：主管—上拉杆—各拉杆、杠杆—地板—横梁。

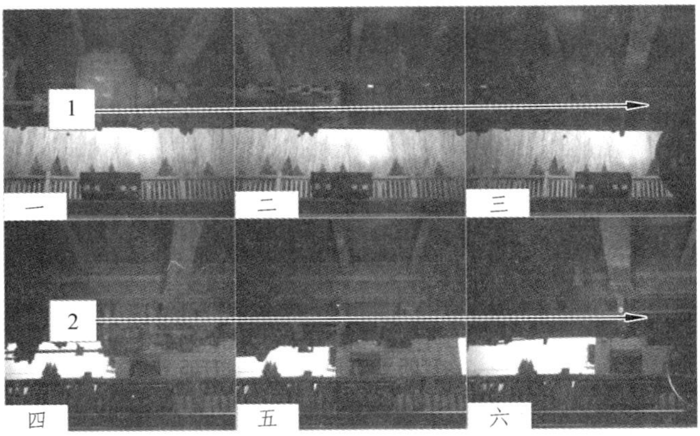

图 6-29　中间部侧部 2“二”字检查方法及顺序

TFDS 动态检查范围和质量标准见表 6-12。

表 6-12　中间部侧部 2“二”字检查范围和质量标准

序号	人机分工检查范围和质量标准
1	制动主管、支管、连接管无折断，卡子及螺母、法兰螺母无丢失
2	制动缸无脱落、丢失，吊架无脱落
3	制动缸前杠杆无折断、丢失
4	人力制动机拉杆、拉杆链无折断、脱落，吊架无脱落
5	上拉杆无折断、丢失，吊架无折断、脱落，圆销、开口销无折断、丢失
6	横梁无折断
7	地板无破损

7）车体部位

TFDS 具备车体检查功能时还应检查：车门滑动轨道无折断，车门滑轮无脱出轨道；车门及车窗无脱落、丢失；车门折页及座无折断，圆销无丢失；车门锁闭装置配件无破损、丢失；墙板、门板无破损；罐车卡带无折断；脚蹬、车梯扶手及车端护栏无折断、丢失。

【任务实施】

一、TFDS 动态检查一列作业过程

6-7　实作：TFDS 动态检查整列作业过程

（一）作业介绍

作业地点：5T 检测车间 TFDS 动态检车室。

适用范围：适用于铁路货车 TFDS 集中作业动态检查一列作业过程。

上道作业：班前准备。

下道作业：完工分析。

人员要求：本岗位作业人员必须经集团公司培训合格，并持有集团公司颁发的《铁路岗位培训合格证书》。

作业要点：接到来车提示后，“TFDS集中通用作业平台”自动（或动态检查作业场列检值班员手动）进行分车，TFDS 动态检车员根据分车情况浏览图片，检查发现故障时，添加故障信息，发现图片异常时，添加设备故障。动态检车（工长）组长将提报的车辆故障和设备故障检查核对后，下发至相应列检作业场。列检作业场反馈现场检查处理情况后，动态检车（工长）组长进行核对，确认无误后进行上传。

（二）作业流程

作业流程如图 6-30 所示。

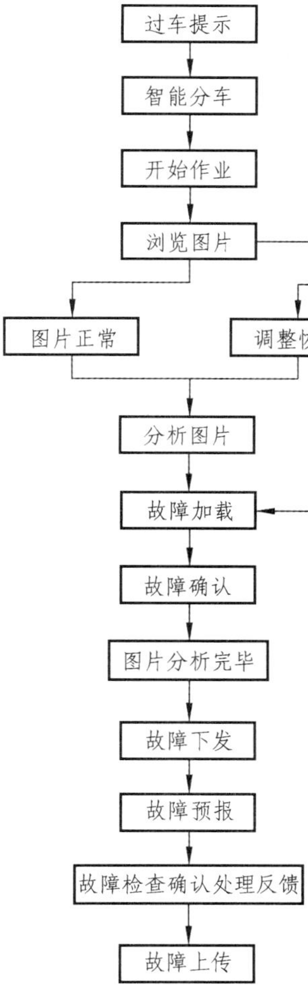

图 6-30　作业流程

二、作业程序、标准及示范

6-8　作业程序、标准及示范

【任务自检】

1. TFDS 动态检查标准是什么?

2. 简述 TFDS 动态检查一班工作标准。

3. TFDS 动态检查标准中对转向架侧架的视线流程要求是什么?

4. 对 TFDS 动态检查作业中发现因雨、雪、光线等环境因素干扰图像或丢图、窜图、曝光等图片异常时如何处理?

5. TFDS 发生丢图、窜图、曝光等故障及停机、停电、设备检修等无法正常进行动态检查时，如何进行动态检查?

6.“人机分工 TFDS 动态检查范围和质量标准”中对空重车自动调整装置的要求是什么?

7.“通过作业 TFDS 动态检查范围和质量标准”中对轴箱、摇枕弹簧的检查范围和质量标准是什么?

项目七　客车运行状态安全监测系统（TCDS）

【思政课堂】平凡岗位成就非凡“净”界——蒋明轶

蒋明轶，中国铁路沈阳局集团有限公司沈阳车辆段沈阳北运用车间集便器维修工。他在客车集便器维修岗位默默奉献14年。曾获全路优秀共产党员、全路劳动模范、全路“三保一促”先进个人、火车头奖章、铁路青年五四奖章等荣誉。

1981年，蒋明轶出生于沈阳市新城子区一个普通家庭。作为家中的独生子，蒋明轶一直是父母的心肝宝贝。懂事的蒋明轶从小就是做家务的好帮手。中专毕业后，怀揣军旅梦的蒋明轶选择了参军，光荣地成为一名潜艇兵。2006年6月，蒋明轶从部队退役后被分配到沈阳车辆段沈阳北运用车间，成了一名实习生，学起了车辆水工，专门负责客车车辆的冷水管维修。3个月后，已经定岗的蒋明轶被调至刚刚成立的集便器班组，成为一名集便器维修工。

刚刚进入集便器维修这行时，蒋明轶心中也暗暗担忧，怕父母不理解自己的选择，不知道如何向父母解释自己的工作性质。一次春运中添乘的经历让蒋明轶转变了想法。2008年1月，他全程添乘由沈阳北开往广州东的T12/11次列车。运行途中，由于旅客使用不当，导致相邻4个卫生间的3个集便器发生故障，一时间，急于上厕所的旅客开始焦躁不安。蒋明轶赶紧拿出机械维修的看家本领，半小时后，卫生间都恢复正常。

新型客车车辆在用的集便器有4种不同型号，每一种都拥有全套的水、电、气一体化的系统，包括便器、冲水等7个系统22个模块200余个零部件。刚开始，蒋明轶所在班组的职工只能接触到产品出厂说明书，对于具体操作的指导性不强。为了弄明白集便器的结构和维修方法，蒋明轶花了3个月时间进行钻研，积累了6本满是标记的手账。最终，他准确掌握了所有电器配件的基本原理和作用，并成功总结出“按下冲洗按钮无动作”等30多种故障的原因和处理方法以及“察、替、拔、排、短、辅、试”七字工作法。他参与完成了《铁路客车集便器日常维修作业指导书》等5项作业标准修订工作，提升了故障处理效率和集便维修专业性。

由于集便器电路系统位于车体下部，检修过程中，蒋明轶经常是头紧紧地贴在斜上60°的左臂上，使出全力才能拧动蝶阀。有时污水突然喷出，溅得满身满脸都是，但他早已见怪不怪了。

酷热的夏季，因为作业中身处深度污染区，只能穿着包裹严密的作业服保护好自己，蒋明轶几乎与背心、短裤“绝缘”了。寒冷的冬季，为了不影响作业效率，穿着单薄作业服的蒋明轶在零下20摄氏度左右的气温里，不停地打着寒战。

2012 年，蒋明轶的事迹上了央视新闻联播，他的工作内容也第一次完整地展现在家人的面前。看着电视屏幕上辛勤工作的蒋明轶，57 岁的母亲抱着他，流下了心疼的眼泪……而蒋明轶的岳父岳母则为女儿当初的选择竖起大拇指："我们为你点赞。"蒋明轶常常调侃说自己是"掏大粪"的，可只要是能实现自己的岗位价值，他甘愿做铁路的"时传祥"。

十年磨一剑。14 年的时间，蒋明轶从一名优秀的潜艇兵华丽转身，成为一名普通的铁路集便器维修工。他刻苦钻研，将自己打造成一个集便器维修领域的业务高手；他用长时间的努力和坚守成为铁路行业中时传祥一样的人物；他以勇气和担当成为抗击新冠肺炎疫情的"逆行战士"。

把平凡的事做好就是不平凡。蒋明轶，就是这样一个用钻研和坚守、责任和担当将集便器维修这件事做到了不平凡的人。

【项目描述】

通过本项目学习，使学生认识 TCDS 系统能实现哪些功能，掌握 TCDS 系统的总体结构及工作流程；分析车载安全监测诊断系统的结构及功能，具有对系统常见故障进行判断和处理的能力。掌握 TCDS 系统运用与管理标准，具备报警信息处理能力及设备日常维护能力。

【知识目标】

（1）学习 TCDS 系统的总体结构；
（2）熟悉车载安全监测诊断系统的结构及功能；
（3）分析车载安全监测诊断系统的结构及功能，具有常见故障的判断及处理能力；
（4）掌握 TCDS 系统运用与管理标准。

【能力目标】

（1）能准确描述 TCDS 系统的整体工作流程；
（2）能正确描述车载安全监测诊断系统的特点及结构组成；
（3）正确分析车载安全监测诊断系统的工作流程，具有判断和处理系统常见故障的能力；
（4）具备报警信息处理能力及设备日常维护能力。

任务一　TCDS 系统基础知识

【任务描述】

（1）掌握 TCDS 系统的总体结构；
（2）掌握车载安全监测诊断系统的特点及结构组成；

（3）能正确分析车载安全监测诊断系统的工作流程，判别常见故障。

【背景知识】

随着我国旅客列车运行速度越来越高，确保列车运行安全的任务十分艰巨，在运行中及时发现和防止故障的发生和扩大，并采用相应信息化检修作业，成为目前保证旅客列车运行安全急需解决的问题。车辆运行中基础制动系统作用是否良好，车辆转向架性能是否恶化，车辆供电系统是否处于安全状态，防滑器工作状态是否正常，运行中有无车轮擦伤，空气弹簧的工作状态，轴承温度是否超限报警，配电室等重点防火部位有无火灾险情等，这些涉及列车运行中的安全问题，都必须在运行状态下及时发现并采取相应对策，才能使旅客列车运行安全得到保证。客车运行安全监控系统就是对上述危及旅客列车运行安全的主要因素进行实时监测诊断、记录和存储，集中显示和报警，定位故障，指导维修。

目前，客车运行安全监控系统已经实现了对大部分影响列车运行安全的车上设备的监控，主要包括：供电系统、空调系统、车下电源、车门、烟火报警、轴温报警器、防滑器、制动系统、车体、转向架动力学性能、轮对状态等。对这些设备进行状态实时监控、故障实时报告、故障车辆长期跟踪观察，对于车辆部门制订车辆维护计划、设备故障检修、保证运输安全，具有重大意义。

7-1　TCDS 系统概述

一、TCDS 系统的总体构成及工作流程

（一）TCDS 系统的总体构成

客车运行状态安全监控系统（即 TCDS）由三级联网、三级中心、三级应用组成。三级联网是指国家铁路集团公司与路局集团公司联网、路局集团公司与车辆段联网、车辆段与配属客车联网。三级中心是指国家铁路集团公司查询中心、路局集团公司监控中心、车辆段监控中心。三级应用是指车辆段级应用、路局集团公司级应用和国家铁路集团公司级应用。

（二）TCDS 系统的工作流程

1. 三级联网

在 TMIS 的全国铁路通信网络的基础上，利用网络数据传输平台，将国家铁路集团公司查询中心、路局集团公司监控中心、车辆段监控中心联系起来；在实时数据采集的基础上，利用现代无线通信技术，将车辆段与配属客车联系起来，实现客车与地面的有机结合。

车地无线联网实现列车和地面间的数据传输，地面信息网络实现各级中心间的数据传输。在三级联网的基础上，所有数据统一格式、统一标准，实现客车安全信息完全共享。三级联网如图 7-1 所示。

1）车地无线联网技术

车地数据无线传输系统采用 GPRS 传输客车运行中实时监测的重要数据，采用 WLAN 完成客车整个运行过程中的所有监测数据的下载。

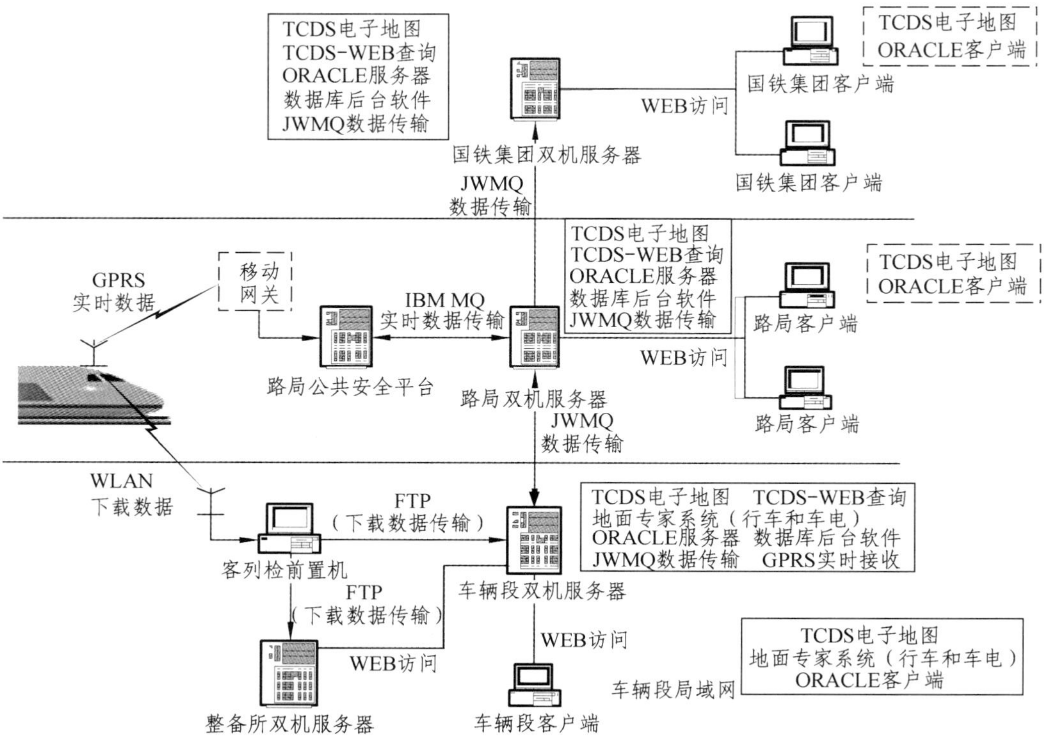

图 7-1　三级联网示意图

2）实时信息的传输

为了保证车辆段运用部门及时掌握列车实际运行状态，避免和防止重大安全事故，客车运行安全监控系统主机在监测到监视项目异常或故障报警时，自动启动报警实时发送机制，将此信息通过 GPRS 实时发送出去。当系统工作正常时，系统主机定时通过无线 GPRS 接口向地面发送各系统状态信息和 GPS 定位信息。

故障信息应包含发生故障列车的车次、车厢号、车号、故障发生时间、发生故障设备类型、故障描述、故障相关数据。定时信息包括列车的车次、车厢号、车号、时间、监测项类型、监测项状态。

3）过程数据的下载

客车到站后，通过在车站架设的 WLAN 设备与天线，把数据下载到客列检，数据转发伺服程序立即将数据转发到客技站，客技站将数据同时导入到车辆段及客技站数据库，车辆段和客技站服务器上的数据伺服程序立即把客列检的数据传输到本地，然后通过自动导入程序把数据放入数据库保存，以供地面专家系统进行诊断，使车辆段和客车整备所建立客车运行安全监测数据库，地面专家系统软件对过程数据进行回放和二次诊断，并将结果显示在屏幕上，车辆段安全监控专职人员可以查询故障信息，并可以通过打印机输出故障报表，指导检修。

各级中心通过 WEB 网页可以远程查询故障信息，并可以获得形式各异的全面的报表支持。

2. 三级中心

客车运行安全监控系统由国家铁路集团公司查询中心、路局集团公司监控中心、车辆段监测中心三级中心组成。

1）国家铁路集团公司查询中心

国家铁路集团公司查询中心作为决策指挥中心的主要功能特点是：接收和存储全路客车运行安全监控系统的各类数据，动态监测正在运行中的客车的运行情况，及时掌握全路故障车辆及存在安全隐患车辆的处理情况，对全路重点客车运行状态进行追踪监控；提供客车运行安全监测数据的查询、汇总以及统计分析，自动生成各类统计分析报表；通过对客车运行状态监测数据的分析，总结客车车辆检修的规律，制定客车运行安全监控系统的运用、管理、维修、养护等规章制度，提供决策技术支持。

2）铁路局集团公司监控中心

路局集团公司作为运用管理中心，需要随时了解管内发生的重大事故，针对问题，做出正确的列车调度、车辆运用、故障处理的指导意见。对下属车辆段工作进行监督管理，对客车安全信息查询、汇总上报，对危险车辆报警，跟踪数据传输，执行国铁集团下达的任务。其主要功能特点是：接收和存储管辖内客车运行安全监控系统的各类数据，动态监测正在运行中的管内车辆的运行情况，及时掌握下属单位对故障车辆及存在安全隐患车辆的处理情况，对管内客车运行状态进行追踪监控；提供客车运行安全监测数据的查询、汇总以及统计分析，自动生成各类统计分析报表；建立客车运行安全监控系统技术支持中心，在系统的运行、维修、养护等方面提供决策技术支持。完成客车运行安全监测过程数据汇总与实时监控故障报警数据汇总至国铁集团查询中心的传输。

3）车辆段监测中心

车辆段作为基层数据中心，首先要安排完成对管内车辆的日常维护、检修工作，需要对发生故障的车辆做出正确的处理，监督检修作业质量，还需要维护管内车辆的所有安全监控数据，向上级车辆部门及时反馈有效的车辆运用信息。其主要功能特点是：同步保存辖内客车整备所的过程数据，接收和存储管辖内客车运行安全监控系统的各类数据，动态监测正在运行中的管内车辆的运行情况，及时掌握客车整备所对故障车辆及存在安全隐患车辆的处理情况，对管内客车运行状态进行追踪监控；提供辖内客车整备所客车运行安全监测数据的查询、汇总以及统计分析，自动生成维修计划任务书及各类统计分析报表。完成客车运行安全监测过程数据汇总与实时监控故障报警数据汇总，并上传至路局监控中心。

客车整备所应用系统的主要功能是：利用 GPRS 实时接收客车运行故障信息；利用无线数据传输平台下载客车运行过程监测数据，对收到的客车运行安全监控数据进行解码、显示并存入数据库；通过对到站列车过程数据的分析，指导维修；提供辖内客车运行安全监测数据的查询、汇总以及统计分析，自动生成维修计划任务书及各类统计分析报表；对于故障或状态不良车辆安排检查维修；执行车辆段的车辆检修任务，完成客车运行安全监测数据与监测故障报警信息至车辆段监测管理系统的传输。

客列检主要完成到站客车的 WLAN 无线下载数据的中转功能，将车站的无线覆盖设备通过客列检连接到客车整备所。

列车在运行中通过 GPRS 进行信息无线传输的过程如图 7-2 所示。

3. 三级应用

车辆段级应用包括车地数据无线传输系统、地面专家系统、地面网络数据传输系统、数据中心后台支撑系统、数据中心控制台系统、客车运行状态电子地图实时跟踪系统、客车运行安全信息查询与统计报表支持系统等一组应用软件。

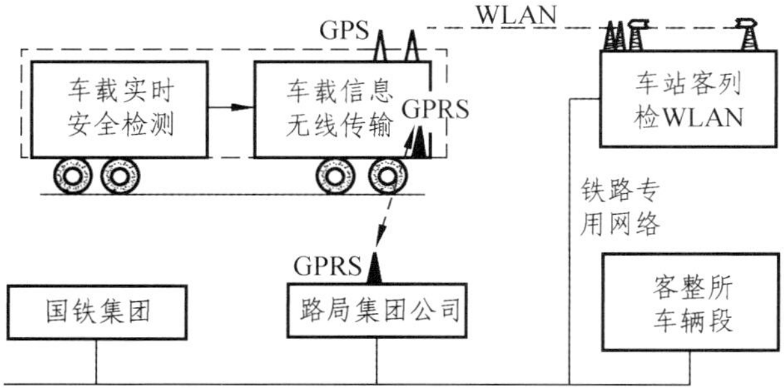

图 7-2 信息传输示意图

车地数据无线传输系统实现客车运行监测数据的落地，包括 1、2、3 级报警，列车 GPS 定位、速度、编组、设备状态等信息的实时发送，还包括到站后将客车在本次运行中所产生的所有监测数据进行批量下载。

地面专家系统以监测数据为依据，对客车状态进行评价、对设备的状态进行分析，发现并提示客车在运行中出现的问题或安全隐患，提供车辆检修建议，提高车辆检修效率。通过长期监测数据的积累，还可以形成对某类设备、某种型号客车的全面而客观的统计与评价，对于车辆部门制定车辆维护计划、设备故障检修、保证运输安全等具有重大意义。

地面网络数据传输系统建立在网络传输中间件的基础上，负责提供地面三级中心间可靠的数据传输服务。

数据中心后台支撑系统由一组后台数据处理模块构成，完成数据的装载、校验、数据重组、统计信息抽取等数据处理任务，为前台应用提供便于访问、查询效率高的数据环境。

数据中心控制台系统通过集成化的中心系统管理操作界面，提供系统基础数据维护、系统配置、运行参数设置、用户和权限管理等系统管理配置功能。

客车运行状态电子地图实时跟踪系统，主要以直观的电子地图形式提供客车运行状态实时信息动态跟踪和运行轨迹历史回放，使车辆主管部门随时掌握在线运行客车状态，重演客车动态运行过程。

客车运行安全信息查询与统计报表支持系统主要为车辆管理部门提供全面、真实、可靠的实时信息、下载故障信息和相关基础数据查询，提供科学、直观、多角度透视的故障统计分析报表。在此基础上，车辆部门可以有针对性地实现配件储备、合理地安排检修人员，了解故障检修重点，并提出客车设备的科学的改进意见，促进车辆制造与运用技术的发展。

二、KAX-1 客车行车安全监测诊断系统

KAX-1 客车行车安全监测诊断系统实现了旅客列车运行中的安全监测与诊断、报警、记录与存储，并实现了“车-地”“车-人”“地-地”的双向数据通信，它的应用必将为客车的安全监控、信息化状态检修与质量管理提供强有力的技术平台。对危及行车安全的主要因素进行现场分析，确认本系统监测诊断重点主要针对目前客车故障多发部位、发生故障危及运行

安全而人工难以检测和判断的部位，以及只有在运行工况下才能检测到的部位，即客车的走行部、基础制动系统和车辆供电系统。

1. 工作原理

KAX-1 客车行车安全监测诊断系统由 3 个分系统组成：车载安全监测诊断系统；无线通信系统；地面数据管理与专家系统。其工作原理是：

对列车运行中危及行车安全的主要设备（供电系统、空调系统、车下电源、车门、烟火报警、轴温报警器、防滑器、制动系统、车体、转向架动力学性能、轮对状态等）的工作状态，通过 GPRS 通信设备实现远程监控；通过车上的 GPS 装置实时向地面报告列车运行位置信息；车辆到站后通过 WLAN 与地面联网，自动下载数据，并通过地面专家系统进行数据统计，分析车辆各设备的性能，定位故障指导维修，消除安全隐患；通过 WEB 终端查询系统形成车辆段、路局、国铁集团三级监控中心，实现车辆安全运用、维修、管理和监督。

2. 技术条件

（1）系统诊断分级：车厢级功能诊断与列车级综合诊断两级。

（2）车厢级功能监测：车辆转向架与车体、制动系统、防滑器、车厢级显示器。

（3）适应编组数：1 ~ 20 辆。

（4）通信方式：车载移动卫星双向通信；无线通信 GPRS；无线通信 GSM；无线局域网通信。

（5）工作环境温度：－40 ~ ＋70 °C；

（6）工作环境相对湿度：不大于 95%。

（7）工作电压：DC110/DC48 V 或 AC220 V（50 Hz）。

（8）安装方式：车厢级主机：壁挂式 4－M8 螺钉固定安装；
列车管理器：壁挂式 4－M6 螺钉固定安装。

（9）适应车型：25T、25K、25G、动车组等。

（一）KAX－1 车载安全监测诊断系统组成

KAX-1 车载安全诊断系统的硬件结构由 3 部分构成：车厢级主机、列车网络、列车级主机。

1. 两级网络结构和两级诊断

KAX-1 车载安全监测诊断系统为两级总线式网络结构的列车通信网络系统，由连接同一列车上不同车厢的列车网络（列车总线）TBUS 和连接同一车厢内不同功能级监测诊断子系统的车厢网（车厢总线）VBUS 所组成，车厢总线上的各功能级监测诊断子系统由车厢网关（Gateway）进行通信管理，它既是车厢网络通信管理器，又是列车网与车厢网的网关，如图 7-3 所示。

列车总线上的列车网络管理器根据各车厢的监测诊断报告再进行全列车综合诊断，得出本列车各车厢的监测诊断报告（集中显示和报警）。列车网络管理器还担负组网（网络初运行）以适应车辆编组变动时各车厢的车号、车厢顺位号、运行方向的识别任务。

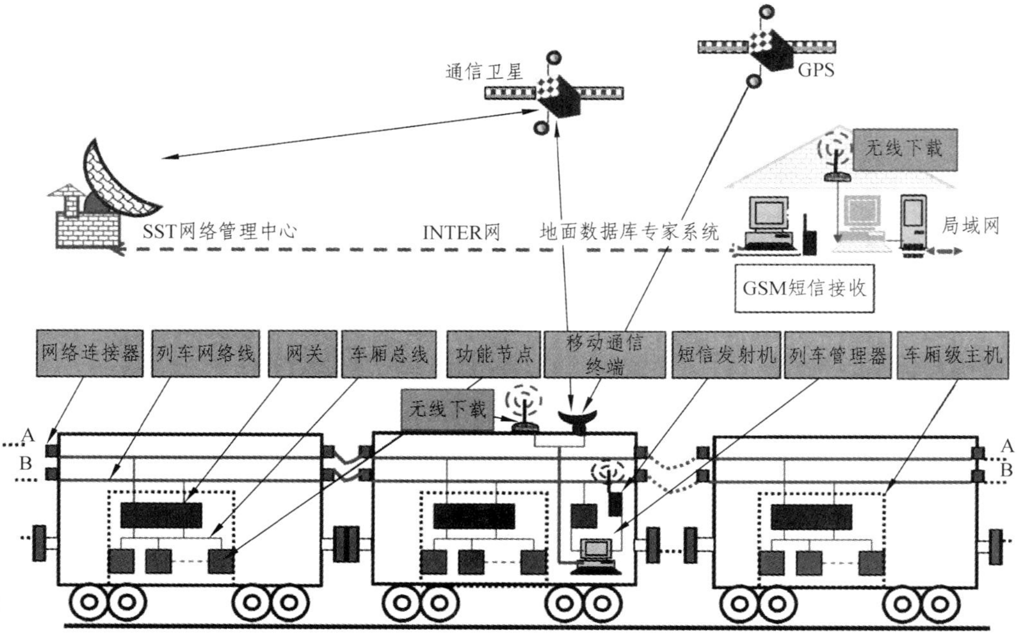

图 7-3　KAX-1 客车运行安全监测诊断系统组成

KAX-1 车载安全监测诊断系统分为功能级和列车级两级监测诊断。对于列车级监测诊断系统来说，车厢级功能监测诊断子系统是基本监测诊断单元。各车厢是相同的，物理上是独立的。车厢里的各功能级监测诊断子系统则只担负本车厢某一部件或功能的监测和诊断（如制动系统监测诊断子系统的任务是监测诊断制动系统的工作状态）。车厢级不能诊断或诊断条件不充分的则通过列车级综合诊断来实现（如关门车、折角塞门关闭、转向架状态等），如图 7-4 所示。

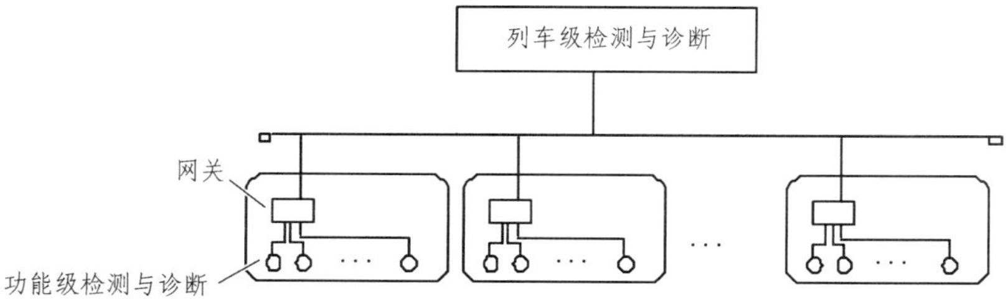

图 7-4　系统两级监测诊断

2. 车厢级网络系统

车厢级网络系统由 6 个功能级监测诊断子系统，一个显示节点和车厢网关通过 LON 车厢总线组成车厢级网络系统。各功能级子系统诊断报告与过程数据，通过显示节点显示，并通过车厢网关和列车总线传送给列车网络管理器，如图 7-5 所示。

3. 车厢级主机

1）一般车厢级主机

车厢级各监测诊断子系统集中安装在一台 6 英寸高、19 英寸宽的机箱内，机箱内每一个模盒结构的板卡担负某一个独立监测诊断功能，它通过车厢级专家下面的端子排与外围设备、传感器、列车网连接。

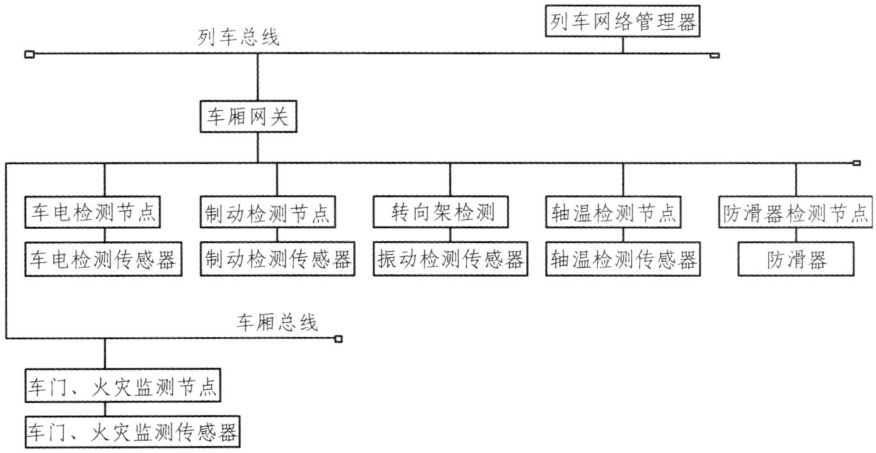

图 7-5　车厢级各功能级监测诊断子系统

2）工程师车车厢级主机

工程师车车厢级主机比一般车厢级主机多两块板卡（WLAN 和 GPRS），担负车-地无线通信。GPRS 板卡接受列车级主机和 GPS 卫星定位信息，列车运行中实时向地面监控终端传送监测诊断报告、列车运行速度等信息；WLAN 板卡接受列车级主机记录的数据，在列车进入客技站（车辆段）时，通过地面建立的无线局域网自动下载数据。工程师车车厢级主机上这两块板卡和工程师车的 3 根天线（车顶上的 WLAN 和 GPS 天线，车厢内的 GPRS 天线）组成 TCDS 客车运行安全监控系统的无线发送设备。

WLAN 板卡是无线下载通信板卡；其余板卡与插座和一般车厢级主机相同。

3）车厢级主机电源设计

车厢级主机电源板卡将外部输入的 DC 110 V 电源转换成 DC 24 V 并输出到主机的背板上，作为车厢级主机各功能板卡的共用电源输入，各功能板卡各自经过 DC/DC 变换，得到所需板卡用电。因此，车厢级各功能板卡的电源是各自独立、相互隔离的。从外部输入的 DC 110 V 到板卡内部电源，经过两级隔离，每级隔离电压均为 DC 1 500 V。这种供电方式，一方面有利于提高系统的稳定性，另一方面可以避免由于车厢级主机板卡故障而影响相邻设备。

4. 列车级主机

列车级主机是一台 3U 结构壁挂式机箱，外接带电阻式触摸显示屏的工业级专用装置，由 5 块板卡组成。它担负安全监测诊断系统双列车通信网络的运行管理、列车级双向数据通信、列车级综合诊断、集中显示与报警、各功能节点诊断报告和过程数据的记录，人-机交互，并完成车-地无线通信、无线下载和移动存储器下载功能。

（二）车载安全监测诊断系统的子系统

1. 车辆制动监测子系统

车辆制动系统故障在行车过程中时常发生，由于列车速度的提高，制动系统故障已成为危及行车安全的重大隐患。引起制动系统故障的因素较多，经过调研，以下的故障发生情况较多见：

（1）在现场运用中，一些偶然因素使列车制动管的压力产生了较大的波动，当这种压力波动超过车辆分配阀的稳定性时，则出现司机未施行制动却出闸的不正常现象。列车在山区中运行，由电力机车牵引列车，意外抱闸问题时有发生，而且有些分配阀制动后长时间不缓解。当列车速度较高、制动缸压力较高、抱闸时间过长时，会造成制动盘冒烟起火，严重危及列车运行安全。此问题是在列车运行的过程中出现的，车上的司乘人员很难察觉，有关部门对此虽然进行过多次试验和调查，但始终未能得到圆满的解决。

（2）即使是列车制动管的压力变化正常时，车辆制动系统有时也会出现作用异常，这种情形往往在车辆运行中偶然出现。而在停车后，按规范做单车制动试验或列车制动试验又复现不出来。

（3）折角塞门、截断塞门和制动缸排气塞门的误关，也是产生制动事故的原因之一。为此，有些运用部门采用铁丝捆绑塞门的方式来解决，但误关塞门现象仍时有发生。

因此，对旅客列车制动系统在运行状态下采用实时安全监测诊断技术，不但对确保列车运行安全、实现库检作业信息化的动态质量控制和检修管理具有现实必要性，而且具有推动客车检修体系网络化、信息化的深远意义。

制动监测子系统是客车安全监测诊断系统中的一个关键组成部分。该系统采用单片机的智能监测诊断技术、列车网络技术，实现了客车空气制动系统的故障实时在线监测诊断，经过长期的运行考核改进，诊断的可靠性和准确性都达到了较高的水平。制动监测子系统的研究工作经过方案论证、现场调查研究、方案修改、科研开发、装车考核试验、推广装车等阶段，目前实现的制动监测子系统可监测的项目涵盖了制动系统的各种常见故障，实现了制动故障的实时报警，特别是缓解作用不良、自然制动、异常制动等的报警，解决了困扰我国铁路多年的意外制动等制动系统的故障问题，对防止列车拦停等事故的发生、保证列车正点运行意义重大。

1）制动监测子系统的设计目标

（1）识别车辆制动系统故障，通过列车网络系统将故障报警信息和过程数据集中显示，对危及行车安全的严重故障给予警示，以防止行车事故的发生。

（2）对车辆制动实行车厢级、列车级二级在线实时诊断报警，记录行车过程的制动数据，并通过地面分析系统进行历史数据显示回放。

（3）该系统提供的制动系统的监测数据信息应包括列车运行全过程的列车制动管、制动缸压力数值。制动诊断系统在监测过程中做出的实时诊断报告，应包括列车制动管、制动缸压力随时间变化的压力曲线及实时列车速度曲线。

2）各级监测子系统需完成的功能

（1）车厢级。

① 传感器数据的采集。

② 制动系统工作状态判断。

③ 列车制动管指令状态判断。

④ 制动系统故障的自动识别。

⑤ 监测系统自检。

⑥ 通过网络通信线向列车级发送数据和故障报告。

（2）列车级。

① 显示车厢级上传的数据和报警信息。

② 判断制动系统的严重故障。

③ 判断列车制动管管系的故障。

④ 全程记录车厢级上传的数据和报警信息。

（3）地面制动监测分析系统。

① 显示下载的制动监测数据和报警信息。

② 报表生成打印。

③ 故障查询统计。

3）制动监测子系统传感器的安装位置

对于车辆制动监测子系统的监测成本和监测效果应进行综合考虑，用尽量少的传感器解决问题。通过反复论证和试验，比较优化的方案是在车辆制动系统中安装两只压力传感器，即列车制动管压力传感器和制动缸压力传感器，如图 7-6 所示。列车制动管压力传感器安装在截断塞门与分配阀间的管路上，监测列车制动管压力。制动缸压力传感器安装在制动缸排气塞门与防滑排风阀间的管路上，监测制动缸压力。这两个测点的压力，反映了制动系统的输入与输出特性。可用最少的传感器达到监测的目标。通过在大量装车现场中的运用证明，此方案是合理的。目前，提速客车的空气制动系统的常见故障都能通过车厢级和列车级两级诊断准确报警。

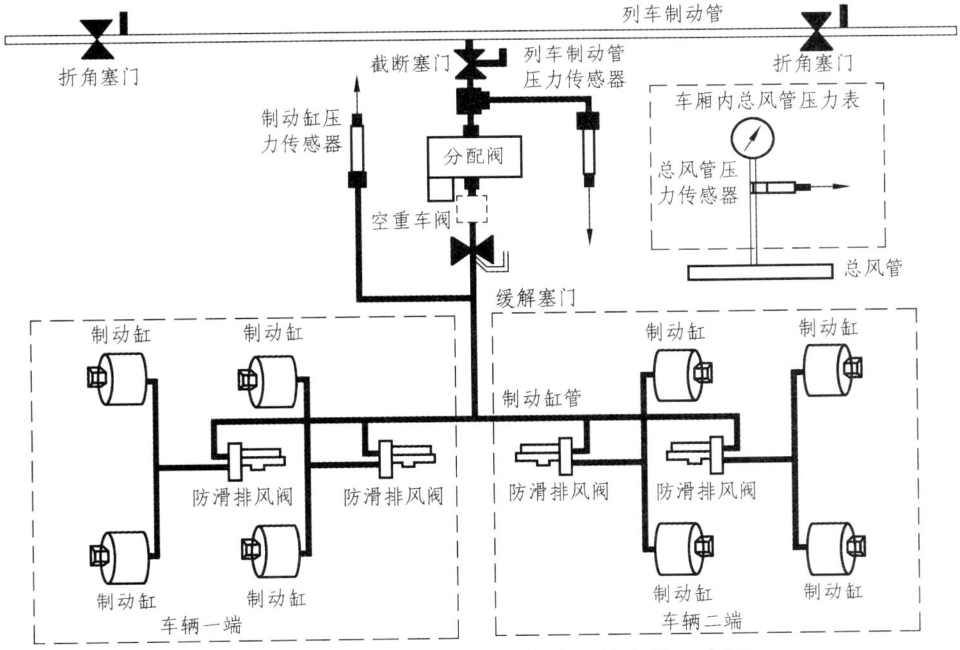

图 7-6　制动监测子系统的传感器的安装示意图

2. 车辆转向架状态监测诊断子系统

如图 7-7 所示，在车辆一/二端的车体、转向架上安装加速度传感器，监测轮轴与一系/二系悬挂系统，并根据车体的信号监测整个车辆系统的状态。系统开发的总体考虑是，通过对铁道车辆动力学系统加速度输出的监测，同时计算系统的时间历程的特征数据并且对车辆系统振动状况进行评估。将此特征数据经列车网络传输到列车级主机，而后通过地面专家系统对车辆的状态以及车辆状态变化过程进行进一步的判断。因而，系统的功能分两方面：车厢功能级实时监测与状态评估。

监测车辆转向架及车体横向、垂向振动加速度，报告本车前转向架/后转向架、一系/二系横向/垂向振动情况；转向架失稳情况；判断轮轴系统是否工作正常，车轮踏面异常（擦伤/剥离）；一系悬挂故障；空气弹簧系统故障诊断与报警等。

图 7-7 中 ZX1 为一位端转向架加速度传感器，监测一位端转向架的垂向与横向振动状况；CT1 为一位端车体监测加速度传感器，监测一位端车体的垂向与横向振动状况。ZX2 为二位端转向架加速度传感器，监测二位端转向架的垂向与横向振动状况；CT2 为二位端车体监测加速度传感器，监测二位端车体的垂向与横向振动状况。各路加速度模拟量信号通过接线盒和车下电缆线传送到车厢级主机的 J6 和 J7 监测诊断板卡。

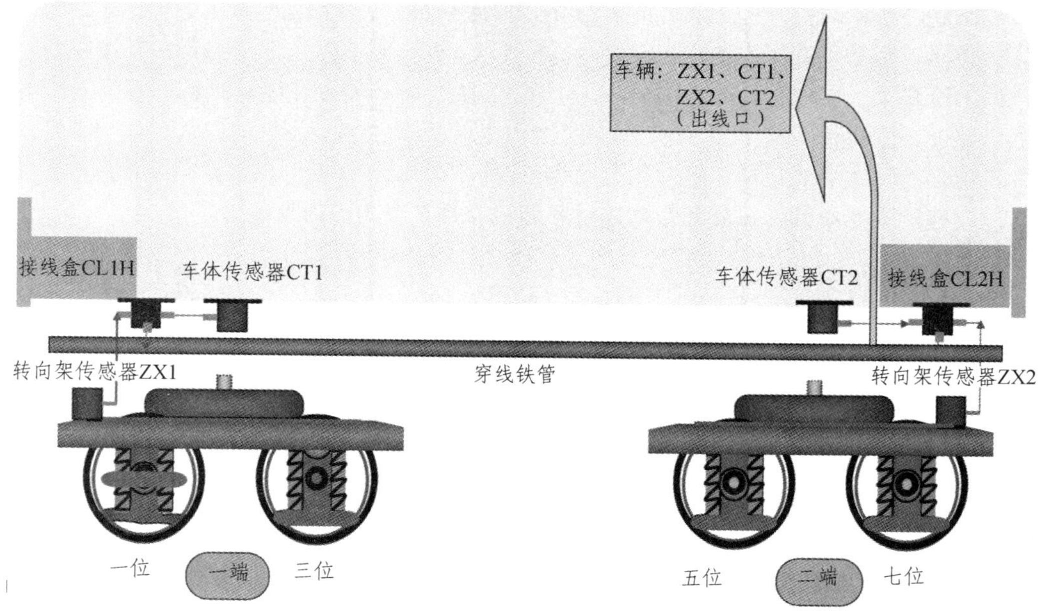

图 7-7 转向架与车体监测传感器安装布局图

3. 防滑器工作状态监测子系统

防滑器在车辆运行的制动过程中适时地调节制动力，使制动力不超过当时的黏着力，达到既避免车轮踏面擦伤，又能利用当时的最大黏着力而得到当时黏着状况下的较短的制动距离的目的，是保护客车轮对踏面在制动过程中不被擦伤的重要安全保障设备。防滑器的工作正常与否关系到车辆能否正常运行。

按现行车辆运行标准，防滑器发生故障的车辆不允许出库，因此，防滑器发生故障后能否及时排除，对保证车辆安全准时出库起到重要的作用。在没有安装客车安全监测诊断系统之前，只能靠人工逐辆检查、排除故障。安装客车行车安全监测诊断系统之后，防滑器监测子系统实现了联网，可报告本车厢防滑器执行防滑保护动作的情况和工作状态，若有故障，则指出故障部位。这样，一方面全列车的防滑器信息能实时地反映到列车级主机，集中显示报警，大大方便了检修人员的工作，减轻了车辆运行中列检人员的工作量；另一方面通过列车级主机的实时记录，将数据下载到地面数据库、专家诊断系统进行查询，客观地对防滑器的工作情况进行评价。

由于防滑器具有来自轮对转动的脉冲信号，所以，利用防滑器可以将车厢的运行速度（参考速度）通过网络变量传送给其他子系统作为故障判断的输入条件之一，并通过车厢网关传输到列车级，由列车级主机综合计算出列车运行速度。

防滑器监测子系统应完成以下功能：

（1）报告各车厢防滑器的各轴速度传感器、防滑排风阀有无故障，若有故障，则指出故障部位。

（2）实时报告各车厢防滑器执行防滑保护动作的情况。

（3）向车厢总线发送本车车辆速度和每一百米里程信号。

（4）向车厢总线发送允许车门关闭以及防滑器当前的命令状态信息。

（5）防滑器与车厢级主机和列车级主机通信是否正常。

（6）通过列车级主机综合计算列车当前运行速度。

（7）实现防滑器全列车联网，列车级主机屏幕上实时报告全列车车厢防滑器系统的工作情况，并且实时记录。

4. 车辆电气控制监测子系统

空调客车的车电综合监控系统能够自动监测车厢的各种参数，以确保设备和车辆运行安全。车电综合控制系统由位于各个车厢的综合控制柜、智能节点和位于随车工程师办公席的主控站以及通信网线组成。综合控制柜主要由供电控制、空调控制、防滑器、轴温报警器等系统组成。智能节点主要由烟火报警器、车门控制器、逆变器、充电机等部件组成。监控网络主要由与相应控制器连接的网关组成。

TCDS 车电综合监控系统针对所有故障区分了故障等级及信息共享等级，并采用车厢的触摸屏、控制柜的指示灯、主控站、TCDS 车电地面专家系统、网页等手段分级提示故障信息，提醒随车人员和地面检修人员关注。TCDS 车电综合监控系统的组成框图如图 7-8 所示。

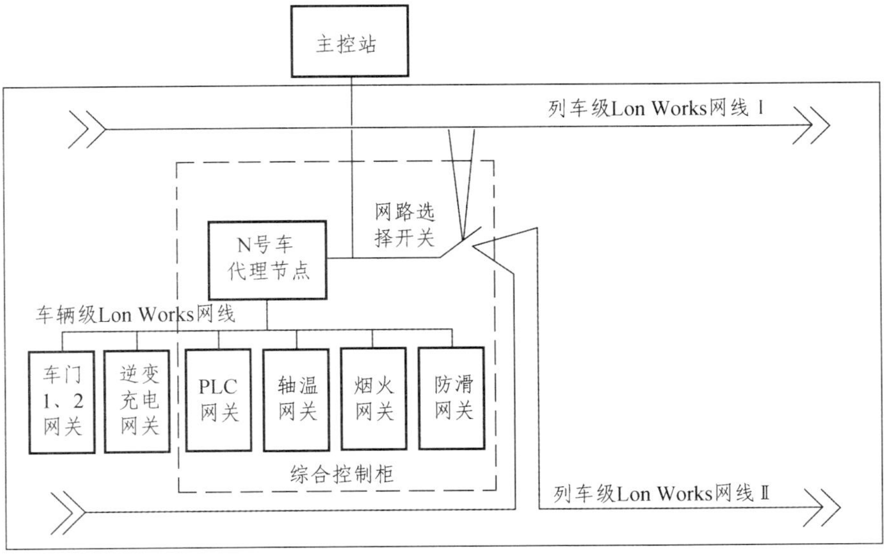

图 7-8　车电综合监控系统的组成框图

1）车门系统

车门系统监测主要是检测车门是否关闭或关闭是否到位，防范列车在运行过程中由于车门未关闭（到位）引起的安全问题。

车门系统的报警包括：5 km/h 速度信号故障、左门未关闭到位、右门未关闭到位、左门未锁闭、右门未锁闭、左门 98%开关故障、右门 98%开关故障、左门锁闭机构故障、右门锁闭机构故障、左门开门故障、右门开门故障、左门门供气压力<450 kPa、右门门供气压力<450 kPa、左门防挤压压力开关故障、右门防挤压压力开关故障、左门外操作开关故障、右门外操作开关故障、左门内紧急锁被操作、右门内紧急锁被操作、左门内操作开关未复位、右门内操作开关未复位、集控开门信号故障、集控关门信号故障、左门隔离锁故障、右门隔离锁故障。

车门检测的原理如图 7-9 所示。

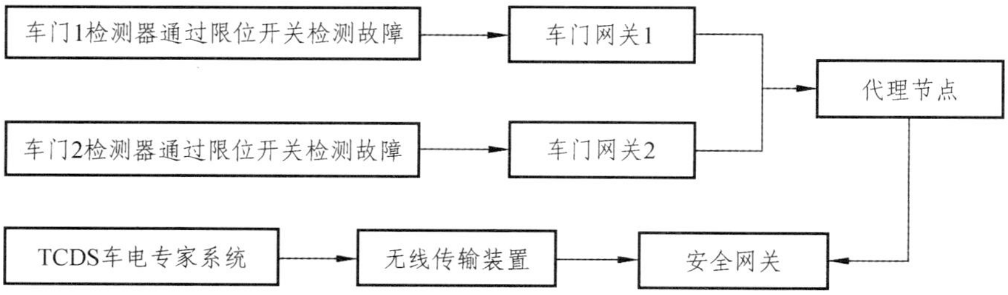

图 7-9　车门检测的原理示意图

2）空调系统

空调系统的监测和报警内容包括：制冷Ⅰ-1 故障，制冷Ⅰ-2 故障、制冷Ⅱ-1 故障、制冷Ⅱ-2 故障、制暖Ⅰ-1 故障、制暖Ⅰ-2 故障、制暖Ⅱ-1 故障、制暖Ⅱ-2 故障、冷凝风机Ⅰ故障、冷凝风机Ⅱ故障、强风机故障、弱风机故障。

空调系统的检测原理如图 7-10 所示。

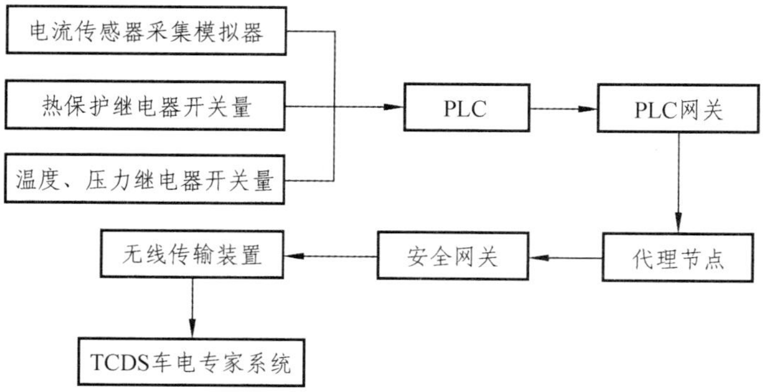

图 7-10　空调系统的检测原理示意图

3）供电系统

供电系统的报警包括：Ⅰ路供电故障、Ⅱ路供电故障、漏电故障、600 V 过压、运行过程中 DC600 电压等于 0 的时间持续 5 min 以上。

供电系统的检测原理如图 7-11 所示。

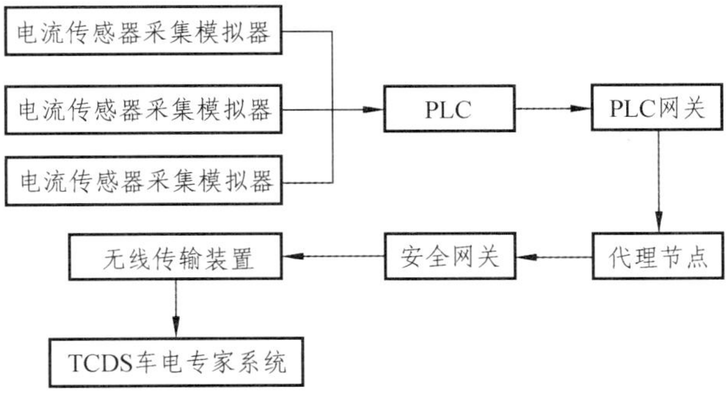

图 7-11　供电系统的检测原理示意图

4）车下电源系统

车下电源的报警包括：输入过压、输入欠压、输出过压、输出欠压、输出过流、输出过载、IGBT 故障、散热器超温、限流充电失效、温度补偿、传感器故障、预充电故障、内部故障、输入输出接触器故障。

车下电源系统的检测原理如图 7-12 所示。

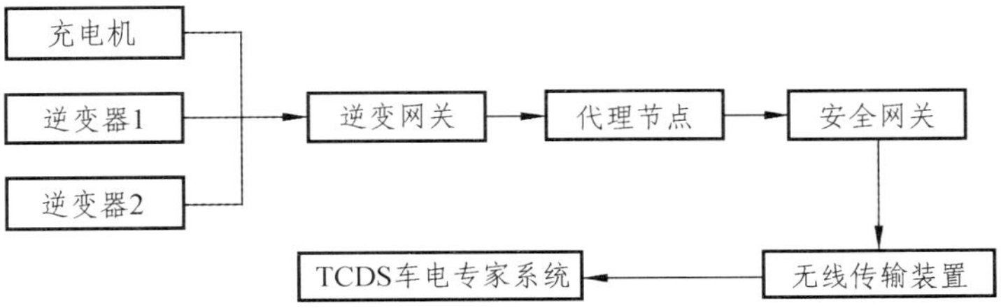

图 7-12　车下电源系统的检测原理示意图

5）火灾探测系统

烟火报警器的报警包括：火警、传感器故障，重点防范火灾事故。

火灾探测系统的检测原理如图 7-13 所示。

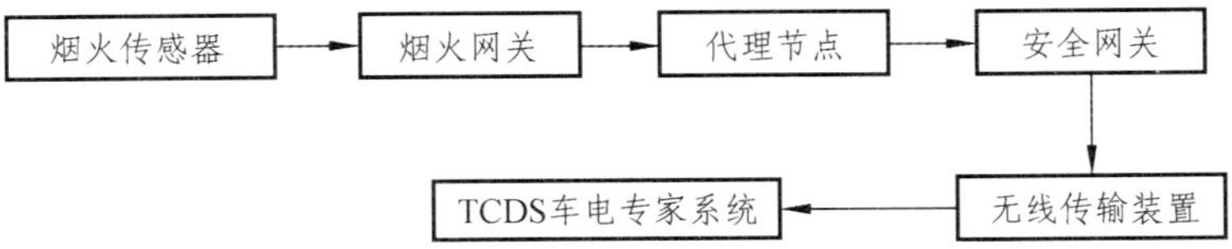

图 7-13　火灾探测系统的检测原理示意图

6）轴温探测系统

轴温探测系统的报警包括：超温报警、传感器故障，重点防范热轴事故。

轴温探测系统的检测原理如图 7-14 所示。

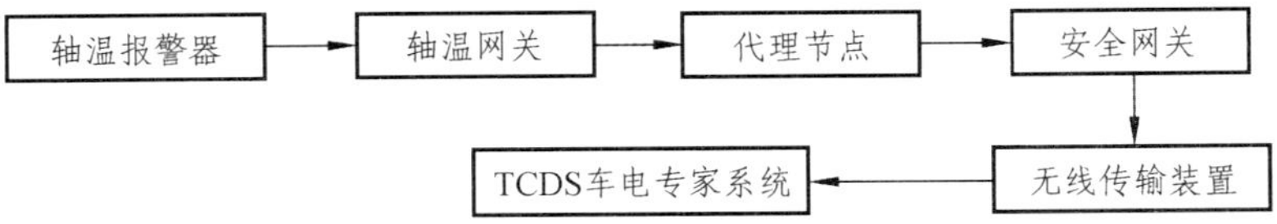

图 7-14　轴温探测系统的检测原理示意图

7）防滑器系统

防滑器的报警包括：速度传感器故障、排风阀故障。

防滑器系统的检测原理如图 7-15 所示。

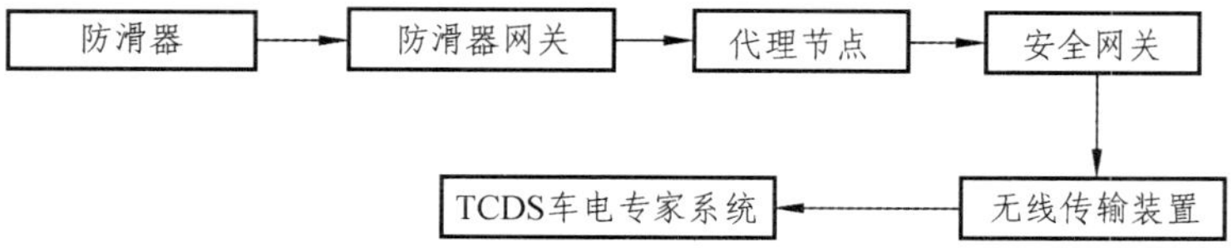

图 7-15　防滑器系统的检测原理示意图

（三）常见故障及处理方法

1. 列车级主机故障及处理

1）列车级主机 PW 卡电源故障

故障现象：指示灯，“ON-OFF”灯点亮而“PD”不亮。

处理方法：首先，检查电源线是否已经正确接入，主机输入电压应在 48 V（行李、邮政车）或 110 V（25T）的规定范围之内，对应线号为 + 123 B 和 – 111B；若以上正常而故障仍存在，检查电源开关是否已经打开，电源开关打开后若故障仍然存在，检查主机 PW1、PW2 模块上保险管是否已经熔断，如果已经熔断就更换保险管，主机保险管规格 48 V/3 A（行李、邮政车）或 110 V/2 A（25T）；经上述处理后故障仍然存在，更换主机电源卡。

2）列车及主机与显示屏之间通信中断故障

故障现象：列车运行过程中通信突然中断，主机显示屏上部中间的时钟不再显示时间，或在显示屏启动时通信中断，显示屏长时间提示正在初始化。

处理方法：首先检查主机与显示屏之间的通信线是否已经正确连接，正确的连接方法是主机侧接在 JX 端口上，显示屏侧接在 COM1 端口上。如果正确连接故障仍然存在，则检查通信线是否正常，如果通信线正常，而且已经正确连接，而故障仍然存在，则检查主机供电是否正常，若主机供电正常，仍然存在故障，则检查主机 CPU 卡是否正常工作。在主机供电正常的情况下，把主机校验仪插入主机 CPU 卡的 JT 端口，如果 LED 灯闪烁说明主机仍然在工作，如果 LED 灯不闪烁，说明主机停止工作，此时可以关闭电源后再重新开机，重启后如果故障仍然存在，说明 CPU 卡已经发生故障，则关断主机电源后更换。

2. 列车网络故障与处理

故障现象：从列车及显示器上看不到任何车厢或看到的车厢数目比实际的少。

处理方法：首先检查主机工作是否正常，如果主机工作正常，说明网络有故障。可能的原因有，列车及主机箱内网卡 LG_1、LG_2 有故障，可关断主机电源后更换网卡 LG_1、LG_2。列车网络终端为接入，正确接入网络终端。列车网线有断点或车厢间网络连接电缆为连挂。车厢及网关 WG 卡故障，关断电源后更换 WG 卡。

3. 车厢级主机故障及处理

1）车厢及主机电源故障

车厢及主机的 PW 从端子排的 + 123 A 和 – 111 A 输入 110 V 或 48 V 电源，经过干扰处理及 DC/DC 转换后，为主机内部各板卡提供 24 V 电源，一个板卡，在经过 DC/DC 转化为内部电源。PW 卡的“ON-OFF”是带来电显示功能的电源开关，来电时点亮，如果该灯熄灭，表示车厢及端子排未送电，“PD"显示灯亮表示 PW 卡已送出 24 V 电源。如果“PD”等熄灭，“ON-OFF”灯点亮，说明 PW 卡电源有故障，可检查卡上熔丝（110 V/2 A；48 V/3 A），如果熔丝已断，检查输入电源是否在波动范围之内，如果电源正常，可更换熔丝。经上述检查处理后，如果“PD”灯仍不亮，应更换 PW 卡。

2）故障指示灯指示故障

各个功能板卡均有故障指示灯指示故障信息，常见指示灯显示故障信息如表 7-1 所示。

表 7-1　车厢及主机板卡的功能和指示灯

板卡代号	板卡功能	指示灯代号	意义	正常状态	故障状态
PW	DC110 V/48 V 电源转换为 24 V	“ON-OFF” “PD”	“ON-OFF”：来电 “PD”：24 V 正常	“ON-OFF”：亮 “PD”：亮	“ON-OFF”不亮：未来电 “PD”
FH	进口防滑器联网接口	D1 D2	D1：板卡电源指示 D2：进口防滑器接收数据状态显示	D1：一直点亮 D2 点亮：接收进口防滑器数据有效	D1 熄灭：板卡电源故障 D2 长灭：与进口防滑器通信故障
WG	网关，实现列车网络与车厢网络之间的数据交换	D1	电源状态指示灯	开机后常亮	熄灭：板卡电源故障
		D2	运行状态指示灯	开机后连续闪烁	熄灭：板卡通信故障
		D3	列车网 SP 灯	开机后闪烁一下就灭	开机不闪烁或连续闪烁
		D4	车厢网 SP 灯	开机后闪烁一下就灭	开机不闪烁或连续闪烁
		D11	电源状态指示灯	开机后长亮	熄灭：说明无电源
		D22	运行状态指示灯	开机后连续闪烁	熄灭：板卡通信故障
		D33	列车网 SP 灯	开机后闪烁一下就灭	开机不闪烁或连续闪烁
		D44	车厢网 SP 灯	开机后闪烁一下就灭	开机不闪烁或连续闪烁
ZX1 （ZX2）	1 端转向架系统监测（2 端转向架系统监测）	D1	电源状态指示灯	主机电源打开后，D1-D6 全部闪烁，然后 D1 点亮 D2-D6 熄灭	D1 熄灭：板卡电源故障 D2-D5 点亮：板卡故障 D6 点亮：传感器故障
		D2	存储区指示灯		
		D3	先进先出存储区指示灯		
		D4	网卡指示灯		
		D5	电子盘指示灯		
		D6	传感器指示灯		
ZD	制动系统监测	D1	运行/传感器/诊断报告功能指示灯	1 s 间隔连续闪烁	0.5 s 间隔连续闪烁为传感器故障 0.2 s 间隔连续闪烁为诊断报警 不亮和常亮不闪烁为板卡故障
XS	车厢及调试用显示模块	LD	显示车厢顺位号	显示车厢顺位号	熄灭无显示或显示非法代码

三、KAX-1 客车行车安全监测诊断系统“车-地”通信系统

通过 KAX-1 客车行车安全监测诊断系统的通信系统，建立起车载安全监测诊断系统和车辆管理人员、地面数据库与专家系统、地面监测终端之间的数据通信。其系统构成如图 7-16 所示。

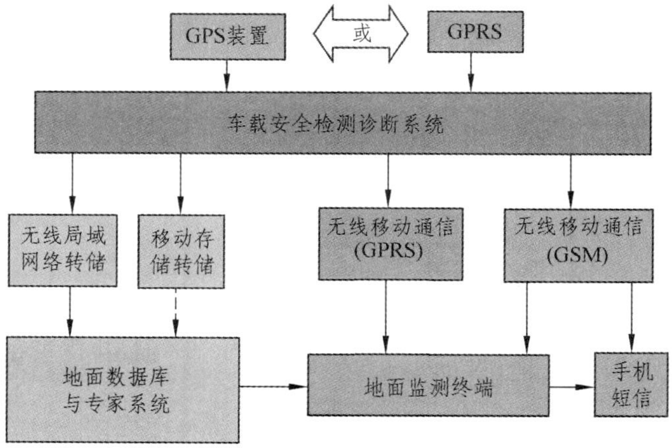

图 7-16　KAX-1 客车行车安全监测诊断系统的通信系统

地面监测终端显示器，通过 GSM 或 GPRS，在地面监测终端显示器上，可以实时动态地观察到运行中车载安全监测诊断系统的重要监测诊断报告、重要的监测数据、列车所在位置（用电子地图），如图 7-17 所示。

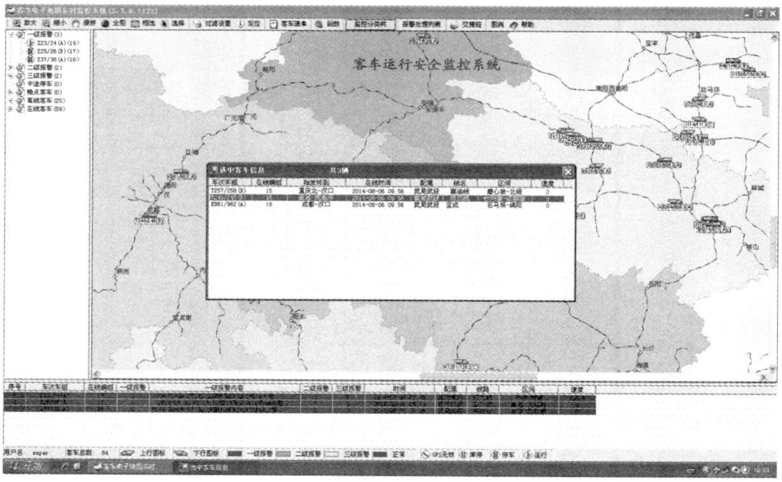

图 7-17　地面监测终端显示器

车载安全监测诊断系统通过 GSM 移动通信短信息方式，将列车运行中系统监测诊断情况随时报告车上检车员或地面管理人员。列车到达后，车载安全监测诊断系统通过 GPRS 无线局域网络，在 600 m 范围内将记录的诊断报告和过程数据下载到地面数据库系统。车载安全监测诊断系统记录的诊断报告和过程数据（黑匣子），还可以通过列车管理器的 USB 口下载到移动存储器，然后再转储到地面数据库系统。

四、地面数据库及专家系统

1. 地面数据库

建立客车安全监测信息数据库，该数据库是列车安全监测信息专家支持系统的基础。利用该数据库，保存通过无线数据传输或从列车上通过移动存储器下载的大量原始数据，建立车辆的历史信息库；保存专家支持系统的诊断过程和结果，供用户随时查询；通过局域网实现信息的上传下达；通过数据库备份，保存历史信息。利用地面数据库中保存的检测数据和事件，结合车辆安全诊断的专家知识，在地面对旅客车辆进行综合诊断，以期进一步对故障进行定性和定位，指导维修和质量控制。专家支持系统包括车辆动力学和制动等多个诊断子系统。其功能框图如图 7-18 所示。

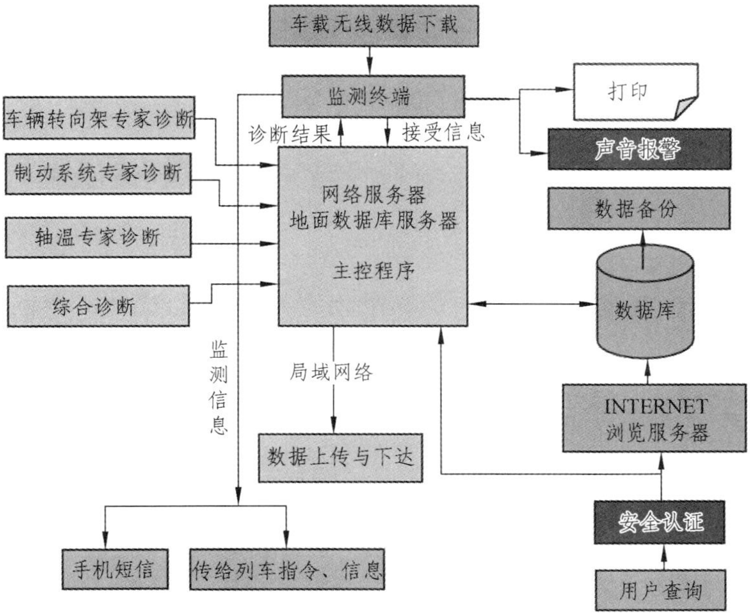

图 7-18　专家支持系统

2. 数据库的设计原则

所有的信息均以数据库的形式保存；各个子系统均直接从数据库中读写公共数据，保证数据的一致性；体现关系数据库的设计原则，避免数据冗余，节省空间。

3. 用户接口

为用户提供各种接口，建立地面监测终端（可以同时监测多列车），实时监测列车的运行状态；接收到的信息通过报警提示、打印机打印的方式提醒值班人员；通过局域网根据信息的重要程度传送至不同的业务部门和相关人员；接收到的信息和处理情况将在数据库中保存下来备日后查询。提供查询接口，用户可以在远端通过局域网或因特网浏览的方式，查询检测结果，包括原始数据、曲线；为用户生成、汇总各种结果报表，供用户查看或打印输出。如图 7-19，7-20 所示为数据库查询主页面和制动系统监测诊断查询画面。

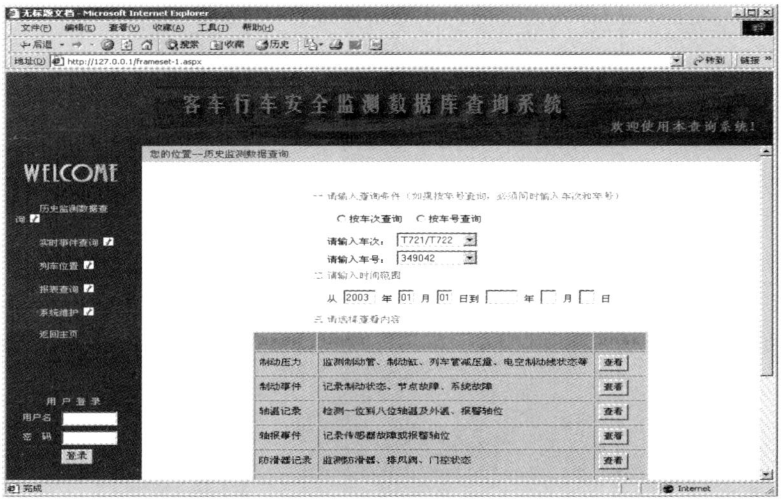

图 7-19　数据库查询主界面

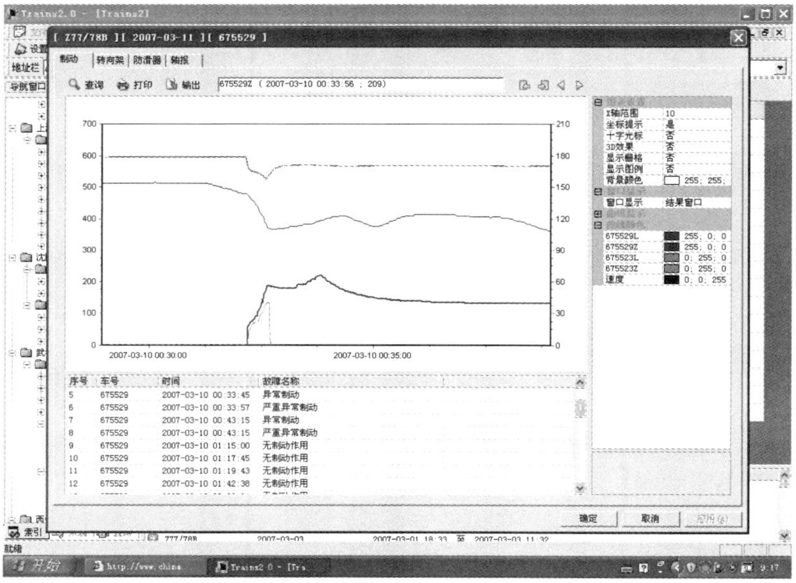

图 7-20　制动系统监测诊断查询画面

4. 用户注册

用户根据需要提出注册要求，并向四方车辆研究所提供所属局、段、联系电话、电子邮箱等基本资料，资料经过四方车辆研究所审核确认后，为其提供专用用户名、密码。

5. 使用方法

用户登录铁路客车信息查询系统网站，输入专用用户名，密码，点击“确认”进入 GPRS 车载数据查询系统。点击“查询车辆信息”，进入车辆信息查询界面，输入所要查询的车次即可查看该车次的车辆信息。例如输入“车次”：k7/k8，可查看目前 k7/k8 车辆的基本信息，如图 7-21 所示。

命中20篇

铁路局	铁路分局	车次	组	车号	车型	未装该系统前的里程	是否装有无线系统	检修次数	检修时间	总里程	编组时间	终止时间
济南局	青岛段	k7/k8	一组	675159	G	0	是	0		0	2004.01.01	
济南局	青岛段	k7/k8	一组	675169	G	0	是	0		0	2004.01.01	
济南局	青岛段	k7/k8	一组	675174	G	0	是	0		0	2004.01.01	
济南局	青岛段	k7/k8	一组	350039	G	0	是	0		0	2004.01.01	
济南局	青岛段	k7/k8	一组	350067	G	0	是	0		0	2004.01.01	
济南局	青岛段	k7/k8	一组	350052	G	0	是	0		0	2004.01.01	
济南局	青岛段	k7/k8	一组	553970	G	0	是	0		0	2004.01.01	
济南局	青岛段	k7/k8	一组	350044	G	0	是	0		0	2004.01.01	
济南局	青岛段	k7/k8	一组	350065	G	0	是	0		0	2004.01.01	
济南局	青岛段	k7/k8	一组	350041	G	0	是	0		0	2004.01.01	
济南局	青岛段	k7/k8	一组	675179	G	0	是	0		0	2004.01.01	
济南局	青岛段	k7/k8	一组	675178	G	0	是	0		0	2004.01.01	
济南局	青岛段	k7/k8	一组	206296	G	0	是	0		0	2004.01.01	
济南局	青岛段	k7/k8	一组	350062	G	0	是	0		0	2004.01.01	
济南局	青岛段	k7/k8	一组	350069	G	0	是	0		0	2004.01.01	
济南局	青岛段	k7/k8	一组	893230	G	0	是	0		0	2004.01.01	
济南局	青岛段	k7/k8	一组	675183	G	0	是	0		0	2004.01.01	
济南局	青岛段	k7/k8	一组	350046	G	0	是	0		0	2004.01.01	
济南局	青岛段	k7/k8	一组	350070	G	0	是	0		0	2004.01.01	
济南局	青岛段	K7/K8	一组	350060	G	0	是	0		0	2004.01.01	

图 7-21 车辆查询信息画面

在点击实时数据一栏中的“查询车电信息”，进入车电信息查询界面，可按车号或车次查询信息。选择“按车号查询”，输入车号查询该辆车的信息，结果如图 7-21 所示；选择“按车次查询”，输入车次列出该次车所有车辆的车号，点击所需车号查询该辆车的信息，结果如图 7-22 所示；选择“查询全分局（段）信息”，列出该局（段）所有的车次，选择所要查询的车次后，显示出该次车所有车辆的车号，点击所需车号查询该辆车的信息。实时数据查询时，如果装置和网站工作正常，数据每 2 ~ 3 min 刷新一次。

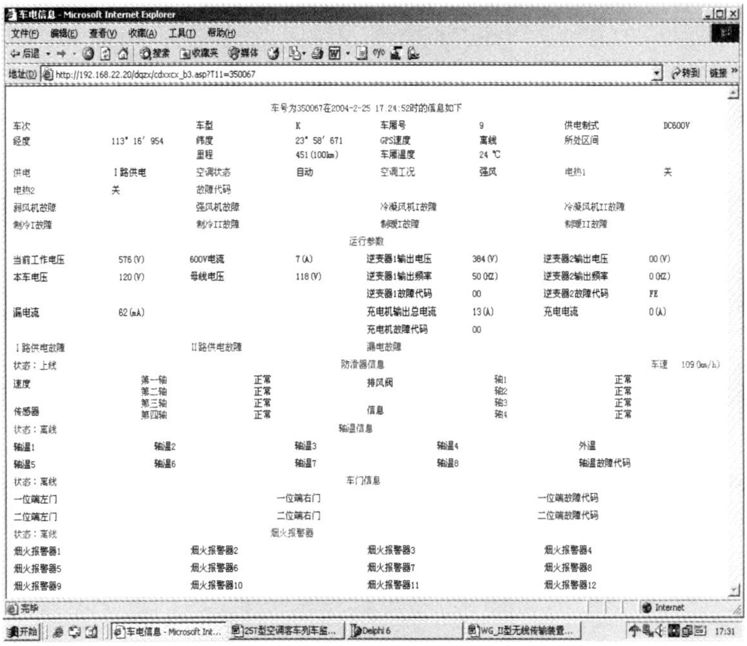

图 7-22 车电信息查询画面

在点击“历史数据”一栏中“查询、下载车辆信息”，输入车次信息可查询该次车所有车辆信息及编组时间等。历史数据可下载成 excel 表格，建立数据库。点击“查询、下载车电信息”，可按车次或车号进行查询、下载。选择“按车号查询”，输入车号和查询时间即可查询该辆车的历史信息，并可点击“目标另存为”将其下载成 excel 表格，并打印或存档、建立数据库；选择“按车次查询”，输入车次信息和查询时间段，列出该次车所有车辆的车号，点击车号即可查询该辆车的历史信息，并可点击“目标另存为”将其下载成 excel 表格，并打印或存档、建立数据库。

【任务自检】

1. 解释 TCDS 系统的三级联网、三级管理、三级应用分别是什么？
2. TCDS 系统的主要功能是什么？主要监测车辆的哪些部位？
3. 制动监测诊断子系统测点是如何布置的？该子系统的作用是什么？
4. 转向架与车体监测传感器是如何布置的？
5. 防滑器工作状态子系统的功能是什么？
6. 列车级主机 PW 卡电源指示灯“ON-OFF”灯点亮而“PD”不亮，该如何处理？

任务二 TCDS 系统运用与管理

【任务描述】

（1）掌握 TCDS 系统运用管理基本原则及人员要求；
（2）掌握 TCDS 系统报警信息处理方法；
（3）具备 TCDS 系统设备日常维护的能力。

【背景知识】

TCDS 系统是实时监控客车运行状态，指导客车检修，提高客车检修质量，保障客车运行安全的重要设施。其管理的总体目标是：“一个实现、两个建立、三个达标”。通过对运行客车关键部位的实时监控报警，实现客车安全隐患及时发现和处理，防范客车运行安全事故；建立现场维护、网络维护、系统维护的三层系统运用维护体系，建立现场作业级、技术指导级、专家诊断级三级系统检修保障机制；设备质量达标，人员素质达标，工作环境达标。TCDS 检修、运用管理工作涉及车辆、客运、供电、通信、信息等专业，相关部门和单位应密切配合，联劳协作，认真贯彻落实本规程的各项规定，确保 TCDS 的正常运行，发挥其保安全、保运输的作用。

一、TCDS 系统综合管理

1. 基本原则

TCDS 检修运用管理工作须按照“以车辆部门为主，其他部门为辅”的原则，实行国家铁路集团公司、路局集团公司和车辆段三级管理，充分发挥各级机构作用，落实 TCDS 设备定岗、定远、定量、定责和包人、包机、包修（四定三包）制度。

2. 各级职能

（1）中国国家铁路集团有限公司车辆主管部门负责全路 TCDS 统一规划布局及管理，制定技术标准、规章制度。

（2）路局铁路集团有限公司车辆处主管全局 TCDS 全面工作，负责全局 TCDS 规划、新建、改造、检修、运用等管理工作，组织相关人员技术培训，并负责与相关部门协调。

（3）路局铁路集团有限公司监测站负责监控配属客车的报警信息，不间断掌握 TCDS 系统运行状态，出现故障时通知相关部门处理汇总、统计、分析及上报相关数据。

（4）车辆段由主管段长负责车辆段 TCDS 的全面工作，设专职人员负责 TCDS 新建、改造、检修、运用等管理工作，指定部门负责 TCDS 设备的日常维护和运用管理工作。车辆段负责 TCDS 车载设备段（A2、A3）修、辅（A1）修，负责地面设备安装、大修、中修工作，并负责专用配件配送和集中管理、集中检修工作。

3. 人员要求

1）人员配备和机构保证

车辆段设专（兼）职技术管理人员及设备维护检修人员；车辆段监控室设 24 h 值班的专职值班员，班制与车辆段调度员相同。车辆段须明确专门的信息设备维修机构，负责 TCDS 设备的日常维修、故障抢修、配件配送管理。TCDS 技术和管理人员应包括一定数量的高级工程师或工程师，维修人员应包括一定数量的高级技师或技师。

2）基本素质要求

从事 TCDS 维修工作的人员应具有中专及以上文化程度，技术管理人员应具有大专及以上文化程度；应从具有一定实践经验和掌握专业技术知识、责任心强的人员中选拔，实行竞争上岗，择优录用，并保持相对稳定。

3）持证上岗

TCDS 人员须经过国铁集团或路局集团公司组织的技术培训，TCDS 值班（调度）员持技术资格证书和岗位合格证上岗，维修人员持岗位合格证上岗，持证上岗率达 100%。技术资格证每 3 年考核 1 次，由国家铁路集团公司组织。岗位合格证每年考核 1 次，由路局集团公司组织。

4）专业技能

维修人员应掌握铁道车辆、计算机、通信技术等相关知识，熟练掌握 TCDS 使用维护技能，具有快速判断处理设备故障的能力。

二、TCDS 系统运用管理

（一）报警信息处理

1. 报警分类

TCDS 报警分一级报警（危及行车安全）、二级报警（影响设备正常使用）、三级报警（一般性故障）。

2. 报警方式

一级报警时，报警信息在各级监控终端页面显示同时有报警声音提示；二、三级报警在车辆段级监控终端监控页面显示。

3. 报警内容

报警内容包括发生时间、车次车组、车顺号、车号、报警信息等。

4. 报警处理

1）一级报警

当列车运行途中发生一级报警时，车辆段监控室值班员应立即查看报警信息，迅速进行分析，立即通知车辆乘务员，车辆乘务员接到通知后应迅速赶到报警车辆，进行检查、确认，按规定进行处理；同时 TCDS 值班员将报警信息通知运用车间，并向路局集团公司监测站报告。

车辆乘务员确认、处理完毕后，应将处理情况向车辆段监控室值班员汇报；车辆段监控室值班员应将报警信息及处理结果填记在《TCDS 值班日志簿》内。

2）二级报警

当列车运行途中发生二级报警时，车辆段监控室值班员应首先进行分析判断，并通知运用车间，由运用车间通知车辆乘务员途中或利用站停及折返站期间进行处理；不能处理的故障，填写车统-181 待列车入库后处理；处理结果由运用车间向车辆段监控室反馈。

3）三级报警

当列车运行途中发生三级报警时，由车辆段监控室值班员通知运用车间，待列车终到入库后由运用车间处理。

（二）监控维护

（1）库检检修人员每班对车载设备进行检修，质量须符合出库质量标准。

（2）车底出库前，车辆乘务员负责 TCDS 车载设备开机，并检查各指示灯状态；在列车运行途中进行车内巡视的同时，检查 TCDS 车载设备工作状态。

（3）车辆段监控室值班员每小时浏览一次实时监控软件，对列车在线状态、系统工作状态、报警信息等进行查看；当发生一级报警时，应立即查看报警信息，按规定处理，并实时监控报警车辆运行情况，直至故障消除。

（4）车辆段监控室值班员负责填写《TCDS 报警故障检修通知单》，在列车检修作业前，通知运用车间，由运用车间组织处理，故障处理完毕后，将处理结果反馈至车辆段监控室，由车辆段监控室值班员确认，并进行汇总分析。

（5）当装有车载设备的列车编组发生变化时，车辆段监控室值班员须及时进行车次车组信息修改。

（6）当 TCDS 系统发生故障影响正常监控时，车辆段监控室值班员应根据故障类型及时通知责任单位或部门进行恢复，并掌握修复情况，同时在《TCDS 值班日志簿》内做好记录。

（7）车辆段监控室值班员须掌握车辆乘务员联系方式，清楚执乘交路。

（8）车辆段监控室值班员应掌握各次列车 SIM 卡到期时间，提前充值或通知所属车间进行更换，保证 SIM 卡不过期。

（9）路局集团公司监测站调度员，每日汇总车辆段一级报警和设备故障及处理情况。

（10）车辆段监控室值班员应严格执行交接班制度，交接事项主要包括：本属列车在线监测情况，非正常离线列车数量、车次及原因；当班发生的报警信息，核对一、二级报警信息处理情况；车载设备、服务器、网络、监控终端等设备工作状态及故障情况；设备及室内卫生、文电及领导检查要求。值班员须将需继续监控和处理的有关事宜记入《TCDS 值班日志簿》。

（三）运用要求

（1）凡装有 TCDS 车载设备的列车，车载设备出库须保证 100%作用良好，须保证 100%开机使用。

（2）运用途中，TCDS 车载设备因故障无法修复需关机时，车辆乘务员应记录关机时间和原因，终到入库后向车辆段监控室值班员汇报、交接。

（3）列车终到本属站后，遇过程数据未下载成功时，待车底入库后，由车辆段监控室值班员通知运用车间在库内下载。

（4）各级服务器、监控终端须保证 24 h 开机，实时监控软件一级报警提示音不得屏蔽、静音。

（5）监控终端仅限 TCDS 监控及相关工作使用，非专业检修、技术人员不得使用监控终端。除检修、试验外，服务器不得接入任何移动存储设备。

（6）实时数据保存期为 3 个月；过程数据保存期为 6 个月。

（7）车辆段运用车间须建立车载设备主要板卡和配件的装卸及换修记录，并纳入一车一档管理。

（四）统计分析

1. 日统计

（1）交接班时，车辆段监控室值班员须对本班在线列数、非正常商线列数报警数量、设备故障数量等进行统计，并将统计结果记入《TCDS 值班日志簿》。

（2）每日车辆段交班会，应由车辆段监控室值班员汇报 TCDS 系统运行状态、报警及设备故障处理情况。

（3）每日 8：00 前，车辆段须将前 24 h 一级报警和设备故障及处理情况上报路局集团公司监测站。

2. 月分析

每月 5 日前，车辆段组织有关人员对上月 TCDS 系统运用管理情况进行全面分析，重点分析服务器运行情况、数据上传情况、报警处理情况、车载安全监控设备故障情况，同时对故障信息、故障处理结果进行统计分析，并将分析结果报路局集团公司车辆处。

三、TCDS 系统设备维修

（一）设备维修的基本原则

TCDS 设备维修是保障系统正常运行的基础，其基本原则是坚持日常维护与定期检修相结合的设备维修体制。建立集中监控、三级维护（现场维护、网络维护、系统维护）、三级支持（现场作业级、技术指导级、专家诊断级）的系统设备维护保障机制。

1. 集中监控

由路局铁路集团公司监测站和车辆段监控室负责对 TCDS 运行状态进行实时监控，当系统出现异常或故障时，通报并协调有关部门和单位进行处理，保障系统正常运行。

2. 三级维护体系

现场维护：以车辆段车间级设备维护人员为主，定期进行检查检测。

网络维护：以车辆段专业技术人员为主，通过网络对设备自检数据集中分析，掌握设备运行状况，进行故障诊断和故障跟踪。

系统维护：以设备生产厂家为主，对系统软件进行升级，完善系统性能。

3. 三级支持模式

现场作业级：以车辆段车间级设备维护人员为主，主要承担车载设备、地面设备故障的快速处理和日常维护。

技术指导级：以车辆段专业技术人员为主，对设备维护人员提供技术支持，承担复杂故障的处理，掌握设备运行情况。

专家诊断级：以设备生产厂家为主，主要承担系统疑难故障的分析和解决。

（二）维修分类

TCDS 设备维修分车载设备检修和地面设备检修。

（1）车载设备检修实行日常维护、定期检修和故障应急抢修，日常维护实行状态修，定期检修分为辅（A1）修、段（A2、A3）修、厂（A4）修。

（2）地面设备包括 WLAN 联网设备和各级联网服务器。WLAN 联网设备实行日常维护、定期检修和故障应急抢修，日常维护包括日检和季检，定期检修包括中修、大修。

各级联网服务器实行寿命管理，维修分为日常维护和故障应急抢修。国铁集团和路局集团公司 TCDS 联网服务器日常维护实行状态修；车辆段Ⅰ类服务器、客车整备所Ⅱ类服务器和客列检Ⅲ类服务器日常维护实行周检。

（三）日常维护

日常维护须严格按照规定周期和标准进行，保证检修质量，做好检修记录。对发生故障或检查检测不合格的设备修复后，须达到检测标准方可投入使用。检修作业完毕后，维修人员应与 TCDS 值班员共同确认设备运行正常后方可离开。

1. 车载设备日常维护

TCDS 车载设备日常维护由车辆段运用车间负责，重点检查车载设备供电通信线缆状态、车顶车内天线状态、天线与 TCDS 车载设备连接状态，检查车载设备功能是否正常，达到 TCDS 车载设备出库质量标准。

2. WLAN 联网设备日常维护

WLAN 联网设备日检由车辆部门设备维护人员负责，重点检查 WLAN 网络工作状态、供电情况、不间断电源工作状态。

WLAN 联网设备季检由车辆部门设备维护人员负责，重点检查 WLAN 覆盖设备、WLAN 网桥以及总设备箱的工作状态，检修作业须在“天窗”点进行，检修周期结合“天窗”时间可提前或延后，两次季检间隔时间不得超过 4 个月。

3. 各级联网服务器日常维护

国家铁路集团公司 TCDS 联网服务器安装于公司信息中心机房，由信息中心负责网络供电、服务器操作系统的日常维护和服务器硬件日常运行监控。

路局铁路集团公司 TCDS 联网服务器和铁路移动数据统一传输平台安装于路局信息处（所）机房，由信息处（所）负责 IP 层网络供电、铁路移动数据统一传输平台、服务器硬件日常运行监控。

车辆段、客车整备所及客列检联网服务器日常维护实行周检，由车辆部门设备维护人员负责，重点检查联网服务器运行状态、网络工作状态、供电情况、不间断电源、防病毒软件工作状态以及应用软件的工作状态。

TCDS 运用软件及数据库的维护和升级由设备生产厂家负责，软件、数据库升级和更新须经国铁集团车辆主管部门批准后实施。

（四）定期检修

TCDS 设备定期检修须严格按规定的修程周期进行，确保设备不失修。

1. 车载设备定期检修

（1）车载设备作为客车的组成部分，定期检修参照装车修程进行，分为辅（A1）修、段（A2、A3）修、厂（A4）修当多种修程重叠时，以高级修程为主，各级修程可以提前或延后 6 个月进行。

（2）A1、A2、A3 修由车辆段负责，A4 修由车辆工厂负责。

（3）A1 修以功能检测为主；A2、A3 修以保持状态为主，第一个 A4 修以恢复设备性能为主，更换易损件和性能不满足使用要求的板卡；第二个 A4 修到期更新。

（4）新造客车安装的 TCDS 车载设备，随客车 A1、A2、A3、A4 修同步进行检修。

（5）改造客车加装的 TCDS 车载设备，当客车进行 A1、A2 修时，同步进行 TCDS 车载设备检修；当客车进行 A3 修时，未经过 A2 修的 TCDS 设备按 A2 修标准进行检修，经过 A2 修的 TCDS 车载设备按客车 A3 修同步进行检修；当客车进行 A4 修时，TCDS 车载设备运行达到或超过 160 万 km 或 6 年者，按客车 A4 修同步进行检修，设备运行不足 160 万 km 或 6 年者，按新造装用 TCDS 车载设备的要求进行重新安装和出厂验收。TCDS 在同步检修时，应按客车走行公里上限安排，且检修工作均应在段内实施。

2. WLAN 联网设备定期检修

（1）定期检修分为中修、大修，由车辆段负责。中修以保持状态为主；大修以恢复性能为主。

（2）中修年限为 3 年，大修年限为 6 年。当多级修程重叠时，以高级修程为主。各级修程可以提前或延后进行，提前或延后时间为：中修 3 个月，大修 6 个月。

3. 检修要求

（1）车辆工厂、车辆段须根据职责和定期检修相关要求，建立各项管理制度，配备检修工装设备，定期组织人员素质培训，所有检修人员须经过设备生产厂家培训并取得资质后方可上岗作业。

（2）车辆工厂、车辆段须按照检修质量标准，结合国铁集团车辆主管部门的最新技术政策，根据现场实际制定检修工艺和流程，并严格按照工艺标准施修。施修完毕后，由施修单位，设备管理单位和设备生产厂家根据检修质量标准，逐项进行检测验收，验收合格后在“竣工验收单”上签字，设备方可正式投入运用。施修单位须建立设备检修台账，填写检修记录，做好质量跟踪工作，并承担设备定期检修范围内的质量责任。

（3）设备生产厂家负责对 TCDS 定期检修提供技术支持，向施修单位提供相关的硬件资料和升级的软件；根据车辆工厂、车辆段要求，负责 TCDS 检修人员技术培训。

（五）故障应急抢修

TCDS 设备发生故障时，TCDS 监控人员须及时通知相关部门，由责任部门尽快组织故障抢修；故障处理完毕后，维修人员须与 TCDS 监控人员共同确认设备正常后，方可恢复使用，双方应详细记录故障发生时间、故障原因处理情况及设备恢复时间等。设备维护部门须建立故障处理快速反应机制，确保设备运行状况良好。

（1）路局集团公司 TCDS 联网服务器发生故障时，路局集团公司监测站值班人员须及时与信息（电子）中心加强协调，督促故障的修复。

（2）车辆段各级联网服务器发生故障不能正常监控时，车辆段监控室值班员须及时通知设备维护人员，属于网络或电力故障时还应通知信息、通信或供电部门，相关部门接到通知后应迅速组织故障抢修，尽快恢复设备正常运行。

（3）车载设备运行途中发生故障时，车辆段监控室值班员须及时通知车辆乘务员，由车辆乘务员对故障进行确认；列车运行途中无法处理时，车辆乘务员须填写车统-181，待列车终到入库后，由设备维护人员进行处理。

（4）WLAN 联网设备发生故障时，车辆段监控室值班员须及时通知设备维护人员，由设备维护人员尽快查明原因，恢复设备正常运行；电气化区段涉及登高作业的故障抢修，由车辆段向路局集团公司申请“天窗”，维修人员须在“天窗”点内处理故障。

【任务自检】

1. 简述 TCDS 系统综合管理的基本原则。
2. 简述 TCDS 系统人员的专业技能需求。
3. TCDS 系统遇到一级报警应怎么处理?
4. TCDS 系统车载设备的日常维护有哪些要求?
5. TCDS 系统的 WLAN 联网设备定期检修的年限是如何规定的?

参考文献

[1] 梁森，王侃夫，黄抗美. 自动检测与转换技术[M]. 北京：机械工业出版社，2019.

[2] 张维，李新东，于文涛. 铁路无损检测与地面安全监测技术[M]. 成都：西南交通大学出版社，2008.

[3] 熊小青，张维. 车辆检测技术[M]. 北京：中国铁道出版社，2011.

[4] 王婷，翟士述. 车辆检测与监控技术[M]. 北京：中国铁道出版社，2018.

[5] 中国国家铁路集团有限公司. 客车运行安全监控系统（TCDS）检修运用管理规程[M]. 北京：中国铁道出版社，2010.